中外 PPP 项目案例详解及合作模式比较

杨俊杰　李尔龙　沈卫东　主编

机 械 工 业 出 版 社

本书在国内外俊思佳篇的基础上，对 PPP 模式进行了理论与实践相结合的分析以及宏观与微观的评价，对 PPP 模式操作中的核心问题和关键点，包括 PPP 模式概论，国内外 PPP 模式比较，以及三个综合项目——城区扩容提质基础设施项目、高速公路项目及水务项目，进行了总结与梳理，并对相关案例做了进一步的思考及剖析，从理论角度与实践层面对 PPP 模式进行解析与点评，并提出现实性、前瞻性、建设性与指导性的意见与建议，力求达到“梳理提要、重实兼虚、深析思绘、瞻前望后”之初衷。

图书在版编目(CIP)数据

中外 PPP 项目案例详解及合作模式比较 / 杨俊杰，李尔龙，沈卫东主编. —北京：机械工业出版社，2016. 11

ISBN 978-7-111-55465-3

Ⅰ. ①中… Ⅱ. ①杨… ②李… ③沈… Ⅲ. ①政府投资 - 合作 - 社会资本 - 对比研究 - 中国、国外 Ⅳ. ①F830. 59 ②F014. 39

中国版本图书馆 CIP 数据核字(2016)第 277278 号

机械工业出版社(北京市百万庄大街 22 号 邮政编码 100037)
策划编辑：刘志刚 责任编辑：刘志刚 刘 静
封面设计：张 静 责任印制：常天培
责任校对：刘时光
北京圣夫亚美印刷有限公司印刷
2017 年 1 月第 1 版第 1 次印刷
184mm × 260mm · 16. 25 印张 · 398 千字
标准书号：ISBN 978-7-111-55465-3
定价：79.00 元

凡购本书，如有缺页、倒页、脱页，由本社发行部调换

电话服务	网络服务
服务咨询热线：(010)88361066	机工官网：www. cmpbook. com
读者购书热线：(010)68326294	机工官博：weibo. com/cmp1952
(010)88379203	教育服务网：www. cmpedu. com
封面无防伪标均为盗版	金书网：www. golden-book. com

前　　言

眼下，国内外 PPP 模式正成为潮流。党的十八大以来，为深化改革、加快转变政府职能、完善城镇化健康发展体制机制、推进城市建设管理创新，出台了系列化、层次化、全方位的改革方案。中共十八届三中全会通过的《中共中央关于全面深化改革若干重大问题的决定》明确提出，允许社会资本通过特许经营等方式参与城市基础设施投资和运营，凡属事务性管理服务，原则上都要进入竞争机制，通过合同、委托等方式向社会购买。这为 PPP 模式的运用和推广提供了广阔的发展前景。国务院加强地方政府性债务管理，将地方政府存量债务纳入预算管理，将成为大规模推广 PPP 模式的基础条件。

政府和社会资本合作（PPP）是政府进行城市、公路、铁路、机场、港口、供电、供水、教育、医院、公共安全（监狱）、国防等公共基础设施建设时采用的一种模式，主要通过特许经营方式，引入社会资本参与公共产品供给。该模式在国际上得到了广泛运用，有着丰富的实践案例和经验。

从国内外实践经验看，PPP 模式具有八项必备要素及基本特质：

1. 适用范围宽	2. 法律体系配套健全	3. 管理体系控制有效	4. 项目评估体系完善
5. 风险分担机制合理	6. 确保各方效益到位	7. 利益分配机制灵活	8. 项目承包监管有力

PPP 项目成功主要取决于利益分配、风险分担、监督管理、项目融资等重要的核心环节。

PPP 模式由英国政府于 1992 年首提，据英国权威部门相关数据和经验，PPP 模式下的工程项目可节省 17% 的资金；80% 的项目按期完成，20% 未按期完成的，其拖延时间最长不超过 4 个月；80% 的工程耗资均在预算之内，20% 超预算的是由于政府提出调整方案所致。而常规招标采购项目按期完成的只有 30%，在预算之内完成的只能达到 25%，延误现象常态化。PPP 模式适用面广，公共不动产管理等相关领域均可适用。目前，PPP 模式在世界范围内得到了广泛的推广与应用。

PPP 模式在我国的应用最早始于 20 世纪 90 年代，如国人熟悉的 BOT 模式即 PPP 项目的一类。20 多年来，我国在 PPP 项目的实践与推广上积累了很多成功的经验与教训。大量 PPP 项目在国内的应用，不论从理论层面还是从实践层面，都为我们提供了将 PPP 模式项目与我国国情相结合的现实素材，积淀了正反两方面的经验。PPP 模式不仅是一种项目融资方式，它更是一种提高政府对整个社会资源管理效率的方式，其核心是合同管理，是基于完备合同下的契约精神，即要求政府与企业应作为平等的合同双方，分配风险、分担责任与分享利益。在我国社会经济市场化发展新常态的大时代背景下，运用 PPP 模式将是大势所趋，是一项解决地方政府债务、吸纳民间资本、推进经济体制改革的重要举措。经过国家相关部门推出的一系列政策和大力推广，必然会雨后春笋般地涌现出更多与我国国情相结合的 PPP

实践案例，并得到更具中国化的理论发展。

本书由杨俊杰教授策划、统筹和总纂。参与本书组稿、提供资料并组织编著的有李尔龙董事长、沈卫东董事长、翟鹏宇高级经理、韩周强高级项目经理、杨大伟世行高级咨询师（美国）、杨劲高级咨询师（加拿大）、江雁（加拿大）、高峰项目经理等，参与本书编写的还有张渝、姚亚亚、裘荃荃、白忠文、陈博、王升玉、李剑群、田凤真、李祥义、刘端、孟德奇、祁政敏、孙长彬、王占良、闫铭玉、赵承君、霍朝阳、李颖、陈俊川、崔超云、李慧，在此一并表示感谢。

本书以“采撷远古之花兮，以酿造吾人之蜜”的态度，运用了案例中的已有成果并学习、理解、借鉴、参考、总结、归纳，挖掘国内外 PPP 模式的科研成果和进一步深化、升华，并特别搜罗了数十例图表、流程和示例，以飨读者。我虽朝迎启明夜伴繁星，劳心费时尽力甚多，仍自感挂一漏万，错讹之处在所难免，虚衷领受各方读者提出批评意见，是所至盼。

杨俊杰

目　　录

第 1 章　PPP 模式概论

1.1　关于 PPP 释义

PPP 模式结构示意简图如图 1-1 所示。

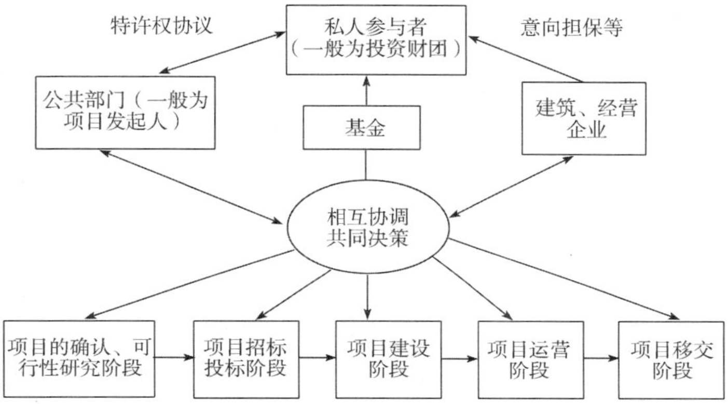

图 1-1　PPP 模式结构示意简图

因不同国家和地区的发展程度不同，目前对 PPP 的定义还没有完全公认一致的说法。下面仅列举几种有代表性的 PPP 定义与释义：PPP 被称为公私合作制，是为了开展基础设施建设或提供其他的公共产品服务，公共部门和私营部门实体之间建立的一系列合作伙伴关系。当前几种有代表性的 PPP 认指如图 1-2 所示。

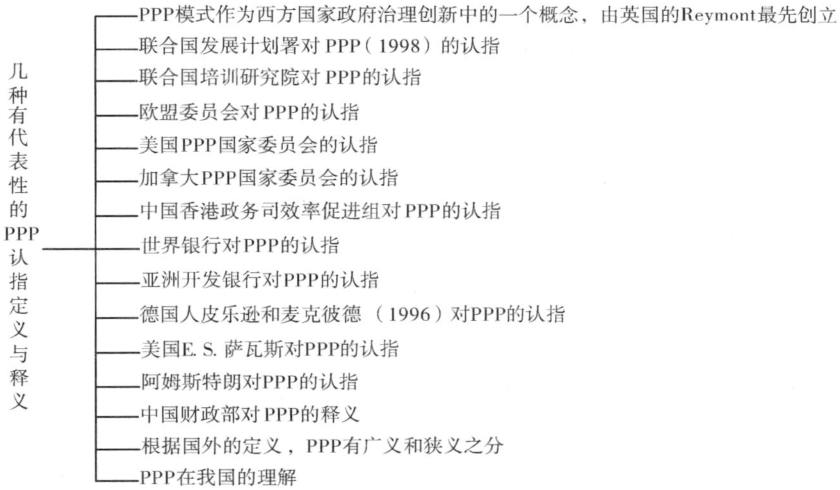

图 1-2　有代表性的 PPP 认指

（1）PPP 模式作为西方国家政府治理创新中的一个概念，由英国的 Reymont 最先创立。PPP 模式支持政府与私营部门建立长期合作伙伴关系，以“契约约束机制”督促私营部门按政府规定的质量标准进行公共产品生产。

（2）联合国发展计划署对 PPP（1998）的认指。将 PPP 定义为政府、营利性企业和非营利性组织基于某个项目而形成的相互合作关系。此种合作关系，合作各方可达到比预期单独行动更有利的结果。关于风险分担问题，政府也不是把某个项目的责任全部转移给私人部门，而由参与合作的各方共同承担责任和融资过程中的风险。

（3）联合国培训研究院对 PPP 的认指。将 PPP 定义为涵盖不同社会系统倡导者之间的所有制度化合作方式，目的是为解决当地或区域内的某些复杂问题。据此，PPP 包含两层含义：一是为满足公共产品需要而建立的公共和私人倡导者之间的各种合作关系；二是为满足公共产品需要，公共部门和私人部门建立伙伴关系进行的大型公共项目实施。

（4）欧盟委员会对 PPP 的认指。将 PPP 定义为公共部门和私人部门之间的一种合作关系，目的是为向私人部门提供传统上由公共部门提供的公共项目或服务。

（5）美国 PPP 国家委员会的认指。将 PPP 定义为介于外包和私有化之间并结合两者特点的一种公共产品提供方式，它充分利用私人资源进行设计、建设、投资、经营和维护公共基础设施，并提供相关服务以满足公共需求。

（6）加拿大 PPP 国家委员会的认指。将 PPP 定义为公共部门和私人部门之间的一种合作经营关系，它建立在合作各方各自经验的基础上，通过适当的资源分配、风险分担和利益共享机制，最佳满足事先清晰界定的公共需求。

（7）中国香港政务司效率促进组对 PPP 的认指。将 PPP 定义为一种由合作各方共同提供公共服务或实施项目的模式。在此模式下，合作各方通过不同程度的参与和责任承担，各自发挥专长，包括特许经营、私人部门投资、合伙投资、合伙经营、组成合伙企业等几种方式。

（8）世界银行对 PPP 的认指。将 PPP 定义为政府和社会资本就提供公共产品和服务签订的长期合同，其中社会资本承担实质风险和管理责任。

（9）亚洲开发银行对 PPP 的认指。将 PPP 定义为，为开展基础设施建设和提供其他服务，政府和社会资本之间可能建立的一系列合作伙伴关系。

（10）德国人皮尔逊和麦克布赖德（1996）对 PPP 的认指。PPP 是指公共部门与私营部门之间签订长期合同，由私营部门实体来进行公共部门基础设施的建设或管理，或由私营部门实体代表一个公共部门实体（利用基础设施）向社会提供各种服务的一种模式。

（11）美国 E. S. 萨瓦斯对 PPP 的认指。PPP 从广义上讲是指公共部门与私营部门共同参与生产和提供物品以及服务的任何安排。合同承包、特许经营、补助等符合这一定义。

（12）阿姆斯特朗对 PPP 的认指。PPP 是一种合作关系，包括合同安排、联合、合作协议和协作活动等方面，通过这种合作关系来促进公共政策和计划的实行。

（13）中国财政部对 PPP 的释义。PPP 为“政府和社会资本合作模式”，所谓社会资本，包括民营企业、国有企业、外国企业和外商投资企业，但本级人民政府所属政府融资平台及其控股的其他国有企业（上市公司除外）不得作为社会资本参与本级政府管辖区内的 PPP 项目。

（14）根据国外的定义，PPP 有广义和狭义之分。广义的 PPP 泛指公共部门与私人部门为提供公共产品或服务而建立的合作关系；而狭义的 PPP 是指政府与私人部门组建特殊项目公司（SPV），引入社会资本，共同设计开发建设公共产品或服务，全程合作，共担风险、共享利益，期满后再移交给政府的合作模式。

（15）PPP 在我国的理解。通常情况下 PPP 是政府与社会资本为提供公共产品或服务而建立的全过程合作关系，以利益共享和风险共担为特征，双方发挥自身优势，提高公共产品或服务的质量和供给效率，即政府部门负责公共产品或服务的价格和质量监管，以保证公共利益最大化；而社会资本承担设计、建设、运营、维护等工作，并通过“使用者付费”及必要的“政府付费”获得合理投资回报。

综上可看出，虽然 PPP 模式现在尚无公认的统一定义，但就其本质而论，可归纳的关键句是：政府公共部门、私人部门、合作关系、提供公共项目或服务、风险分担和利益共享。据此，可构成 PPP 模式的本体性、完整性、系统性、互补性、可合成性。这些定义或认指均突出了 PPP 模式主要应有三个特点：一是要有界定明确的公共部门和私人部门；二是 PPP 项目必须针对的是公共产品和服务；三是参与其中的公共部门和私人部门必须要通过合同文本等形式，明确在整个 PPP 项目中的责任和义务，收益共享，风险共担。这就是说 PPP 模式本质上是公共部门和私人部门为了解决公共产品或者服务问题而进行的合作。一般而言，公共产品和服务具有非竞争性和非排他性的特征，不适合私人部门单独提供，但如政府完全独立提供公共产品，公共产品的提供和管理效率通常会低于私人部门，引入私人部门也较为必要。如在引入私人部门后，公共产品的提供效率可以提高，那么这类公共产品就适合采用 PPP 模式。从这个角度看，PPP 模式不仅仅是“公私合营”的一种形式，而是提高公共产品管理效率的模式，这也是 PPP 的核心问题。

对 PPP 的解释很多，而且都影响甚大。对 PPP 成就甚微的我们而言，对此种种说法，应予以不衿不伐、不蔓不枝的学习、消化、吸收、研析、思考、理解、借鉴，在 PPP 项目实践中深化的基础上，针对具体项目组织专家学者大幅度创新。

对 PPP 模式的认知应有不断发展的眼光。和其他事物都处在永不停息的运动、变化和发展的过程中一样，PPP 发展是新事物代替旧模式的过程。故在方法论方面，我们要坚持唯物辩证法这个观点，要用发展的观点观察和分析 PPP 问题。要把事物如实地看成一个变化发展的过程；要明确事物处于怎样的阶段和地位；要坚持与时俱进，培育创新精神，促进 PPP 新事物的成长。

在当前经济增长新常态的情况下，政府如何与社会资本合作？PPP 模式在中国可能会遇到哪些挑战？PPP 模式将有怎样的发展潜力？在“中国发展高层论坛 2016 年”年会上，美国哈佛大学教授、诺贝尔经济学奖获得者埃里克·马斯金（Eric Maskin）认为，推广 PPP 模式必须有一定的原则，尤其是对地方政府的支出要进行相应限制，这有益于地方政府选择社会效益好的 PPP 项目。埃里克·马斯金指出，PPP 模式已经在全球成功推行很多年，如在交通系统、医疗系统、供水系统等很多领域都取得了成功，相信未来会有更多创造性的应用来使用 PPP 模式。中央政府如何从一开始就把高成本、低社会效应的 PPP 项目剔除掉？首先，中央政府可以把地方政府开支的局限性确定下来，明确地方政府的 PPP 模式应该做低成本项目，而不是想做什么项目就做什么项目。其次，地方政府可以与承包方签署固定价格合同（指在约定的风险范围内价款不再调整的合同），把项目预期成本相对固定下来。在埃里克·马斯金看来，对地方政府的支出进行相应限制，有益于地方政府选择社会效益好的PPP项目。

加拿大商业理事会总裁、加拿大前副总理约翰·曼利（John Manley）表示，PPP项目要有好的激励机制才能实现目标，同时要有可预见的透明度、合理的时间范围和尺度。他认为，PPP项目从提出项目建议书到完工，往往需要比较长的时间，项目主持方需要在这个时间段做出最佳选择。如果项目操作时间太长，就会缺乏透明度，而易使项目的目标变来变去。他建议，PPP项目一开始就应将相关流程界定好，要有目标和透明度，这可以解决项目操作过程中的很多问题。

华夏新供给经济学研究院院长贾康先生表示，在推进PPP模式时，地方政府应该寻找明显不同于风投、创投的民间资本进行合作，这些民间资本不但愿意与政府合作，而且认同“合作有相应回报但并非暴利”的理念。贾康说“阳光化的程序是PPP项目顺利进行的前提和保障。阳光化的程序实际上约束着各方，可以避免在项目中进行权力寻租和腐败。”

笔者认为，在PPP项目实施全过程中：

（1）坚持PPP项目的整体性和部分间关系原理。整体和部分既相互区别又相互联系。二者的区别是：一是二者的内涵不同；二是二者的地位与功能不同，整体居于主导地位，统率着部分；三是整体具有部分根本没有的功能；四是当各部分以合理的结构形成整体时，整体就具有全新的功能，整体的功能就会大于各个部分功能之和；五是当部分以欠佳的结构形成整体时，就会损害整体功能的发挥。二者的联系是：一是二者不可分割，整体由部分组成，部分是整体的部分；二是二者相互影响，整体的性能状态及其变化会影响到部分的性能状态及其变化，反之，部分也制约着整体，甚至在一定条件下，关键部分的性能会对整体的性能状态起决定作用；三是整体和部分的地位在一定条件下是可以转化的。故实施PPP项目，必然要树立全局观念，处理PPP项目事情要从整体着眼，寻求最优目标；搞好局部，使整体功能得到最大限度的发挥。

（2）发挥执着、精细、耐心、专注、传承、创新的“工匠精神”，使PPP项目高质量。推广运用PPP模式项目，还需要加快PPP模式的法律法规体系建设；培育契约精神，积极推动法治化契约制度建设；创新金融支持模式，多方合力支持PPP机制推广；建立规范系统的监督管理机制，防范财政方面等风险。

1.2 PPP模式的实施

PPP模式在本质上关于是鼓励社会非公有资本参与社会基础设施建设和基础服务提供，我国早在2005年就出台了《国务院关于鼓励支持和引导个体私营等非公有制经济发展的若干意见》，即“非公36条”，放宽非公有制经济市场准入，其中就有“允许非公有资本进入公用事业和基础设施领域”条款。2010年，国务院下发《国务院关于鼓励和引导民间投资健康发展的若干意见》，即“新36条”，进一步拓宽民间投资的领域和范围，明确鼓励和引导民间资本进入基础产业和基础设施领域、市政公用事业和政策性住房建设领域以及社会事业领域。

项目实施是指当项目的立项及论证完成之后，项目执行者运用所具备的人、财、物将项目付诸实际的过程。其内容包括：项目实施的管理；设计和设备采购；项目资金的筹集；项目施工阶段等。其过程概括为项目实施准备、项目计划执行和项目控制的过程。

（1）项目实施准备。在项目计划付诸实施之前，营造有利于实施项目计划的气氛和环境，即进行项目实施准备。只有各方面的力量动员组织起来之后，项目计划才能付诸实施。项目班子应当对项目计划进行核实，看其是否完整、合理、现实与可行，项目所需的资源是否有保证，项目班子应当拥有的权力是否已经得到各方承认等。

（2）项目计划执行。这是指通过完成项目范围内的工作来完成项目计划。在执行过程当中，项目班子必须对项目各种技术和组织界面进行管理，即协调项目内外的各种关系。为保证项目各项工作按项目计划执行，可建立工作核准制度，即凡事要通过工作核准系统。该系统就是一套事先确定的、着手项目活动之前应遵循的程序，其中包括必要的审批制度、人员和权限及表格或其他书面文件。工作在开始之前经过批准可以保证时间和顺序不出问题。项目管理信息系统在项目计划执行过程中是非常重要的手段，一定要充分利用。在项目执行的整个过程中，项目有关人员间要保持顺畅的沟通。项目班子的任务主要有信息分发与编写进展报告。信息分发就是把信息及时地分发给项目相关者。分发信息时要保证信息完整、清楚、不含糊，使信息正确无误地到达接收者头脑中。要严格防止和严肃处理信息垄断、封锁，甚至伪造。在项目进行期间交流的信息应尽可能以适当的方式收集起来，井井有条地妥善保管。进展报告也称执行报告，是为项目所有相关者编写的，是项目各相关者之间沟通的重要资料，其内容是同项目计划执行情况有关的资料。进展报告要依照项目计划和实际工作结果编写。有关工作结果的信息要准确、一致，只有这样才能使进展报告真正发挥作用。

（3）项目控制。项目计划付诸实施后定会遇到意外情况，使项目不能完全按计划轨道进行，这需要进行控制。项目控制就是监控和测量项目实际进展，捕捉、分析和报告项目的执行情况，若发现实施过程偏离了计划，就要找出原因，采取行动使项目回到计划的轨道上来。项目计划中的某些东西在付诸实施之后才会发现无法实现。遇到这种情况就必须对项目计划进行修改或重新规划。项目控制要有明确的控制目标和目标体系，要及时发现产生的偏差，要考虑项目管理组织实施控制的代价，控制的方法及程序要适合项目实施组织和项目班子的特点。进行项目控制，还要注意预测项目过程的发展趋势，以预见可能会发生的偏差，实施主动控制。项目控制工作要有重点地进行，项目控制形式及做法要有灵活性，项目控制的进行过程要便于项目相关人了解情况。另外，对项目目标控制要有全局观念，它是一种围绕于项目总目标实现的综合控制。项目控制有多方面内容。对于项目的不同方面，需要采用不同的方法。

一个 PPP 模式项目的实施，国内外比较认可分为“项目识别”“项目准备”“项目采购”“项目执行”“项目移交”五个大的阶段进行实践操作，如图 1-3 到图 1-7 所示。

PPP 项目（政府与社会资本合作）五大阶段流程图：

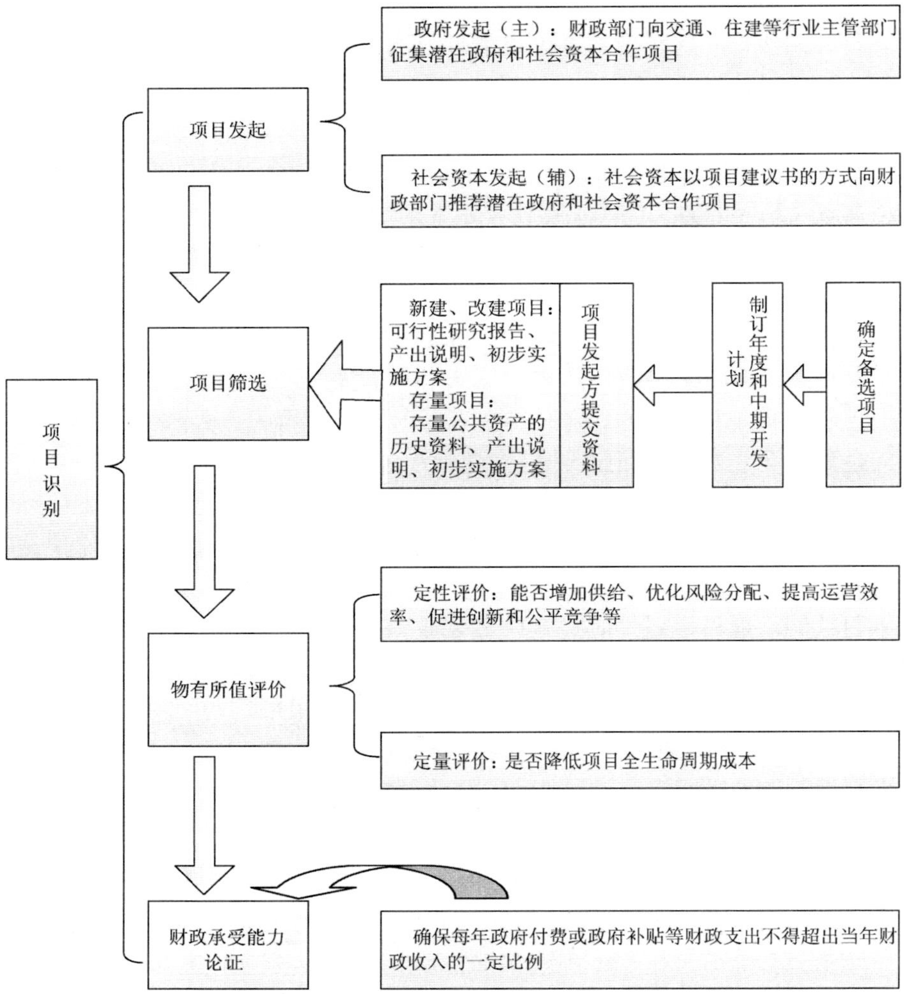

图 1-3　PPP 项目五大阶段流程图——项目识别

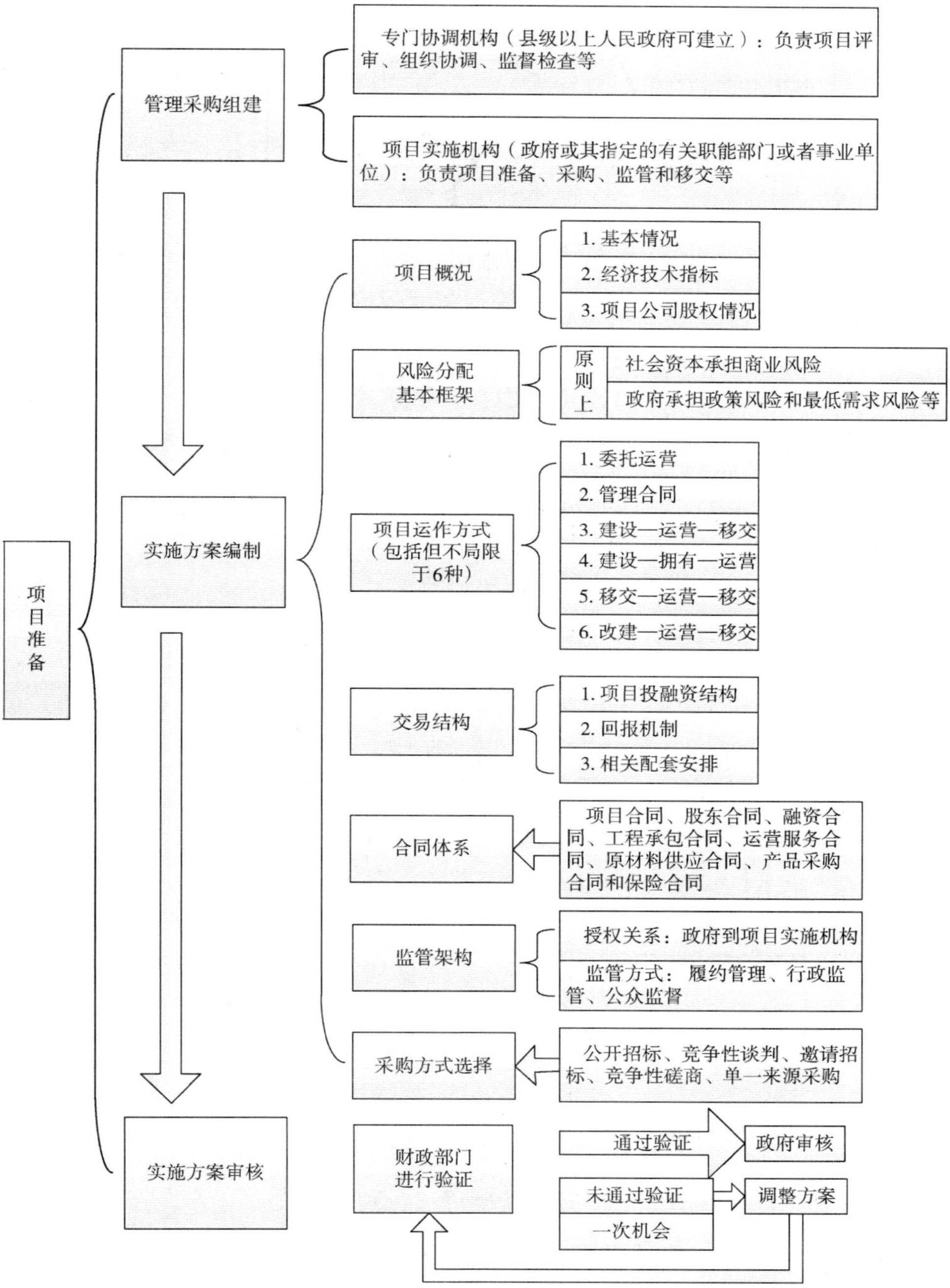

图 1-4 PPP 项目五大阶段流程图——项目准备

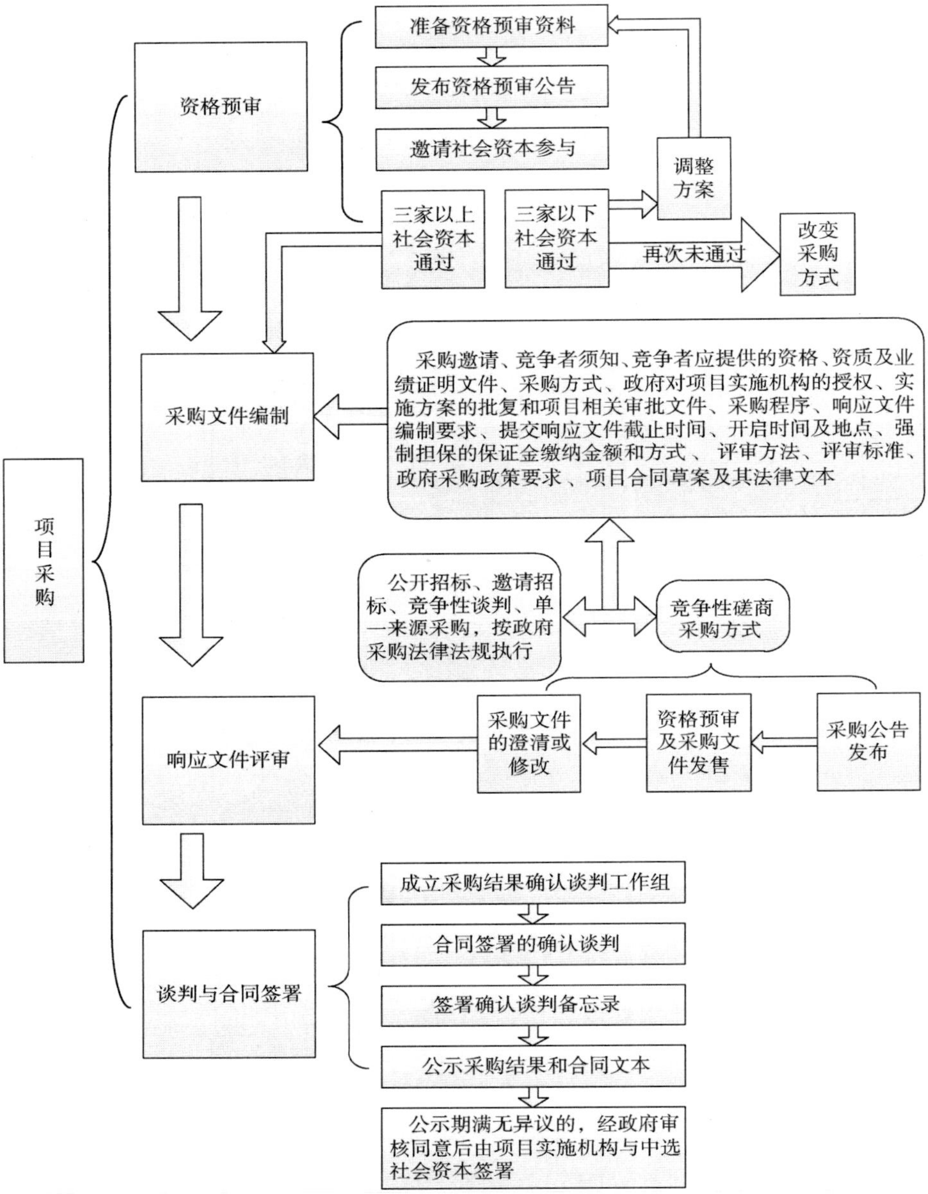

图 1-5　PPP 项目五大阶段流程图——项目采购

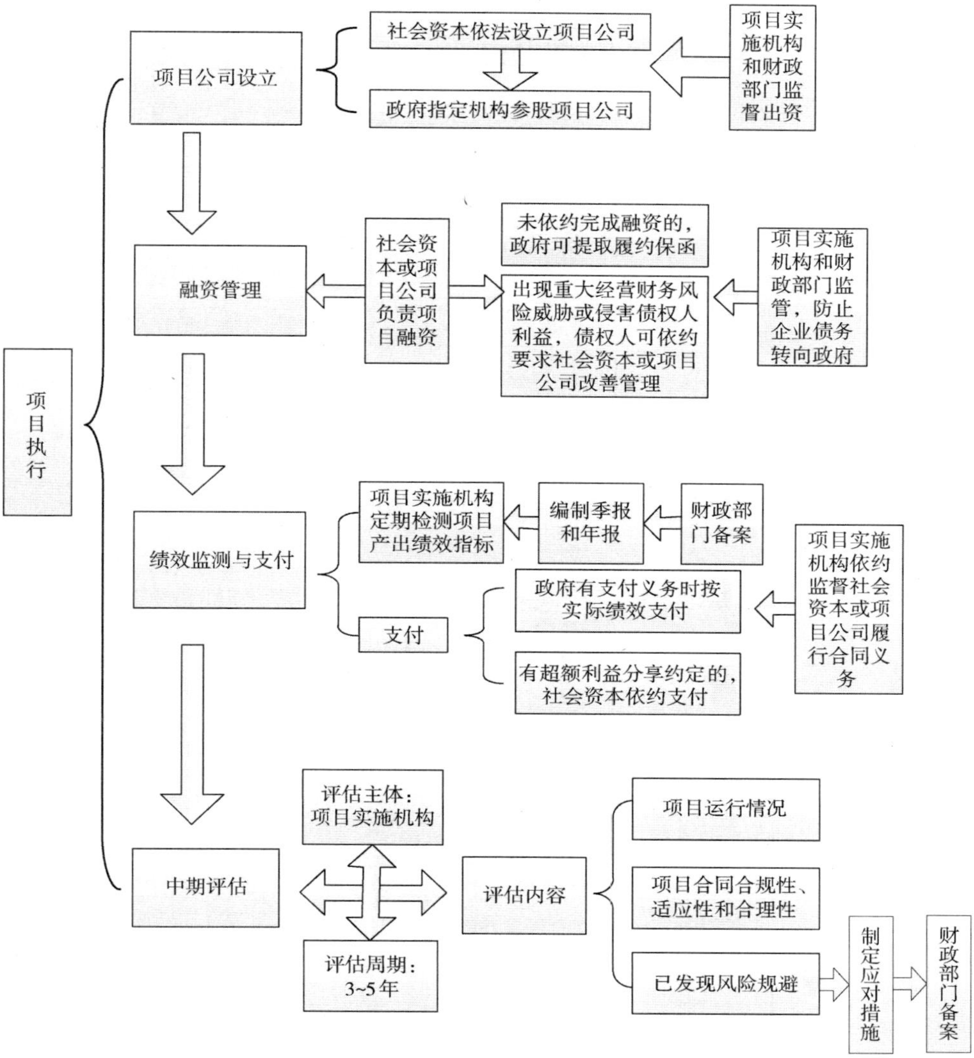

图 1-6　PPP 项目五大阶段流程图——项目执行

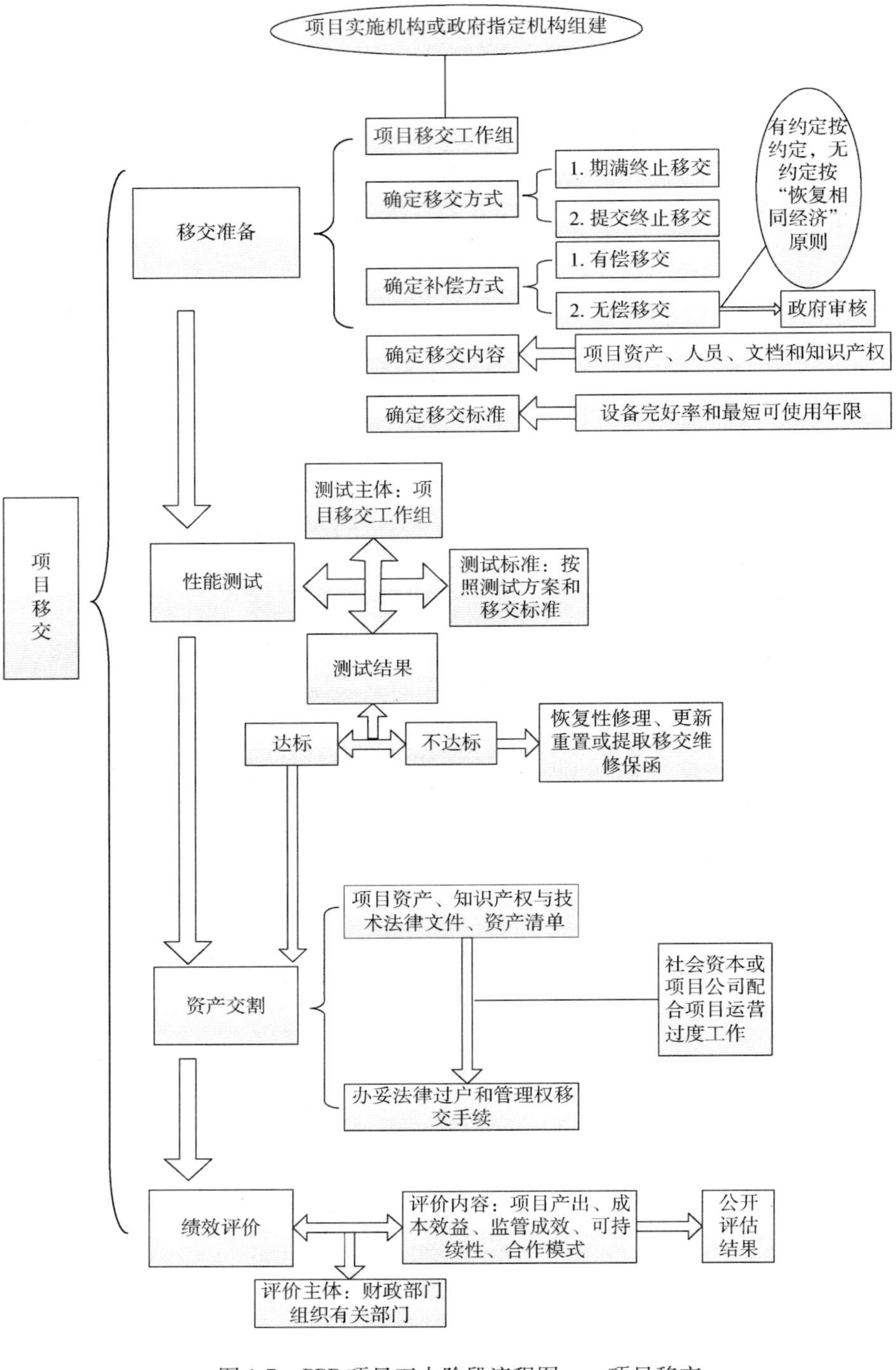

图 1-7 PPP 项目五大阶段流程图——项目移交

但我国目前更多还是按照传统工程项目的流程，多数采用《招标投标法》。相比于国际上的做法，我国的流程主要缺少应用 PPP 的物有所值（Value for Money，VFM）评估，缺少开标后政府与企业的详细谈判，缺少草签特许权协议后到正式签约之间的融资期。其中有很多问题。我们目前没有专门针对 PPP 的法律，而《招标投标法》和《政府采购法》在选择投资者方面，都有不匹配、不适应 PPP 模式项目之处。《招标投标法》强调工程建设项目，《政府采购法》强调使用财政性资金。二者适用于大多数 PPP 项目，但有些 PPP 项目并非工程建设项目，故不应适用《招标投标法》；有些 PPP 项目是用户付费，或无法判断是否属采购范围，不应适用《政府采购法》。实践中，两部法律都以公开招标为主要方式，整个招标过程过于严格，对长达十几、几十年的合同，没有给政企双方足够的协商空间。相比而言，《政府采购法》的使用较麻烦，而在项目设计没出来的时候，《招标投标法》也不适用，因包括政府要求在内的很多细节还不知道，故很难估算成本。总之，目前选择 PPP 项目投资者时，两法的适用性各有优缺点，应考虑项目类型（如基础设施项目、社会公共事业、城市化发展、国内外小区建设）、付费来源（如政府、用户）相应选用，当然，最好还是应完善相应法律体系，完善 PPP 项目的招标方法与流程。

如果能让目前存在但不规范、不透明的企业自提（Unsolicited Proposal）也作为 PPP 项目的规范和透明的立项方式之一，而不仅局限于现有的政府招标（Solicited Tendering）方式，必将激发企业的能动性和创造性，有利于 PPP 发展。当然，政府建立相应的法律规制很必要。

1.3　PPP 的主要内涵

内涵泛指人和事的内在涵养或素质。可理解为现实性的较高级形式与它所赖以存在的较低级形式之间的关系或某一逻辑术语所包含的性质或一组性质，这种性质是用概念表达的，或包含在概念中，或对于所指的事物的概念是主要的。内涵时而予人一种模糊的概念。它既是人与事的个性特征内容，又是一种个性色彩，与气质涵养颇为类似，一般通过人和事在实施 PPP 项目中的交往或经历过程相交辉相呼应显示出来。其具体内容大体如图 1-8 所示。

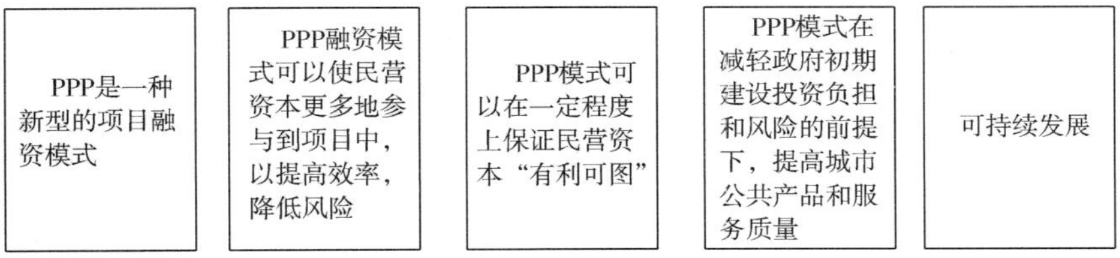

图 1-8　PPP 主要内涵

（1）PPP 是一种新型的项目融资模式。项目 PPP 融资是以项目为主体的融资活动，是项目融资的一种实现形式，主要依据项目预期收益、资产以及政府扶持措施的力度，而不是项目投资人或发起人的资信来安排融资。项目经营的直接收益和通过政府扶持所转化的效益是偿还贷款的资金来源，该项目公司的资产和政府给予的有限承诺是贷款的安全保障。

（2）PPP 融资模式可以使民营资本更多地参与到项目中，以提高效率，降低风险。政府的公共部门与民营企业以特许权协议为基础进行全程的合作，双方共同对项目运行的全周期负责。PPP 方式的操作规则使民营企业参与到 PPP 项目的确认、设计和可行性研究等前期工作中，这降低了民营企业投资风险，且将民营企业在投资建设中更有效率的管理方法与技术引入项目中来，有效地实现对项目建设与运行的控制，从而有利于降低项目建设投资风险，较好地保障PPP项目各方的利益。对缩短项目建设周期、降低项目运作成本，甚至资产负债率都有值得肯定的现实意义。这正是现行项目融资模式所改进之处。

（3）PPP模式可以在一定程度上保证民营资本“有利可图”。民营部门的投资目标是寻求既能够还贷又有投资回报的项目，无利可图的基础设施项目是吸引不到民营资本的投入的。而采取PPP模式，政府可以给予私人投资者相应的政策扶持作为补偿，从而很好地解决了这个问题，如税收优惠、贷款担保、沿线土地优先开发权等。通过实施这些政策可提高民营资本投资城市公共产品和服务的积极性。

（4）PPP模式在减轻政府初期建设投资负担和风险的前提下，提高城市公共产品和服务质量。

在PPP模式下，公共部门和民营企业共同参与城市公共产品和服务的建设和运营，由民营企业负责项目融资，有可能增加项目的资本金数量，进而降低较高的资产负债率，而且不但能节省政府的投资，还可以将项目的一部分风险转移给民营企业，从而减轻政府的风险。同时双方可以形成互利的长期目标，更好地为社会和公众提供服务。

（5）可持续发展。目前，已在现用的PPP模式的基础上，如英国、澳大利亚、德国、印度等逐步向PPP新模式创新，进一步延伸、发展和推广PPP模式的运用领域，使之造福于本国人民、造福于人类事业。

1.4 PPP的分类方法及运营

1.4.1 PPP分类方法

由于世界各国意识形态和传统文化不同，且处于PPP发展的不同阶段，各国使用的术语不尽相同，或者对于同一个术语的理解不尽一致，这就给PPP的分类带来很大麻烦。从查阅的资料来看，各国或国际组织对PPP的分类有十几种之多。广义PPP可以分为外包、特许经营和私有化三大类，这也是世界银行对PPP的分类，如图1-9和图1-10所示。

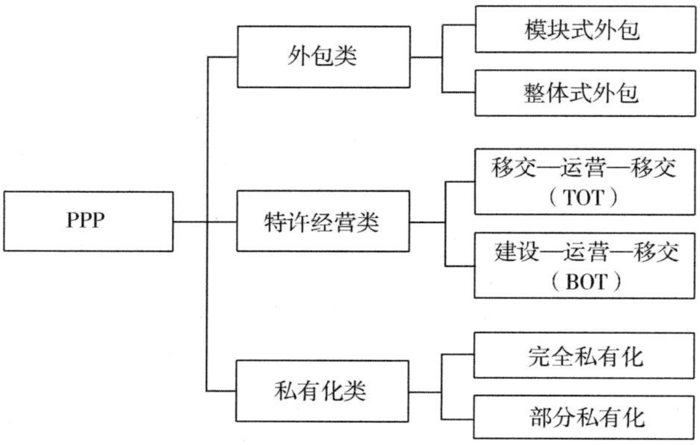

图1-9 世界银行关于PPP的分类（一）

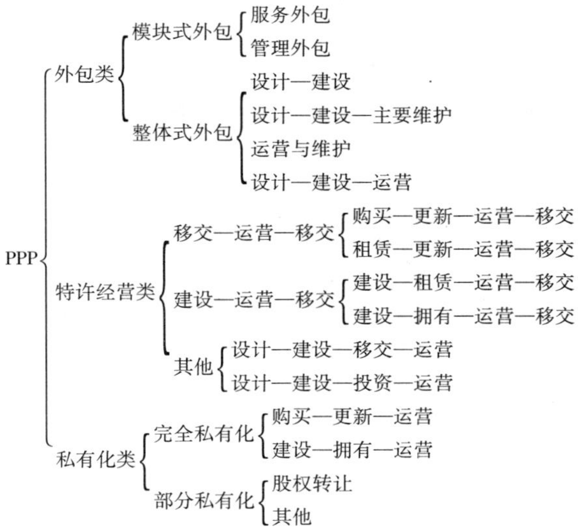

图 1-10　世界银行关于 PPP 的分类（二）

（1）外包类。PPP 项目一般是由政府投资，私人部门承包整个项目中的一项或几项职能，例如只负责工程建设，或者受政府之托代为管理维护设施或提供部分公共服务，并通过政府付费实现收益。在外包类 PPP 项目中，私人部门承担的风险相对较小。

（2）特许经营类。项目需要私人参与部分或全部投资，并通过一定的合作机制与公共部门分担项目风险、共享项目收益。

（3）私有化类。PPP 项目需要私人部门负责项目的全部投资，在政府的监管下，通过向用户收费收回投资实现利润。由于私有化类 PPP 项目的所有权永久归私人拥有，并且不具备有限追索的特性，因此私人部门在这类 PPP 项目中承担的风险最大。

根据项目的实际收益情况，公共部门可能会向特许经营公司收取一定的特许经营费或给予一定的补偿，这就需要公共部门协调好私人部门的利润和项目的公益性两者之间的平衡关系，因而特许经营类项目能否成功在很大程度上取决于政府相关部门的管理水平。通过建立有效的监管机制，特许经营类项目能充分发挥双方各自的优势，节约整个项目的建设和经营成本，同时还能提高公共服务的质量。项目的资产最终归公共部门保留，故一般存在使用权和所有权的移交过程，即合同结束后要求私人部门将项目使用权或所有权移交给公共部门。

1.4.2　PPP 的运营

在发达国家，PPP 的应用范围很广泛，既可以用于基础设施的投资建设（如水厂、电厂、核电站），也可以用于很多非营利设施的建设（如监狱、学校等），其开发全过程如图 1-11 所示。北京正准备大规模地进行政府办公新区建设和城市交通铁路建设，PPP 模式同样是最有效的方式。

1. 主要优点

在于将市场机制引进了基础设施的投融资。不是所有城市基础设施项目都是可以商业化的，应该说大多数基础设施是不能商业化的。政府不能认为通过市场机制运作基础设施项目

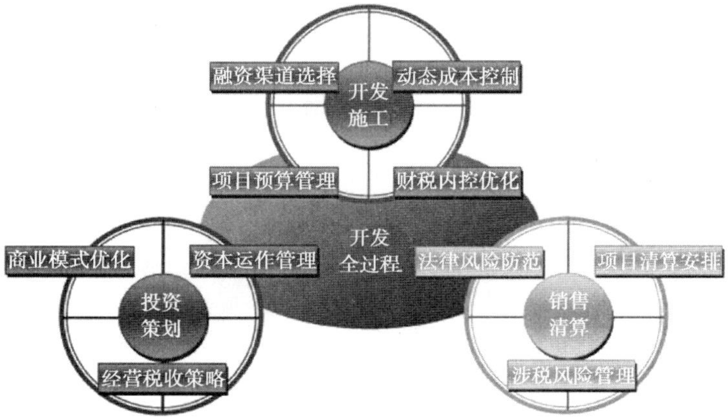

图 1-11　PPP 开发全过程简图

等于政府全部退出投资领域。在基础设施市场化过程中，政府将不得不继续向基础设施投入一定的资金。对政府来说，在 PPP 项目中的投入要小于传统方式的投入，两者之间的差值是政府采用 PPP 方式的收益。PPP 主要优点如图 1-12 所示。

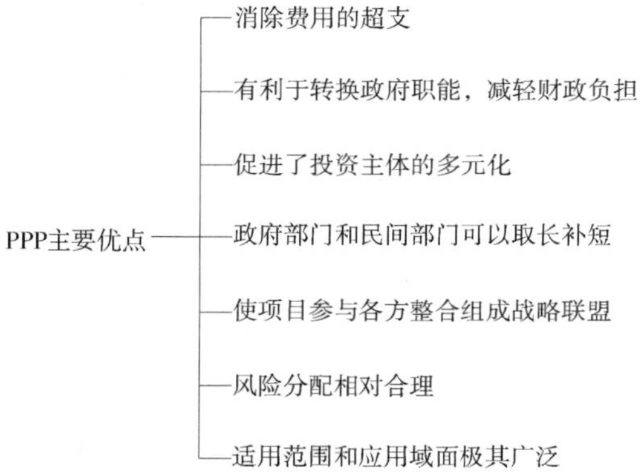

图 1-12　PPP 主要优点

（1）消除费用的超支。在初始阶段私人企业与政府共同参与项目的识别、可行性研究、设施和融资等项目建设过程，保证了项目在技术和经济上的可行性，缩短了前期工作周期，使项目费用成本降低。在 PPP 模式下，只有当项目已经完成并得到政府批准使用后，私营部门才能开始获得收益，因此 PPP 模式有利于提高效率和降低工程造价，能够消除项目完工风险和资金风险。研究表明，与传统的融资模式相比，PPP 项目平均为政府部门节约约为 17% 的费用，且大大提高了建设能按时完成的可能性。

（2）有利于转换政府职能，减轻财政负担。政府可以从繁重的事务中脱身出来，从过去的基础设施公共服务的提供者变成一个监管的角色，从而保证项目开发的整体质量，也可以在财政预算方面减轻压力。

（3）促进了投资主体的多元化。利用私营部门能为政府部门提供更多的资金和技能，促进了投融资体制改革。同时，私营部门参与项目还能推动在项目设计、施工、设施管理过程等方面的革新，提高办事效率，传播最佳管理理念和经验。

（4）政府部门和民间部门可以取长补短。发挥政府公共机构和民营机构各自的优势，弥补对方身上的不足。双方可形成互利的长期目标，可以最有效的成本为公众提供高质量的服务。

（5）使项目参与各方整合组成战略联盟。战略联盟就是两个或两个以上的企业或跨国公司为达到共同的战略目标而采取的相互合作、共担风险、共享利益的联合行动。PPP 模式对协调各方不同的利益目标起着关键性作用。

（6）风险分配相对合理。PPP 在项目初期就可以实现风险分配，同时由于政府分担一部分风险，使风险分配更合理，减少了承建商与投资商风险，从而降低了融资难度，提高了项目融资成功的可能性。政府在分担风险的同时也拥有一定的控制权。

（7）适用范围和应用域面极其广泛。该模式突破了引入私人企业参与公共基础设施项目组织机构的多种限制，可适用于城市化各类市政公用事业及道路、铁路、机场、医院、学校等的建设。2015 年国家发展改革委、国家开发银行联合印发《关于推进开发性金融支持政府和社会资本合作有关工作的通知》（发改投资〔2015〕445 号），对发挥开发性金融积极作用、推进 PPP 项目顺利实施等工作提出了具体要求：各地发展改革部门要加强协调，积极引入外资企业、民营企业、中央企业、地方国企等各类市场主体，灵活运用基金投资、银行贷款、发行债券等各类金融工具，推进建立期限匹配、成本适当以及多元可持续的 PPP 项目资金保障机制；加强与开发银行等金融机构的沟通合作，及时共享 PPP 项目信息，协调解决项目融资、建设中存在的问题和困难，为融资工作顺利推进创造条件。

2. 必要条件

（1）政府支持：政府部门的大力支持。在 PPP 模式中公共民营合作双方的角色和责任会随项目的不同而有所差异，但政府的总体角色和责任——为大众提供最优质的公共设施和服务——却是始终不变的。PPP 模式是提供公共设施或服务的一种比较有效的方式，但并不是对政府有效治理和决策的替代。在任何情况下，政府均应从保护和促进公共利益的立场出发，负责项目的总体策划，组织招标，理顺各参与机构之间的权限和关系，降低项目总体风险等。

（2）健全法律：健全的法律法规制度。PPP 项目的运作需要在法律层面上对政府部门与企业部门在项目中需要承担的责任、义务和风险进行明确界定，保护双方利益。在 PPP 模式下，项目设计、融资、运营、管理和维护等各个阶段都可以采纳公共民营合作，通过完善的法律法规对参与双方进行有效约束，是最大限度发挥优势和弥补不足的有力保证。2015 年 6 月 1 日，我国《基础设施和公用事业特许经营管理办法》正式施行。该办法明确了在能源、交通、水利、环保、市政等基础设施和公用事业领域开展特许经营，境内外法人或其他组织均可通过公开竞争，在一定期限和范围内参与投资、建设和运营基础设施和公用事业并获得收益，确立了社会资本可参与特许经营权的制度性创新，业界均默认其为“PPP 基本法”。

（3）专业人才：专业化机构和人才的支持。PPP 模式的运作广泛采用项目特许经营权的方式，进行结构融资，这需要比较复杂的法律、金融和财务等方面的知识。一方面要求政策制定参与方规范化、标准化的 PPP 交易流程，对项目的运作提供技术指导和相关政策支持；另一方面需要专业化的中介机构和人才提供具体专业化的服务。

3. 积极意义

美国著名管理学家彼得·德鲁克（Peter Drucker）1955 年提出了“管理者角色”的概念，曾指出：“政府必须面对一个事实：政府的确不能做也不擅长社会或社区工作。”进入知识经济时代，资源的汲取与分配应该以高效率的方式进行。政府负责政策制定与规划，而将政策执行落实于民间社区或私营部门，这样不仅可以减轻政府长久以来的财政负担，又可将社区及民众力量引入公共服务的进程当中，以强化公民意识与社会认同感，同时提高了资源使用效能和建设、运营效率。因此，在现代化社会的发展进程中，PPP 的研究具有现实积极的意义。

1.5 PPP 发展方式

PPP 模式的典型结构为：政府部门或地方政府通过政府采购形式与由中标单位组成的特殊目的公司签订特许合同（特殊目的公司一般是由中标的建筑公司、服务经营公司或对项目进行投资的第三方组成的股份有限公司），由特殊目的公司负责筹资、建设及运营。政府通常与提供贷款的金融机构达成一个直接协议，这个协议不是对项目进行担保的协议，而是一个向借贷机构承诺将按与特殊目的公司签订的合同支付有关费用的协议，这个协议使特殊目的公司能比较顺利地获得金融机构的贷款。采用这种融资形式的实质是：政府通过给予私营公司长期的特许经营权和收益权来换取基础设施加快建设及有效运营。PPP 参与各方扮演的角色和主要目标见表 1-1。

表 1-1　PPP 参与各方扮演的角色和主要目标

参与方/发起人	扮演的角色	主要目标
项目发起人	投资者或/和专业服务供应商	通过项目的投资活动和经营活动，获取投资利润和其他利益
项目公司/实体	直接实施者	直接负责项目投资和管理，承担项目债务责任和项目风险，是项目实施的法律主体
债务资金方	商业银行、信贷机构、金融机构、基金机构、其他参与方等	金融机构获得稳定回报 参与方通过债务资金获得关联收入
政府	批准项目、特许经营权，资金和政策支持	推进政府与社会机构的合作 改善公共服务，获得民众支持
财务顾问/保证人/律师/专家	咨询、顾问，处理专业事务	确保项目顺利实施
公众用户	项目论证、听证，是公共产品和服务的最终使用者	获得高品质、高效率服务，物有所值

PPP 模式项目实施方案典型结构示意图如图 1-13 所示。

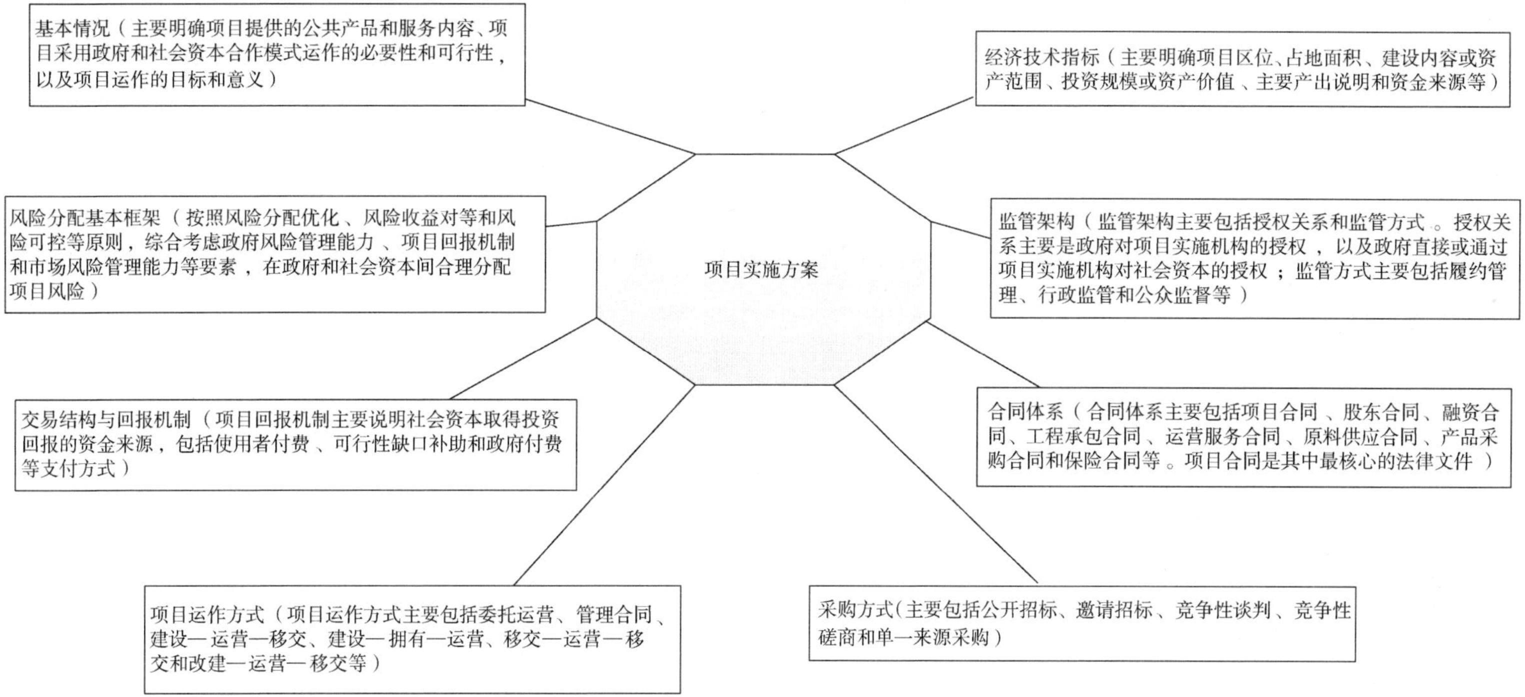

图1-13　PPP模式项目实施方案典型结构示意图

1. 现实应用

PPP 模式在各种工程领域被广泛采用，已经得到了普遍的响应和推动。1992 年英国最早应用 PPP 模式。英国 75% 的政府管理者认为 PPP 模式下的工程达到和超过价格与质量关系的要求，可节省 17% 的资金。80% 的工程项目按规定工期完成，常规招标项目按期完成的只有 30%；20% 未按期完成的，拖延时间最长没有超过 4 个月。同时，80% 的工程耗资均在预算之内，一般传统招标方式只能达到 25%；20% 超过预算的是因为政府提出调整工程方案。按照英国的经验，适于 PPP 模式的工程包括：交通（公路、铁路、机场、港口）、卫生（医院）、公共安全（监狱）、国防、教育（学校）、公共不动产管理。智利在国家为平衡基础设施投资和公用事业急需改善的背景下，于 1994 年引进 PPP 模式。结果是提高了基础设施现代化程度，并获得充足资金投资到社会发展计划。葡萄牙自 1997 年启动 PPP 模式，首先应用在公路网的建设上。至 2006 年的 10 年期间，公路里程比原来增加一倍。除公路以外，正在实施的工程还包括医院的建设和运营、修建铁路和城市地铁。巴西于 2004 年 12 月通过《公私合营（PPP）模式法案》，该法对国家管理部门执行 PPP 模式下的工程招标投标和签订工程合同做出具体的规定。据巴西计划部称，2004 ~ 2007 年四年发展规划中的 23 项公路、铁路、港口和灌溉工程作为 PPP 模式的首批招标项目，总投资 130. 67 亿雷亚尔。为促进中国基础设施建设项目的民营化，在中国基础设施建设领域引入 PPP 模式，具有极其重要的现实价值。政府认识到这些重要价值并为 PPP 模式在中国的发展提供了一系列的国家政策层面的强力性支持和法律法规层面的规范性支持。

2. 目标运作

PPP 模式的目标有两种：一是低层次目标，是指特定项目的短期目标；二是高层次目标。PPP 模式的组织形式非常复杂，既可能包括私人营利性企业、私人非营利性组织，同时还可能包括公共非营利性组织（如政府）。合作各方之间不可避免地会产生不同层次、类型的利益和责任的分歧。只有政府与私人企业形成相互合作的机制，才能使得合作各方的分歧模糊化，在求同存异的前提下完成项目的目标。PPP 模式的机构层次就像金字塔一样。金字塔顶部是项目所在国的政府，是引入私人部门参与基础设施建设项目的有关政策的制定者。项目所在国政府对基础设施建设项目有一个完整的政策框架、目标和实施策略，对项目的建设和运营过程的参与各方进行指导和约束。金字塔中部是项目所在国政府有关机构，负责对政府政策指导方针进行解释和运用，形成具体的项目目标。金字塔的底部是项目私人参与者，通过与项目所在国政府的有关部门签署一个长期的协议或合同，协调本机构的目标、项目所在国政府的政策目标和项目所在国政府有关机构的具体目标之间的关系，尽可能使参与各方在项目进行中达到预定的目标。这种模式一个最显著的特点就是项目所在国政府或者所属机构与项目的投资者和经营者之间的相互协调及其在项目建设中发挥的作用。PPP 模式是一个完整的项目融资概念，但并不是对项目融资的彻底更改，而是对项目生命周期过程中的组织机构设置提出了一个新的模型。它是政府、营利性企业和非营利性企业基于某个项目而形成以“双赢”或“多赢”为理念的相互合作形式，参与各方可以达到与预期单独行动相比更为有利的结果。参与各方虽然没有达到自身理想的最大利益，但总收益却是最大的，实现了“帕累托效应”，即社会效益最大化，这显然更符合公共基础设施建设的宗旨。

PPP 融资中的投资者愿意提供从属性债务或者准股本资金。与股本资金相比，准股本资金具有下列主要特点：①在 PPP 融资安排中，对于项目公司的红利分配通常存在严格的限制，但是可以通过谈判，减少对准股本在这个方面的限制，尤其是对债务利息支付的限制。②准股本资金为投资者设计项目的法律结构提供了较大的灵活性：首先，作为债务，利息的支付可以抵税；其次，准股本资金的偿还可以不用考虑项目的税务结构，而股本资金偿还则会受到项目投资结构和税务结构的种种限制，其法律程序非常复杂。③实现政府财政负担和企业投资风险的平衡。专家称任何投资项目都是有风险的，政府违背承诺这种风险呈现高发态势，这需要政府与社会主体未雨绸缪，事先建立起“利益共享、风险共担、全程合作”的共同体体系，建立政府和企业间的利益补偿机制，使政府财政负担减轻，社会主体的投资风险减小。

1.6 PPP 融资模式

PPP 模式是公共基础设施建设中发展起来的一种优化的项目融资与实施模式，这是一种以各参与方的“双赢”或“多赢”为合作理念的现代融资模式。PPP 模式项目融资渠道如图 1-14 所示，PPP 融资模式如图 1-15 所示。

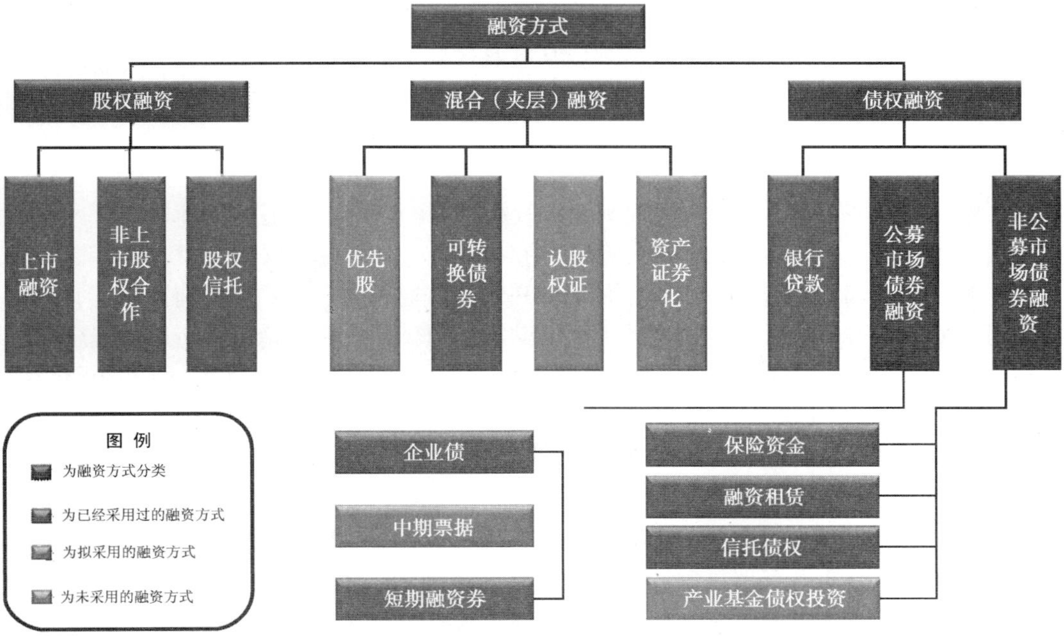

图 1-14　PPP 模式项目融资渠道示意图

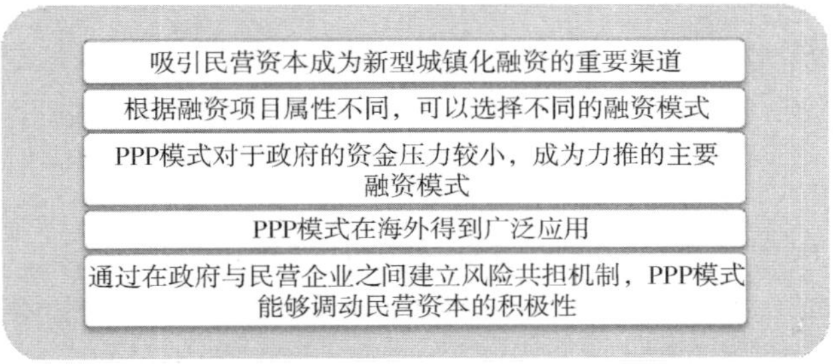

图 1-15　PPP 融资模式

由于PPP项目的债务率较高（一般在70%～90%），因此融资工具的便利性和丰富程度也是影响PPP项目成功与否的重要因素。此外，下列几款融资手段也可研用。

1. 商业银行贷款

在地方政府融资受限和偿还能力受质疑的情况下，商业银行将失去一大贷款投向。PPP的发展在满足新型城镇化所需基础设施的同时，也为商业银行提供了新的贷款投向，PPP也可以成为城投债的替代和延伸。商业银行在SPV组建过程中提供了无追索权或者有限追索权贷款，期限长、利率低。由于整个项目有良好的人流量保证，利润稳定，银行贷款的安全性也比较高。在具体信贷模式上可以采取项目融资、银团贷款、并购贷款等。

2. 银行理财借道支持

《商业银行理财业务监督管理办法（征求意见稿）》显示，监管层有意鼓励银行理财资金服务实体经济，虽然明确限制商业银行层层嵌套通道，但是商业银行通过信托等通道参与项目投资仍然是可行的。银行理财产品参与PPP项目主要通过与信托公司等金融机构合作，由银行募集资金，信托公司负责投资PPP项目。银行理财资金进入PPP项目主要通过项目公司增资扩股或者收购投资人股权，并作为机构投资人股东，获得固定回报，并不承担项目风险，只是名义上的股东。退出时有股权转让和直接减资两种方式：股权转让是指项目公司支付股权受让金；直接减资是由银行支付给信托公司资金，然后返还给银行理财账户，程序相对复杂。

3. 资产证券化

PPP项目资产证券化是指以项目未来收益权或特许经营权为保证的一种融资方式，因此资产证券化主要适合经营性项目和准经营性项目。由于PPP项目多数是公共基础设施项目，因此PPP项目可以带来稳定的现金流。同时，PPP项目通过收费方式收回前期投资，在项目开始前可以对项目进行充分尽职调查，而且公共项目由于使用价格稳定，所以其现金流可以很好地被预测。银行参与PPP项目的资产证券化，可以通过信托等通道，用表外资金购买PPP资产证券化产品。PPP项目具有较好的安全性、长期性等，可调节银行理财产品或资管计划的风险和久期；还可以参与PPP项目资产证券化的产品设计和承销。

4. 多级杠杆引入产业基金

该模式为近年来较为重要的融资模式创新。首先，以适当比例参与股权，充分发挥政府资金的引导作用。其次，与项目投资人共担风险，有利于提升投资人的投资信心。最后，社会资本引入具备独特优势的合伙人，充分提高项目投融资、建设和运营管理效率。理论上只要有风险和收益率设计合理的投资产品，这些公共基金完全有动力去投资，而一般而言，PPP并不缺少内部收益率在7%以上的项目。一些研究显示国际上一般BOT项目内部收益率普遍在10%～20%之内。

5. 其他融资方式

（1）股权融资。由银行撮合组成产业投资基金，产业投资基金投资者由机构和个人组成，然后参与PPP项目公司股权。

（2）保理融资。保理融资是指保理商买入基于贸易和服务形成的应收账款的业务，服务内容包括催收、管理、担保和融资等。保理融资用于PPP项目时，PPP项目公司将其在贸易和服务中形成的应收账款出售给商业银行，由商业银行拥有债权，并负责催收，此时PPP项目公司通过保理业务融资；另外一种是PPP项目公司的交易对手方在与PPP项目公司的贸易和服务中，形成应收账款，贸易商将债券转让给银行，由银行向 PPP 项目公司催收账款。

（3）融资租赁。PPP 项目公司与租赁商签订合同，由后者负责采购设备，然后租给 PPP 项目公司，此时租赁商拥有 PPP 项目公司一项债权，租赁商将其转让给商业银行，由商业银行负责向 PPP 项目公司收取租金。

（4）项目公司发行公司债券、企业债券、中期票据等中长期公募债券，也可发行项目收益债券以及发行定向融资工具等非公开发行债券。

针对以上投资手段，提出以下建议：

（1）加快完善 PPP 工作机制、配套政策等制度建设，保障私人部门利益。公共产品与服务项目通常前期投资额高，回报周期长，影响项目的因素多，收益不确定性大，私人部门在参与这些项目时会考虑进入后的风险。如果没有相应法律、法规保障私人部门利益，PPP 模式难以有效推广。

（2）建立公平的利益分配机制。PPP 模式内涵比较丰富，涉及多方利益，协调利益分配是实施 PPP 项目的关键点之一。公私双方不仅需要充分协商，就特许经营合同中的利益分配问题达成共识，以规避合作过程中因利益分配不均而产生的风险；而且要能够提出让彼此均认可的利益分配方案，是促进 PPP 项目双方积极合作的原动力。利益分配机制设计好后，还需要政府和私人部门签订完善的协议来约束双方行为。

（3）完善 PPP 项目的风险分担机制。PPP 项目面临的不确定因素较多，项目风险能在参与各方之间进行合理的分担，是 PPP 项目能顺利开展与实施的关键点之一。在签订合同时，制定好收益分配规则，均衡各方收益。如果私人部门从 PPP 项目获得利润较低，政府应根据合同对其进行补贴以保证合作继续，反之，若私人部门从 PPP 项目中获得超额利润时，政府可根据合同控制其利润水平。

（4）引入创新理念，探索多元化的 PPP 模式。PPP 模式的内涵是公共部门和私人部门在公共产品和服务供给领域的合作，因此只要能够保障公共产品和服务供给的数量和质量，同时降低其整个生命周期内的成本，就可以考虑创新性地引入新的机制，以更好地调动社会资本的积极性，保障 PPP 项目的推进。

（5）吸引民营资本成为新型城镇化融资的重要渠道。新型城镇化建设带来较大的资金缺口，因此，2013 年中央城镇化工作会议明确提出，“放宽市场准入，制定非公有制企业进入特许经营领域的办法，鼓励社会资本参与城市公用设施投资运营”。

1.7 PPP 项目“物有所值”评价体系浅议（PPP 评估）

何谓 PPP 物有所值？物有所值是确认和评估方案时使用的一种方法，用于比较一个项目采用 PPP 和传统采购模式的优劣。物有所值考虑的是项目全生命周期内不同方案的成本和风险，包括定性评估（可行性、合理性、可完成性）和定量评估（公共部门比较值）。物有所值评估结果一般作为是否采用 PPP 和确定风险分担的依据。

关于物有所值评价，在《PPP 物有所值评价指引（试行）》（财金〔2015〕167 号）中指出：中华人民共和国境内拟采用 PPP 模式实施的项目，应在项目识别或准备阶段开展物有所值评价。物有所值评价包括定性评价和定量评价。现阶段以定性评价为主，鼓励开展定量评价。

物有所值评价结论分为“通过”和“未通过”。“通过”的项目，可进行财政承受能力论证；“未通过”的项目，可在调整实施方案后重新评价，仍未通过的不宜采用 PPP 模式。

物有所值评价资料主要包括：（初步）实施方案、项目产出说明、风险识别和分配情况、存量公共资产的历史资料、新建或改扩建项目的（预）可行性研究报告、设计文件等。

1.7.1 《PPP 物有所值评价指引（试行）》

1. 物有所值定性评价

政府采购开展物有所值评价时，项目本级财政部门（或 PPP 中心）应会同行业主管部门，明确定性评价程序、指标及其权重、评分标准等基本要求。定性评价指标如图 1-16 所示。

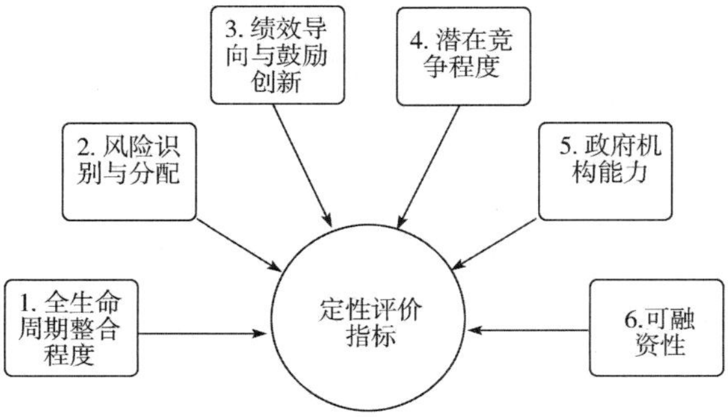

图 1-16　定性评价指标

定性评价指标包括全生命周期整合程度、风险识别与分配、绩效导向与鼓励创新、潜在竞争程度、政府机构能力、可融资性六项基本评价指标及补充指标。补充指标主要是六项基本评价指标未涵盖的其他影响因素，包括项目规模大小、预期使用寿命长短、主要固定资产种类、全生命周期成本测算准确性、运营收入增长潜力、行业示范性等。在各项评价指标中，六项基本评价指标权重为 80%，其中任一指标权重一般不超过 20%；补充指标权重为 20%，其中任一指标权重一般不超过 10%。

PPP 中心会同行业主管部门组织召开专家组会议，原则上，评分结果在 60 分（含）以上的，通过定性评价；否则，未通过定性评价。

2. 物有所值定量评价

定量评价是在假定采用 PPP 模式与政府传统投资方式产出绩效相同的前提下，通过对 PPP 项目全生命周期内政府方净成本的现值（PPP 值）与公共部门比较值（PSC 值）进行比较，判断 PPP 模式能否降低项目全生命周期成本，如图 1-17 所示。PSC 是假设项目由政府融资、拥有和运营，

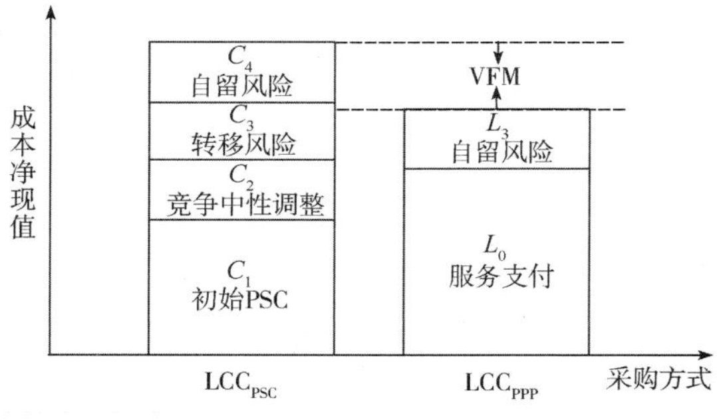

图 1-17　物有所值定量评价

并且能够运用最有效率的方式向公众提供产品或服务，再把政府和企业运作项目的区别和风险综合考虑进去的全项目生命周期现金流的净现值。

3. 财政承受能力论证

《政府和社会资本合作项目财政承受能力论证指引》要求，为确保财政中长期可持续性，财政部门应根据项目全生命周期内的财政支出、政府债务等因素，对部分政府付费或政府补贴的项目，开展财政承受能力论证，每年政府付费或政府补贴等财政支出不得超出当年财政收入的一定比例。PPP 项目全生命周期过程的财政支出责任，主要包括股权投资、运营补贴、风险承担、配套投入等。

政府 PPP 合作中心负责组织开展行政区域内 PPP 项目财政承受能力论证工作。省级财政部门负责汇总统计行政区域内的全部 PPP 项目财政支出责任，对财政预算编制、执行情况实施监督管理。财政承受能力论证采用定量和定性分析方法，坚持合理预测、公开透明、从严把关，统筹处理好当期与长远关系，严格控制 PPP 项目财政支出规模。

财政承受能力评估包括财政支出能力评估以及行业和领域平衡性评估。

（1）财政支出能力评估。这是根据 PPP 项目预算支出责任，评估 PPP 项目实施对当前及今后年度财政支出的影响。每一年度全部 PPP 项目需要从预算中安排的支出责任，占一般公共预算支出比例应当不超过 10%。省级财政部门可根据本地实际情况，因地制宜确定具体比例，并报财政部备案，同时对外公布。

（2）行业和领域均衡性评估。这是根据 PPP 模式适用的行业和领域范围，以及经济社会发展需要和公众对公共服务的需求，平衡不同行业和领域 PPP 项目，防止某一行业和领域 PPP 项目过于集中。

财政承受能力论证的结论分为“通过论证”和“未通过论证”。“通过论证”的项目，各级财政部门应当在编制年度预算和中期财政规划时，将项目财政支出责任纳入预算统筹安排。“未通过论证”的项目，则不宜采用 PPP 模式。

在财金〔2015〕167 号文出台之前，曾有一个征求意见稿，对实践具有指导、借鉴意义，两者中的物有所值差异比较如表 1-2 所示。

表 1-2　物有所值差异

序号	差异对比项	征求意见稿	财金〔2015〕167 号
1	定义	物有所值评价是判断是否采用 PPP 模式代替政府传统采购模式实施基础设施及公共服务项目的一种评估方法	物有所值评价是判断采用 PPP 模式代替政府传统投资运行模式提供公共服务项目的一种评价方法
2	开展阶段	定性分析在项目识别阶段开展，定量分析可在项目识别、准备、采购、执行和移交等阶段分别开展 在项目执行期内和移交后可对项目进行物有所值跟踪定量分析，并将分析结果纳入项目绩效评价体系	第四条，中华人民共和国境内拟采用 PPP 模式实施的项目，应在项目识别或者准备阶段开展物有所值评价 第三十七条，在 PPP 项目合作期内和期满后，项目本级财政部门（或 PPP 中心）应会同行业主管部门，将物有所值评价报告作为项目绩效评价的重要组成部分，对照进行统计和分析

（续）

序号	差异对比项		征求意见稿	财金〔2015〕167 号
3	评价结论		通过定性分析的项目，可列入当地 PPP 项目目录，进行物有所值定量分析；未通过定性分析的，不宜采用 PPP 模式 项目识别、准备和采购阶段分别进行物有所值定量分析，通过则进入下一环节，否则不宜采用 PPP 模式；执行和移交阶段的定量分析纳入项目绩效评价体系	应统筹定性分析和定量分析评价结论，做出物有所值评价结论。物有所值评价结论分为“通过”和“不通过”。“通过”的项目，可进行财政承受能力论证；“未通过”的项目，可在调整实施方案后重新评价，仍未通过的不宜采用 PPP 模式
4	定性评价	基本指标	全生命周期整合潜力、风险识别与分配、绩效导向、潜在竞争程度、鼓励创新、政府机构能力和政策采购政策落实潜力七项指标	定性评价指标包括全生命周期整合潜力、风险识别与分配、绩效导向与鼓励创新、潜在竞争程度、政府机构能力、可融资性六项基本评价指标
		附加指标	项目规模、项目资产寿命、项目资产种类、全生命周期成本估计准确性、法律和政策环境、资产利用及收益和融资可行性等	主要是六项基本评价指标未涵盖的其他影响因素，包括项目规模大小、预期使用寿命长短、主要固定资产种类、全生命周期成本测算准确性、运营收入增长潜力、行业示范性等
		指标权重	全生命周期整合潜力（15%）、风险识别与分配（15%）、绩效导向（15%）、潜在竞争程度（15%）、鼓励创新（5%）、政府机构能力（5%）、政策采购政策落实潜力（10%），如表 1-3 所示。附加指标自行确定	在各项评价指标中，六项基本评价指标权重为 80%，其中任一指标权重一般不超过 20%；补充性指标权重为 20%，其中任一指标权重一般不超过 10%
		评分标准	如表 1-4 所示	每项指标评分分为五个等级。即有利、较有利、一般、较不利、不利，对应分值分别为 81 ~ 100 分、61 ~ 80 分、41 ~ 60 分、21 ~ 40 分、0 ~ 20 分

表 1-3　PPP 项目物有所值定性分析专家评分表

指标		权重	评分
基本指标	①全生命周期整合潜力	15%	
	②风险识别与分配	15%	
	③绩效导向	15%	
	④潜在竞争程度	15%	
	⑤鼓励创新	5%	
	⑥政府机构能力	5%	
	⑦政府采购政策落实潜力	10%	
	基本指标小计	80%	

（续）

指标		权重	评分
附加指标（不少于三项）			
	附加指标小计	20%	
合计		100%	

专家签字：

年 月 日

表 1-4 PPP 项目物有所值定性分析评分参考标准

编号	指标	评分参考标准
1	全生命周期整合潜力	●81～100 分：项目资料表明，设计、融资、建造和全部运营、维护将整合到一个合同中；对于存量项目采用 PPP 模式，至少将融资和全部运营、维护整合到一个合同中 ●61～80 分：项目资料表明，设计、融资和建造以及核心服务或大部分非核心服务的运营、维护将整合到一个合同中；对于存量项目采用 PPP 模式，至少将融资和核心服务以及大部分非核心服务的运营、维护整合到一个合同中 ●41～60 分：项目资料表明，设计、融资、建造和维护等将整合到一个合同中，但不包括运营；或融资、建造、运营和维护等将整合到一个合同中，但不包括设计；对于存量项目采用 PPP 模式，仅运营和维护将整合到一个合同中 ●21～40 分：项目资料表明，融资、建造和维护等将整合到一个合同中，但不包括设计和运营 ●0～20 分：项目资料表明，设计、融资、建造三个或其中更少的环节将整合到一个合同中
2	风险识别与分配	●81～100 分：项目资料表明，已进行较为深入的风险识别工作，预计其中的绝大部分风险或全部主要风险将在政府与社会资本合作方之间明确和合理分配 ●61～80 分：项目资料表明，已进行较为深入的风险识别工作，预计其中的大部分主要风险可以在政府与社会资本合作方之间明确和合理分配 ●41～60 分：项目资料表明，已进行初步的风险识别工作，预计这些风险可以在政府与社会资本合作方之间明确和合理分配 ●21～40 分：项目资料表明，已进行初步的风险识别工作，预计这些风险难以在政府与社会资本合作方之间明确和合理分配 ●0～20 分：项目资料表明，尚未开展风险识别工作，或没有清晰识别风险
3	绩效导向	●81～100 分：绝大部分绩效指标符合项目具体情况，全面合理，清晰明确 ●61～80 分：大部分绩效指标符合项目具体情况，全面合理，清晰明确 ●41～60 分：绩效指标比较符合项目具体情况，但不够全面和清晰明确，缺乏部分关键绩效指标 ●21～40 分：已设置的绩效指标比较符合项目具体情况，并且明确，但主要关键绩效指标未设置 ●0～20 分：未设置绩效指标或绩效指标不符合项目具体情况，不合理、不明确

（续）

编号	指标	评分参考标准
4	潜在竞争程度	●81～100分：项目将引起社会资本（或其联合体）之间竞争的潜力大且已存在明显的证据或迹象，例如参与项目推介会的行业领先的国内外企业数量较多 ●61～80分：项目将引起社会资本（或其联合体）之间竞争的潜力较大，预期后续通过采取措施可进一步提高竞争程度 ●41～60分：项目将引起社会资本（或其联合体）之间竞争的潜力一般，预期后续通过采取措施可提高竞争程度 ●21～40分：项目将引起社会资本（或其联合体）之间竞争的潜力较小，预期后续通过采取措施有可能提高竞争程度 ●0～20分：项目将引起社会资本（或其联合体）之间竞争的潜力小，预期后续不大可能提高竞争程度
5	鼓励创新	●81～100分：项目产出说明提出了较为全面、清晰和可测量的产出规格要求，没有对如何交付提出要求 ●61～80分：项目的产出规格要求较为全面、清晰和可测量，并对如何交付提出了少量要求 ●41～60分：项目的产出规格要求不够全面、清晰和可测量，并对如何交付提出了少量要求 ●21～40分：项目的产出规格要求不够全面、清晰和可测量，并对如何交付提出了较多要求 ●0～20分：项目的产出说明基本上没有明确产出规格要求，或主要对如何交付进行了要求
6	政府机构能力	●81～100分：政府具备较为全面、清晰的PPP理念，且本项目相关政府部门及机构具有较强的PPP能力 ●61～80分：政府的PPP理念一般，但本项目相关政府部门及机构具有较强的PPP能力 ●41～60分：政府的PPP理念一般，且本项目相关政府部门及机构的PPP能力一般 ●21～40分：政府的PPP理念较欠缺，且本项目相关政府部门及机构的PPP能力较欠缺且不易较快获得 ●0～20分：政府的PPP理念欠缺，且本项目相关政府部门及机构的PPP能力欠缺且难以获得
7	政府采购政策落实潜力	●81～100分：项目有效落实政府采购政策的潜力很大，预计后续通过进一步采取措施确定能够实现 ●61～80分：项目有效落实政府采购政策的潜力较大，预计后续通过进一步采取措施可增强落实性 ●41～60分：项目有效落实政府采购政策的潜力一般，预计后续通过采取措施可增强落实性 ●21～40分：项目有效落实政府采购政策的潜力较小，预计后续通过采取措施有可能提高落实性 ●0～20分：项目有效落实政府采购政策的潜力小 （注：此处的政府采购政策主要是指促进内资企业和中小企业发展、国外技术转让、节能环保、绿色低碳，以及必要时限制外资参与项目等政策）

（续）

编号	指标	评分参考标准
8	项目规模	●81～100分：新建项目的投资或存量项目的资产公允价值在10亿元以上 ●61～80分：新建项目的投资或存量项目的资产公允价值介于2亿元到10亿元之间 ●41～60分：新建项目的投资或存量项目的资产公允价值介于1亿元到2亿元之间 ●21～40分：新建项目的投资或存量项目的资产公允价值介于5000万元到1亿元之间 ●0～20分：新建项目的投资或存量项目的资产公允价值小于5000万元 （注：可根据具体项目的类型、所在地区等因素重新设定金额大小）
9	项目资产寿命	●81～100分：资产的预期使用寿命大于40年 ●61～80分：资产的预期使用寿命为31～40年 ●41～60分：资产的预期使用寿命为21～30年 ●21～40分：资产的预期使用寿命为11～20年 ●0～20分：资产的预期使用寿命小于10年 （注：可根据具体项目的类型、所在地区等因素重新设定年限长短）
10	项目资产种类	●81～100分：项目的资产种类在三个以上 ●61～80分：项目是两类较复杂或技术要求较高资产的组合 ●41～60分：项目是两类中等复杂程度资产的组合，或者是若干个同类资产打包项目 ●21～40分：项目是两类复杂程度较低资产的组合，或者项目是一个较为复杂的资产 ●0～20分：项目只包括一个较为简单的资产
11	全生命周期成本估计准确性	●81～100分：项目相关信息表明，项目的全生命周期成本已被很好地理解和认识，并且被准确预估的可能性很大 ●61～80分：项目相关信息表明，项目的全生命周期成本已被较好地理解和认识，并且被准确预估的可能性较大 ●41～60分：项目相关信息表明，项目的全生命周期成本已被较好地理解和认识，但尚无法确定能否被准确预估 ●21～40分：项目相关信息表明，项目的全生命周期成本理解和认识还不够全面清晰 ●0～20分：项目相关信息表明，项目的全生命周期成本基本上没有得到理解和认识
12	法律和政策环境	●81～100分：项目采用PPP模式符合现行法律法规规章和政策等的要求，甚至存在鼓励政策 ●61～80分：项目采用PPP模式受到现行法律法规规章和政策等的个别限制，并且可以较为容易地解决 ●41～60分：项目采用PPP模式受到现行法律法规规章和政策等的个别限制，并且解决的可能性很大 ●21～40分：项目采用PPP模式受到现行法律法规规章和政策等的少量限制，但解决的可能性很大 ●0～20分：项目采用PPP模式受到现行法律法规规章和政策等的严格限制

（续）

编号	指标	评分参考标准
13	资产利用及收益	●81～100分：预计社会资本在满足公共需求的前提下，非常有可能充分利用资产增加额外收入 ●61～80分：预计社会资本在满足公共需求的前提下，较有可能充分利用资产增加额外收入 ●41～60分：预计社会资本在满足公共需求的前提下，利用项目资产增加额外收入的可能性一般 ●21～40分：预计社会资本利用项目资产获得额外收入的可能性较小 ●0～20分：预计社会资本利用项目资产获得额外收入的可能性非常小
14	融资可行性	●81～100分：预计项目对金融机构的吸引力很高，或已有具备强劲实力的金融机构明确表达了对项目的兴趣 ●61～80分：预计项目对金融机构的吸引力较高 ●41～60分：预计项目对金融机构的吸引力一般，通过后续进一步准备，可提高吸引力 ●21～40分：预计项目对金融机构的吸引力较差，通过后续进一步准备，可提高吸引力 ●0～20分：预计项目对金融机构的吸引力很差

资料来源：北京博思远略咨询有限公司。

1.7.2 物有所值定量分析流程

国际上常用的物有所值评价方法主要包括两类：

（1）成本效益分析法。该法通过比较项目的全部成本和效益来评估项目价值，用以寻求在投资决策上以最小的成本获得最大的效益，通常用于评估需要量化社会效益的公共事业项目的价值。在不同国家或不同部门，成本效益分析法在收益率的确定、指标选择、评价项目等具体方面存在一定的差别。例如在评价指标的选择方面，成本现值、收益现值、净现值、收益成本比等都可以作为评价指标。目前较多的做法是将净现值（NPV）作为评价指标，即所有收益现值与成本现值之差。也就是说，应用成本效益分析法，需要对每一个方案的所有成本和收益进行量化，并计算其现值。

（2）公共部门参照标准法（即采用PSC值）。公共部门参照标准是政府在参照类似项目的基础上，根据项目的实际情况制定出的政府提供项目的标杆成本，将PPP下的全生命周期成本与此标杆成本进行比较，来进行项目决策。英国、澳大利亚、日本、荷兰等国都采用PSC来进行物有所值评价。物有所值评估应当将定性分析和定量分析结合起来，在综合评估的基础上，确定项目采购模式。定性分析通常通过问卷调查和专家咨询的方式进行，侧重于考察项目的潜在发展能力、可能实现的期望值以及项目的可完成能力。根据定性评估的结果判断是否需要进行定量评估。如果定性评估的结果认为项目不适合采用PPP，就可以直接采用传统采购模式，不需要再进行定量评估。

物有所值定量分析流程图如图1-18所示。

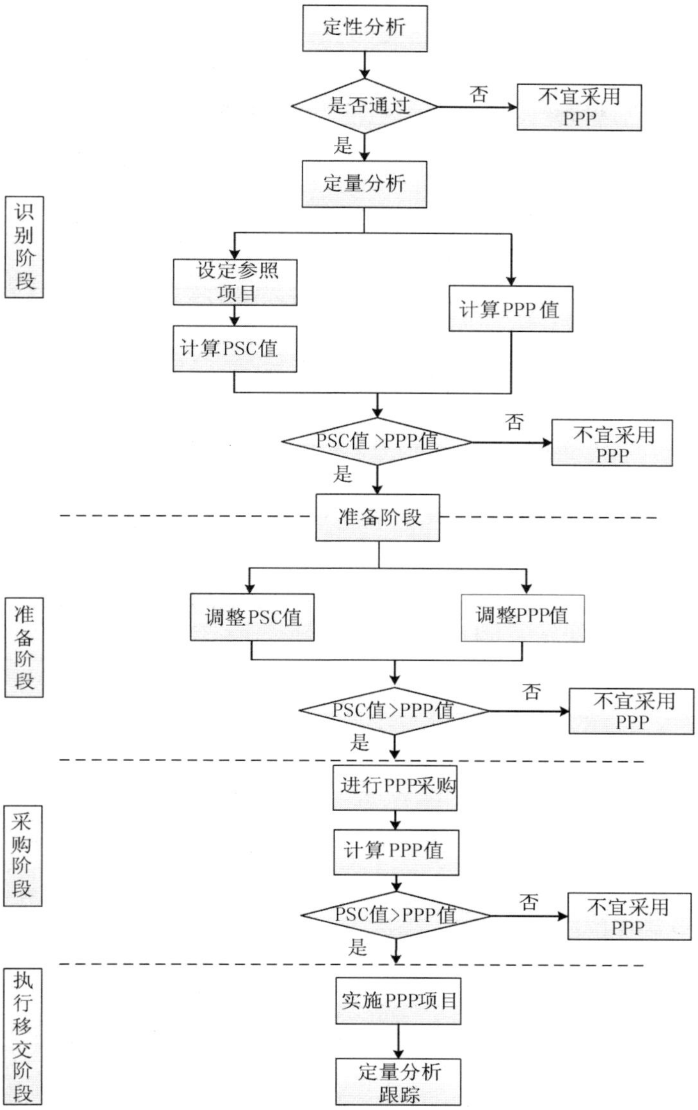

图 1-18　物有所值定量分析流程图

1.7.3　物有所值评价要素及评价标准

物有所值评价要素及评价标准如表 1-5 所示。

表 1-5　物有所值评价要素及评价标准

	评价要素	评分标准及相关性
1	项目规模	按建设投资额分档计分。规模越大，得分越高
2	资产寿命	按预期使用寿命期限分档计分。使用寿命越长，得分越高
3	资产复杂性	按不同类别资产或独特性资产组合分档计分。资产越复杂，得分越高
4	场地类型	按照场地类型和风险划分难易度分档计分。场地类型越简单，得分越高

（续）

	评价要素	评分标准及相关性
5	创新潜力	按照产出说明而非投入要求，为创新留出空间。创新潜力越大，得分越高
6	合同整合	按照整合潜力所产生的物有所值的可能性来分档计分。整合程度越高，得分越高
7	运营和维护要求	长期运营和维护要求的稳定性和可预见性越强，得分越高
8	绩效指标	按照能否建立并监测关键绩效指标分档计分。绩效指标越明确具体，得分越高
9	全生命周期成本	全生命周期成本预测越准确，得分越高
10	项目收入	项目第三方收入不是PPP成功的必要条件，但可以减轻公共部门的负担。第三方收入越多，得分越高
11	私营部门实力	为确保投标竞争环境和私营部门能履行职能和管理风险，按参加企业数量分档计分。有能力参与的企业越多，得分越高
12	市场先例	按照有无类似项目（投资规模和项目范围）分档计分。先例越多，得分越高
13	风险管理	按照项目风险在政府和社会资本之间的分配合理度分档计分。分配越合理，得分越高
14	财政承受力	按照政府为该项目准备财政资金的充裕度分档计分。财政承受能力越大，得分越高
15	政府管理能力	按照政府实施机构是否具有PPP项目的管理能力和相关经验分档计分。政府管理PPP项目的能力越强，得分越高
16	政府问责	按照公共产品或服务是否完全能由社会资本提供和需要政府监督的程度分档计分。问责要求越小，得分越高
17	法律环境	按照政策与法律是否有限制及解决问题的难易度分档计分。法律环境越适宜，得分越高
18	资产利用	按照单一设施能否支持多种收入来源分档计分。资产利用越充分，得分越高

1.8 PPP项目管理

1.8.1 中国公司适宜的PPP项目管理组织架构和职能（图1-19）

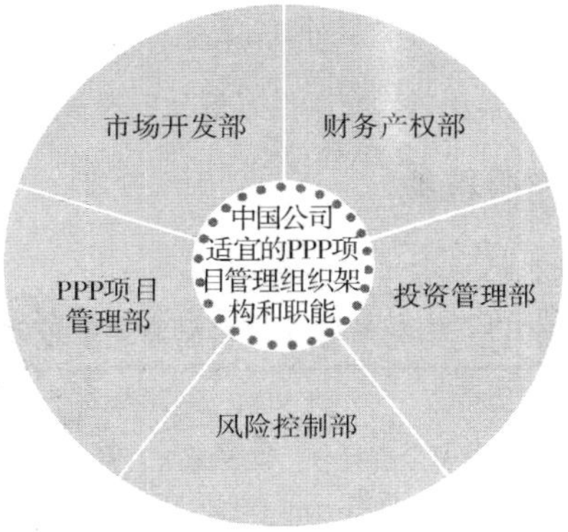

图1-19 中国公司适宜的PPP项目管理组织架构和职能

（1）市场开发部。承担和负责PPP项目信息的收集跟踪、立项、推进、尽职调查、投标决标；组织各个环节的评审；牵头谈判小组主合同谈判工作及签约工作。

（2）财务产权部。承担和负责 PPP 项目财务分析评价、融资方案的制定及融资合同的谈判签署、资金的筹措及支付审核，参与各环节的评审。

（3）投资管理部。承担和负责 PPP 项目的投融资管理及其经济分析，参与 PPP 项目各阶段各环节的评审。

（4）风险控制部。承担和负责 PPP 项目的风险分析及其控制，参与 PPP 项目各阶段各环节的评审工作。

（5）PPP 项目管理部。承担和负责 PPP 项目的项目履约管理；参与 PPP 项目开发、项目融资、合同拟定、评审及谈判工作。

1.8.2 管理方式

PPP 管理模式的运行具有三个重要特征：伙伴关系、利益共享和风险分担。

1. 伙伴关系

伙伴关系是 PPP 的首要特征。它强调各个参与方平等协商的关系和机制，这是 PPP 项目的基础所在。伙伴关系必须遵从法治环境下的“契约精神”，建立具有法律意义的契约伙伴关系，即政府和非政府的市场主体以平等民事主体的身份协商订立法律协议，双方的履约责任和权益受到相关法律、法规的确认和保护。

2. 利益共享

PPP 项目一般具有很强的公益性，同时也具有较高的垄断性（特许经营特征）。建立利益共享机制，即政府和社会资本之间共享项目所带来利润的分配机制是 PPP 项目的第二个基本特征。PPP 项目的标准至少包括两个，即政府公共投资的项目和由社会资本参与完成的该政府公共投资项目，包括建设和运营。PPP 项目中政府和非政府的市场主体应当在合作协议中确立科学合理的利润调节机制，确保社会资本按照协议规定的方式取得合理的投资回报，避免项目运营中可能出现的问题造成社会资本无法收回投资回报或者使得政府违约。PPP 以“风险共担、利益共享、合理利润”为基准优化利益调节机制，表现为价格的利益分配，一般不宜用涨价方式实现必要的利益调整，需要政府综合考虑以其他方式（如补助方式）做出必要替代。

3. 风险分担

伙伴关系不仅意味着利益共享，还意味着风险分担。PPP 模式中合作双方的风险分担更多是考虑双方风险的最优应对、最佳分担，尽可能做到每一种风险都能由最善于应对该风险的合作方承担，进而达到项目整体风险的最小化。要注重建立风险分担机制。风险分担原则旨在实现整个项目风险的最小化，要求合理分配项目风险，项目设计、建设、融资、运营维护等商业风险原则上由社会资本承担，政策、法律和最低需求风险等由政府承担。

1.8.3 PPP 项目分级分类参考

1. 按项目规模及特点分类

据 PPP 项目交易结构的特点，将 PPP 项目分为政府回购型与投资持有型两类。按项目规模、实施模式及授权类型再将每类项目细分为 5 级，如表 1-6 所示。

表 1-6　项目分级参考

序号	项目合同金额 P/亿元	项目实施模式	项目级别
一、投资持有型			
1	$P \geqslant 100$	多家企业参与实施	特级
		子企业独立实施	一级
2	$40 \leqslant P < 100$	多家企业参与实施	二级
		子企业独立实施	三级
3	$P < 40$	子企业独立实施	四级
二、政府回购型			
1	$P \geqslant 100$	多家企业参与实施	一级
		子企业独立实施	二级
2	$40 \leqslant P < 100$	多家企业参与实施	三级
		子企业独立实施	四级
3	$P < 40$	子企业独立实施	五级

2. 按照管控模式分类

（1）政府回购型项目。据 PPP 项目的特点及规模大小，管控模式基本分为三类：直接管控型、部分授权型、完全授权型。

1）直接管控型。PPP 项目管理部直接派驻人员组建项目公司，履行投资人职责并对工程建设进行监管，工程建设任务由子公司全权负责，PPP 项目管理部视情况引进项目管理公司。该模式项目规模最大、管理人员最多、管理深度最深。

2）部分授权型。PPP 项目管理部向项目公司派驻董事，掌控项目公司决策，项目公司其他人员由子公司派驻，工程建设任务由子公司全权负责。

3）完全授权型。PPP 项目管理部指定一名现场代表，项目公司及总承包部均有子公司负责组建及管理，子公司相对独立地履行 PPP 项目主合同的乙方权利与义务，对 PPP 项目实施全过程全方位管理。

（2）投资持有型项目。据投资持有型项目的交易结构特点，项目实施阶段的管控模式为代建管理型。项目建设期，PPP 项目管理部根据与投资公司签订的“委托代建协议”，主导组建项目公司，视具体情况而定引进项目管理公司，子公司具体实施工程建设任务，PPP 管理部按照“委托代建协议”的各项指标及要求进行监管，建设完成后移交投资公司运营，PPP 项目管理部退出项目公司，项目运营期由投资公司负责。

这里着重说明一下两级策划管理。两级策划是整个 PPP 项目管理体系的核心，也是 PPP 项目管理的重要手段。

根据 PPP 项目管理的特点，对 PPP 项目实行分级分类管理，通过两级策划（项目管理策划、项目实施规划）确定管控模式、理顺管理关系、明确管理要点、细化管理措施，通过计划管理、合同管理、资金管理三条主线实现对 PPP 项目的全面管控。

项目管理策划由 PPP 项目管理部编制，是 PPP 项目的管理原则，是子企业具体实施的纲领，充分体现了公司对 PPP 项目的管理思路。

1.8.4 建立健全 PPP 项目管理四大体系（图 1-20）

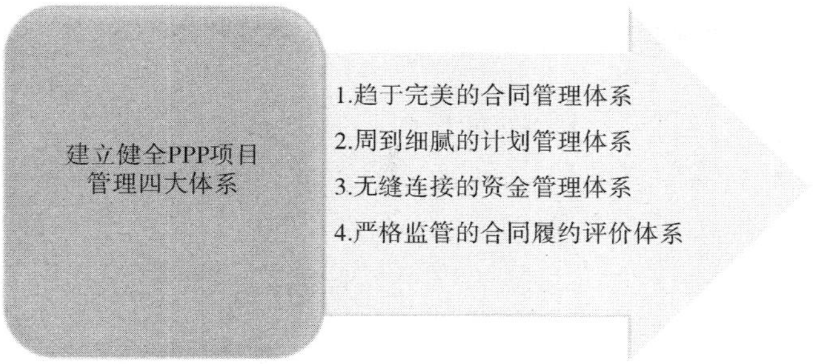

图 1-20　建立健全 PPP 项目管理四大体系

1. 趋于完美的合同管理体系

PPP 项目管理体系的重要组成部分便是合同管理体系，通过 PPP 项目主合同、管理协议、项目管理合同、设计承包合同、工程承包合同、专业工程分包合同、劳务分包合同等一系列的合同构建出 PPP 项目合同管理体系。

（1）PPP 项目主合同。这是与政府方或授权机构签订的 PPP 项目的各类合同，如投资人协议、投资建设合同或××项目 PPP 合同等。

（2）EPC/施工总承包合同。这是项目公司与总承包人（集团公司或子企业）签订的项目建设施工合同。

（3）补充协议。它包括两类：一是 PPP 合同的补充协议（即单项工程补充协议），主体是政府方与集团公司，主要是对 PPP 合同补充、完善、细化，尤其是对签订 PPP 合同时单项工程概预算、工期等进行具体约定；二是 EPC/施工总承包合同补充协议，主体是项目公司与总承包人，该补充协议对应单项工程补充协议，是合同体系的延续及承继。

（4）委托代建协议。投资公司与 PPP 项目管理部签订委托代建协议，明确项目投资概算和质量、工期目标，将建设管理任务委托 PPP 项目管理部。

（5）管理协议。这是 PPP 项目管理部与子公司签订的合同协议。这是 PPP 项目合同体系的重要组成部分，是 PPP 项目管理的核心内容，将双方各自应该做的事情及承担的责任以合同契约的形式进行体现。其中，全面详细地明确了 PPP 项目管理部与子公司的责权利，确定了管理费用的收取额度。

（6）项目管理合同。这是与项目管理公司签订的合同协议，该项目管理公司由 PPP 项目管理部选择及管理，负责 PPP 项目的工程建设及设计的现场管理。

（7）设计承包合同。这是 EPC 总承包合同中总承包方和设计方确定的设计分包商与总承包商签订的合同协议。

（8）工程承包合同。这是 PPP 项目中进行单体工程或者单项工程整体分包时签订的施工合同。根据情况，该承包商可以是子公司选择使用的分包单位，也可以是 PPP 项目管理部选择使用的与子公司共同承担项目施工任务的集团内部或外部承包商。

（9）专业工程分包合同。这是子公司或承包商进行专业工程分包时签订的施工合同。

（10）劳务分包合同。这是子公司或承包商依法进行劳务分包时签订的分包合同。

2. 周到细腻的计划管理体系

PPP 项目实施过程中，通过各类计划的制订与监控实现项目的目标管理，由项目开发计划、施工计划、经营计划、资金计划、融资计划、投资计划等一系列计划构建了计划管理体系。

（1）项目开发计划。这是由 PPP 项目管理部主导制订的分批次、分步骤进行项目开发建设的总体计划。该计划需要与政府方协商一致，是 PPP 项目管理部根据政府方已开工项目履约情况好坏，对后期单项工程进度节奏的把控及确定是否继续或暂停施工的决策体现。

（2）施工计划。这是由子公司编制的项目具体实施的计划，其内容包括进度计划、资源配置计划、产值计划、保障措施计划等。PPP 项目管理部对施工计划进行监控，检查其执行情况，发现偏离并提出整改要求。

（3）资金计划。这是由总承包部或子公司按月编制，项目公司审核汇总报 PPP 项目管理部，是根据政府方确认投资额、总承包部结算额以及根据进度计划和支付计划而制订的资金实际需求计划。

（4）融资计划。这是由项目公司按季编制，PPP 项目管理部汇总，以季度投资计划为依据而编制的用于融资的计划。该计划须经集团股份公司审批。

（5）投资计划。这是由 PPP 项目管理部编制，按照各 PPP 项目的施工计划、资金需求计划而编制的总体投资计划。

3. 无缝连接的资金管理体系

根据资金流向的不同环节，从融资管理、资金使用与监管、资金回收三个方面制定了工作制度及流程，明确了各参与主体的资金管理职责与范围。

（1）融资管理。PPP 项目管理部参与融资方案的制定，负责项目公司融资合同的签订与执行，负责审核项目公司融资计划并提交集团股份公司资金管理委员会审批。

（2）资金使用及监管。项目资金严格实行计划管理，项目公司支付按照 PPP 项目管理部审批后的计划执行。子公司资金计划由项目公司负责审核，并随同项目公司的资金支付计划报 PPP 项目管理部备案。PPP 项目管理部负责对项目公司及子公司资金使用情况进行监管。

（3）资金回收。资金回收责任在管理协议条款明确分解到各个参与主体，子公司负责落实政府付费签认、及时汇报政府履约情况等工作，项目公司负责督促政府将用于政府付费的财政资金及时注入共管账户，政府付费来源及担保条件的动态跟踪监督，以及款项回收。

4. 严格监管的合同履约评价体系

为确保 PPP 项目的顺利履约，需要对 PPP 项目各参与方的履约情况进行定期的跟踪分析，并形成考核评价，拟建立起 PPP 项目履约评价体系。从政府方评价、总承包单位评价、承（分）包单位评价三个方面。

（1）政府方评价。由 PPP 项目管理部派驻人员组建的项目公司负责组织，总承包单位配合，按照季度进行评价，评价内容为主合同中约定的政府方主要职责，主要包括施工协调及配套服务、项目开发进程安排的合理性、担保条件的落实、付费来源、政府回购款和投资回报、组织交工验收及项目移交工作等方面。评价结果作为项目后期进行市场开发及制订项目开发计划的重要因素。

（2）总承包单位评价。由 PPP 项目管理部派驻人员组建的项目公司负责组织，按照季度进行评价，评价内容为总承包单位的工程履约及项目管理情况，主要包括设计管理、安全生产管理、质量管理、进度管理、文明环保管理、结算支付管理、合同管理，以及组织机构设置及人员配置、风险监控管理、分包管理等方面，评价结果作为后期对总承包单位选择和履约奖励基金兑现的重要因素。

（3）承（分）包单位评价。由总承包项目部负责组织，按季度向 PPP 项目管理部上报履约评价资料，评价内容为各承（分）包商的工程履约情况，主要包括安全生产、施工进度、施工质量、投诉情况、劳务管理、文明施工、劳务工资发放情况等。评价结果将存档至各个承（分）包的资料中，作为对承（分）包商信誉、业绩的重要参考资料，并决定该承（分）包商能否继续进入集团公司的 PPP 项目承（分）包专库。

1.8.5 管理人员素质

PPP 模式项目的管理者当应具备更高的素质和能力。PPP 模式项目欲在激烈的竞争中立于不败之地并获持续健康的发展，打造卓越的项目管理者的领导力是一个“关键点”。

1.8.5.1 优秀管理者应具备的六大能力

优秀管理者应具备的六大能力如图 1-21 所示。

1. 沟通能力

PPP 项目参与者众多，为此，要求管理者具有较强的沟通能力。沟通是人与人之间、人与群体之间思想与感情的传递和反馈的过程，以求思想达成一致和感情的通畅。沟通是为了一个设定的目标，把信息、思想和情感在个人或群体间传递，并且达成共同协议的过程。它有三大要素：①要有一个明确的目标；②达成共同的协议；③沟通信息、思想和情感。沟通既是人际交流，也涉及组织之间的交流。沟通对于管理所具有的功能包括：信息传递、情感交流、控制功能。其要素包括沟通的内容、沟通的方法、沟通的动作。他应能倾听各方的心声。唯有如此，才不至于让上上下下离心离德，或者不乐意提出建设性的提议及需求，而管理者也可借由参与者们的认同感、理解程度及共鸣，得知自己的沟通技巧是否到位与成功。

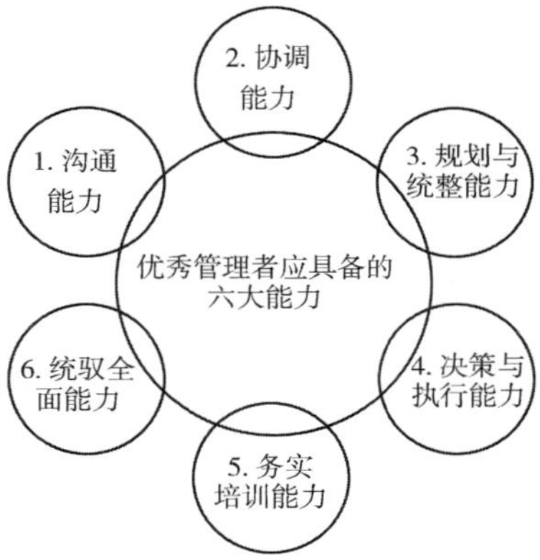

图 1-21　优秀管理者应具备的六大能力

2. 协调能力

这即和谐一致，配合得当，就是正确处理组织内外各种关系，为组织正常运转创造良好的条件和环境，促进组织目标的实现。管理者应该能敏锐地觉察参与者及其部属的情绪，并且建立疏通、宣泄的管道，出现问题，发现苗头，就应当机立断及时处理与排解。此外，管理者对于情节严重的冲突，或者可能会扩大对立面的矛盾事件，更要果决地加以解决。即使在状况不明、是非不清的时候，也应即时采取降温、冷却的手段，且在了解情况后，立刻以妥善、有效的策略化解冲突。只要把握消除矛盾的先发权和主动权，任何形式的矛盾和问题都能迎刃而解。

3. 规划与统整能力

管理者的规划能力，并非着眼于短期的策略规划，而是长期计划的制订。换而言之，卓越的管理者必须深谋远虑，而不能目光如豆，只看得见现在而看不到未来，而且要适时让PPP项目参与者了解公司的远景，才不会让员工迷失方向。特别是进行决策规划时，更要能妥善运用整合能力，有效地利用全员的智慧与既有资源，避免人力浪费。

4. 决策与执行能力

在科学化、民主化决策时代，虽然有许多事情以集体决策为宜，但是高层管理者仍常常须独立决策，包括分派工作、人力协调、化解纷争等，这往往考验着管理者的决断能力。

5. 务实培训能力

管理者必然渴望拥有一个实力坚强的工作团队，因此，培养复合型或专家型一类优秀人才，也就成为管理者的重要任务之一。PPP项目需要方方面面的车载斗量的人才，成就项目的成功，使该项事业更能负重致远地发展。

6. 统驭全面能力

什么叫统驭能力？就是统揽、统率、统领。驾驭工作和主宰全局的能力，是一种令被领导者折服的权威力量。有句话是这样说的："一个领袖不会去建立一个企业，但是他会建立一个组织来建立企业。"据此，当一个管理者的先决条件，就是要有能力建立团队，才能进一步建构企业。但无论管理者的角色再怎么复杂多变，赢得员工的信任都是首要的条件。

1.8.5.2 PPP项目的合格管理者应具备的基本条件

1. 基本素质：基本素质是管理者必须具有的基本能力

（1）作为社会企业的管理者，在思想上必须具备正确的人生观和价值观。同时，还要有高尚的道德情操和良好的职业道德信誉，所作所为要符合社会的道德规范和职业规范。人生观和价值观的重要性体现在管理者对关系到大是大非问题的重大抉择取舍上。

（2）管理者在企业中起着领导作用，这决定他们还必须具备宽广的胸怀、开放的心态、坚韧的毅力和意志力以及个人的自我控制力。在实际工作中，管理者面临着一个错综复杂的内外环境：不同的声音和观点、经营中存在的各种各样的风险、各种各样的诱惑等。面对这样的环境，要求管理者一定要有海纳百川的气魄、坚忍不拔的精神、"无欲则刚"的境界，还要在实际工作中建立起吐故纳新的机制，及时跟上外界的变化，也叫与时俱进，"胜不骄、败不馁"，坚信笑到最后的才是胜利者。

（3）要有扎实的基础知识，要不断地完善和学习新的知识。随着社会知识经济的发展，在社交、管理、决策、协调等方面的工作中，管理者必须具备专业的技能和人文社科等基础知识去更好地做这份工作。这一切都要求管理者不断加强知识的学习和素养的培养，学无止境，学以致用。

（4）企业管理者还应具有良好的心态和健康的体魄。现代企业在社会经济的激烈竞争当中，每天都在高压下前行，因此身体健康的同时，心理更要健康，乐观地对待生活和工作中的每一件事。

2. 专业素质

（1）PPP项目管理者要具有良好的沟通能力和合作精神。最重要的是管理好企业里的员工，只有同员工做好了双向沟通，才能使企业的管理在轻松愉快的氛围中进行，才能发挥团结的力量。要尊重他人、处事不骄不躁、遇事多用说服和感召。管理者要明白人性化管理，学会软硬结合、灵活有效。现代企业管理要求管理者往往是趋向于软化和活化，两只手去抓，一手硬，一手软，才能更好地发掘人的才智，更好地组织人力、物力和财力去推动工作前进。

（2）管理者一定要对所从事的管理工作给予极大的专注和热情。兴趣是最好的催化剂，管理者只有具有这种精神和态度，才能把自己的精力放在其中，最大限度地发挥其潜力，贡献自己的聪明才智。一个热情洋溢、充满激情的管理者肯定能感染周围的员工，让员工用同样的热情去对待工作。

（3）PPP 项目管理是一个较为复杂的综合性的学问。其实践性很强，有很多的技巧和知识，涉及很多的专业学科（如计划、组织、协调、控制等基础管理知识，市场营销、采购、服务、质量、财务、人力资源等业务管理知识，政治学、经济学、会计学、法学综合管理知识），这些都需要企业管理者在 PPP 项目管理实践中主动学习、不断钻研、持续提升。

（4）现代管理者要有效地动员 PPP 项目参与者和各企业全员。PPP 项目策划人、决策人、领头人，不仅需要好口才，还需要好文采。写作可以起到交流信息、交流思想、下达指令指示和提供指导、进行批评和表扬、具体陈述问题、提出建议和进一步的改进措施等作用，是必不可少的办公方式。一个称职的管理者会自己动手，反复斟酌和修改自己的材料，“笔杆子里打天下”。没有人天生就具备这些素质，要想成为一个成功的管理者，必须在管理实践中塑造和完善自己，根据实际需要与时俱进改变现有的管理方法，学会新的管理技巧，在 PPP 项目管理全过程中不断调整和充实自己，使自身的素质和修养跟上当代新潮流、新发展、新模式。

PPP 项目管理基本素质和基本能力如图 1-22 所示。

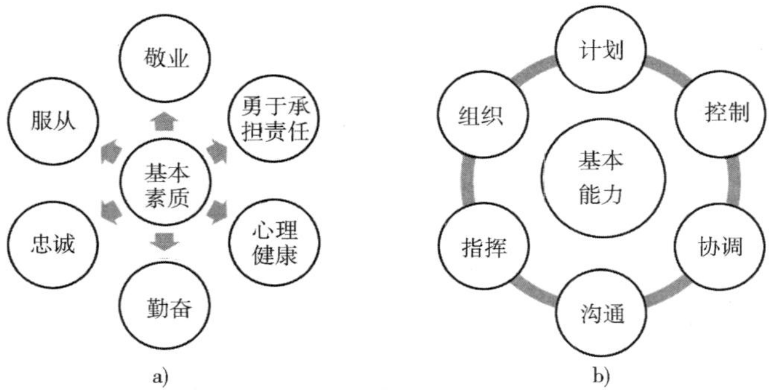

图 1-22　PPP 项目管理基本素质和基本能力

总之，领导力是一种能够激发团队成员热情与想象力的能力，也是一种能够统率团队成员全力以赴去完成目标的能力，是做好每一件事的核心。领导力可以被形容为一系列行为的组合，不是简单的服从。我们可以在各个层次、各个领域看到领导力，一个头衔或职务不能自动创造一个领导。美国前国务卿基辛格博士说：“领导就是要带领他的人，从他们现在的地方去还没有去过的地方。”所谓领导力，就是一种特殊的人际影响力，组织中的每一个人都会去影响他人，也要接受他人的影响，因此每个员工都具有潜在的和现实的领导力。在组织中，领导者和成员共同推动着团队向着既定的目标前进，从而构成一个有机的系统，在系统内部具有以下几个要素：领导者的个性特征和领导艺术，员工的主观能动性，领导者与员工之间的积极互动，组织目标的制定以及实现的过程。该系统是否正常取决于各要素能否协调地发展。而协调发展的关键就在于领导者和其他成员之间的互动，能否使领导行为双方互动形成统一的认识、情感和行为活动，是领导力正确发挥的必要条件。

新时代的领导者还必须有两个层级的思维和性情。一是在率领自己的精英团队时，应会挑选能以一当百的战友，充分发挥每个人的特长。二是懂得建立平台来整合各式各样的外部资源，建立起公平、公开且宽容的激励机制。最关键的是，其心中的核心信念是要让同伴们不畏惧失败。

1.8.6 管理者如何提升团队领导力

针对 PPP 项目必须构筑企业 PPP 核心团队。

1. 企业要发展，需要一个稳定、可靠的核心团队

管理学家斯蒂芬 P. 罗宾斯（Stephen P. Robbins）认为：团队就是由两个或者两个以上的相互作用、相互依赖的个体，为了特定目标而按照一定规则结合在一起的组织。这就是平时大家所说的“搭班子”。该团队的基本特点：一是团队以目标为导向；二是团队以协作为基础；三是团队需要共同的规范和方法；四是团队成员在技术或技能上形成互补。作为企业领导人，搭建一个优秀的核心团队是第一要务，也是领导力的一个重要体现，一个强有力的核心团队能够促使企业领导力的提升，是圆满地完成 PPP 项目各阶段工作任务的最基本保证。

2. 选择核心团队成员

企业领导者首先要面临的就是核心团队成员的选择问题。从来源上看，不外乎有内部培养和外部招聘两种方式。无论是自己带大的还是外聘的，核心团队成员必须拥有不同的层次和特长，才能使成员之间取长补短、互相配合，获得“1 +1 >2”的效果。如果在一个核心团队里大家的专长、能力和经验类似，那就意味着整个团队在其他很多重要的地方专长就越少，就会产生管理的“短板”。除了专长、能力和经验需要互补外，选择班子成员时，还应考虑企业所处的发展阶段。企业处于不同的发展阶段，对核心团队成员的要求不尽相同。当企业发展到一定阶段后，核心成员就不能仅仅局限于创业时期的人员，而应该在文化背景、知识结构等方面进行平衡，否则不仅会影响企业的发展速度，而且还可能会为企业长期发展埋下致命的隐患。

3. 建立信任关系

信任只是一种关系，却有极大的价值，也可以说它是一种资产。人际信任的经验是由个人价值观、态度、心情及情绪、个人魅力交互作用的结果，是一组心理活动的产物。在社会科学中信任被认为是一种依赖关系。值得信任的个人或团体意味着他们寻求实践政策、道德守则、法律和其先前的承诺。相互依赖表示双方之间存在着交换关系，表示双方至少有某种程度的利害相关。在管理领域中信任是对管理的对象给予期许和对其能力的肯定，从而获得积极正向的结果，被称为“罗森塔尔效应”或“期待效应”、皮格马利翁效应。在心理学中信任是社会影响概念中不可或缺的一部分：因为影响或说服一个信任你的人是容易的。故此概念已被广泛地应用于组织（如政府机构）或团体间的行为。若因明显违反了诚实、能力

和价值而丧失了信任，将很难修复信任。因此，建设信任与破坏信任有一个明确的对称性。正确选择核心团队成员仅是班子建设的基础，要保证这些核心成员能够心往一处想、力往一处使，真正形成一个高绩效的团队，建立信任关系是最为重要的。横向方面，团队成员之间可以通过加强沟通、增进了解、相互支持对方的正确观点等来建立彼此间的信任。纵向方面，作为企业的领导者，除可以使用上述方法来增进与核心成员之间的信任外，授权也是建立与下属之间信任关系的有效方式。有效授权一方面能够让核心团队成员得到锻炼的机会，另一方面能让自己有更多的时间和精力专注于战略决策等重大事情。这两个方面都是直接关系到企业长期发展的大事。

4. 有效利用冲突

团队虽然着力使成员形成合作关系，但这并不意味团队中不允许存在不同意见。事实上，团队上的冲突随时都可能发生：有些是显性的，有些是隐性的；有些是建设性的，有些是破坏性的；有些是认知层的，有些是情感上的；有些可能危及企业存亡，有些可能不值一提。面对企业核心团队中发生的冲突，作为企业领导者应该正确面对它、分析它、解决它，从而明朗团队气氛，提高团队的整体绩效。不同性质的冲突，企业领导者应该采取不同的方法来解决。对于破坏性的、情感上的以及危及企业存亡的冲突，应尽量避免它们发生，一旦发现此类冲突的迹象，就应该快刀斩乱麻，将其扼杀于摇篮之中。而对于建设性的、认知层的冲突，则应加以适当的引导，利用冲突发掘不同的意见，激发更多的创意。企业必须反对盲目的服从，每一位员工都应有表达不同意见的自由，将事实摆在桌上进行讨论，尊重不同的意见。这种建设性冲突培植本公司独特的企业文化，以使企业获得持续、高速的发展。

5. 灵活运用领导方式与领导风格

随着领导学的不断发展和人们对领导实践的深入研究，许多学者从不同角度归纳出诸多领导方式与领导风格。例如，丹尼尔·戈尔曼（Daniel Goleman）以全球 2 万个职业经理人数据库为样本，总结了当今全球企业普遍存在的六种领导方式，即强制型领导、权威型领导、联盟型领导、民主型领导、带头型领导和教练型领导。就领导方式和领导风格本身而言，并无好坏之分。作为企业的领导者，若能够了解这些不同的领导方式和领导风格的优点与不足，将有助于形成自己独有的领导方式与领导风格，进而可以影响员工潜力的发挥，影响整个企业的绩效。从国内外众多领导者的实践来看，成功的领导者应该根据实际情况，因地制宜、有的放矢地运用各种领导方式去指导员工、教育员工、激励员工，并在各种方式之间自由地进行转换，以充分发挥卓越的领导力。

6. 与企业的发展相匹配

一个优秀的领导者应根据公司发展的不同阶段、规模大小和管理对象，随时调整自己的领导风格和方法。不同的发展阶段和规模应该采用不同的领导方式。例如，初创企业由于员工数量较少，企业的领导者可以身先士卒，以行动来树立自己的权威和榜样力量，引导员工仿而效之，即采用“以身作则式”的领导风格；结合“耐心说服式”领导风格，注重亲情化管理，倾听每个成员的抱怨并加以说服。随企业不断发展和逐步壮大，“耐心说服式”的领导风格也许就不再切合实际，此时应逐步向制度化方向转移，采用其他更为有效的领导方式。还应考虑不同的行业或产业项目，该采用不同的领导方式，否则企业的领导力就会大打折扣，甚至会把企业领向死亡的边缘。

7. 与文化背景相适应

每一个国家或地区都有其独特的文化背景，比如说西方文化很直接，而东方文化则比较含蓄。即使同属东方文化的中国和日本，其思维方式和价值观念也存在很大的差异。因此，对于跨文化管理的企业领导者来说，应该对不同文化背景的团队或人员采取不同的领导方式，否则会影响影响领导力的发挥，严重时还可能会引发文化冲突，后果不堪设想。例如企业在做决策时经常采用的“头脑风暴法”。在欧美等国家做头脑风暴时，参与者都把自己的观点写在一张纸条上，面对面说明个人理念和观点，然后大家再把理念和观点整理到一个框架里面去，针对整个框架进行讨论，效果非常好。但在日本用这种方式做头脑风暴却完全行不通，他们愿意私下写出自己的想法，但要让他们在大庭广众下说明自己的想法却很难，更不用说对他人的观点进行客观的评论，因此根本不可能达到应有的效果。在这种情况下，就必须改变领导方式，比如说把大家所提的想法或观点私下里进行集中整理，这样大家都不知道谁提的什么意见，讨论起来顾虑就会少很多，收到比较理想的效果。

8. 建立企业文化来强化领导力

企业文化和领导力是同一问题的两个方面，两者不可分开来理解。一方面从某种意义上来说，企业文化是企业领导者的文化，他们的认可和支持是企业文化建设成功的关键。因此，领导者要有独特的能力来创造、融合、管理企业文化。另一方面，企业文化的形成及企业价值观得到成员的广泛认同，使企业中的每一位成员产生使命感，又会进一步提升企业的领导力。企业文化的核心是共同的价值观，不同类型的企业需要不同的价值观与之相匹配。例如，以研发为主的高科技企业，可以将组织创新、技术创新作为企业文化之一，因为只有持续的创新才能为企业带来竞争优势。而对于以流水线生产为主的传统加工制造企业来说，就应该提倡以严谨、秩序和纪律为核心的企业文化，而不能片面鼓励创新。一个企业的成功不仅在于拥有一套核心价值观，更为重要的是能够始终以这一价值观来指导行动，这样才能使企业领导力得到升华。如果只是把企业的价值观当作口号，领导人在大会上作作秀，而实际上并没有以企业的价值观来指导自己的行动，那只会给人以虚伪的印象，就会在员工、合作者面前丧失威信，久而久之领导力就会荡然无存。

培育卓越的领导力，首先要求企业必须构筑一个强有力的核心团队并使它高效运转。其次，作为企业的领导人，应根据实际情况，因地制宜、有的放矢地运用各种领导方式。再者，企业文化和领导力是同一问题的两个方面，要想打造卓越的领导力，企业还要必须塑造自己的价值观并始终以这一价值观来指导行动。

1.9 成功应用 PPP 模式的基础工作

成功是一门科学，是有很多规律在里面起作用的。成功不可以复制，如果找到成功的规律，便可以作为走向成功路上的借鉴。一块大石头叫一个人扛非常吃力，用一台推车立刻变成非常简单，所以成功是要掌握好方法的，只要找到成功的规律。

成功学的产生最早可以追溯到 20 世纪初，自从它问世以来就以其朴实的理论和大量的成功案例赢得了广大读者，而风靡欧美和东南亚，随后风靡我国。“成功学现象”不是某一个机构力所能及，它既有天时地利的社会环境因素，又有人们心理需要的配合，既有成功学本身的魅力，又有成功学培训和图书等丰富的载体的配合。可以说成功学现象是多种因素相互作用的产物。它的发生和发展对人们的影响是深刻而持久的。美国人拿破仑·希尔（Napoleon Hill）以及奥格·曼狄诺（Auger Mandinuo）特别强调成功最重要的因素就是要有积极的心态："成功态度最重要，有积极的态度就有积极的人生。"研究机构所进行的万人调查显示：决定一个人成为成功者的最关键要素中，80%属于个人自我价值取向的"态度"类要素，如积极、努力、信心、决心、意志力等；13%属于后天自我修炼的"技巧类"因素，如各种知识和能力；7%属于运气、机遇等因素。客观环境固然很重要，但它决定一个人暂时的成败，但如果一个人有积极的心态，激发高昂的情绪，克服抑郁、消除紧张，就能凝聚成功的行动力量，从而实现人生的进步及事业的成功。

一项PPP工程项目实施成功影响因素有很多：建设高绩效的团队是工程项目实施成功的关键之一，有效沟通是工程项目实施成功的最佳手段，各项工作细节是决定工程项目实施成功的保证，人文建设是决定工程项目实施成功的不可或缺的重要基础，不断总结分析是工程项目实施成功的重要途径。同时还需注重：①识别项目各个阶段、各个方面的风险，然后与项目干系人就每项风险进行合理分担，每项风险应由具有相应最佳管控能力和最低管控成本的一方承担；②对政府而言，应用PPP模式不是把所有风险都转移给企业，要考虑效率，因为企业对其没有管控能力的风险会要高价；③对企业而言，也不能把承担更多风险作为获得更多回报的机会，要考虑自身的风险管控力和承受力；④保障公众利益，做到全过程程序透明，财务公开，公众和第三方参与立项和评估决策，参与对公共产品的监管，追究决策失误的官员责任，以保障各方及公众利益；⑤加强监管，提高透明度，过程和财务不透明、没有公众参与决策与监督的PPP项目，很可能造成官商勾结，而非政府与投资人合作。PPP收益来源如图1-23所示。

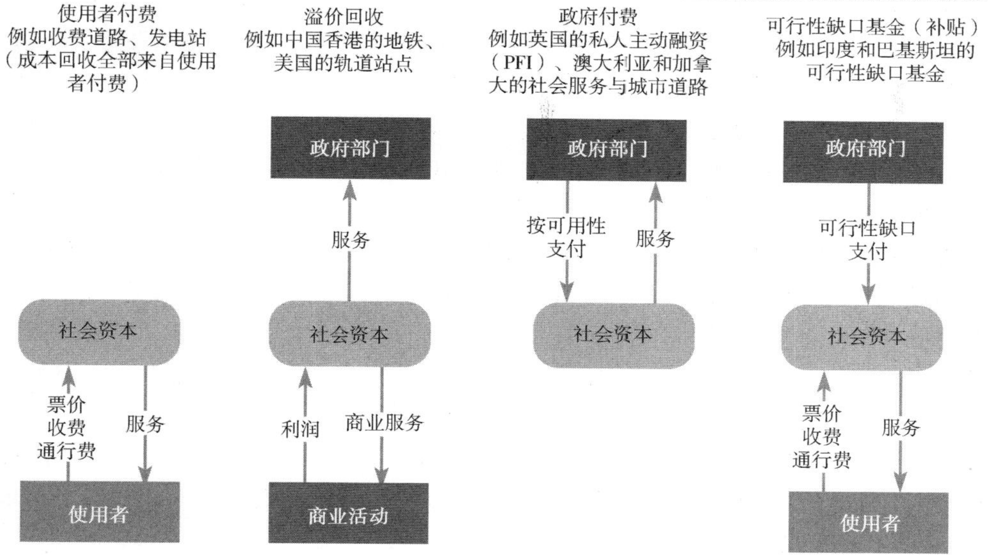

图1-23 PPP收益来源示意图

1.10 PPP 可持续研讨的主要领域

时下 PPP 特许经营领域尚存某些难点待解，主要表现：①概念存在混淆模糊，需要立法理清。②认知存在差异离谱，需要立法统一。③履约存在滞后马虎，需要立法约束。④协议性质存在争议，需要立法明确。⑤非标准的合同、操作规范时有障碍，亟须法治化。⑥现行制度仍存某些瓶颈，需要立法破解。在融资方面：现行法律制度对特许经营权质押缺乏支持，特许经营项目担保资源匮乏，社会资本融资成本较高，与国有资本及外资相比缺乏竞争优势。在特许经营者选择方面：现行招标投标、政府采购制度并未对特许经营项目做出有针对性的规定，招标过程中禁止谈判、政府采购中单一来源采购适用标准等问题对特许经营项目开展存在制约、埋下隐患。在土地政策方面：对于特许经营项目用地性质、获得方式、地方政府以土地出资的估价标准等均缺乏明确规定。在税收政策方面：特许经营项目一般收益不高，缺乏税收优惠，将增加项目运营成本，最终增加地方财政或社会公众负担。

涉及 PPP 框架的核心概念诸如：①PPP 风险共担与转移。一般情况下，私人部门承担 PPP 的大部分风险。然而，公共部门承担了很大的或有风险。将 PPP 不断演进的主要原因之一，是将风险转移至私营部门。②共担责、权、义。PPP 已经发展成在公共服务提供过程中，按照合同条款规定，共担风险、承担责任和义务。③确保主体方共同受益。一般认为，公私双方可以从包括战略规划在内的若干中长期合作方式中获得应有的效益。④分享全覆盖技术。最常被人提及的 PPP 的好处是私人部门拥有优秀的管理技术、专业技能和工作的高效率。⑤可分享内中资产。公私合作意味着公私双方在提供公共服务过程中分享技术和资产。在 PPP 框架下，私人部门运营和管理资产，公共部门则承担监督和控制服务及运营质量的职责。⑥分享所得利益收入。在 PPP 中，项目协议对收入、公私双方取得收入的期限和条件做出了明确规定。通过长期合作伙伴关系可以更好地实现最高价值或最大回报。⑦共享双方相关资源。在具体实践中，一些 PPP 被定义为：为了有效提供公共服务，致力于公私双方资源（如金融、人力、技术、专业技能、知识等）和技术的结合。⑧获取资金使用价值。通过降低公共基础设施项目的设计、建造和运营成本，实现公共服务效率的最大化。⑨追求共同目标。PPP 合作围绕共同的目标和价值取向进行。这被看作有效提供公共服务的根本所在。⑩节约项目生命周期成本。通过资本支出和运营成本的互换，PPP 实现了项目生命期成本的最小化。⑪创新 PPP 平台。PPP 项目规模大，周期比较长，有条件有人才，双方在管理、技术、融资等方方面面，切磋琢磨进行创新。⑫商业模式再造。一个 PPP 是私营部门为了一个特定的单一目的而设立的商业实体。以上这些非常需要深层次的探讨，使该模式再造。

据此，开展对 PPP 模式全方位、全过程、系统性、整体性、科学性的可持续研究，是必要的、必需的、必不可少的重要课题。

PPP 可持续研究的主要领域如图 1-24 所示。

1.10.1 PPP 模式的适应性分析

PPP 模式作为公共项目采购方式的一种，并不是适用于所有情况。可以从政治、经济、

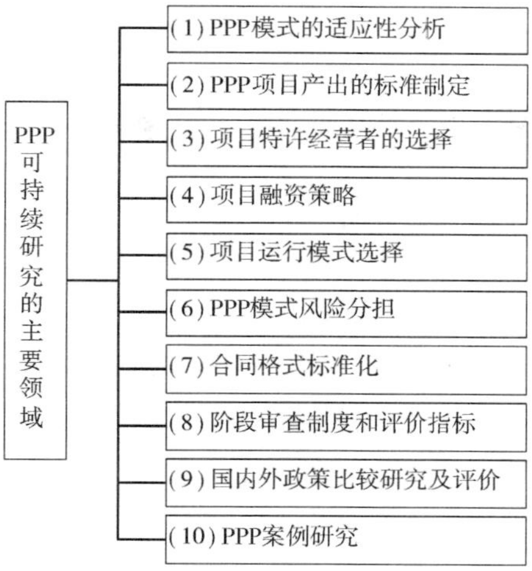

图 1-24　PPP 可持续研究的主要领域

市场、法律、PPP 项目自身特点多个层面，评价 PPP 模式的适应性。其预期目标是建立模式适应性评价指标体系、评价方法，力求指标体系科学完整，评价方法合理简便。

1.10.2　PPP 项目产出的标准制定

PPP 模式改变了传统的采购理念。传统的工程采购，采购的是项目资产。而 PPP 模式采购的是该项目资产提供的产品或服务。因此项目产出标准的制定是否科学合理，直接决定了项目提供服务的质量。预期目标为项目产出标准制定原则、方法和组织保证体系。

1.10.3　项目特许经营者的选择

项目从建设、经营到移交，通常有很长一段时间由 PPP 公司进行运营、维护和管理。PPP 项目将建设、经营的风险转移至经营机构，对经营机构的要求比较高，需要专业化程度高和对市场的分析、把握能力很强的公司，掌握项目特许经营者选择的方法、指标体系的建立。

1.10.4　项目融资策略

有效地进行资金筹措、回收是项目运营的关键。PPP 公司的营运资金除来自项目主体之外，还应有效地利用主体的信用，从各种途径、应用各种方法进行融资，如借款、发行债券等，政府也应给予相应的支持，从政府的角度提出拓宽项目融资渠道的方法。

1.10.5　项目运行模式选择

PPP 项目有很多运行模式，包括 BOT 等。运行模式的选择取决于多个方面的因素，如公有部门的财务状况、项目自身特点、私营企业的融资能力、项目管控能力、现有资产状况等。预期目标是通过我国现行 PPP 运行模式的运用情况、适用范围和优缺点分析，提出运行模式选择的方法、指标体系。

1.10.6 PPP 模式风险分担

公有部门和私有部门之间通过合理的风险分担，各自发挥优势，从而实现资金的价值。风险分担的方案具体体现在特许经营合同条款中。PPP 项目周期长，涉及的参与方多，风险因素多，因此风险管理是 PPP 的管理重点。

1.10.7 合同格式标准化

PPP 项目的前期工作耗时耗力，通常会经历艰苦的谈判过程。毫无疑问，制作较完善、可操作的标准化的 PPP 合同文本，会大大减少项目谈判时间、减少歧义消除争执、降低项目前期成本。

1.10.8 阶段审查制度和评价指标

采用 PPP 模式进行基础设施采购，并不是将公有部门的责任完全转移到了私营部门，仅仅是公有部门角色的转换问题。在政府给予一定政策优惠和倾斜的同时，也要对项目公司的运作进行有效的监督和评判，使项目的运作在法制的基础上进行。

1.10.9 国内外政策比较研究及评价

对发达国家、发展中国家的 PPP 项目政策比较研究值得重视。对 PPP 模式的物有所值计算、立项、可研报告、项目实施方案、项目此营管理、物业资产经营等评价指标进一步深入探研。

1.10.10 PPP 案例研究

建立 PPP 项目案例库，对国内外大型、特大型 PPP 项目进行持之以恒的探讨与研究，以提升其认知能力、开发能力、合作能力、实施能力、创新能力，为做好新一轮 PPP 项目奠定基础。

第2章　某县城区扩容提质基础设施PPP项目

某县城区扩容提质基础设施PPP项目总投资××亿元，其中建安费占58.22%，实属特大型城区扩容提质型基础设施项目。扩容提质是一个大课题，扩容是为了扩大城市的承载量，做大平台，让更多的农村人口进入城市，加快城镇化发展的步伐；提质是要把老城区居民的生活环境打造好，包括基础设施建设、环境卫生的改善、水环境的治理等，让大家生活得比过去更雅观、更舒适、更有品质。从社会经济角度看，扩容提质是城市化发展的阶段性问题。要让老百姓过得幸福，就需要扩容提质；让大家觉得很有宜居感，也要扩容提质。其目的和出发点，已从发展经济过渡到要让大家生活得更加舒适美好。另外，就是融资偿债理念的变化。我们改变了过去以土地收益作为唯一偿债渠道的观念，在城市运营中的认识不断进化，现在是要通过城市化发展带动二、三产业快速发展，然后用包括土地出让收入、财税收入等积聚的所有财富，作为城市发展的融资资本。通过开发来改变环境，提高整个城市的品位，把“巢”做好才能引“凤”。把水、电、路、气全部铺通，搞好环境绿化，才能提高二、三产业的比重，让老百姓既宜居又充分就业，也才能让城市进入一个良性发展的轨道。在扩容提质过程中，所有的建设都是为了方便老百姓生活，提高城市市民的舒适度和幸福感。

在提质的普遍意义方面：①“水”。丰富的内河水系是这座城市最宝贵的财富和亮点，下大力气修整护城河水系，不仅要全部连通，还要把水系的污染全部治理好。为此，引进了欧洲城市水系治理最典范的德国汉诺威市的先进技术，开创了国内城市水系生态治理和综合利用的先河，一定要让整个城区的水活络起来、干净起来，打造成休闲旅游景点，内河水系将全部连通，沿河景观将全部建成。②“林”。以扩容提质为契机，对城市绿化进行了大规模的提升和改造。打造新城的生态宜居环境，建设一个绿色新城。③“桥”。这一轮的扩容提质，有很多路、桥投入建设，让每一座桥梁都成为城市的景点和亮点。④“路”。要把道路的血脉全部贯通，方便群众出行。新城区要严格按照规划，建设各主要道路的支路。加快城市快速公共交通的建设，实施“公交优先”战略；引导市民采取低碳环保出行方式。⑤“住”。重点在于保障性住房建设。大力推进棚户区改造，加大廉租房、公租房保障和建设力度，让有住房困难的老百姓都能分享改革开放的成果，做到改造一处，就为城市增加一处环境优美、基础设施完备的宜居家园。同时，近郊被征拆农民的安置小区也要建成环境优美的宜居小区。据此，可以在几个方面大幅度提升：

（1）策划和规划水平明显提升。策划和规划是扩容提质的过程中重点考虑的课题。为此，邀请了国内外很多知名专家大师，对城市建设、风格、定位、环境等方面进行了高起点的策划和规划。如果按照这幅蓝图执行下去，某县在中国的城市竞争中绝对会有一席之地。这些策划规划成果是留给城市未来发展弥足珍贵的财富。

（2）城市建设和管理水平在明显提升。从当年开始拟用十年左右的时间，这十年是某县城市建设任务最艰巨、责任最重大的时期。这几年城市各个部门都走过了从不太适应到基本适应到适应的过程，在应对大规模的建设、投入、管理上积累了不少经验。与国内外专家一起工作，运用世界治理水环境最先进的修复理念，科技人员在配合他们工作的同时，学习他们的态度、技术、理念，治理好城市水、大气环境等方面的一系列问题。还引进国内一流的管道检测公司，利用机器人对老城区复杂的地下管网进行全面探测，为保证城市今后地下管网的日常维修打下基础。

（3）资本运作能力和水平得到了提升。现代经济以资本为核心，融资能力、融资水平的高低关系经济建设的成效。这几年，该城市逐步完成了重大项目投资主体由政府直接举债向国有投资集团市场融资的转变，组建了多个"政府主导、市场运作、社会参与"的多元化投融资平台，在引进战略投资者、创新开发模式上取得了一些突破。通过几年实践摸索，重点项目建设的模式和方法更加成熟，有力地推动了城市发展和项目建设。

（4）项目建设的统筹能力也得到了明显提升。扩容提质是一项大规模的系统工程，项目统筹和技术统筹必须达到高度统一。建设原则提出：没有经过规划的项目不开工，规划设计不完善的不开工，规划设计上面有瑕疵的不开工。因为一条路和一条路的管线，一条路和一条路的高层，片区与片区的规划，水系与水系的规划，相互之间都是有联系的。认识到这一点，就可以在整个扩容提质的过程中少走很多不该走的弯路。

城镇化是现代化发展的必然产物，不管是现代农业也好，现代工业也好，必须要有现代的城镇化作为重要载体，没有这样的载体，中国的经济就不可能长足发展。扩容提质的目的就是要加快现代城镇化的建设。因为：①工业发展所必需的资金、物资、信息、技术、员工、交通等要依靠城镇获取，城镇化和工业化必须同步发展，必要时城镇化要超前发展，不然就会制约工业化的发展；②城镇化是解决"三农"问题的根本出路，要富裕农民就必须减少农民，这是多年来大家形成的共识；③拉动中国经济的三驾马车是投资、出口和内需，中国经济过去靠出口和投资来拉动，当遭遇到金融风暴后，主要靠扩大投资，要想经济平稳较快发展，只有依靠内需，而最大的内需在城镇化，最雄厚的内需潜力在城镇化。扩容提质的目的就是要打造一个舒适宜居、商业繁华、凝聚人气财气、有强大商业辐射力的城市，让某县在激烈的城市竞争中，在中西部地区处于一个领先的位置。

扩容提质是千载难逢的发展机遇。现已拉开了城市发展的骨架，只要从现在做起，克服重重坎坷困难，排除一切干扰，在明确的城市定位和城市发展战略的指导下，以可持续发展的眼光确立城市的先导产业，强化支柱产业，积极有序地推进城市的扩张，打造城市的综合竞争力和核心竞争力，并在此基础上进行城市形象的塑造和推广，该城市完全可以聚集更多、更优质的要素资源，城市的舒适度、美誉度、经济总量在中西部地区就能位居前列，成为区域经济发展的中心之一。

2.1 项目基本情况

2.1.1 项目背景

某县位于某地区的核心地带，经济发展情况良好，为响应国家政策号召，加快经济转型发展，在政府层面设立 PPP 领导小组，积极推广采用 PPP 模式建设基础设施项目。在此背景下，某国家建筑大型企业与政府方积极沟通，深化合作，就以 PPP 模式实施某县城区扩容提质基础设施项目达成合作意向。

2.1.2 工程概况

本项目包含 29 个子项目，项目类型涵盖市政道路、桥梁、公园等，总投资约××亿元，其中有效建安费××亿元（已下浮 2.3%），征地拆迁费××亿元。项目拟分四期建设，各子项目建设期约两年。一期包括××联络线（某县段）和××城市改造项目（盖板工程）等五个子项目，2015 年 7 月开工；二期包括××水体公园、道路线等 11 个子项目，预计 2016 年 7 月陆续开工；三期包括××道路修建及××道路提质改造等 10 个子项目，预计 2017 年 7 月陆续开工；四期包括××道路线等 3 个子项目，预计 2018 年 7 月陆续开工。

2.1.3 项目进展

一期项目已完成立项、可研、环评、初步设计、用地报批、征地拆迁，具备进场施工条件，2015 年 7 月开工；其余项目相关合法合规性手续正在办理中，征地拆迁工作正在启动中。

2.1.4 项目运作模式（图 2-1）

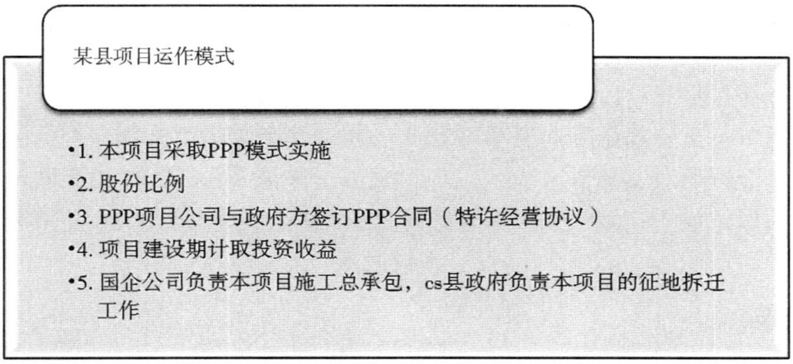

图 2-1　某县项目运作模式

1. 本项目采取 PPP 模式实施

当地政府已经授权某县星城投资建设有限公司（以下简称“某县城建公司”）通过公开招标确定本项目实施模式为“社会投资人＋施工总承包人”。

2. 股份比例

国资委辖下某大型建筑企业投标并中标后，获得本项目 PPP 投资权和施工总承包权。并与某县城建公司按照 80%∶20% 股权比例出资设立 PPP 项目公司。

3. PPP 项目公司与政府方签订 PPP 合同（特许经营协议）

获得为期 10 年（含建设期）的项目特许经营权，负责本项目投资建设。各子项目建成后，使用权移交政府指定部门或机构，由其负责运营维护。

4. 项目建设期计取投资收益

各子项目建成后，政府方以“子项目建安费 + 子项目征迁费 - 按建安费比例分摊的初始注册资本金”为额度，分5年每年年末等额支付给项目公司，并支付年化8%投资收益，在首次支付时按年化8%一次性支付建设期投资收益。特许经营期结束时，某县城建公司溢价回购总承包方股权，回购价格为初始注册资本金 + 年化8%收益。在项目公司内部，股东按股权比例承担资本金出资及融资责任，某县城建公司负责筹措的资金按照年化不高于9%计取投资收益，政府方支付的投资收益在优先满足某县城建公司后支付总承包方投资收益。

5. 国企公司负责本项目施工总承包，某县政府负责本项目的征地拆迁工作

本项目回款资金纳入某县中长期财政预算并取得县人大相关决议，某县政府锁定城区约5600亩[㊀]国有经营性土地的出让收益定向作为本项目资金来源。某县城建公司为政府付费提供第三方连带责任担保。

2.1.5 总承包商务条件

建安工程费按施工图预算下浮2.3%执行，政府方按照建安工程费的4%支付预备费，用于冲抵人工、材料价格变动风险。

2.1.6 投资估算及资金筹措

（1）项目总投资约××亿元。其中有效建安费约为25亿元（下浮2.3%），征地拆迁费××亿元，建设期利息6亿元，项目公司管理费0.3亿元。总承包方权益投资额××亿元。

（2）资金筹措。据可研，本项目资本金××亿元，项目融资××亿元，其余××亿元通过建设期回款再投入。资本金××亿元：①某县城建公司通过基金筹措1.18亿元，其中，初始注册资本金0.2亿元，以明股实债方式投入0.98亿元；②总承包方负责筹措××亿元，由总承包方下属单位出资初始注册资本金0.8亿元，其余资金由外部资金方或总承包方股东自有资金通过基金以明股实债方式投入。项目融资××亿元：①20%由某县城建公司负责筹措，以股东借款形式投入；②80%由项目公司负责筹措。总承包方公司下属局参股按照7∶3比例提供担保。

2.1.7 效益指标

按照建安费下浮2.3%测算，本项目预计总承包方可实现税后净利润××亿元，其中，投资净收益××亿元，施工总承包净利润××亿元；总承包利润率20%，投资各方内部收益率26.7%。

2.1.8 某县政府财力及某县城建公司

2014年，某县实现地区生产总值（GDP）×××亿元，同比增长11%。全县财政总收入×××亿元，比2013年增长15.1%，其中地方财政预算收入×××亿元，增长8.2%。

某县城建公司于2001年12月经某县人民政府批准成立，注册资本1亿元，是从事城市基础设施投资建设的县属国有独资公司。截至2013年年底，公司总资产236亿元，净资产152亿元。

㊀ 1亩≈666.67平方米。

2.1.9 大类别风险分析

风险通常是指在某一特定环境下，在某一特定时间段内，某种损失发生的可能性。风险由风险因素、风险事故和风险损失等要素组成。它是在某一个特定时间段里，人们所期望达到的目标与实际出现的结果之间产生的距离，也就是生产目的与劳动成果之间的不确定性，其含义大致有两层：一种定义强调了风险表现为收益不确定性；另一种定义则强调风险表现为成本或代价的不确定性。若风险表现为收益或者代价的不确定性，说明风险产生的结果可能带来损失、获利或是无损失也无获利，属于广义风险。所有人行使所有权的活动，应被视为管理风险，金融风险属于此类。而风险表现为损失的不确定性，说明风险只能表现出损失，没有从风险中获利的可能性，属于狭义风险。风险和收益成正比，所以一般积极进取的投资者偏向于高风险是为了获得更高的利润，而稳健型的投资者则着重于安全性的考虑。通俗地讲，风险就是发生不幸事件的概率。换句话说，风险是指一个事件产生我们所不希望的后果的可能性，某一特定危险情况发生的可能性和后果的组合。从广义上讲，只要某一事件的发生存在着两种或两种以上的可能性，那么就认为该事件存在着风险。而在保险理论与实务中，风险仅指损失的不确定性。

一般来说，风险的特征大体表现为：①风险的不确定性，包括风险是否发生的不确定性、风险发生时间的不确定性、风险产生结果的不确定性（损失程度的不确定性）。②风险的客观性。③风险的普遍性。④风险的可测定性。⑤风险的发展性等。

风险评价的要点是，在风险识别和风险估测的基础上，对风险发生的概率、损失程度，结合其他因素进行全面考虑，评估发生风险的可能性及危害程度，并与公认的安全指标相比较，以衡量风险的程度，并决定是否需要采取相应的措施。财务风险评价，主要是通过资产负债表、利润表、现金流量表，分析企业财务状况的变动趋势及资产、负债、收益之间的关系，从财务报表的会计信息中挖掘企业内在的财务关系。这里特指某县 PPP 项目中的大类别风险，如图 2-2 所示。

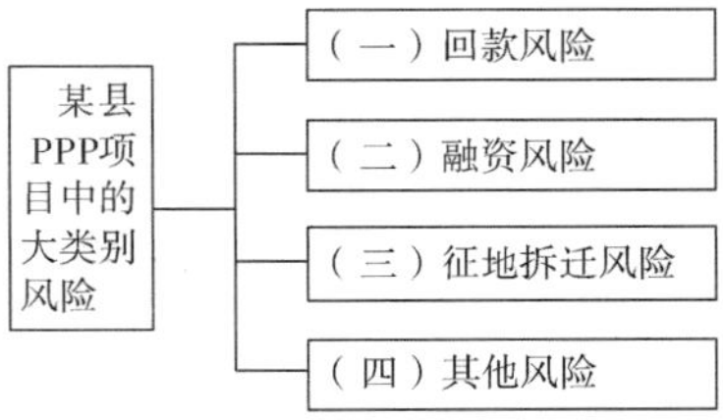

图 2-2　某县 PPP 项目中的大类别风险

（1）回款风险。本项目回款能否纳入地方政府财政预算、政府方能否按预期及时足额支付，存在着不确定性。

（2）融资风险。本项目可研所计划的融资方案涉及多个主体，项目融资能否按期到位，存在着一定的潜在风险。需要运用多种手段化解。

（3）征地拆迁风险。各子项目均位于市区，政府方能否按计划完成征迁、费用是否超支均存在一定的风险因素。需要采取种种措施做好工作。

（4）其他风险。例如在项目实施中，所发生的不可预见的风险，包括突发事件、应急事件、非传统系列性风险（包括政治安全、国土安全、经济安全、文化安全、科技安全、资源安全，生态环境安全以及信息网络安全）等。

风险应对是指在确定了决策的主体经营活动中存在的风险，并分析出风险概率及其风险影响程度的基础上，根据风险性质和决策主体对风险的承受能力而制定的回避、承受、降低或者分担风险等相应防范计划。

风险应对策略主要考虑四个方面的因素：可规避性、可转移性、可缓解性、可接受性。PPP 项目公司应组织风险专家，根据国内外 PPP 项目模式的理论与实践，执行风险行动计划，制定化解风险的方方面面的应对措施，以防不测。

对大类别风险必须慎之又慎，下大力气不得出现半点偏差。

2.1.10　PPP 项目八大主要风险及其防控

PPP 项目八大主要风险如图 2-3 所示。

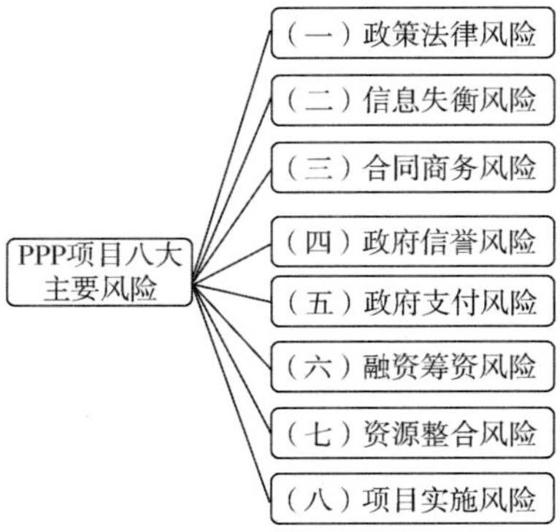

图 2-3　PPP 项目八大主要风险

1. 政策法律风险及其应对

（1）风险表现：①国家还没有对 PPP 项目进行立法，而财政部、发改委纷纷出台管理制度，政出多门、法律缺失，导致合同拟定条款缺乏统一的法律依据。②公益性决定了 PPP 项目的法律风险。当项目投资人利益与社会公益发生冲突时，要让步于社会公益。

（2）应对措施：①研究各级主管部门、中央部委出台的 PPP 项目政策，重点研究规定不清、有冲突的政策，在 PPP 合同中予以规避，不触雷区。②通过合同协议约束 PPP 项目多方主体间的关系，严格 PPP 项目合同立项、谈判、评审、签订流程，借助外力外脑，聘请专业律师参与合同评审。③熟悉政府运作流程，了解城市整体规划，积极履行社会职责，做好宣传工作，与当地居民和谐相处。

2. 信息失衡风险及其应对

（1）风险表现：企业无法全面、准确地了解和掌握市场信息，降低了决策的科学性。

（2）应对措施：①利用二级单位遍布全国的市场信息网络广泛收集信息，再利用市场开发部及公司相关职能部门的业务能力对信息进行过滤、甄别及跟进。②利用第三方专业机构（律师事务所、咨询单位）进行项目信息的尽职调查，全面掌握项目信息。

3. 合同商务风险及其应对

（1）风险表现：合同条款模糊不清、逻辑混乱；大而化之、马马虎虎、难以落地；违规违法、有悖情理；保障缺失、违约难索。

（2）应对的措施：①合同拟定、评审、谈判的全过程，由市场开发部、财务产权部、投资管理部、风控部、PPP 项目管理部等主要相关部门人员全程参与，并由谈判小组统一谈判，减少合同商务风险。②聘请专业律师事务所对招标投标文件、主合同条款、股东协议及章程等法律文件进行全面咨询。

4. 政府信誉风险及其应对

（1）风险表现：政府方面诚信意识缺失，容易导致不能按合同严格履约甚至造成合同违约。

（2）应对措施：①双方签订投资合作协议时，政府必须承诺履约保证条款。②对本项目的融资、实施方案、资产管理、物业管理等一系列特许经营权，有明确的规定条款。③社会资本投资方应当制定有针对性的政府信誉防范措施，防范如政府领导人的换届所带来的潜在风险等。

5. 政府支付风险及其应对

（1）风险表现：政府拒绝支付、放弃回购、自有现金流不足等，带来项目风险。政府的诚信及财政承受能力是回购或政府付费最大的风险。政府诚信可能“迟到”，但不会“缺席”。政府的财政承受能力是政府还款能力的重要保障，风险的影响因素最大。

（2）应对措施：①项目前期：要选择诚信不易“迟到”的政府。在PPP项目投标立项的时候，就要结合项目规模、性质，考察政府的信用、经济实力、决策流程。项目磋商过程中，须要求政府提供多方面的承诺。要在前期做详尽的尽职调查、财政能力评估，并要求政府提供除了财政支出以外的其他担保措施，如土地出让收益优先还款、土地质押抵押等。②建设期及回购期：要及时对政府的履约能力进行跟踪评价，及时发现问题，及时调整开发进度，及时做出暂停、停工、退出等风险防控的决策进行止损。

6. 融资筹资风险及其应对

（1）风险表现：贷不到款造成违约、贷款利息高造成亏本、后续资金不到位造成项目停顿等。

（2）应对措施：①熟悉国家金融政策、法规，掌握国家有关PPP的财政、金融、采购方面的规定，熟悉基金公司、银行在融资、贷款方面的管理规定、运作程序。②充分利用基金公司、银行机构为项目建设服务。并且，在项目立项后的跟进谈判阶段，让基金公司或银行同步参与跟进，确保融资协议顺利签订与执行。③PPP项目管理部要熟悉融资协议条款及融筹资的流程，为了提高三方协议的执行力与效率，确保筹资过程顺畅及时。

7. 资源整合风险及其应对

（1）风险表现：开展PPP业务，其法律、知识、能力和资源还存在不足，观念、思路和方法调整还不到位，还不能科学地整合、管理和使用各种资源，存在资源整合的风险。

（2）应对措施：①充分利用“外力外脑”。适时引进综合实力强的项目管理公司、设计公司、法律咨询公司、第三方审计机构等专业公司加强项目的综合管理能力。②高标准地挑选参与工程实施的单位。通过建立PPP项目承（分）包商专库，筛选出综合实力强的单位参与项目建设，杜绝以往那种民工队、包工头的分包模式。

8. 项目实施风险及其应对

（1）风险表现：在PPP项目实施中，总承包方不仅是施工方，同时也是投资方。对于项目的整体实施而言，总承包方存在施工与投资的双重风险。

（2）应对措施：作为施工方，可能会更多地关注设计、采购和施工；而作为投资方，还应该高度重视项目选择、整体策划、投资融资和经济效益。

集团公司或股份公司理应做积极有效的探索，对从PPP项目选择到资金回笼的全过程，都需要做一丝不苟、认认真真的分析，精心探研和鼎力策划，如图2-4所示。

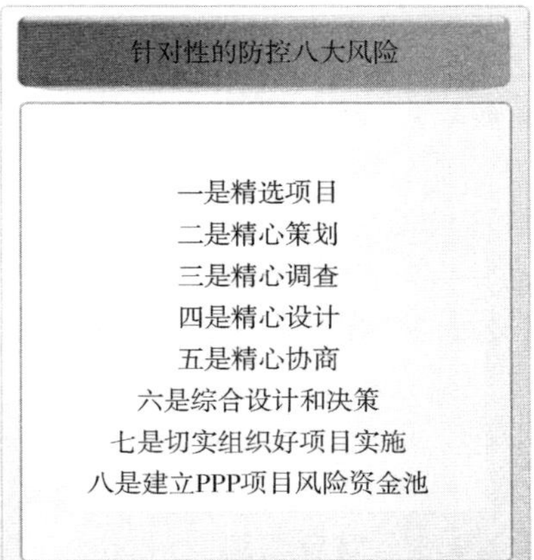

图2-4　针对性地防控八大风险

（1）精选项目。将PPP项目的选择条件设定为地级市（包括其属县级市）以上、发达地区和现金流充裕的地区，且最好进入 PPP 项目库。

（2）精心策划。认真对 PPP 类型、资金成本、交易结构、回购期限、降造水平、支付条件等进行运作策划，使项目模式的选择既对双方有利，更要能够保障自身的权益。

（3）精心调查。对政府和项目进行初步调查，了解项目是否进入 PPP 库，项目的可行性及批件，可支配财政收入，土地情况及价格，支付承诺的真实性、政府的诚信情况等。

（4）精心设计。认真设计合同条款并抓好合同谈判，明确合同主体、项目公司、股份比例、违约责任、回购条款以及甲乙双方的责权利等。

（5）精心协商。和基金及银行沟通协商并签署协议，积极利用基金降低资产负债率、利用银行和基金分担风险、利用银行保证政府支付。

（6）综合设计和决策。设计好立项、评审和决策的规则及流程并严格执行，实行科学化、民主化、头脑风暴化等集体决策。

（7）切实组织好项目实施。由 PPP 管理部统一组织实施及其计划、进度、安全方面系列化的执行。

（8）建立 PPP 项目风险资金池。在每一个项目中提取 10% 的资金作为风险资金，既是为了降造，也是为了隔离单个项目风险。

2.2 某县城区扩容提质基础设施 PPP 项目合作协议要点

该合作协议的作用是：通过书面方式来明确双方的权利义务，保证双方出现问题后可以有章可循。PPP 项目合同协议有法律效力应具备的几个基本条件是：①双方都是完全民事行为能力人；②双方在平等、自愿的基础上签订；③合同的内容不违反法律法规的强制性规定；④合同内容不得侵害国家、社会和他人的合法权益。

本协议，笃实以为本；践履以为程；尺尺寸寸务求规矩，是 PPP 模式之标杆。读后，可使人推堪 PPP 物理，研辨内外公私合作，令人不解处猛省，收获斐然感。务请同行们读者们，静下心来认认真真投入研读，它如日中之光，沁人肺腑。所得正如培根之言“知识就是力量！”还如苏格拉底所说“知识就是道德。”

2.2.1 合作项目内容

2.2.1.1 项目范围

某县城区扩容提质基础设施项目含有市政道路、桥梁改造及公园等 29 个公益性子项目，估算投资约 × × 亿元（最终以县投资评审中心和县审计局审计确认的本项目决算金额为准），已列入某县 PPP 项目库，计划于 2015 ~ 2025 年期间完成建设。

2.2.1.2 采购招标内容

某县政府作为采购人进行了某县城区扩容提质基础设施 PPP 项目的招标采购工作，由中标人与政府授权方某县城建公司合资成立项目公司，授予项目公司投资、建设和运营本项目，经营期到期后项目资产移交政府指定机构。

2.2.1.3 项目期限

本项目特许经营期限为 10 年：①建设期：如果子项目开工日至交（竣）工日时间小于或等于 24 个月，建设期为 24 个月；如果子项目开工日至交（竣）工日超过 24 个月，则建设期为子项目开工日至交（竣）工日实际时间。②运营期：本项目各子项目运营期为建设期结束后第一个自然日起5年。

2.2.2 合作方式

2.2.2.1 组建项目公司

在《某县城区扩容提质基础设施PPP项目合作协议》签订后15个工作日内，总承包方下属单位（乙方）应与甲方按80%:20%的比例出资成立PPP项目公司（以下简称“项目公司”）。甲方某县城建公司，以项目前期工程费用出资，出资金额为××万元，占项目公司注册资本金的20%。乙方以现金方式出资，出资金额为××万元，占项目公司注册资本金的80%。乙方中标公司的部分股权可以由其全资子公司代持，但股东权利、义务和责任由中标公司承担。如因项目建设需要追加投资，需满足项目资本金制度要求及融资要求，追加资本金由甲乙双方按出资比例20%:80%交纳。

2.2.2.2 项目资产权归属

除非本项目提前终止，乙方在本合同生效日至各子项目运营期满之日止享有该子项目的特许经营权，子项目运营期末，乙方按约定将子项目移交给甲方。

特许经营期内，乙方对各子项目在其工程保修期结束前拥有并行使管理权，包括对子项目设施承担维修养护责任；工程保修期末，乙方按约定将子项目实物资产移交给政府方指定机构。

未经甲方书面批准，乙方不得出让、转让、抵押、质押本项目各子项目设施资产，也不得在上述资产上设置任何留置权或担保权益或者以其他方式处置这些资产。

2.2.3 付费机制

（1）甲方向项目公司支付其为提供本合同约定服务的财政资金来源于以下两个部分：①约5600亩国有经营性土地（具体以国土局测绘数据为准）的出让收益等额资金；②如果上述资金不能及时足额支付时，由财政安排其他资金补足。

（2）在每个子项目的运营期内，自支付期限起始日起，每一年内安排一次支付，具体时点由甲方和项目公司协商确定。

（3）本项目甲方的财政补贴支付分为三部分，分别为建设投资（不含建设期利息）、建设期利息及财务费用。计算公式：当期财政补贴=建设期利息（如有）+建设投资（不含建设期利息）+财务费用。

2.2.4 权利和义务

2.2.4.1 甲方的权利和义务

1. 甲方的权利

甲方的权利包括：对乙方遵守有关法律、法规、规章和履行本协议的情况进行监管，包括项目融资及资金到位和使用情况、项目建设及工程质量、信息安全等；本项目建设期内，对乙方的投资建设实施过程在进度、质量等方面，进行全程监管；乙方发生违约行为时，有权按本协议约定要求乙方承担违约责任和兑取履约保函；乙方严重违约时，有权提前终止本项目合作及本协议；法律、法规规定及本协议约定的其他权利。

2. 甲方的义务

甲方的义务包括：负责确定本项目建设内容、规模、目标等内容；甲方作为本项目各子项目业主，统筹完成全部前期工作，在前期工作过程中行使建设管理相关职责；协助乙方办理政府有关部门要求的各种与本项目有关的批准；甲方应对乙方的商业保密信息承担保密义务，不将该信息透露给任何第三方或公开使用该信息；甲方应按约定期限和金额及时注资、增资，按《股东协议》约定受让乙方的股权；为本项目投资建设施工提供必要条件与其他支付；履行本合同约定的财政补贴支付义务，将其纳入中长期财政规划及各年度预算，并取得县人大审批通过；法律、法规规定及本协议约定的其他义务。

2.2.4.2 乙方的权利和义务

1. 乙方的权利

乙方的权利包括：按约定享有项目公司利润的权利；甲方发生严重违约行为时，有权取消本协议，要求甲方退回履约保函，并承担乙方前期项目投入成本。

2. 乙方的义务

乙方的义务包括：负责接受甲方的指令和通知，并负责管理有关本项目的合同、协议实施过程中的全部事宜，确保本项目所有 29 个子项目按政府审批文件的要求顺利完成；负责本项目除注册资金外所有的资金筹措（其中前期工作费用按 12 亿元包干），协助项目公司进行融资，并承担实际融资成本高于本协议约定包干成本的超支部分支付责任；乙方依法取得施工资质的，在符合国家法律法规的前提下，由其承担本项目的施工总承包任务；承担项目公司因施工质量等原因造成的维修维护支出成本；土地报批、拆迁、勘察、设计等前期工作费用乙方按 12 亿元包干（不含投融资财务费用），超出部分由甲方负责；乙方按本协议要求的比例出资组建项目公司；负责组织、指导、监督、协调项目公司的各项经营活动；乙方及其雇员、承包商、顾问、代理商均应对关于本项目的一切数据、技术、设备等信息及其他相关文件、资料等保密信息承担保密义务，不将该信息透露给任何第三方或公开使用该信息；双方约定的其他义务。

2.2.5 风险责任

本项目主要风险分配如下：

2.2.5.1 甲方的风险责任

政治不可抗力（包括非因政府方原因且不在政府方控制下的征收征用和法律变更等原因导致项目出现风险）；发生自然不可抗力风险：甲方须承担甲方的损失。

2.2.5.2 乙方的风险责任

工期延误风险；项目设计、建设相关风险，包括技术风险、工程质量风险、完工风险以及项目建设不达标的风险等；建设成本超支风险，因物价变动，引起建设成本超支；政治不可抗力（包括非因政府方原因且不在政府方控制下的征收征用和法律变更等）；自然不可抗力：在以上情况下，乙方须承担乙方的损失。

2.2.6 履约担保

履约保函的提交：《某县城区扩容提质基础设施项目 PPP 合同》签署前，乙方应向甲方提交双方都能接受的信誉良好的金融机构出具的见索即付的履约保函，以保证乙方履行本协议项下各项义务。该履约保函金额为人民币××万元。甲方不负担履约保函的一切费用及利息。

2.2.6.1 履约保函的兑取

甲方根据《某县城区扩容提质基础设施项目特许经营合同》和本协议违约责任之约定，兑取部分或全部履约保函。

2.2.6.2 履约保函的撤销

本项目特许经营期结束之日后10个工作日内，甲方应向乙方退还履约保函。

2.2.7 违约责任

如《某县城区扩容提质基础设施项目特许经营合同》生效日期后三个月（含），乙方未按本条款要求提交履约保函，则甲方有权提前终止本协议及《合作协议》，并没收乙方提交的投标保证金。由于乙方或项目公司的原因发生如下情况，甲方将提取其履约保函并要求乙方承担违约责任：

（1）由于乙方原因未能成立和注册项目公司。

（2）由于乙方原因未能责成项目公司在成立后7个工作日内签署特许经营合同。

（3）未按特许经营合同约定建设项目。

如乙方未按照本协议约定的期限和金额注册成立和增资，或在建设期内未能有效协调落实债务融资，导致本项目建设不能如期完工，则视为乙方违约事项，甲方有权提前终止PPP合作，另行选择社会投资人，并由乙方承担甲方的有关损失。

2.2.8 争议解决方式

2.2.8.1 协商

（1）凡因执行本协议所发生的或与本协议有关的一切争议，在一方发出争议通知指明争议事项后，甲、乙双方应首先通过友好协商解决。

（2）若在约定期限内无法通过协商方式解决问题，则采用诉讼方式处理争议。

2.2.8.2 诉讼

协商未能解决，因履行本协议而产生的任何民事争议，任一方可提请项目公司所在地法院诉讼。

2.2.8.3 第三方调解

“纠纷有解”是衡量一个项目公司治理能力的重要标志之一，第三方调解作为新形势下产生的一种化解矛盾纠纷的方式，是人民调解工作新的拓展和延伸，其特点是调解者独立于双方当事人、不隶属于任何组织和团体。由于第三方调解更具中立性，客观性，发展第三方调解组织，对于丰富纠纷解决机制、在错综复杂的利益矛盾调处中更好地定分止争、维护社会稳定有着独特的作用。

2.2.9 其他

2.2.9.1 合同生效

本协议签署之日即为生效日。

2.2.9.2 合同份数

本协议中文正本一式11份，甲方执4份，乙方执7份。

2.2.9.3 合同附件

本协议包括以下附件（略）。

2.3 某县城区扩容提质基础设施PPP项目特许经营合同

2.3.1 特许经营合同释义

特许经营是指拥有注册商标、企业标志、专利、专有技术等经营资源的企业，以合同形式将其拥有的经营资源许可其他经营者（被特许人）使用，被特许人按照合同约定在统一的经营模式下开展经营，并向特许人支付特许经营费用的经营活动。商业特许经营企业信用评级将结合特许经营行业经营特点，综合考虑企业的基础素质、财务能力、特许经营、管理状况、社会信用记录情况等因素，对特许企业的信用状况做出全面评估。商业特许经营备案认证将对特许企业的备案状态进行核实查证，给予企业备案状态的真实性、合法性的证明。特许经营合同是一份维系特许权双方长期稳定合作的非常重要的法律性文件，当加盟者与特许者签订特许经营合同时，应就以下方面内容与特许人达成一致性。评审、认证特许经营商将依据《商业特许经营管理条例》（国务院令第485号）、《商业特许经营备案管理办法》（商务部令2011年第5号）、《商业特许经营信息披露管理办法》（商务部令2012年第2号）、《特许人信用评级标准》（该标准为2013年商务部流通行业标准项目之一，现已通过专家审查）、特许经营相关行业等标准进行。

主要包括的内容和条款如下（注意：这是一个作为示例的特许经营合同模式，各个特许人在实际使用中可以根据自己的实际需要进行修改。下面的叙述略去了合同前的双方名称、地址等确认以及合同结尾的签字确认）：①合同引言；②合同中关键用语释义；③合同的主体部分；④合同的附件等。

特许经营合同签订注意事项：

（1）特许经营权转让问题：①未经特许人同意，被特许人不得向他人转让特许经营权。②被特许人不得向他人泄露或者允许他人使用其所掌握的特许人的商业秘密。

（2）特许经营权的期限：一般不少于3年。

（3）特许经营费用的收取：特许经营除了可以收取特许经营费，还可以收取保证金。

（4）保密条款：特许人应与被特许人约定被特许人应保守特许人的商业秘密，以及被特许人泄密时应承担的责任。

（5）特许人为被特许人提供货物供应的问题：特许人为被特许人提供货物供应，除专卖商品及为保证特许经营品质必须由特许人或者特许人指定的供应商提供的货物外，特许人不得强行要求被特许人接受其货物供应。但可以规定货物应当达到的质量标准，或提出若干供应商由被特许人选择。

（6）特许人指定供应商的产品质量问题：对于由特许人指定的供应商提供的产品，特许人对该产品的质量承担保证责任。

（7）特许人对被特许人的培训、指导问题：特许人应当为被特许人提供开展特许经营所必需的销售、业务或者技术上的指导、培训及其他服务。

（8）终止特许经营资格的问题：特许人可以在合同中约定，对违反特许经营合同规定，侵犯特许人合法权益，破坏特许经营体系的被特许人，按照合同约定终止其特许经营资格。

（9）合同终止后，原被特许人的义务：特许经营合同终止后，原被特许人未经特许人同意不得继续使用特许人的注册商标、商号或者其他标志，不得将特许人的注册商标申请注册为相似类别的商品或者服务商标，不得将与特许人注册商标相同或近似的文字申请登记为企业名称中的商号，不得将与特许人的注册商标、商号或门店装潢相同或近似的标志用于相同或类似的商品或服务中。

（10）特许经营合同文本。

中国人民大学周悦丽博士在关于特许经营合同的论文中精辟指出：特许经营是商业实践中一种极为重要的经济现象。一个成熟的特许经营市场，应该有充分的市场基础和相应的配套体系，其核心是较为完善的法律法规体系。以特许经营在国外的发展以及立法先进国家的实践看，特许经营法律规制的核心问题有两个：一是以对特许双方法律地位的矫正为基础的特许人信息披露，二是特许经营中限制竞争条款的法律效力。就是说，在特许经营的法律调整中，我们已无须再启动立法机器，特许经营合同研究可以解决特许经营的行为属性、市场准入、信息披露、风险负担、对外责任分担等一系列问题；在合同法的统率之下，再通过相关经济、行政法律法规的辅助作用，完全可以实现特许经营的法律调整。其认识基础是：①特许经营本质上就是特许人和被特许人之间的合同关系，该合同关系以特许经营权（特许权）的授予为核心内容、以存续上的持续性为基本特征。②沿着合同规制的思路，特许经营合同双方法律地位事实上的不平等，可以借助《商业特许经营管理条例》等行政法规的辅助作用，从特许人的资格限制、信息披露、备案等方面，为合同双方法律地位矫正提供制度依据，为合同双方权利义务的具体设置、被特许人利益的特别保护提供必要的制度保障。③就合同内容和形式而言，借助于《反垄断法》等经济法律法规的辅助作用，特许经营合同实质上完成了内容和形式的法律强制，该合同内容和形式强制的理论和制度基础，与合同自由的历史变迁具有逻辑一致性。也就是说，《反垄断法》对合同自由的限制只能是政府对经济适度干预下的个别限制、适当限制，并不根本否定合同自由。④就合同责任而言，在制度经济学的理论支撑下，特许经营合同责任是包括缔约过失责任、违约责任和后合同责任的责任体系。与一般的民商事合同不同，特许经营合同责任的承担应当是过错责任而非严格责任。最为特殊的是特许经营合同第三人责任。与传统的合同第三人责任不同，特许经营合同第三人责任更多的是基于“附保护第三人之契约”而生成的责任，原则上是被特许人因特许经营权的行使致他人损害时，由特许人承担的替代责任，因此应是在坚持“控制程度加过错程度”的原则下的、以被特许人自己责任为原则、特许人承担补充责任的一种责任承担。由上观之，合同研究可以为特许经营这种经济实在找到一种基本的法律规制路径，为特许经营纠纷的解决夯实请求权基础。因为，法律规制特许经营的目的是促进该经营模式的健康发展，为特许体系低成本扩张提供制度前提。《合同法》等民商事法律法规、《反垄断法》、《商业特许经营管理条例》等经济、行政法律法规，构成对特许经营进行调整的法律法规体系。这样的设置，既能够满足法律调整的基本目的和价值追求，又符合法律调整的简约和明智。

周博士此论高超，见解独到不同凡响。从法律视角提出 PPP 合同产生歧义、发生问题、公私矛盾不可解时的解决办法和途径，使人顿开茅塞，是 PPP 项目实施全过程中不可多得的指导理论和可参照办法，可称人之所思所想。“承示高论，实获我心。”正如孟子曰：“山径之蹊间，介然用之而成路；为间不用，则茅塞之矣。今茅塞子之心矣。”古人曰：“古今载籍之言，率有七种：一曰天分语，身为道铸，心是理成，自然而然，毫无所为，生知安行之圣人。二曰性分语，理所当然，职所当尽，务满分量，毙而后已，学知利行之圣人……”周博士的文采精华，见之忘俗，有高度有深度有大气，堪称论治精品。笔者认为，该文无论从何处看，都有看得懂、用得着、实践价值高的现实意义和长远意义。

2.3.2 某县城区扩容提质基础设施 PPP 项目特许经营合同目录（图 2-5）

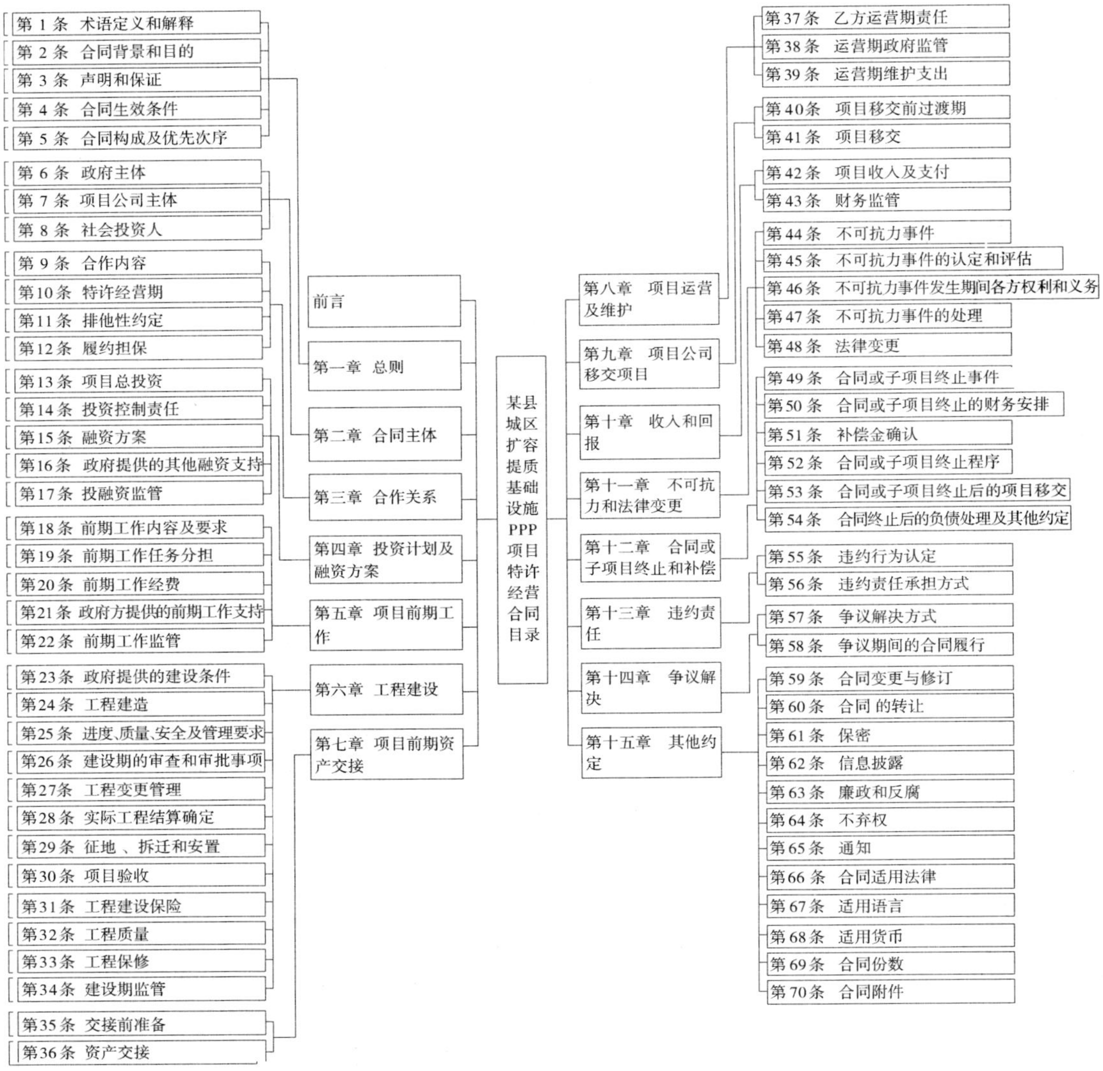

图 2-5 某县城区扩容提质基础设施 PPP 项目特许经营合同目录

《某县城区扩容提质基础设施 PPP 项目特许经营合同》详见附录。

2.3.3 可行性研究报告

2.3.3.1 可行性研究报告内容

一项 PPP 模式项目的可行性研究报告，其内容应当包括：

1. PPP 模式项目总论

1.1 项目基本情况。

1.2 项目承办单位。

1.3 可行性研究报告编制依据。

1.4 项目建设内容与规模。

1.5 项目总投资及资金来源。

1.6 经济及社会效益。

1.7 结论与建议。

2. PPP 模式项目建设背景及必要性

2.1 项目建设背景详解。

2.2 项目建设的必要性介绍。

3. PPP 模式项目承办单位概况

3.1 公司实力介绍。

3.2 公司项目承办优劣。

3.3 参与方必要方面简介。

4. PPP 模式项目产品市场分析（重点分析国内外及当地市场情况）

4.1 市场前景与发展趋势。

4.2 市场容量分析。

4.3 市场竞争格局。

4.4 相关性价格现状及预测。

4.5 市场采购的主要原材料和设备供应。

4.6 营销策略。

5. PPP 模式项目产品技术工艺方案

5.1 项目产品、规格及生产规模。

5.2 项目技术工艺及来源。

5.3 项目工艺流程图。

5.4 项目设备选型。

5.5 项目无形资产及其投入。

6. PPP 模式项目原材料及燃料动力供应

6.1 主要原料材料供应及其来源。

6.2 燃料及动力供应。

6.3 主要原材料、燃料及动力价格。

6.4 项目物料平衡及年消耗定额。

7. PPP 模式项目地址选择与土建工程

7. 1 项目地址现状及建设条件。

7. 2 项目总平面布置与场内外运：7. 2. 1 总平面布置；7. 2. 2 场内外运输。

7. 3 辅助工程：7. 3. 1 给排水工程；7. 3. 2 供电工程；7. 3. 3 采暖与供热工程；7. 3. 4 其他工程（通信、防雷、空压站、仓储等）。

8. 节能措施

8. 1 节能措施：8. 1. 1 设计依据；8. 1. 2 节能措施。

8. 2 能耗分析。

9. 节水措施

9. 1 节水措施：9. 1. 1 设计依据；9. 1. 2 节水措施。

9. 2 水耗分析。

10. 环境保护

10. 1 场址环境条件。

10. 2 主要污染物及产生量。

10. 3 环境保护措施：10. 3. 1 设计依据；10. 3. 2 环保措施及排放标准。

10. 4 环境保护投资。

10. 5 环境指标影响评价。

11. 劳动安全卫生与消防

11. 1 劳动安全卫生：11. 1. 1 设计依据；11. 1. 2 防护措施。

11. 2 消防措施：11. 2. 1 设计依据；11. 2. 2 消防措施。

12. 组织机构与人力资源配置

12. 1 项目组织机构。

12. 2 劳动定员。

12. 3 人员培训。

12. 4 涉外专家聘请。

13. PPP 模式项目实施进度安排

13. 1 项目实施的各阶段计划。

13. 2 项目实施进度表。

13. 3 项目实施质量、安全、资源安排举措。

14. PPP 模式项目投资估算及融资方案

14. 1 项目总投资估算：14. 1. 1 建设投资估算；14. 1. 2 流动资金估算；14. 1. 3 铺底流动资金估算；14. 1. 4 项目总投资。

14. 2 资金筹措渠道。

14. 3 投资使用计划。

14. 4 国内借款偿还计划。

14. 5 国外借款偿还计划。

15. PPP 模式项目财务评价

15. 1 计算依据及相关说明：15. 1. 1 参考依据；15. 1. 2 基本设定。

15. 2 总成本费用估算：15. 2. 1 直接成本估算；15. 2. 2 工资及福利费用；15. 2. 3 折旧及

摊销；15.2.4 修理费；15.2.5 财务费用；15.2.6 其他费用；15.2.7 总成本费用。

15.3 销售收入、销售税金及附加和增值税估算；15.3.1 销售收入估算；15.3.2 增值税估算；15.3.3 销售税金及附加费用。

15.4 损益和利润及分配。

15.5 盈利能力分析：15.5.1 投资利润率、投资利税率；15.5.2 财务内部收益率、财务净现值、投资回收期；15.5.3 项目财务现金流量表；15.5.4 项目资本金财务现金流量表。

15.6 不确定性分析：15.6.1 盈亏平衡分析；15.6.2 敏感性分析。

16. 经济及社会效益分析

16.1 经济效益。

16.2 社会效益。

16.3 社会贡献率计算。

17. PPP 模式项目风险分析

17.1 项目大类别风险。

17.2 项目风险防控具体策略与措施。

17.3 项目安全保障及防范。

18. PPP 模式项目综合结论

18.1 项目符合当前投资发展战略规划。

18.2 项目投资能带来可观或较好的投资收益。

18.3 利用了资金杠杆效应，实现了“以小撬大”。

18.4 有利于实现某地滚动发展；提高在该地区的市场占有率，获得更多更好的发展机遇。

18.5 属于公益性基础设施 PPP 模式的新探索，将为推广 PPP 打造“模具”。综上分析，据此，本项目符合当前投资发展方向，满足股份公司及投资项目的各项决策指标，且能带来较好的投资收益，建议实施。

图表可包括：项目技术经济指标表；产品需求总量及增长情况；行业利润及增长情况；年行业利润及增长情况预测；项目产品推销方式；项目产品推销措施；项目产品生产工艺流程图；项目新增设备明细表；主要建筑物、构筑物表；主要原辅材料品种、需要量及金额；主要燃料及动力种类与供应标准；主要原材料及燃料需要量表；厂区平面布置图；总平面布置主要指标表；项目人均年用水标准；项目年用水量及排水量表；项目水耗指标；项目污水排放量；项目管理机构组织方案；项目劳动定员；项目详细进度计划表；土建工程费用估算；固定资产建设投资；行业企业销售收入资金率；投资计划与资金筹措表；借款偿还计划；正常经营年份直接成本构成表；逐年直接成本；逐年折旧及摊销；财务评价附表；逐年财务费用；总成本费用估算表；项目销售收入测算表；销售收入、销售税金及附加估算表；损益和利润分配表；财务评价指标一览表；项目财务现金流量表；项目资本金财务现金流量表；项目盈亏平衡图；项目敏感性分析表；敏感性分析图；项目财务评价主要数据汇总表等。

2.3.3.2 本项目可行性研究报告主要内容（表 2-1）

表 2-1 本项目可行性研究报告主要内容

类别	项目	内容	说明
基本情况	工程概况	某县城区扩容提质基础设施 PPP 项目，作为某县乃至省市首个走在前列的 PPP 项目，是某县目前重点推进项目。项目包含××联络线（某县段）、城市改造项目（盖板工程）等市政道路、桥梁、公园 29 个子项目。项目拟分四期进行投资建设：其中，第一期包括××联络线（某县段）和××城市改造项目（盖板工程）5 个子项目，2015 年 7 月陆续开工；××水体公园、××道路线等 11 个子项目为第二期，2016 年 7 月陆续开工；第三期××道路、××道路提质改造等 10 个子项目预计 2017 年 7 月开工；××道路线等 3 个子项目则作为第四期，预计 2018 年 7 月陆续开工	
	内部产业链带动范围（设计、房地产、房建等）	部分项目设计	
	总投资及构成	经测算，总投资约××万元，建安费××万元，征地拆迁费××万元，项目融资成本××万元，项目公司管理费××万元	
	效益指标	经测算，本项目预计可实现净利润××万元，其中总包净利润××万元，投资收益××万元，资本金利润率为 118.36%，成本利润率为 25%，股东及总包层面资本金年度内部收益率为 26.71%	
实施单位	主张单位	中标下属单位	
	内部合作	股份公司基础设施事业部、中标下属单位 出资比例：中标下属单位按照 2:6:2 的比例出资 施工责任主体：中标及总承包单位的下属局	
城市定位	财政收入	2014 年财政总收入完成 207 亿元，某县工业基础扎实，财政收入结构合理	
	所属国家级区域规划	××国家自主创新示范区的核心地带，是省会东部的近郊县，市属未来规划的商业副中心	
招标策划	采取何种招标方式	■投资与施工一次招标□两次招标□其他	
前期工作、项目批件及回购保障	政府批文	××联络线项目政府批文情况如下： ■立项■可研■概算批复■环评 ××城市改造项目（盖板工程）政府批文情况如下： ■立项■可研□概算批复□环评 其他项目政府批文情况参见“项目基本情况”	

（续）

类别	项目	内容	说明
前期工作、项目批件及回购保障	政府采购审批手续（人大、财政承诺等）	1. 本项目按 PPP 项目采购方式选择社会投资人 2. 某县 PPP 项目联审小组对实施方案和招标文件进行联审，县政府常务会对实施方案进行审核，县常委会对方案进行审定，形成相关纪要文件 3. 省暂未有省级 PPP 项目名录库，业主已承诺今后若有省 PPP 项目名录库，该项目一定申请优先纳入省名录库管理，同时该项目已报××市财政备案，并争取省级 PPP 示范项目 4. 项目投标文件由评审小组进行评审，评审小组由 5 人组成，其中 4 名从某县政府采购专家库中抽取或以政府认可的其他方式选定，另 1 名小组成员由政府派出代表参加。项目评标办法采用综合评分法	
	回购保障及担保	某县政府将政府补贴应付费用均列入政府中长期财政预算，并取得县人大审批通过，其中锁定约 5600 亩国有经营性土地（具体以国土局测绘数据为准）的出让收益用于本项目的定向保障。某县城建公司对于政府补贴、股权回购提供合法有效的第三方连带责任担保	
	征地拆迁进展概况	政府方负责征地拆迁工作，确保快于施工进度，并负责用作政府补贴来源的 5600 亩国有经营性土地的征地拆迁费用。并将在合同中约定，明确政府为征地拆迁责任主体，约定征地拆迁费上限、征迁工作的完成时间、违约责任及相应对社会投资人的补偿措施，明确非总承包方原因造成的征迁延误不影响约定的支付节点	
土地联动	土地联动方案简述	无	
项目融资	融资机构、金额、利率、担保条件	资本金融资： 业主与中标方按 20%∶80% 的比例进行投资，业主承诺承担项目总投资的 20% 即约××亿元的资金筹集，并以明股实债的形式投入项目公司，同时，该部分资金专项用于征地拆迁费用支出 由于本项目为多个子项目打包以 PPP 方式实施，各个子项目分期分批滚动开发，因此经内部测算，项目总投资约××亿元（含建设期融资成本和项目管理费），项目公司资金实际需求约××亿，资本金部分暂按 20% 计算，即所需资本金约××亿元，拟通过以下方式筹集： 内部自筹资金：一是由中标单位出资××亿元，拟由中标下属单位按 60%∶20%∶20% 的比例进行出资。若考虑施工期间施工利润回流（××亿元）后，中标单位实际出资为××亿元。该部分资金初始注册资本金××万元。其他资金可通过基金融资或者自有资金以股东借款形式投入项目公司 二是某县城建公司出资××亿元。某县城建公司拟通过基金以明股实债的方式进行资金筹措，需 PPP 项目公司支付年化 9% 的资金成本 其他资金融资： 其他所需资金约××亿元，其中 20% 即××亿元由某县城建公司负责筹措，并提供担保，需 PPP 项目公司支付年化 9% 的资金成本，其他 80% 即××亿元由项目公司负责筹措，并由中标下属单位按照 7∶3 的比例提供增信措施担保，预计资金成本为年化 7%	

（续）

类别	项目	内容	说明
合同条款	签约主体及授权情况	某县人民政府授权某县城建公司作为项目业主	
	征地拆迁及其他前期费	征地拆迁责任主体为某县政府，工程前期费用为××亿元，其中××亿元为项目公司征拆费用包干费，征拆费用超出××亿元部分由政府负责。业主承诺投资该项目总投资的20%部分约××亿元用于征地拆迁，因此中标单位对于征地拆迁费实际出资××亿元。根据新公布的项目资格预审公告，项目工程费为××亿元，中标单位实际工程建安与征拆投资总额为××亿元，拆迁及前期费用占比约为13.3%。同时用于政府补贴来源的5600亩土地的征拆费用由政府方负责	
	建安降造	以国家、省、市现行的工程造价定额编制的施工图预算为基础下浮不低于2.3%	
	投资利率计取方式及是否随央行利率调整	否	
	回购款及投资收益支付方式	PPP合作期间，各子项目建成后的5年内由政府方支付项目公司补贴，每年支付一次，每次支付项目总投资的20%及期间累积的利息	
	回购资金来源	政府财政收入，其中5600亩土地出让收益为定向保障	
	工程变更	据实调整	
	人材机调整范围	按照某县政函〔2014〕18号文，工程造价计算公式为预算总造价=预算造价+预备费，其中预算造价=建筑安装工程费×（1－投标优惠率）、预备费=建筑安装工程费×预备费费率，本项目预备费费率为4%，预备费主要用于冲抵材料、人工价格变动风险。投标优惠率不低于2.3%，在各子项目开工前由代建单位将施工图预算报送到投资评审中心审核	
其他商务条件	建设期、政府补贴期	项目特许经营期暂定10年，各子项目建设期不超过两年的按两年计算，超过两年的按实际建设期计算，根据估算所有项目分四批建设：第一批××万元，2015年7月实施，2017年7月交付使用；第二批××万元，2016年7月实施，2018年12月交付使用；第三批××万元，2017年7月实施，2019年7月交付使用；第四批××万元，2018年7月实施，2020年交付使用。各子项目建成后政府方分5年支付项目公司费用	
	回购环节税费安排	如有，由政府承担，在中标后签订的合同中明确	

某县城区扩容提质基础设施 PPP 项目可行性研究报告目录如图 2-6 所示。

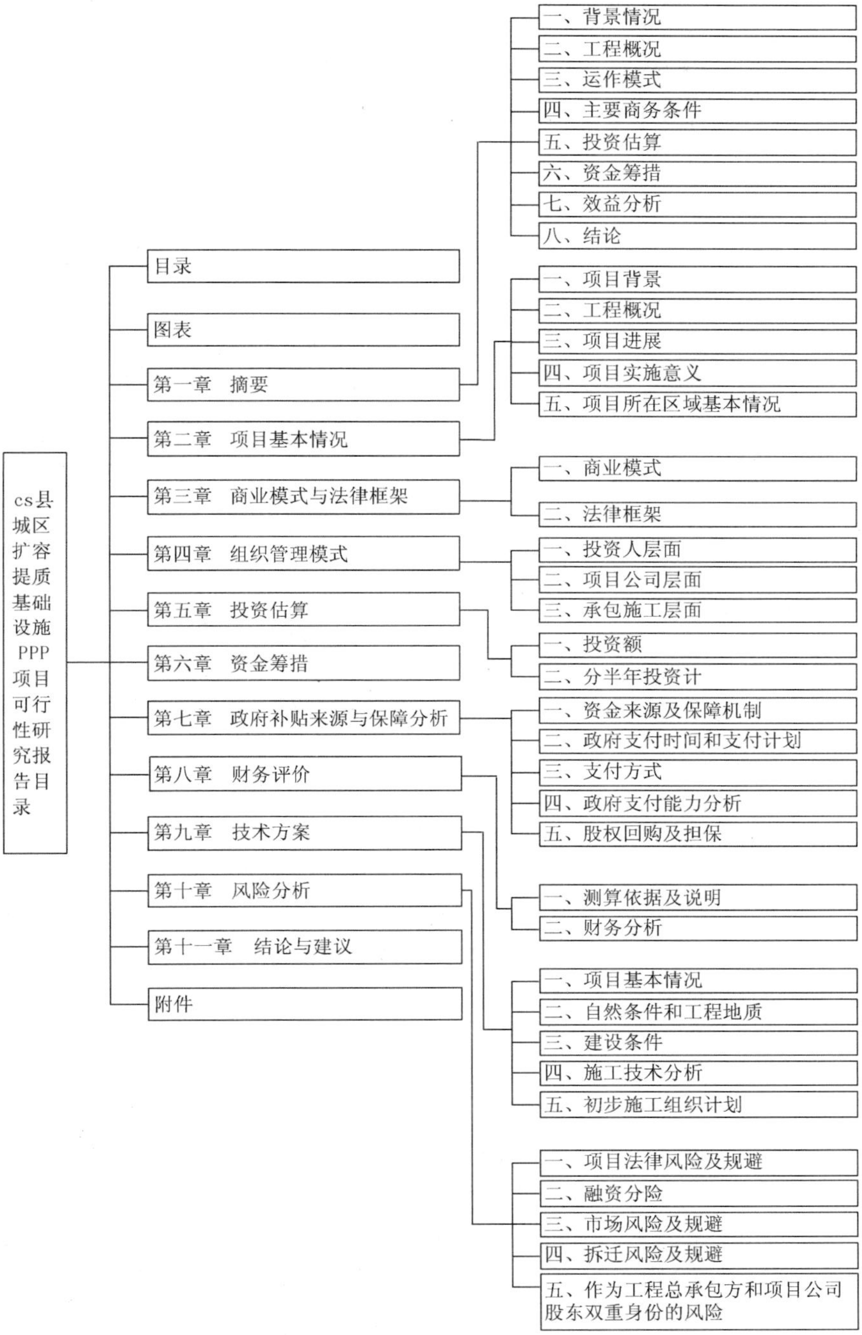

图 2-6　某县城区扩容提质基础设施 PPP 项目可行性研究报告目录

2.4 案例解析与思考

2.4.1 某县城区扩容提质基础设施 PPP 项目实施中的高处价值及精彩纷呈（图 2-7）

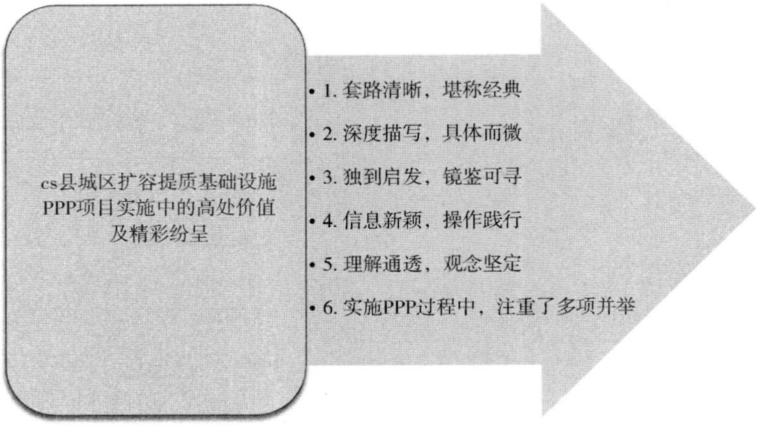

图 2-7 PPP 项目实施中的高处价值及精彩纷呈

2.4.1.1 套路清晰，堪称经典

此例首先给我们的是适应潮流而动的 PPP 模式中的经典套路。什么是经典？经典就是最有价值、最有意义的东西。中国有句老话叫作“取法其上，得乎其中。取法其中，得乎其下。”PPP 模式套路是由国内外特别是欧美发达国家经数年揣摩、研究、探讨与实践，在实战中不断改进的成果。演绎者往往要通过数年甚至数十年领会和参悟其中的含义。套路讲究慢修细行，历经实战不断改良提取精华。那些没有领悟或者对套路并不熟悉的人只能玩弄花拳绣腿而失去精髓。PPP 作为刺激内需的有效手段，对加大基础设施建设的投资意义重大。然而长期以来，我国的基础设施建设都是由政府单方承担并提供的，这在资金的筹集以及社会需求的满足方面都有一定的局限性。诞生并长期应用于西方的 PPP 模式给我们提供了许多值得借鉴的地方。有一种对 PPP 更为宽泛的理解，即将各种形式的而非仅限于契约式的公私合作都归纳入 PPP 的范畴，这种定义理解在国际上也得到了一定的认可。基础设施建设领域 PPP 的发展迅猛异常。PPP 的应用在形式上逐渐体现出多样化，在内容上逐渐体现出丰富性。一方面，PPP 已逐步涵盖了公共部门和私人部门互动的各种形式，如租赁、特许经营、建设—拥有—运营—移交、设计—建设—融资—运营以及合资经营等。一方面，就内容性而言（以基础设施建设领域为例），PPP 也逐步覆盖多种类型的基础设施建设项目，包括硬经济基础设施（公路、桥梁、铁路、电信等），硬社会基础设施（医院、学校、供水、排水、监狱、国防等），软经济基础设施（科技研发、技术转移）以及软社会基础设施（社区服务）。

2.4.1.2 深度描写，具体而微

该 PPP 项目的文件达数十个，PPP 项目要求的事宜及其大大小小各个组成部分大体都囊括其中，对该项目的可研报告（详见可行性研究报告目录、简表及其附件）、PPP 合同（详见 70 条）等重要文件的内容，几乎都是精雕细刻，纤毫不漏，绝不放过点点滴滴的细节。

做到了“小事要作大事想，易事要作难事想，乐事要作苦事想，苦事要作乐事想。”一起一伏，一呼一应，一开一阖，抑扬顿挫，写出了当下 PPP 之细腻与厚度，充分证明了大公司的承包实力及其先进性、强劲性、剧透性、创造性、可谓独领风骚。对此，读者不但得到 PPP 模式操作的功能，正如老子在《道德经》“第 64 章始终”中的精论：“其安易持，其未兆易谋，其脆易泮，其微易散，为之于未有，治之于未乱。合抱之木，生于毫末；九层之台，起于累土；千里之行始于足下。”又论“民之从事，常于几成而败之。慎终如始，则无败事。”实施 PPP 项目自始至终坚持文件中的各项规定，同时，还要享受美轮美奂的 PPP 内涵中之乐，好不快哉。

2.4.1.3 独到启发，镜鉴可寻

某县 PPP 项目案例独具匠心，内容完备资料翔实，有的标准规范（如 PPP 合同管理）、有的浓墨重彩（如特许合同）、有的振聋发聩（如例中所列各种计算公式）、有的纯真自然（如示例、附件等）。这等务实操作的工匠精神、抽丝剥茧的制作精神，堪称一家之言。PPP 模式的发生、发酵、发展是有其规律与因果的。同各种事物变化一样，PPP 也有它的秩序和过程。按一定的秩序或过程而变化，其性质就叫作 PPP 的规律性（或称作合法则性）。规律取决于 PPP 本身的许许多多矛盾发展情况及其所关联的条件，要认知其规律，就必须明明白白地了解和懂得它的情况和环境条件。此例，从 PPP 理论与 PPP 实践的结合角度看，确确实实价值不菲，值得从事 PPP 项目的同行们镜鉴一番！

2.4.1.4 信息新颖，操作践行

展读某县 PPP 项目，它给予我们许多全面的、新颖的、量大面广的信息。表现在：①注重顶层设计，上上下下各级次领导非常关注 PPP 项目的进程。②对一个大型 PPP 项目必须进行充分的调研，来不得半点虚假。③吸纳了国内外 PPP 模式的经验，尤以失败的案例为镜。④精心组织、精心管理、方方面面协调好，使得该项目获得成功。“士君子高谈阔论，语细探玄，皆非实际，紧要在适用济事。”济事一定要用“吃掉整牛、吞下大象的气魄，精卫填海、愚公移山的精神”“千锤百炼百折不挠”。此例收到了“严以修身、严以用权、严于律己，又谋事要实、创业要实、做人要实”的效果。⑤增强谋事干事的本领，还必须强化五种思维：强化战略思维，善于把握事物发展总体趋势和方向；强化历史思维，善于运用发展的眼光认识各种规律，指导现实工作；强化辩证思维，善于抓住关键，分析问题、解决问题；强化创新思维，破除陈规，守正出新；强化底线思维，见微知著，未雨绸缪。只有这样，才能增强“严”的底气，提高“实”的本领，做到谋事谋在关键处，干事干在点子上，以保 PPP 项目的到位率。

2.4.1.5 理解通透，观念坚定

通透的意思有两种：①万物通明透亮。例如，唐朝韩愈的《南山诗》：“蒸岚相澒洞，表里忽通透。”宋朝欧阳修的《送子野》：“光辉通透夺星耀，蟠潜惊奋鬬蜃蛟。”②对事意通彻透辟。例如，《朱子语类》卷七六：“凡事见得通透了，自然欢说。”元朝尚仲贤的《单鞭夺槊》第二折：“我精神抖擞，机谋通透。”没有对 PPP 理念的深邃通透，不结合中国国情理解 PPP 模式，根本做不出这样的精品方案来。例如，PPP 项目合同的核心内容（四个边界）：①权利义务边界：项目资产权属、社会资本承担的公共责任、政府支付方式和风险分配结果等。②交易条件边界：合同期限、回报机制、收费定价调整机制和产出说明。③履约保障边界：强制保险方案、履约保函体系。④调整衔接边界：应急处置、临时接管和提前

终止、合同变更、合同展期、项目新增改扩建需求等应对措施。各方对此都有更高的期待。

2.4.1.6 实施 PPP 过程中，注重了多项并举

在某县 PPP 项目各文件中，或明或隐地贯彻中共中央、国务院下发的《关于进一步加强城市规划建设管理工作的若干意见》提出的建筑八字方针"适用、经济、绿色、美观"。一要更加注重质量和效益；二要更加注重供给侧结构性改革；三要更加注重 PPP 模式的加减乘除；四要更加注重以人为核心；五要更加注重进行资源配置；六要更加注重保护生态环境；七要更加注重促进形成绿色生产方式；八要更加注重 PPP 模式的思维导向；九要更加注重安全观与风险观的贯彻；十要更加注重规划的方方面面协调可持续发展等。

2.4.2 典范式的 PPP 模式的应用流程

某县提质扩容项目提供了典范式的 PPP 模式的应用流程：PPP 项目的十八步内容，如图 2-8 所示。

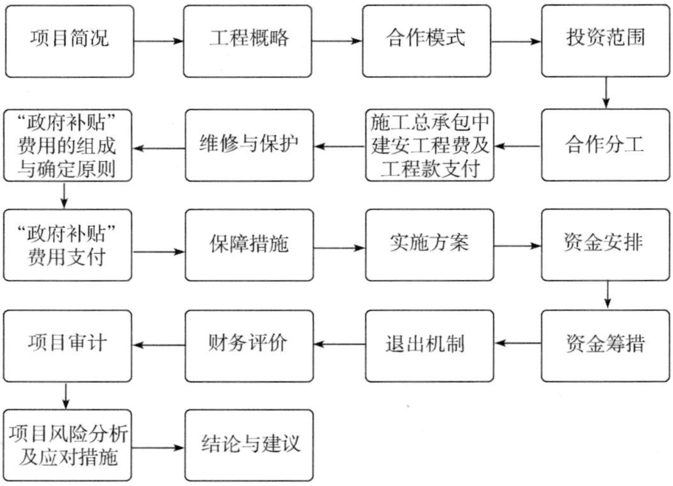

图 2-8 PPP 项目的十八步内容

这里补充说明的是，从 PPP 项目全生命周期角度来看，PPP 项目的关键环节主要有四个：一是 PPP 的前期论证环节；二是社会资本进入环节；三是 PPP 项目执行环节；四是社会资本退出环节。做好这四个环节的工作，PPP 项目就基本上取得成功。

（1）前期论证是 PPP 项目取得成功的奠基环节。在这一阶段，需要清晰构建政府和社会资本合作模式，约定权利、义务和责任；需要全面、科学和公平地进行风险分配和风险处置，合理设计 PPP 投资者风险利益机制；需要明确政府监管方案和支持措施；也需要研究 PPP 项目执行中项目变更、法律政策调整、违约、争议等事项的处理方式。

前期论证越深入、越全面、越科学，项目成功的可能性越大。为此建议无论政府方还是社会资本方，都应积极发挥专业中介机构的作用参与项目论证，如 PPP 专业咨询公司、律师所、技术顾问、会计师事务所等。

（2）社会资本进入环节是决定项目 PPP 整体运作质量的又一个关键环节。为此，PPP 项目在招标或招商阶段应充分研究和摸底投资人市场情况，设置适应项目特点的投资准入条件，并通过竞争机制引入实力、专业投资机构或运营机构。

（3）PPP 合同执行环节则是实现项目目标的关键环节。该环节或阶段通常时间跨度长，面临各种风险因素冲击，协议约定的 PPP 项目机制在这一阶段得到考验，项目提供公共服务质量和水平也在这一阶段得以揭示。在此阶段，PPP 项目各方依法履约，诚信履约，并结合绩效评估按约定程序及时纠偏，是项目顺利执行的保证。政府方通常是 PPP 项目的发起方，肩负公共利益责任，因此高质量的政府监管也必不可少。

（4）社会资本退出通常标志 PPP 项目完成第一轮的实施周期。社会资本退出应为政府留下符合标准和可持续运行的项目资产。在 PPP 项目前期研究阶段就应为社会资本设置有效的退出机制；在多元化筹资的情况下，在保证项目长期健康运营的前提下，退出机制安排应兼顾多元化的退出需求，为项目充分吸引各类社会资本创造条件。

对投资者的建议是，随着政策的不断完善，PPP 为投资者参与基础设施和公共服务提供了良好的机遇，我国会迎来一波投资热潮，但是投资者也应该客观冷静地思考：①在热潮涌动中要对参与 PPP 项目的盈利水平建立合理预期；通过科学的机制安排，PPP 项目收益可实现相对稳定，对于长期性资金是长期利好，要打消通过 PPP 项目实现短期暴富的想法。②PPP项目结构和各种机制安排也相对复杂，不同的项目行业特征明显。例如，城市化项目、基础设施项目、医疗项目、水务项目、公共服务项目等，项目本身有其特点，操作程序各有不同特色。③投资者 PPP 项目经验不足，建议聘请专业咨询服务机构协助开展各种论证和把关工作；或通过投资专门的产业基金参与 PPP 项目，由专业机构打理投资，更为科学、安全、可靠。

2.4.3 公司 PPP 项目决策流程和可行性研究

2.4.3.1 公司 PPP 项目决策流程

根据 PPP 项目的投入回收机制和参与运作目的，将 PPP 项目可分为两大类：①政府回购型项目，主要是指由政府在回购期内支付建设费用的项目。参与该类项目主要是为了进行工程承包施工，运作方式可考虑包括纯垫资项目及 BT（建设—移交）项目，施工利润可以覆盖出资的参股项目，施工利润不能覆盖出资、但附加回购条件的参股项目或控股项目。②投资型项目，主要是指以政府付费、使用者付费、使用者付费 + 政府可行性缺口补助方式在经营期内支付经营费用的项目。参与此类项目主要是为了取得投资回报，运作方式包括直接管理、聘请咨询公司管理、委托运营、管理合同、BOT/BOO/TOT/ROT[㊀] 等各种 PPP 衍生方式。

政府回购型 PPP 项目决策流程如图 2-9 所示。

投资型项目决策流程如图 2-10 所示。

2.4.3.2 可行性研究的充分性和科学性

充分性表现在技术文档编写流程规范，技术文档的编写是对客户传递 PPP 项目信息的重要手段之一，好的技术文档不仅仅在形式上严谨规范，在结构上层次分明，在技术内容上也必须十分准确可靠。标准的可行性分析报告主要分为：前言、客户需求分析、现状分析、方案可行性分析、建设周期、建设费用、备用方案分析、结论八大部分。科学性是指 PPP 概念、原

㊀ B 为 Build 的简写，即建设，T 为 Transfer 的简写，即移交，O 为 Operate 的简写，即运营。BOT 即建设—运营—移交，BOO 即建设—拥有—运营（Build—Own—Operate），TOT 即移交—运营—移交，ROT 即重构（改建）—运营—移交。

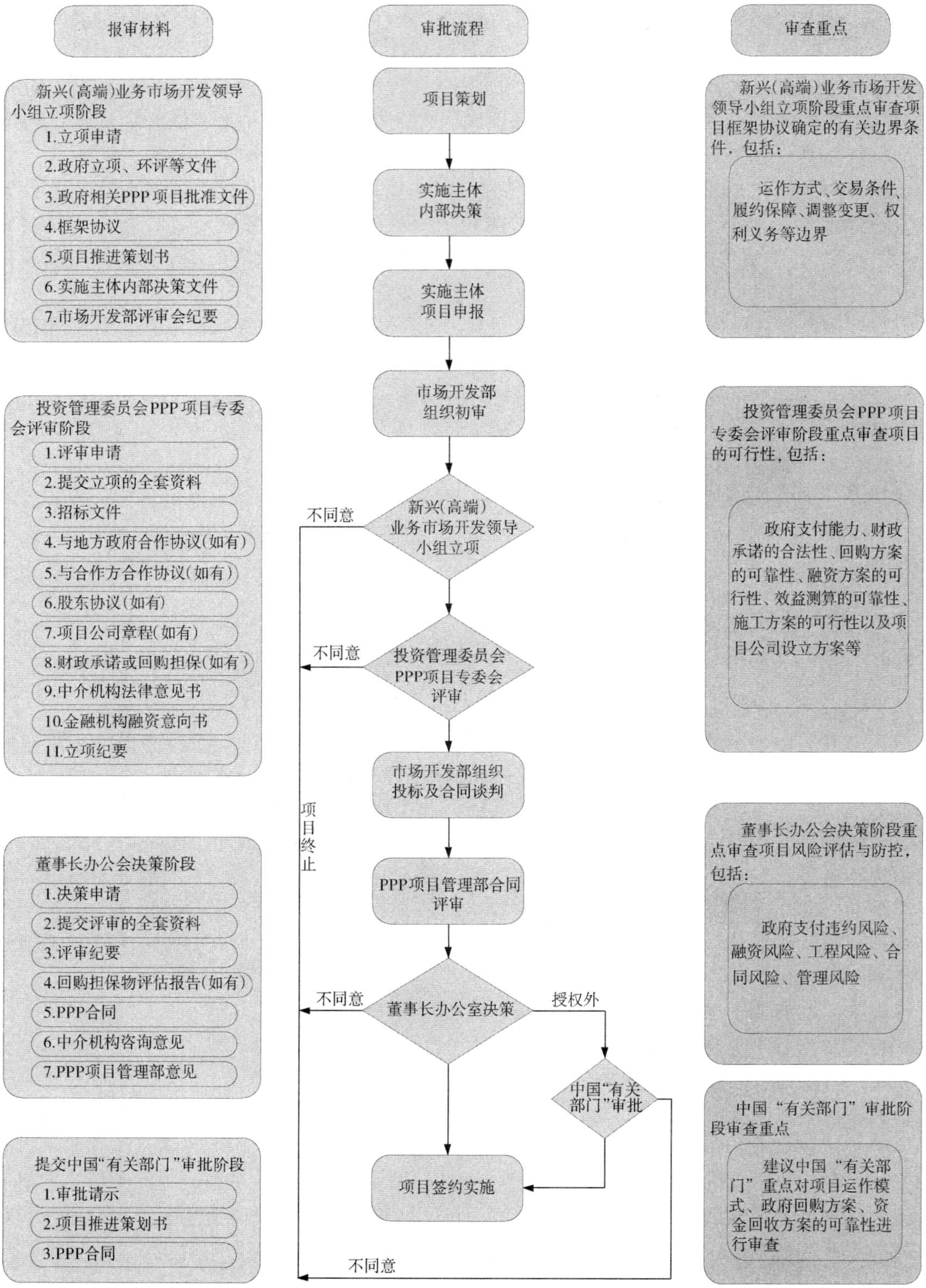

图 2-9　政府回购型 PPP 项目决策流程

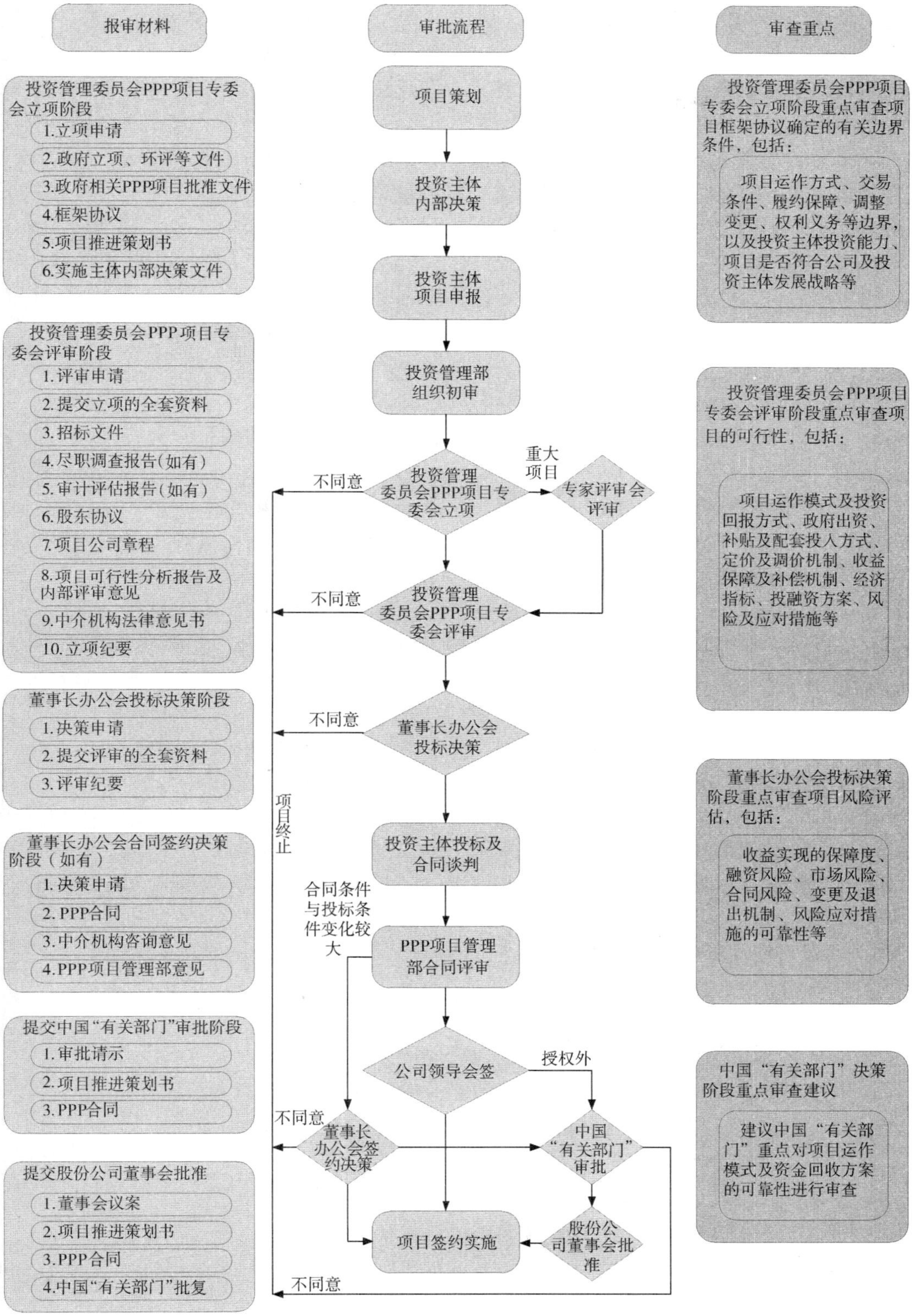

图 2-10　投资型 PPP 项目决策流程

理、定义和论证等内容的叙述清楚、确切，历史事实、任务以及图表、数据、公式、符号、单位、专业术语和参考文献准确，或者前后一致等。科学性又指文件的内容符合客观实际，反映了事物的本质和内在规律，即概念、定义、论点正确，论据充分，实验材料、实验数据、实验结果可靠等。课题的选择要以科学思想为指导，以事实为依据，使所选课题具有实践基础。巴甫洛夫曾说过，事实是“科学家的空气”，没有事实的理论是虚构的。科学研究就是要研究事实，研究客观实际存在的现象。以科学思想为指导，使所选课题具有理论基础。所选课题不能和已经经过实践检验的科学原理相违背，只有这样，才能保证其科学性。

2.4.3.3 公司目的

通过对项目可行性研究和投资决策的控制，加强投资管理，保证公司在投资决策上的科学性、可靠性和高效益，防止投资决策的随意性、盲目性，降低投资风险。

2.4.3.4 公司职责

（1）公司主管总经理负责主持项目投资决策会议。

（2）项目分管领导负责向总经理报告对项目进行可行性研究的结果，负责指导可行性报告的编制。

（3）策划与营销中心负责编制可行性研究报告，收集所需资料。

（4）财务与资产经营部、工程部负责提供所分管的可研报告所需资料，对可研报告从部门角度提出意见。

2.4.3.5 控制程序

（1）由策划与营销中心根据市场调查结果和收集的有关信息，进行投资项目的预选。

（2）依据规定，由策划与营销中心对预选项目的土地规划、环境生态、相应价格、人文等情况进行调查，形成资料汇编。

（3）财务与资产经营部依据项目规模制订资金用款计划，编制资金流量表。

（4）依据规定，由策划与营销中心收集整理项目的有关政策法规。

（5）策划与营销中心根据资料汇总情况，编制项目建议书。对拟建项目的基本情况进行说明，初步估算项目的投资效益，进行综合分析，论述建设的必要性。

（6）项目建议书由策划与营销中心、财务与资产经营部、工程部经理会签后，报分管领导审核、总经理审批。

2.4.3.6 项目可行性研究具体工作

可行性研究主要内容如图2-11所示。

1. 项目开发必要性分析

（1）项目是否符合政府房地产业政策、地区规划。

（2）通过市场调查和预测，对市场供需情况及项目竞争能力进行分析比较。

（3）分析项目建设规模是否合理。

2. 项目开发条件分析

（1）项目位置是否合理，是否符合城镇规划和国土管理的要求。

（2）基础配套设施建设是否到位，交通运输是否有保证。

（3）工程地质和水文地质是否符合项目建设要求。

（4）拆迁工作是否可行，周围环境是否有利于项目建设。

3. 策划与营销中心负责，财务与资产经营部配合进行

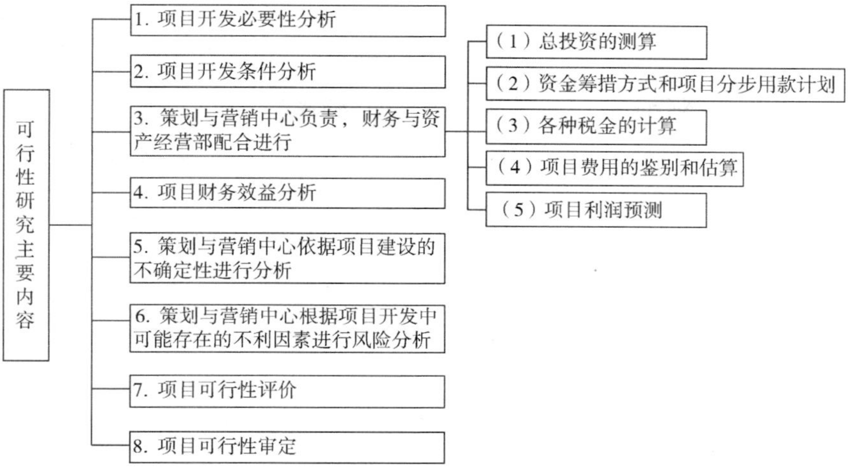

图 2-11　可行性研究主要内容

进行建设项目基本经济数据的测算与评估，根据预测数据对项目的投入、产出效益、偿还贷款的能力等财务情况进行分析和评价，并计算评价项目经济效益的各项指标，主要内容包括：

（1）总投资的测算，分析投资构成比例是否合理，有无高估冒算或漏项少算的情况。

（2）资金筹措方式和项目分步用款计划是否合理、得当。

（3）各种税金的计算是否符合国家规定的税种和税率。

（4）项目费用的鉴别和估算。

（5）项目利润预测。

4. 项目财务效益分析

由财务与资产经营部负责进行项目的财务效益分析，主要内容包括：

（1）编制项目财务效益分析表，主要有贷款偿还期计算表、财务平衡表、财务现金流量表等。

（2）财务动态分析指标的计算，主要有：财务内部收益率、财务净现值、贷款偿还期等。

（3）财务静态分析指标的计算，主要有投资利润率、投资利税率、投资收益率、投资回收期等。

（4）根据各种计算指标，参考定性分析，得出财务分析效益评估结论。

5. 策划与营销中心依据项目建设的不确定性进行分析：

（1）盈亏平衡分析，包括生产能力利用率表示的盈亏平衡点。

（2）敏感性分析，包括工期延长、投资增减、主要原材料价格升降、生产能力利用程度等因素变化的敏感性分析。

6. 策划与营销中心根据项目开发中可能存在的不利因素进行风险分析

预测项目开发中可能出现的风险，并提出采取回避风险的有效措施。

7. 项目可行性评价

由策划与营销中心依据项目建议书对拟建项目进行经济、技术方面的分析论证和多方案的比较，提出科学、客观的评价意见。

8. 项目可行性审定

由主管负责人召集会议，相关部门和内外 PPP 专家参加，对该报告进行最终审定。

2.4.3.7 可行性研究报告编制

由策划与营销中心负责编制，或经总经理批准后，委托有资质的咨询单位承担可行性研究，提出科学、客观的评价意见。

2.4.3.8 项目开发决策

项目开发决策是公司需重点控制的业务活动，在充分进行市场调研和论证的基础上进行。

（1）由策划与营销中心组织，总经理主持，对可行性研究报告进行充分的论证，必要时，由策划与营销中心负责联系专家，进行决策咨询和进一步的论证。

（2）可行性研究报告经分管领导审核、总经理批准后，报集团公司进行最终决策。

（3）经批准的可行性研究报告的修改，严格按照规定执行，由策划与营销中心负责及时将修改情况通知有关部门。

2.4.3.9 文件资料和质量

对项目可行性研究和决策中涉及的有关文件资料和质量记录，由策划与营销中心依据规定，进行收集、保管和归档。

2.4.3.10 支持性文件

略。

2.4.4 PPP 项目合同的严谨性和可操作性

2.4.4.1 关于 PPP 项目合同

北京中建政研信息咨询中心主任梁舰文中指出：PPP 模式的标准格式合同缺失。目前，PPP 项目在全国各地如火如荼地开展，其繁荣背后也潜藏着某些问题，合同问题就是其中之一。因合同不规范而埋藏下的合作双方的矛盾有可能在未来陆续爆发，一定程度上影响到 PPP 实施的效果。制定 PPP 合同需有标准的范本：在 PPP 项目的实施中，政府方（政府或政府授权机构）与社会资本方（项目公司）的权利、义务、交易结构、风险分配、收益保障机制等均通过 PPP 项目合同确定，并以此作为各方主张权利、履行义务的依据以及项目全生命周期顺利实施的保障。除 PPP 项目合同外，项目公司的股东之间，项目公司与项目的融资方、承包商、专业运营商、原料供应商、产品或服务购买方、保险公司等其他参与方之间，还会围绕 PPP 项目合作订立一系列合同来确立和调整彼此之间的权利义务关系。眼下我国没有详细标准的 PPP 合同范本。合同范本缺失的直接后果就是现有 PPP 不规范合同的多种多样化。从北京中建政研信息咨询中心（以下简称“中建政研”）服务过的案例来看，政府方与社会资本双方的合同意识均有待加强，前期调研不充分，风险防范不够严谨，签订的合同存在条款不够全面、内容不够清晰、可操作性不强等问题。这极有可能导致合作后期矛盾的爆发。例如某市地铁项目，在该项目特许经营合同中，项目合同条款中没有将一般性补偿标准写清楚，政府方与社会资本方的解读存在差异，此为合同条款不够清晰；按照特许经营合同签订时的标的，以票价作为补偿依据，但在实际操作过程中，影响票价的因素很多，导致核算票价补偿较烦琐，而且补偿时间滞后，也影响到社会资本方的整体收益，此为合同条款不够全面。解决PPP合同纠纷应有完善的机制。尽管目前我国各地对于开展PPP实践充满热情，但从某种角度上看，许多项目中，PPP合作双方对合同的履行情况不太乐观，这并不是说政府方或社会资本方有意地违约。一般而言，PPP项目多为重大工程，本身非常复杂，涉及领域多，运作时间长，期间也有许多难以预估的因素。再加上PPP模式在我国发展尚不成熟，缺少成功的经验可以借鉴，如果没有专业的第三方咨询机构支持，合作双方签订的合同很难将所有问题覆盖周全。PPP项目中出现合同纠纷的主要原因，一是缺乏相对应的合同条款，二是对应的合同条款可以有不同的解读。要破解这些问题，关键在于完善解决纠纷的机制。否则，在没有规范可依从的情况下，必然会导致PPP项目合同双方出现互相不信任、履约不顺畅的情形。

一般事物发展中总是存在这样一个规律，即一个蓬勃发展的新事物，同时问题也会很多，在不断涌现的矛盾运动中，问题也陆续得到解决，最终走向成熟。就PPP合同问题来说，中建政研正在做的一件事，就是在每个具体PPP案例上，遇到问题解决问题，再在深入研究大量案例的基础上，将共性的内容提炼出来，形成解决纠纷机制。

梁主任对PPP合同中的问题所做的通透分析，击中要害，绝不是喷叶学问，更不是洗面功夫，的的确确进行了一番独中慎超，由心上做出的。这些破解合同问题的章法，思路清正、言辞简明、寓意深远，颇具务实风格、明体达用之特色，对实施PPP项目不无裨益。务请读者和同行们细细品味，将受益匪浅。

2.4.4.2 高度倾注PPP项目合同管理

PPP模式是在基础设施和公共服务领域政府和社会资本基于合同建立的一种合作关系。“按合同办事”不仅是PPP模式的精神实质，也是依法治国、依法行政的内在要求。加强对PPP项目合同的起草、谈判、履行、变更、解除、转让、终止直至失效的全过程管理，通过PPP项目合同正确表达意愿、合理分配风险、妥善履行义务、有效主张权利，是政府和社会资本长期和谐合作的重要基础，也是PPP项目顺利实施的务实保障。政府与社会资本及其参与方在推进PPP中要高度重视、充分认识合同管理的重要意义，会同行业主管部门加强PPP项目合同管理工作。

2.4.4.3 切实遵循PPP项目合同管理的六大核心原则

PPP项目合同管理的六大核心原则如图2-12所示。

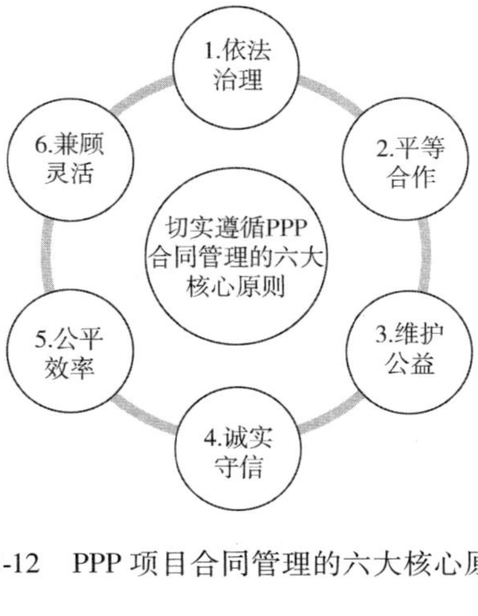

图2-12　PPP项目合同管理的六大核心原则

1. 依法治理

在依法治国、依法行政的框架下，充分发挥市场在资源配置中的决定性作用，允许政府和社会资本依法自由选择合作伙伴，充分尊重双方在合同订立和履行过程中的契约自由，依法保护 PPP 项目各参与方的合法权益，共同维护法律权威和公平正义。

2. 平等合作

在 PPP 模式下，政府与社会资本是基于 PPP 项目合同的平等法律主体，双方法律地位平等、权利义务对等，应在充分协商、互利互惠的基础上订立合同，并依法平等地主张合同权利、履行合同义务。

3. 维护公益

建立健全履约管理、行政监管和社会监督“三位一体”的监管架构，优先保障公共安全和公共利益。PPP 项目合同中除应规定社会资本方的绩效监测和质量控制等义务外，还应保证政府方合理的监督权和介入权以加强履约管理。建立健全及时有效的项目信息公开和公众监督机制。

4. 诚实守信

政府和社会资本应在 PPP 项目合同中明确界定双方在项目融资、建设、运营、移交等全生命周期内的权利义务，并在合同管理的全过程中真实表达意思表示，认真恪守合同约定，妥善履行合同义务，依法承担违约责任。

5. 公平效率

在 PPP 项目合同中要始终贯彻物有所值原则，在风险分担和利益分配方面兼顾公平与效率：既要通过在政府和社会资本之间合理分配项目风险，实现公共服务供给效率和资金使用效益的提升，又要在设置合作期限、方式和投资回报机制时，统筹考虑社会资本方的合理收益预期、政府方的财政承受能力以及使用者的支付能力，防止任何一方因此过分受损或超额获益。

6. 兼顾灵活

鉴于 PPP 项目的生命周期通常较长，在合同订立时既要充分考虑项目全生命周期内的实际需求，保证合同内容的完整性和相对稳定性，也要合理设置一些关于期限变更（展期和提前终止）、内容变更（产出标准调整、价格调整等）、主体变更（合同转让）的灵活调整机制，为未来可能长达 20～30 年的合同执行期预留调整和变更空间。

2.4.4.4 有效践行 PPP 项目合同管理工作

一个企业的经营成败和合同及合同管理有密切关系。企业合同管理是指企业对以自身为当事人的合同依法进行订立、履行、变更、解除、转让、终止以及审查、监督、控制等一系列行为的总称。其中订立、履行、变更、解除、转让、终止是合同管理的内容；审查、监督、控制是合同管理的手段。合同管理必须是全过程的、系统性的、动态性的。PPP 模式的合同管理相比一般性的合同管理的要求更上一重楼。

1. 加强组织协调，保障合同效力

在推进 PPP 的过程中，各级财政部门要会同行业主管部门做好合同审核和履约管理工作，确保合同内容真实反映各方意愿、合理分配项目风险、明确划分各方义务、有效保障合法权益，为 PPP 项目的顺利实施和全生命周期管理提供合法有效的合同依据。

2. 加强能力建设，防控项目风险

各级财政部门要组织加强对当地政府及相关部门、社会资本以及 PPP 项目其他参与方的法律和合同管理培训，使各方牢固树立法律意识和契约观念，逐步提升各参与方对 PPP 项目合同的精神主旨、核心内容和谈判要点的理解把握能力。在合同管理全过程中，要充分借助、积极运用法律、投资、财务、保险等专业咨询顾问机构的力量，提升 PPP 项目合同的科学性、规范性和操作性，充分识别、合理防控项目风险。

3. 总结项目经验，规范合同条款

各级财政部门要会同行业主管部门结合 PPP 项目试点工作，抓好合同管理的贯彻落实，不断细化、完善合同条款，及时总结经验，逐步形成一批科学合理、全面规范、切实可行的合同文本，以供参考示范。在总结各地实践的基础上，逐步出台主要行业领域和主要运作方式的 PPP 项目合同标准示范文本，以进一步规范合同内容、统一合同共识、缩短合同准备和谈判周期，加快 PPP 模式推广应用。

2.4.4.5 PPP 项目合同管理指南要点（图 2-13）

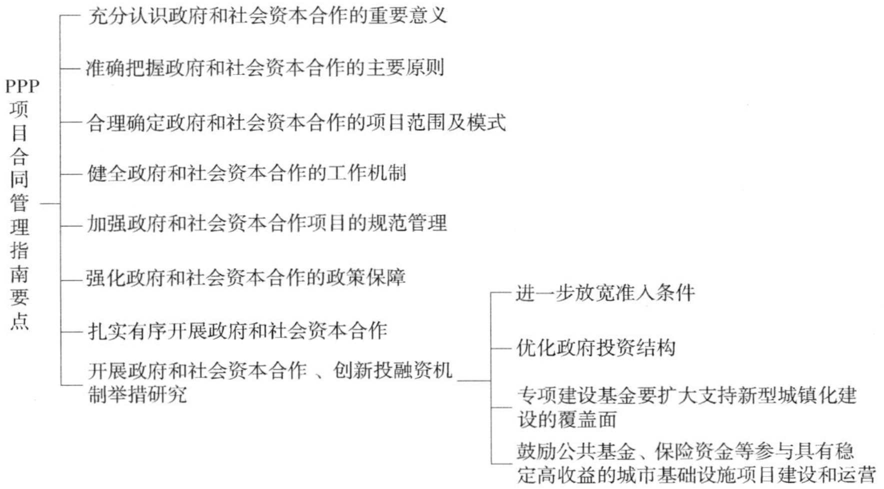

图 2-13 PPP 项目合同管理指南要点

1. 充分认识政府和社会资本合作的重要意义

PPP 模式是政府为增强公共产品和服务供给能力、提高供给效率，通过特许经营、购买服务、股权合作等方式，与社会资本建立的利益共享、风险分担及长期合作关系。它有利于创新投融资机制；有利于推动各类资本相互融合、优势互补，促进投资主体多元化；有利于理顺政府与市场关系，加快政府职能转变，充分发挥市场配置资源的决定性作用。

2. 准确把握政府和社会资本合作的主要原则

（1）转变职能，合理界定政府的职责定位。

（2）因地制宜，建立合理的投资回报机制。根据各地实际，通过授予特许经营权、核定价费标准、给予财政补贴、明确排他性约定等，稳定社会资本收益预期。

（3）合理设计，构建有效的风险分担机制。按照 3 风险收益对等原则，在政府和社会资本间合理分配项目风险。原则上，项目的建设、运营风险由社会资本承担，法律、政策调整风险由政府承担，自然灾害等不可抗力风险由双方共同承担。

（4）诚信守约，保证合作双方的合法权益。

（5）完善机制，营造公开透明的政策环境。

3. 合理确定政府和社会资本合作的项目范围及模式

（1）项目适用范围。各地的新建市政工程以及新型城镇化试点项目，应优先考虑采用PPP模式建设。

（2）操作模式选择：①经营性项目；②准经营性项目。

（3）积极开展创新。各地可以根据当地实际及项目特点，积极探索、大胆创新，通过建立合理的“使用者付费”机制等方式，增强吸引社会资本能力，并灵活运用多种PPP模式，切实提高项目运作效率。

4. 健全政府和社会资本合作的工作机制

（1）健全协调机制。

（2）明确实施主体。

（3）建立联审机制。为高工作效率，可会同相关部门建立PPP项目的联审机制，从项目建设的必要性及合规性、PPP模式的适用性、财政承受能力以及价格的合理性等方面，对项目实施方案进行可行性评估，确保“物有所值”。审查结果作为项目决策的重要依据。

（4）规范价格管理。

（5）提升专业能力。积极发挥各类专业中介机构在PPP项目的资产评估、成本核算、经济补偿、决策论证、合同管理、项目融资等方面的积极作用，提高项目决策的科学性、项目管理的专业性以及项目实施效率。加强PPP相关业务培训，培养专业队伍和人才。

5. 加强政府和社会资本合作项目的规范管理

（1）项目储备。根据经济社会发展需要，按照项目合理布局、政府投资有效配置等原则，切实做好PPP项目的总体规划、综合平衡和储备管理。

（2）项目遴选。会同行业管理部门、项目实施机构，及时从项目储备库或社会资本提出申请的潜在项目中筛选条件成熟的建设项目，编制实施方案并提交联审机制审查，明确经济技术指标、经营服务标准、投资概算构成、投资回报方式、价格确定及调价方式、财政补贴及财政承诺等核心事项。

（3）伙伴选择。实施方案审查通过后，配合行业管理部门、项目实施机构，按照《招标投标法》《政府采购法》等法律法规，通过公开招标、邀请招标、竞争性谈判等多种方式，公平择优选择具有相应管理经验、专业能力、融资实力以及信用状况良好的社会资本作为合作伙伴。

（4）合同管理。可参考《政府和社会资本合作项目通用合同指南》，细化完善合同文本，确保合同内容全面、规范、有效。

（5）绩效评价。项目实施过程中，加强工程质量、运营标准的全程监督，确保公共产品和服务的质量、效率和延续性。鼓励推进第三方评价，对公共产品和服务的数量、质量以及资金使用效率等方面进行综合评价，评价结果向社会公示，作为价费标准、财政补贴以及合作期限等调整的参考依据。项目实施结束后，可对项目的成本效益、公众满意度、可持续性等进行后评价，评价结果作为完善PPP模式制度体系的参考依据。

（6）退出机制。政府和社会资本合作过程中，如遇不可抗力或违约事件导致项目提前终止时，项目实施机构要及时做好接管，保障项目设施持续运行，保证公共利益不受侵害。政府和社会资本合作期满后，要按照合同约定的移交形式、移交内容和移交标准，及时组织开展项目验收、资产交割等工作，妥善做好项目移交。依托各类产权、股权交易市场，为社会资本提供多元化、规范化、市场化的退出渠道。

6. 强化政府和社会资本合作的政策保障

（1）完善投资回报机制。

（2）加强政府投资引导。优化政府投资方向，通过投资补助、基金注资、担保补贴、贷款贴息等多种方式，优先支持引入社会资本的项目。

（3）加快项目前期工作。协助项目单位解决前期工作中的问题和困难，协调落实建设条件，加快项目建设进度。

（4）做好综合金融服务。鼓励金融机构提供财务顾问、融资顾问、银团贷款等综合金融服务，全程参与 PPP 项目的策划、融资、建设和运营。鼓励项目公司或合作伙伴通过成立私募基金、引入战略投资者、发行债券等多种方式拓宽融资渠道。

7. 扎实有序开展政府和社会资本合作

（1）做好示范推进。

（2）推进信用建设。按照诚信践诺的要求，加强全社会信用体系建设，保障政府和社会资本合作顺利推进。政府要科学决策，保持政策的连续性和稳定性；依法行政，防止不当干预和地方保护；认真履约，及时兑现各类承诺和合同约定。社会资本要守信自律，提高诚信经营意识。

（3）搭建信息平台。

（4）加强宣传引导。大力宣传政府和社会资本合作的重大意义，做好政策解读，总结典型案例，回应社会关切，通过舆论引导，培育积极的合作理念，建立规范的合作机制，营造良好的合作氛围，充分发挥政府、市场和社会资本的合力作用。

8. 开展政府和社会资本合作、创新投融资机制举措研究

各地政府应高度重视，切实加强组织领导，抓紧制定具体的政策措施和实施；社会资本的投资人应当实事求是积极参与 PPP 项目合作，并与政府一起共同创新投融资方面的研究和实践，与时俱进不断总结，以探索和提升 PPP 项目整体性系统性管理。国务院发布的《关于深入推进新型城镇化建设的若干意见》中，“创新投融资机制”备受资本市场瞩目，强调创新投融资机制，深化政府和社会资本合作，加大政府投入力度，强化金融支持，多渠道保障城镇化资金需求。

（1）进一步放宽准入条件，健全价格调整机制和政府补贴、监管机制，广泛吸引社会资本参与城市基础设施和市政公用设施建设和运营。根据经营性和非经营性项目的不同特点，采取更具针对性的政府和社会资本合作模式，加快城市基础设施和公共服务设施建设。

（2）优化政府投资结构，安排专项资金重点支持农业转移人口市民化相关配套设施建设。编制公开透明的政府资产负债表，允许有条件的地区通过发行地方政府债券等多种方式拓宽城市建设融资渠道。省级政府举债适用方向要向新型城镇化倾斜。

（3）专项建设基金要扩大支持新型城镇化建设的覆盖面，安排专门资金定向支持城市基础设施和公共服务设施建设、特色小城镇功能提升等。鼓励开发银行、农业发展银行创新信贷模式和产品，针对新型城镇化项目设计差别化融资模式与偿债机制。鼓励商业银行开发面向新型城镇化的金融服务和产品。

（4）鼓励公共基金、保险资金等参与具有稳定高收益的城市基础设施项目建设和运营。

鼓励地方利用财政资金和社会资金设立城镇化发展基金，鼓励地方整合政府投资平台设立城镇化投资平台。支持城市政府推行基础设施和租赁房资产证券化，提高城市基础设施项目直接融资比重。

2.4.4.6　PPP 项目合同管理流程（图 2-14）

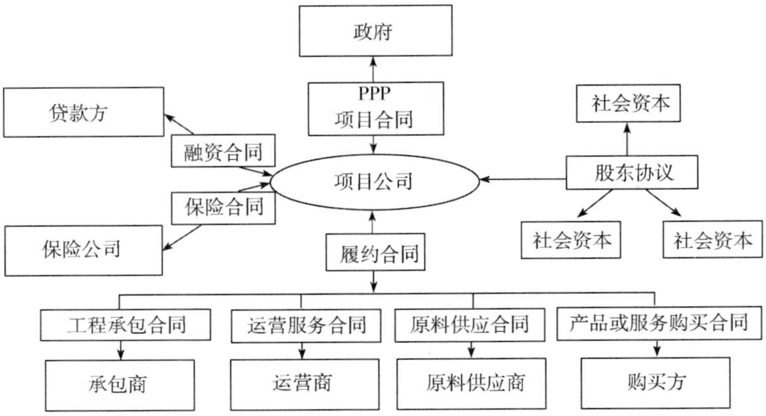

图 2-14　PPP 项目合同管理流程

2.4.5　合作各方的风险分担公平合理

2.4.5.1　PPP 项目风险承担和分配原则

风险承担原则一般为：①承担风险的一方应该对该风险具有控制力；②承担风险的一方能够将该风险合理转移（例如通过购买相应保险）；③承担风险的一方对于控制该风险有更大的经济利益或动机；④由该方承担该风险最有效率；⑤如果风险最终发生，承担风险的一方不应将由此产生的费用和损失转移给合同相对方。一般来说，特许经营项目的建设、运营、维护等风险由经营者承担，项目的法律风险、政策风险等由政府承担，不可抗力风险由双方共同承担。

PPP 项目合理的风险分配更需要遵循一定的原则。大体是：①分配结果可减少风险发生的概率、风险发生后造成的损失以及风险管理成本，使 PPP 项目对各方都具有吸引力，任何一方都不需要为另一方没解决好他应该承担的风险而付出代价。②在项目周期内，可以培养各方的理性和谨慎行为，使各方有能力控制分配给自己的风险。③“承担的风险程度与所得回报相匹配”也应该成为项目风险分配的一条原则。这是合法、合情、合理，各方都能心甘情愿地接受和承担并为该项目的成功而有效地工作。④还应遵从“承担的风险要有上限”的原则，以应付在合同实施阶段，项目的某些风险可能会出现双方意料之外的变化或风险带来的损害比之前估计的要大得多等情况。

总之，风险分配的目的是要达到最优的、最合理的公平风险分配，认为“采用 PPP 模式就是要把尽量多的风险转移给私人部门”和“承担较多的风险就可以获得较多的回报从而把承担风险看成是获得高额回报的机会”都是错误的。

2.4.5.2　PPP 项目风险分配框架

清华大学刘新平、王守清教授等设计提出的风险分配框架，把 PPP 项目的风险分配划分为三个阶段，值得借鉴运用，如图 2-15 所示。

1. 风险初步分配阶段

风险的初步分配发生在项目的可行性研究阶段，通常这一阶段是由公共部门来主导的，因为公共部门最了解当地经济发展情况，最了解是否需要上马一个项目。公共部门首先进行风险识别，之后进行风险分析，主要是计算风险的发生概率和风险发生时带来的损害以及风险价值。风险价值 = 风险发生的概率 × 风险发生时带来的损害。计算风险价值的目的是：①在可行性研究阶段判断项目是否应采用 PPP 模式；②在确定采用 PPP 模式后．为选择最佳 PPP 模式投标者提供评标依据。由于各种风险发生的时间是不一样的，因此计算时应考虑资金的时间价值。风险分析结束之后，公共部门根据分析风险的结果初步判断哪些风险是在公共部门和私人部门控制力之内的，哪些是双方风险控制力之外的。对于双方控制力之外的风险，留待下一阶段分配，公共部门最有控制力的风险是公共部门需要自留的，剩余的风险则需要转移给私人部门的，至此，风险的初步分配结束。

2. 风险全面分配阶段（投标与谈判阶段）

（1）私人部门就第一阶段的初步风险分配结果进行自我评估 1，主要评估其拥有的资源（包括经验、技术、人才等），据此判断其对公共部门转移给它的风险是否具有控制力。如果私人部门通过自我评估 1 确定对转移给它的风险最有控制力，则进行相应的风险管理；反之，则返回风险分析阶段。双方控制力之内的风险主要根据风险分配原则一进行分配（见图 2-15 左上虚线框部分）。

（2）分配公共部门和私人部门控制力之外的风险。双方经过谈判确定风险分配机制，之后私人部门计算风险价值并进行自我评估 2，主要是评估其对风险的态度（厌恶或偏好）、拥有的资源（经验、技术、人才等），然后结合风险价值和自我评估 2 的结果提出风险补偿价格。如果公共部门接受，则双方进行相应的风险管理：反之，则重新谈判，修改风险分配机制。如此循环，最终双方达成一致。双方控制能力之内的风险主要根据风险分配原则二进行分配（见图 2-15 右上虚线框部分）。

3. 风险跟踪和再分配阶段（建设和运营阶段）

公共部门和私人部门签订合同后，项目的风险分配就进入了风险的跟踪和再分配阶段，这一阶段的主要任务是跟踪已经得到分配的风险是否发生意料之外的变化或者出现未曾识别的风险，然后进行风险的再分配。

如果出现了未识别的风险，则按照风险初步分配阶段的方法分析和初步分配风险。如果已经识别的风险发生了双方预料之外的变化，则需要判断这种变化对项目是否有害。如果这种变化是有害的。则根据风险分配原则三启动调整条款进行风险的再分配（见图 2-15 左下虚线框部分）；如果风险发生的变化对项目是有利的，则对项目进行“对称性风险分配”。所谓“对称性风险分配”，就是合同在条款中规定，如果项目寿命期出现的变动（原材料价格的下降时）带来正面影响即带来收益时，允许双方共同分享该收益。

2.4.5.3 PPP 项目风险分配合理与否是影响项目成功的一个关键点

PPP 项目的风险分配是否合理是影响 PPP 项目成功的关键因素之一。公共部门和私人部门都应该本着双赢的态度就项目的风险分配进行谈判。分配项目的风险时，不仅应该遵从对风险最有控制力的一方承担相应风险的原则，还应该遵从承担的风险程度与所得回报相匹配和承担的风险要有上限的原则。为保证公共部门和私人部门权利和义务的平衡，在合同中还应该设置调整条款。当出现对项目有利的变化时，要进行对称性风险分配。风险分配作为风

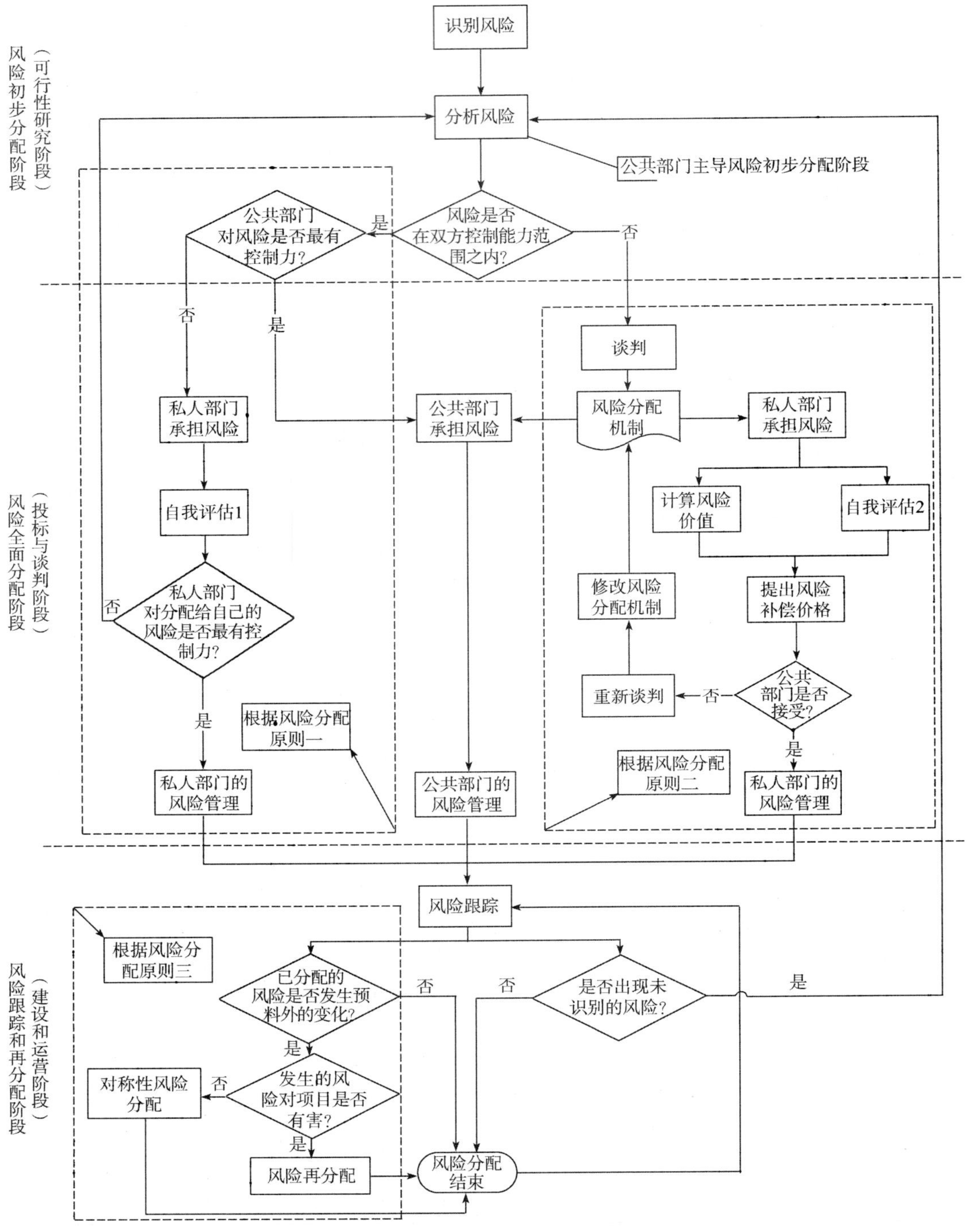

图 2-15　PPP 项目风险分配框架

险管理的一个重要环节，应当贯穿项目合同期的全过程。公共部门和私人部门应该采用有效的措施管理各自分担的风险，并尽可能帮助对方管理风险，从而保证项目的正常进行。

2.4.5.4 注重 PPP 项目带给合作方“一加一大于二”的机制效应

发挥 PPP 项目团队合作期内的互补性、督促性、监督性、检查性等的协同性，做起 PPP 来就特别有动力。这应充分考虑双方风险的最优应对、最佳分担，而将整体风险最小化。追求整个项目风险最小化的管理模式，要比公、私双方各自追求风险最小化更能化解准公共产品领域内的风险。PPP 项目参与者各有其长，经济学家认为，一个企业发展的前景既取决于该企业的长处有多长，也取决于其短处有多短，在某些情况下，短处甚至能起到主导作用。因此，正确认识短处对企业发展有着极为重要的影响。“祸兮福所倚，福兮祸所伏”。长处短处是能够相互转化的，充分发挥企业优势所在，使 PPP 项目参与者们的优势叠加，那抵御、抗击、克服其风险的力量是不可想象的。

2.4.5.5 PPP 模式项目风险管理关系控制各阶段流程（图 2-16）

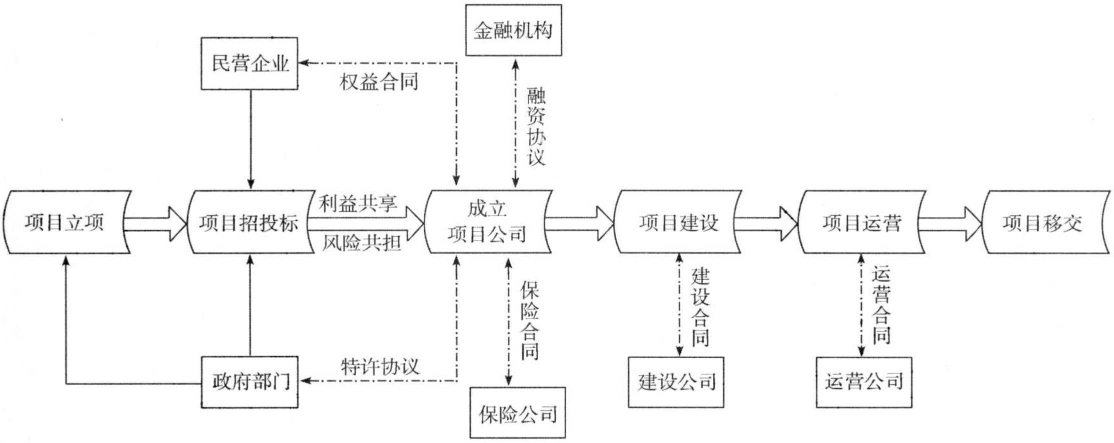

图 2-16 PPP 模式项目风险管理关系控制各阶段流程

2.4.5.6 PPP 项目风险管理的基本流程

PPP 项目风险管理既是 PPP 项目商业建议计划书当中的重要组成部分，也是合同设计的核心。PPP 项目风险管理流程如图 2-17 所示。

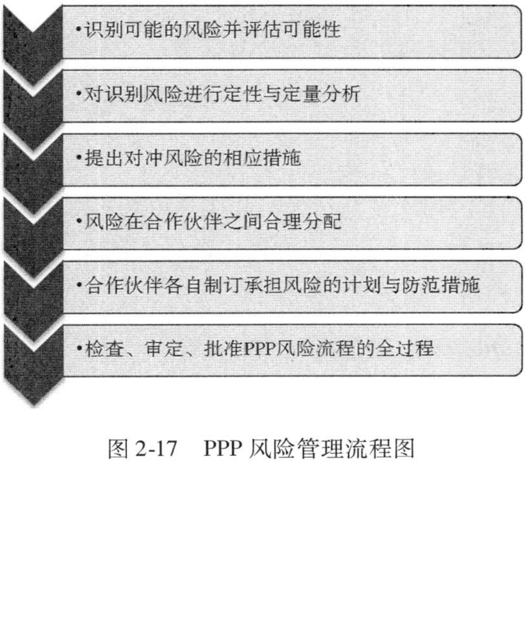

图 2-17 PPP 风险管理流程图

1. 识别可能的风险并评估可能性

项目的可行性研究为项目风险识别提供了很好的基础，在进行可行性研究时对项目可能发生的风险类别和发生的概率可能性等都做了一定程度的研究。在此期间可以利用风险分析矩阵对主要的风险类别及其分类别在项目执行期间发生的可能性进行简单的描述。

2. 对识别风险进行定性与定量分析

这即对所有风险诱发因素可能产生的影响进行评估，这种评估从定性和定量两个方面来进行表述；对项目的影响可能使得其项目的商业可行性发生改变（如项目回报率过低），或者这种风险对项目最终的产出和结果产生间接的影响（如项目输出质量和工期发生变化）。依据过去经验而进行判断的风险分析方法和高级复杂的风险建模分析手段的并存和应用使得风险管理成了一种定性定量相结合、介于科学和艺术之间的管理方法。

3. 提出对冲风险的相应措施

对绝大多数的风险而言，都存在相应的对冲措施。只有在项目规划前期事先考虑项目的风险管理才不失为一种有效的策略。当这种风险管理措施逐步成熟以后，需要将其纳入项目合同的拟定和谈判当中，以便于后期施工和运营时执行。常用的项目风险对冲措施如下：首先考虑将项目风险出现的可能性降低或完全消除的措施：对项目风险承担方在合同中提出相应的补偿措施或机制；在可能的情况下考虑对风险投保；利用一些金融风险对冲工具（如对冲基金或利率互换等）；通过对项目融资结构的设计降低违约的风险。

4. 风险在合作伙伴之间合理分配

在充分识别风险及其影响和对冲措施以后，项目合同方即可以开始将特定风险合理分配给最能有效管理配置的一方。例如将政治、法律和监管风险交给政府来管理，而社会资本机构则承担管理、运营以及项目的商业融资和财务等风险。对于双方彼此都不能很好管理的风险，可以考虑在不减损项目经济价值前提下进行商业投保，将项目风险转嫁给第三方；在不能如愿找到第三方保险的情况下，可以事先对风险发生后合同双方彼此的责任和义务予以清晰的说明。如果政府在风险分配的过程中能主动承担一部分额外的风险（如运营、管理等商业风险），无疑将提高该项目对投资者的吸引力。原则上的合理分配并不意味着同一风险始终会让项目某方承担，因为项目的特性决定了风险管理的成本和优势，让社会资本承担过多风险的举措可能会提高项目本身的融资成本和融资难度。

5. 合作伙伴各自制订承担风险的计划与防范措施

只有各自把 PPP 项目分配承担的风险做好，才会实现 PPP 项目风险的整体性防范和化解，达到风险管理计划完满的目的。

6. 检查、审定、批准 PPP 风险流程的全过程

这主要包括：自检（指 PPP 项目参与各方的风险自检）；专家审查（指 PPP 模式的内外专家）；或请第三方及咨询公司帮助、最终由顶层设计人批准（指各个单位的主管 PPP 项目的负责人）。

2.4.6 PPP 模式项目成功的因素和条件（图 2-18）

2.4.6.1 天时地利人和是 PPP 项目成功的要件

成功之路中，天时地利人和称为“三要素”：天时是成功之路的运气、机遇；地利是成功之路的环境、条件；人和是成功之路的综合实力（成功的关键）。天、地、人三者的关系

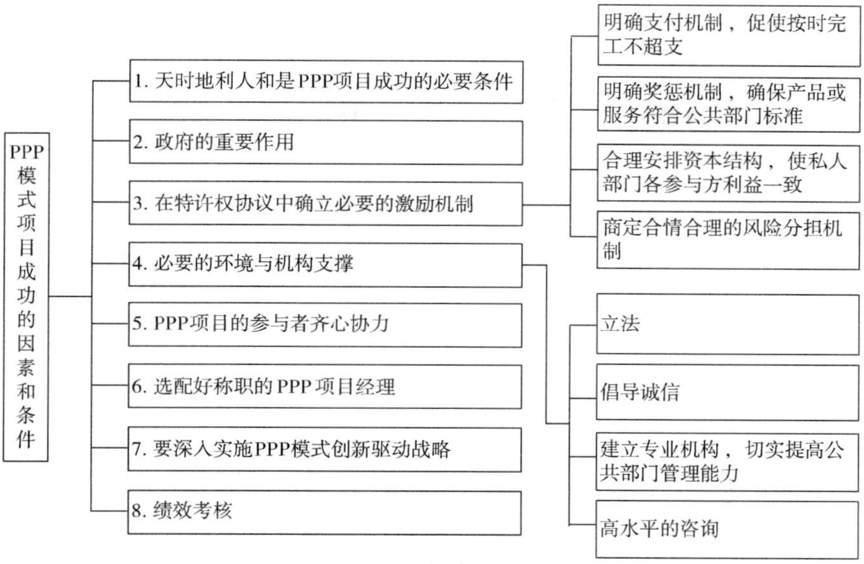

图 2-18　PPP 模式项目成功的因素和条件

问题古往今来都是人们所关注的。三者到底谁最重要也就成了人们议论的话题。荀子曾经从农业生产的角度论述过天时、地利、人和的问题，但他并没有区分谁重要谁不重要，而是三者并重，缺一不可。孟子则主要是从军事方面来分析论述天时、地利、人和之间的关系，且观点鲜明："天时不如地利，地利不如人和。"三者之中，"人和"是最重要、起决定作用的因素，"地利"次之，"天时"又次之。这是与他重视人的主观能动性的一贯思想分不开的，也是与他论述天时、地利、人和关系的目的分不开的。正是从强调人和的重要性出发，他得出了"得道者多助，失道者寡助"的放之四海而皆准的人的作用的结论。诚然这同样适合 PPP 项目的实施。

PPP 模式借鉴国外实践经验，结合中国国情，能够减轻政府财政压力，提高公共项目的供给水平与供给效率，得到国家、私企、投资者等广泛认可和青睐及运用。对影响 PPP 模式成功的关键因素进行分析，更能提升 PPP 模式的功能与作用。公共项目采用 PPP 模式，成功的关键在于政府正确地行使职能，通过合同确立恰当的激励机制，明确公私双方的权利、义务与责任，对风险进行合理分担，以及必要的环境与机构支撑。

显然，没有掌握 PPP 模式的智慧、策略、方式、方法等理论与实践的参与者，PPP 项目是做不成的。

2.4.6.2　政府的重要作用

在 PPP 模式下，政府是特许权协议的当事方之一；另外，政府要为项目的运作提供稳定的政治和法律环境。对比传统公共项目建设模式，政府在 PPP 项目中的职能应转变或调整。

（1）政府必须更加谨慎地审核项目，建立一个适合项目发展的合理、科学、透明的程序，确立 PPP 的法律地位，通过市场机制选择合作伙伴，全面评估合作伙伴对基础设施项目的建设及运营实力，择优确定合作方，并鼓励创新。PPP 模式的核心是特许权协议，政府部门应在其中明确产品或服务标准，但并不限定如何生产与提供。私人部门根据政府部门的要求，利用自身经验和优势编制建议书，进行投标，政府部门择优选取。政府部门只规定所要的产品或服务标准的做法留给私人部门很大的创新空间，私人部门有动力发展创新方法，如创新设计、创新运营方式等。这样一方面满足政府部门对产品或服务标准的要求，另一方面，精确计算整个特许权协议期的成本，尽可能降低项目成本，以在竞标中获胜。

（2）政府必须确定一种足够谨慎的承诺机制，保证资产的安全性，降低项目融资成本，保证项目生产或运营的可持续性，使私方的投资成本及运营成本得以补偿，并获得合理回报。英国 Fazakeley 监狱和 Bridgend 监狱 PPP 项目中，政府曾承诺，在私人部门不能投保商业险的情况下，政府充当承保人。然而，当项目在运营过程中，因发生犯人骚乱和暴动，致使商业保险公司不愿为其续保时，政府却收回了原先的承诺，致使私方无法承担大幅提高的监狱运营成本，最终导致了该项目的被迫终止。

（3）政府职能必须确定一个清楚的边界，包括资产的边界及监管的边界，如市场准入监管、价格监管、普遍服务监管等，以效率监管作为有效监管的前提和保证。这一切的实现需要政府具备较高的公共管理能力。

2.4.6.3 在特许权协议中确立激励机制

据北京市发改委组织的英国考察团《PPP 模式发祥地考察报告》，英国采用传统模式进行的公共项目建设中，只有 30% 的项目按期完工，也只有 27% 的项目没有超过预算，其中的主要原因是：①没能精确计算整个项目的前期成本；②没有采用恰当的风险管理方法，在建项目的任何困难和财务成本皆由政府来承担；③缺乏足够的激励机制。而在 PPP 模式下，超过 70% 的 PPP 项目按时完工，没有任何建筑费用超支由政府部门来承担。PPP 模式下，在合同中确立相应的激励机制，能很好地克服传统公共项目建设超期与超支的缺点。

1. 明确支付机制，促使按时完工不超支

在 PPP 模式下，尤其在政府直接购买服务的项目中，私人部门只有在提供政府要求的产品或服务后，才能获得政府的支付。在基础设施建成和提供服务之前，政府并不支付。因此，私人部门会尽可能地按期完工项目，以便早获得支付。同时，政府部门支付的只是私人部门已提供服务的费用，并不支付私人部门造成的项目超支费用。因此，私人部门会在投标时非常谨慎地计算整个合同期的费用，主动将其控制在合理的范围内。

2. 明确奖惩机制，确保产品或服务符合公共部门标准

在 PPP 模式下，如果私人部门提供的产品或服务不能达到最初合同规定的标准，政府将对其进行惩罚，削减支付额。例如，通信业的 PPP 项目中，如果信息技术运行体系发生中断的次数超过合同规定标准，政府会通过罚金来削减支付。另外，如果私人部门提供的产品或服务达到或超过最初合同规定的标准，则可以获得一定比例的追加奖励。如果私人部门提供的产品或服务持续低于合同规定的标准，那么 PPP 合同将被终止，公共项目或被政府接管，或进行再招标，由另外的私人部门接替。这一奖惩机制对私人部门提供符合要求的产品或服务是一个极大的刺激。由于私人部门以利润最大化为目标，当其行为危及这一目标时，私人部门有完全的主动性去修正偏离目标的行为。英国财政部曾对运行的 500 多个 PPP 项目进行调查，数据显示，当项目提供的服务不能满足合同要求的标准而受到支付削减的惩罚后，几乎所有受惩罚的项目随后提供的服务都达到了合同要求，72% 的受惩罚项目甚至在受罚后，提供比合同要求服务更好的服务。

3. 合理安排资本结构，使私人部门各参与方利益一致

承包商的工期和质量控制和设备供应商的产品质量控制，是长期以来困扰传统公共项目建设的主要问题之一，也是 PPP 模式可以通过资本结构安排有效解决的一个问题。在传统模式下，公共项目建设承包商和设备供应商在项目建成、设备提供完毕后，公共项目的运营是否顺利和盈利，与它们没有直接关系，它们可能在业主方可承受的范围内，降低在建项目和设备质量以增加利润。承包商、设备供应商和运营商有各自的利益最大化目标，彼此相互冲突。而 PPP 模式下，可以由相关各方组成一个联营体或 SPV，要求承包商、设备供应商和运营商各持一定的股份，并通过一定的方式融资。这样，在合同期内，公共项目的收入与承包商、设备供应商和运营商密切相关，而公共项目的建设质量和设备质量直接影响项目的运营收入，从而使承包商、设备供应商和运营商利益目标一致，从一开始就关注项目在整个寿命期或合同期的表现，全局考虑，有效节约成本，并及时修正缺陷。

4. 商定合情合理的风险分担机制

PPP 项目投资金额大，工期长，不确定因素多，需要承担的风险很大，由公共部门或私人部门任何一方单独承担，都不利于项目成功实施。如果都由私人部门承担，一旦风险产生，项目实施困难，甚至以失败告终，政府也会成为项目失败的受害者。如果都由政府部门承担，则会造成私人部门因风险软约束而导致建设和经营的低效率。因此，为确保 PPP 项目成功，相关风险必须在公共部门和私人部门间合理地分担。

PPP 模式下，政府要对公共产品和服务的提供承担责任，强调保护公共利益，在“共赢”理念下，实行合理的风险分担。同时，确立合理的风险分担机制，能够使私人部门尽量采用生产手段和自身高效经营来降低风险，而不是靠向政府转移风险，从而保证项目的顺利实施，避免私人部门因风险软约束造成建设经营的低效率。而政府承担一定的风险，使私人部门的盈利有一定程度的保障，也能提高私人部门参与基础设施建设的积极性。以香港迪士尼主题公园 PPP 项目为例，香港特区政府与华特·迪士尼公司于 1999 年 12 月签约修建香港迪士尼主题公园，同时成立香港国际主题公园有限公司作为该主题公园的开发商和运营商。特区政府拥有该公司 57% 的股权，华特·迪士尼拥有 43% 的股权。公园已于 2005 年 9 月对外开放。此项目中，政府负责工程征地事宜及前期基础设施建设，私方负责公园的建造和运营。其事前合理的风险分担机制体现了“由最能控制该风险发生的一方承担的原则”，从而实现了如期竣工开放和当前良好的运营状况。

相反，如果将风险过多地集中于某一方，风险一旦发生，过多承担风险的一方极易无力承担风险，从而造成整个项目的失败。由安然公司投资并设立项目公司建设的大博电厂是印度国内当时最大的 BOT 项目。项目建于印度最大城市孟买的所在地马哈拉斯特拉邦（简称马邦），由工程承包商柏克德承建，通用电气公司提供设备，前景非常好。项目公司与马邦电力局（国营）签订了政府特许售电协议，协议规定：电价全部以美元结算；大博电厂建成后所发的电由马邦电力局购买，规定了最低的购电量以保证电厂的正常运行；在一定条件下，电价将按照发电成本进行调整；马邦政府对项目公司提供担保，并由印度政府对马邦政府提供的担保进行反担保。这样，几乎所有的汇率风险、市场风险全部转移到了印度政府一方。正当项目建设时，亚洲金融危机爆发，卢比对美元迅速贬值 40% 以上，导致了大博电厂过高的上网电价，并最终迫使马邦电力局不得不用接近于其他来源两倍的电价购买大博电厂发出的电力。2000 年世界能源价格上涨时，这一差价上升到近 4 倍。到 2000 年 11 月，马邦电力局已濒临破产，因而开始拒付大博电厂的电费。根据协议，先是马邦政府，继而印度联邦政府临时拨付了部分款项，兑现了所提供的担保与反担保，然而，他们却无法承担继续兑现其承诺所需要的巨额美元资金，不得不拒绝继续拨款，导致该项目以失败告终。该项目的失败是与该项目不合理的风险分配结构联系在一起的。

2.4.6.4 必要的环境与机构支撑

1. 立法

清晰、完整和一致性的政策法规是PPP模式有效运作并发挥其优势的必要保证。目前，世界上专门就PPP或PFI（Private Finance Initiative，私人融资计划）立法的国家中，既有英国、法国、葡萄牙、希腊、日本、韩国以及美国18个州等发达国家或地区，也有巴西、阿根廷等发展中国家。我国建设部令第126号颁发的《市政公用事业特许经营管理办法》已自2004年5月1日起施行。2005年2月，国务院又出台了《关于鼓励支持和引导个体私营等非公有制经济发展的若干意见》，明确提出允许非公有资本进入公用事业和基础设施领域，这只是纲领性文件，现实的操作还需配套办法或实施细则的出台。从更高的层次来说，一部专门的PPP法律才是我国特许权经营制度发展的基础。

2. 倡导诚信

PPP模式下，公私彼此的合作应建立在平等诚信的基础上，私人部门不能抛开服务质量和水平进行恶性价格竞争，政府也不能以管理者的身份获取强势谈判地位，更不能人为压低贴现率而挤压私人部门的合理利润；当合同中没有明确的事项，尤其是一些难以预测的事件发生时，双方应在诚信的基础上去共同解决。诚信是对契约安排机制的有益补充，发生争端时，争议双方如能在诚信基础上友好解决，不仅能够有效节约费用，而且能够减少对抗情绪，有利于项目的顺利进行和公私双方的共同利益。

3. 建立专业机构，切实提高公共部门管理能力

采用PPP模式，需要长时间评估，进行复杂的合同谈判，实现合理的风险分担，并实行有效监管来防微杜渐。因此，政府推进PPP模式非常需要专业机构的支持。多数积极推进PPP模式的国家都建有专门的机构，比如英国、爱尔兰、意大利、德国、日本、菲律宾、澳大利亚、加拿大等，其中以英国最为典型。英国为了促进PPP模式发展，于2000年6月成立了伙伴关系公司（Partnerships UK，PUK）。PUK51%的股份为私人机构持有，49%的股份由政府持有，董事会有3名执行董事和6名非执行董事，其中2名是财政部指定的。PUK的主要目标是向政府提供训练有素的专家，确认并移除成功实施某一特定PPP项目的障碍。政府通过建立PUK，获得了一批来自公共部门和私人部门的具有PPP经验的专家，保证了PPP项目的成功实施。

4. 高水平的咨询

咨询即通过某些专家、教授、学者头脑中所储备的知识经验和通过对各种信息资料的综合加工而进行的综合性研究开发。咨询产生智力劳动的综合效益，起着为决策者充当顾问、参谋和外脑的作用。咨询一词本意为商讨、协商。在中国古代“咨”和“询”原是两个词，咨是商量，询是询问，后来逐渐形成一个复合词，具有询问、谋划、商量、磋商等意思。作为一项具有参谋、服务性的社会活动，咨询在军事、政治、经济领域中发展起来，已成为社会、经济、政治活动中辅助决策的重要手段，并逐渐形成一门应用性软科学。当PPP项目遇到不可预见难以解决的麻烦、矛盾、问题等情况时，有必要请咨询公司给予帮助，这是一条捷而佳的途径。

2.4.6.5 PPP项目的参与者齐心协力

齐心协力指的是认识一致，共同努力。《汤誓》曰："聿求元圣，与之戮力同心，以治天下。"（出自《墨子·尚贤》）。一项大型或超大型PPP项目的参与者，少则几十家、多则过百家单位；专业面域广泛，涉及金融、商务、财务、工程、招标投标、协调、系统管理、现场管理等方方面面，不一而足。没有各方的凝聚气力、精心操作，欲达PPP的圆满成功是万万不可能的。

（1）合作创新组织要有明确的目标。实现PPP项目目标是合作创新的灵魂，如果没有明确的目标，组织就不可能有统一的意志，很难形成"部分之和大于整体"的协同效应，也不可能增强参与合作企业的竞争力，因此，在建立合作创新组织之前，应充分了解各成员对组织的期望和目标。各成员的期望和目标可能不同，但组织目标要明确。

（2）合作创新组织成员必须实现自己的专长。合作创新成员必须具有一些其他成员认为很有价值且对整个组织有贡献的专长。合作创新组织的信条是"优势互补，资源共享"，组织成员的专长使成员之间具有了相互依赖的关系，如果一个成员没有优势和专长，则很难为其他成员所接纳。

（3）合作创新组织成员必须能有效地交流沟通。在建立合作创新之初，由于彼此的认识不够深入，可能会对组织的期待过高或不切实际，对合作创新过程中出现的问题甚至冲突缺乏有效协调的经验，因此，需要在合作创新过程中不断加强交流沟通，适时调整相互期望和建立有效的协调机制。如果在合作创新过程中对合作伙伴可能遇到的挫折没有充足的思想准备，不能相应地调整原有的期望，就有可能引发合作的不愉快甚至冲突。

（4）建立完善的合作创新信息交流网。合作创新各成员之间如果缺乏顺畅的信息交流，各自互不关联，则不能从总体上综合利用成员之间的创新资源优势。只有充分发挥各项创新研究的特色和功能，又能将各成员统一在互相紧密联系与合作的研究开发整体中，各成员的研发潜力才能发挥出来。通过建立完善的合作创新信息交流网，能够使各成员有关创新的信息汇集起来，实现资源共享，充分发挥合作创新组织的整体力量。

2.4.6.6 选好称职的PPP项目经理

何谓经理？其本意：一是经营管理；二是治理处理；三是对PPP经典的理解；四是经书义理；五是照料（各方）；等等。这就需要有把握周围、所谓能"眼观六路，耳听八方，机智灵活，遇事能多方观察分析"的大本事。

2.4.6.7 要深入实施PPP模式创新驱动战略

PPP模式创新包括科技创新、产业创新、企业创新、市场创新、产品创新、业态创新、管理创新等，尽力形成以创新为主要引领和支撑的PPP模式。推广运用PPP模式是党中央、国务院确定的一项重大改革任务。开展PPP，有利于创新投资融资机制，拓宽社会资本投资渠道，增强经济增长内生动力，充分发挥市场配置资源作用，以基础设施项目为依托，整合各方资源，最终实现多方共赢。可在新型城镇化与PPP模式创新研究、市场在推进PPP模式应用中的地位、新常态下加快PPP模式发展、PPP模式的融资作用和管理模式分析、PPP模式推进的法治保障等方面进行深入研究。围绕"培育和完善投资市场、制定标准化的PPP交易流程、确定合理的风险分担机制"，通过广泛收集和整理国内外不同领域和层次的PPP相关案例，以示范项目为抓手着力打造样板，做好PPP项目全生命周期的整体规划，制定标准、总结规律，提出城市和项目实施PPP模式的指导意见，打造服务于中国经济新常态下 PPP 模式创新的理论智库与专业服务。例如“PPP + EPC（公共项目政府与社会资本合作及设计采购施工总承包） + 运营期补贴”“PPP + EPC + 建设期补贴”等众多 PPP 衍生新模式等。

2.4.6.8 绩效考核

绩效考核是指对照工作目标或绩效标准和考评方法，评定员工的工作任务完成情况、工作职责履行程度和员工的发展情况，并将上述评定结果反馈给员工的奖勤罚懒的一项制度。其基本原则为：①一致性：在一段连续时间之内，考评的内容和标准不能有大的变化，至少应保持 1 年之内考评的方法具有一致性；②客观性：考评要客观地反映员工的实际情况，避免由于光环效应、新近性、偏见等带来的误差；③公平性：对于同一岗位的员工使用相同的考评标准；④公开性：员工要知道自己的详细考评结果并公布奖惩情况。

2.4.7 PPP 模式项目（特许经营）操作流程

2014 年 12 月 2 日，国家发改委发布了《关于开展政府和社会资本合作的指导意见》；2015 年，六部委颁发的《基础设施和公用事业特许经营管理办法》（以下简称《办法》）开始施行。据此将 PPP 模式特许经营项目操作流程列下，供参用，如图 2-19 所示。

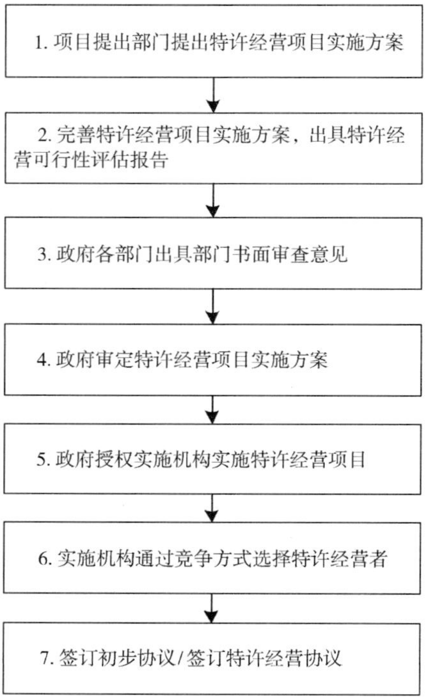

图 2-19 PPP 模式特许经营项目操作流程

1. 项目提出部门提出特许经营项目实施方案

县级以上人民政府有关行业主管部门或政府授权部门（以下简称项目提出部门）可以根据经济社会发展需求，以及有关法人和其他组织提出的特许经营项目建议等，提出特许经营项目实施方案。

（参阅六部委《办法》第十条）特许经营项目实施方案应当包括以下内容：①项目名

称；②项目实施机构；③项目建设规模、投资总额、实施进度，以及提供公共产品或公共服务的标准等基本经济技术指标；④投资回报、价格及其测算；⑤可行性分析，即降低全生命周期成本和提高公共服务质量效率的分析估算等；⑥特许经营协议框架草案及特许经营期限；⑦特许经营者应当具备的条件及选择方式；⑧政府承诺和保障；⑨特许经营期限届满后资产处置方式；⑩应当明确的其他事项。

2. 完善特许经营项目实施方案，出具特许经营可行性评估报告

（参阅六部委《办法》第十一条）项目提出部门可以委托具有相应能力和经验的第三方机构，开展特许经营可行性评估，完善特许经营项目实施方案。需要政府提供可行性缺口补助或者开展物有所值评估的，由财政部门负责开展相关工作。具体办法由国务院财政部门另行制定。

（参阅六部委《办法》第十二条）特许经营可行性评估应当主要包括以下内容：①特许经营项目全生命周期成本、技术路线和工程方案的合理性，可能的融资方式、融资规模、资金成本，所提供公共服务的质量效率，建设运营标准和监管要求等；②相关领域市场发育程度，市场主体建设运营能力状况和参与意愿；③用户付费项目公众支付意愿和能力评估。

3. 政府各部门出具部门书面审查意见

（参阅六部委《办法》第十三条）项目提出部门依托本级人民政府根据本办法第八条规定建立的部门协调机制，会同发展改革、财政、城乡规划、国土、环保、水利等有关部门对特许经营项目实施方案进行审查。经审查认为实施方案可行的，各部门应当根据职责分别出具书面审查意见。

（参阅6部委《办法》第二十二条）特许经营者根据特许经营协议，需要依法办理规划选址、用地和项目核准或审批等手续的，有关部门在进行审核时，应当简化审核内容，优化办理流程，缩短办理时限，对于本部门根据本办法第十三条出具书面审查意见已经明确的事项，不再作重复审查。

4. 政府审定特许经营项目实施方案

（参阅六部委《办法》第十三条）项目提出部门综合各部门书面审查意见，报本级人民政府或其授权部门审定特许经营项目实施方案。

5. 政府授权实施机构实施特许经营项目

（参阅六部委《办法》第十四条）县级以上人民政府应当授权有关部门或单位作为实施机构负责特许经营项目有关实施工作，并明确具体授权范围。

6. 实施机构通过竞争方式选择特许经营者

（参阅六部委《办法》第十五条）实施机构根据经审定的特许经营项目实施方案，应当通过招标、竞争性谈判等竞争方式选择特许经营者。特许经营项目建设运营标准和监管要求明确、有关领域市场竞争比较充分的，应当通过招标方式选择特许经营者。

7. 签订初步协议/签订特许经营协议

（参阅六部委《办法》第十八条）实施机构应当与依法选定的特许经营者签订特许经营协议。需要成立项目公司的，实施机构应当与依法选定的投资人签订初步协议，约定其在规定期限内注册成立项目公司，并与项目公司签订特许经营协议。

特许经营协议包括的主要内容如图2-20所示。

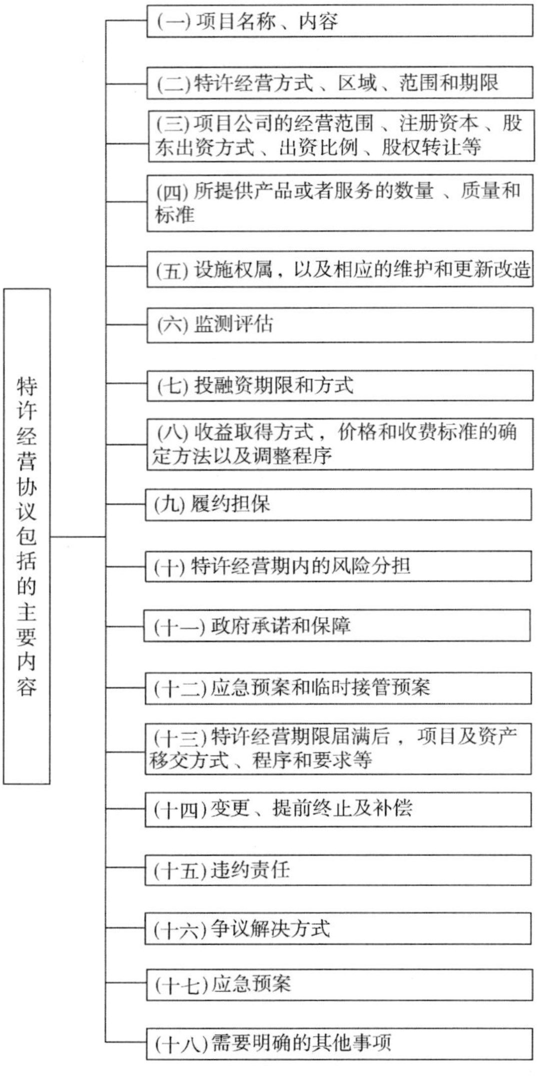

图 2-20　特许经营协议包括的主要内容

2.4.8　树立命运共同体理念

PPP 项目的参与者当应齐心协力，做出应有贡献。古人云："万物并育而不相害，道并行而不相悖。"合作共赢的共同利益观是"命运共同体"的应有之义。各单位要树立命运共同体意识，真正认清"一荣俱荣、一损俱损"的连带效应，在竞争中合作，在合作中共赢。在追求本单位利益最大化时兼顾别单位的利益，在寻求自身发展时兼顾别单位发展。各合作单位以命运共同体的新视角，加强在 PPP 项目操作中的设计、施工、采购、SHE（安全、健康、环保的简称）、协调等各领域的联系，秉承合作共赢的共同利益观，做到相互合作、优势互补，共谋发展。包容互鉴的文明观是"命运共同体"的本质内容。PPP 模式的理念和文化如同自然界中的生物圈一样，万物相生相伴，文明的多样性才是 PPP 项目合作共赢进步的特征。"世界上没有放之四海而皆准的发展模式，各方应该尊重各自的文明多样性和发展模式多样化。”

2.4.9 PPP 模式工程项目成功的十二项经验法则（图 2-21）

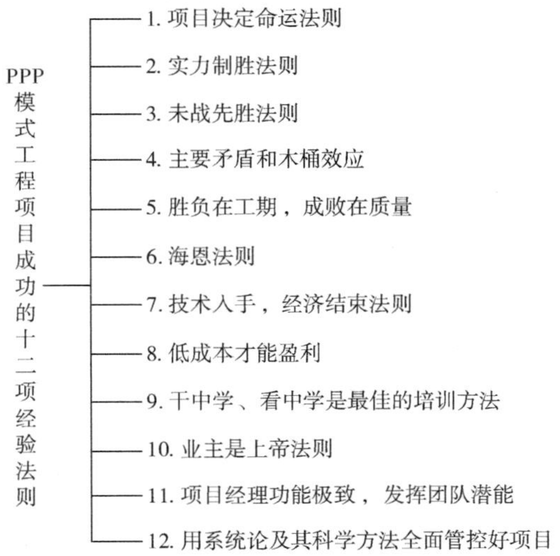

图 2-21　PPP 模式工程项目成功的十二项经验法则

1. 项目决定命运法则

工程项目是信誉之本、效益之源、人才之基，是企业的窗口和镜子。一个项目的成败牵动全局，影响一片甚至整个市场，它决定项目长期的政治生命，甚至决定集团公司第一管理者的政治命运。

2. 实力制胜法则

一个 PPP 项目是企业实力的展现，企业的整体实力决定项目的成败。所谓实力是指：管理者的发展谋略、敬业精神和实践经验；技术人员和专业骨干的素质；设备的先进性和配套能力；财务状况；测量、试验、核算等基础性工作。这些要素相乘的得数即实力。实力更重要的体现是对工程项目管理控制等专项软、硬两种能力，只有不断优化生产要素，提升专项能力，才能保证项目立于不败之地，屡战屡胜。

3. 未战先胜法则

孙子曰：“多算胜，少算不胜，而况于无算乎！吾以此观之，胜负见矣。”所谓“多算”，就是事先的策划，在项目施工展开前必须加强调研，合理布局，优化设计，拟订和选择最佳施工方案，并预测成本，也就是双预控。在此基础上，配置生产要素，组建项目部，完善管理机制。同时，方案一经确定就必须坚决执行。

4. 主要矛盾和木桶效应

组织 PPP 项目施工必须善于抓住对项目起最关键作用、关乎成败、直接影响工期和收益的重点问题，收到牵一发而动全身的效果。例如城市化中的规划、基础设施中的计划、桥梁的水中墩、隧道洞口段和不良地质段等。所谓木桶效应，是指决定木桶盛水量大小的是最短的那块木板，要注意发现和补齐使项目漏水的最短的那块“木板”，使项目的各建筑物、构筑物和各工序均衡前进，同步完成。

5. 胜负在工期，成败在质量

项目投入必须一次到位，施工必须一鼓作气，快速突破。这样可以摊薄成本，争取效益，赢得声誉。质量决定数量是否真有意义，是企业的形象和饭碗，必须严密控制。从原材料的采购检测、模具的选用、工艺、工序质量标准等，确保每道工序、每个流程都符合质量标准的要求。评价项目最重的砝码是工程质量。

6. 海恩法则

该法则指出，每一起严重事故的背后，必然有 29 次轻微事故和 300 起未遂先兆苗头以及 1000 起事故隐患。法则强调两点：一是事故的发生是量的积累的结果；二是再好的技术，再完美的规章，在实际操作层面，也无法取代人自身的素质和责任。只有重视对事故征兆和事故苗头的排查，贯彻预防为主、防范在先的原则，综合控制事故易发点，才能确保工程项目生产安全。

7. 技术入手，经济结束法则

优化设计，工程数量足量进蓝图；优化施工方案，适量投入，不走弯路，是保证项目效益最重要的途径。当今社会已进入互联网 + 的状态，必须利用它为 PPP 项目的实施全过程服务，以提高技术方面的能力和效力。从技术角度看，在某技术达到成熟期时，经济效益也会随之突飞猛进。

8. 低成本才能盈利

利润最大化是企业生存的初始动力，企业必须以获取最大化利润为根本目标。盈利是企业满足了业主需求，业主对企业的酬答。波音公司靠技术优势盈利（其材料成本只占 20%），邯钢靠成本优势盈利，海尔靠服务优势盈利。企业的特点决定了企业只能靠正确的意识、积极的行动、规范的管理降低成本来盈利。特别是工程承包以及外包成本与材料成本，事关项目成败大局，控制不住，成本管理就是一纸空文，切切注意此点。

9. 干中学、看中学是最佳的培训方法

PPP 模式还需要一个磨炼过程。经一事长一智，从自身痛苦的经验中学习是最好的学习。见贤思齐，互相观摩，取长补短，才能开阔视野，我们要注重在实践的大课堂上培训提升管理干部素质。特别是欧美发达国家的 PPP 模式的经验教训如金玉锦绣，值得我们学习、学习、再学习，以补己之短。

10. 业主是“上帝”法则

业主是我们的“衣食父母”，是项目的所有者和管理使用者。为项目负责和为业主负责是一致的，经营项目与经营业主同等重要，对项目中发生的问题要以我为主，看重自己的责任，主动处理，不能抱怨业主、设计单位、监理单位，这样才能得到业主的尊重。

11. 项目经理功能极致，发挥团队潜能

工程项目总承包的项目经理的角色和地位十分关键，他处于复杂关系网的中心地位，应负责项目全方面的工作。对项目经理的个人素质和能力要求十分苛刻。他一般需要处理好：与集团公司等企业的关系、与建设单位的关系、与咨询公司的关系、与监理单位的关系、与管理团队的关系、与分包单位的关系、与项目代理人的关系、与国内相关部门的关系、与项目所在国有关部门的关系、与工程项目所在地的关系等。这就是项目经理的功能发挥极致的主要内容。

12. 用系统论及其科学方法全面管控好项目

系统论是研究系统的一般模式、结构和规律的学问，它研究各种系统的共同特征，用数学方法定量地描述其功能，寻求并确立适用于一切系统的原理、原则和数学模型，是具有逻辑和数学性质的一门科学。系统论就是把工程项目当作系统来研究与实施。

文明的永恒、普适、唯一性就是科学。科学是一定条件下物质变化规律的总结。科学具有可重复验证、可证伪、自身没有矛盾的特点。科学是一种非常复杂的社会现象，需要我们从很多方面来考察它，才能看得比较清晰。

（1）科学是逐步发展起来的。在人类历史上，人们经过不断探索，发展起有关自然物质、生物、心理和社会的许多相互关联并构成一定的体系，同时又被不断验证的思想，这样的思想被称为科学思想。这里有两个必要条件：相互关联形成体系和被不断验证。

（2）科学的发展需要一种特殊的方法，如观察、思考、实验、求证等。这些具体的方法都能体现上面科学思想中的必要条件。很多科学家就是在科学观察中做出重大科学发现的。意大利科学家伽利略很重视观察各种自然现象，思考各种问题。

（3）科学能够帮助人类不断认识这个世界，不断发现世界的奥秘。但是，即使今天科学已经如此发达，宇宙的奥秘依然是无穷的，也就是说，科学认识依然是很有限的，当很多科学家的探索出现重大成就时，新的问题又会出现。科学就是在不断超越中永无止境地发展。

例如，近年来，英国、印度、德国等创新众多的 PPP 用于城市化的新模式等。

第3章　国外PPP某国A港至B地高速公路项目[一]

3.1　项目背景

某国森林和水利资源丰富，森林覆盖面积达50万公顷[二]，约占某国总面积约40%。铝、煤等资源储藏丰富，约有铝矾土矿石3600万吨及3.5亿吨褐煤。2006年以来，某国经济继续转型，发展服务业，吸引外国投资者参与旅游新建投资和大型基础设施项目，以促进旅游业发展，目标是成为优质旅游地点和加入欧盟。2006~2007年间，房地产市场蓬勃，一些国家的富豪在沿岸地区购买物业，2008年人均外国投资高于其他欧洲国家，经济因外国直接投资飞速增长。某国制造业薄弱，大量的工业产品、农产品、能源及日用消费品依赖进口。其物价水平偏高，常用物品供应正常，但蔬菜品种较少。某国政府多年来基础设施投资过低，制约了经济发展；世界银行建议某国政府加大基础设施力度。从E公司的评估报告显示，某国政府拟通过增加私人资金加入到公路项目建设中，修建多条公路。评估认为，A港至B地公路项目是最需优先以PPP模式实施的项目。该项目当时预计投资金额为20亿欧元，将成为欧洲最大的公路项目之一，特许经营30年。

该条公路是南北大通道，建成后将通过B地连接临近多个国家，连接A港，带动北部经济发展。此公路需求将取决于旅游，而目前旅游将不完全取决于某国的旅游发展，同时也将取决于邻国的发展。

由于某国政府财力有限，同时担心大量贷款影响主权信用评价，因此某国政府只能通过引入私人资本，将风险向私人资本转移。同时政府愿意以优惠的特许权和税收政策吸引私人资本。该国家的主要财政来源依靠旅游及物流中转。提高道路联通将对经济有至关重要的影响。

同时采用PPP方式也是该国目前唯一的选择，因为该国财政预算将不足以支持该项目的发展而使用主权贷款在政治上将不被考虑。所以收费高速公路将作为补充手段以满足可能存在的财政缺口。另外由于某国政府缺乏修建大型项目的经验，采用传统的实施方式将导致成本过高或修建时间过长。某国政府需要尽可能地加大对于私有资金地吸引力以保证优惠的价格。

[一] 资料来源：保利科技有限公司。

[二] 1公顷=1万平方米。

3.2 项目情况介绍

某国拟使用 PPP 修建多条公路，特别是该国 A 港至 B 地。

A 港至 B 地公路分为 5 段：A 港—V 地—S 地—M 地—N 地—B 地。

总建造费用约为×××亿欧元，约合×××亿美元，估算含 10% ~20% 的不可预见费（该数据由 S 公司做的咨询报告提供，而 E 向世界银行提供的报告中认为该数额偏小，实际造价会大幅提高）。该项目主要工程都在山区建造，结构物占 30% 的工程量，桥梁 92 座，隧道 36 座，预计建造工期为 8 年。由于该国当时没有真正的高速公路，该高速公路的建成将成为该国的第一条高速公路，也将成为欧洲 PPP 方式投资最大的高速公路之一。项目情况如表 3-1 所示。

表 3-1　项目情况

项目	1. A 港—V 地	2. V 地—S 地	3. S 地—M 地（无设计）	4. M 地—C 地	5. C 地—B 地
公里数	×××公里	×××公里	×××公里	×××公里	×××公里
每公里造价	×××万欧元/公里	×××万欧元/公里	×××万欧元/公里	×××万欧元/公里	×××万欧元/公里
总造价	×××亿欧元	×××亿欧元	×××亿欧元	×××亿欧元	×××亿欧元

3.3 项目经济效益

根据 S 公司的可行性研究，目前该项目的 EIRR（经济内部收益率）为 7%。在 S 公司的可行性研究里，对该项目的经济效益进行了测算（假设该项目是承包人全额投资，依靠收费支付所有贷款及相关费用，收费比率为 0.06 欧元/公里，每年增加的车辆流量为 2%，30 年特许经营，贴现率为 8%）：

项目 NPV（净现值）为 -3.21 亿欧元，则该种模式下私有承建商将不会介入该项目，所以可研报告中建议在项目开始即进行政府补贴，每年补贴 4000 万欧元，则在此条件下该项目将实现 1.33 亿欧元的净现值，实现 IRR（净现值）9%。咨询公司报告对于该数据的评估存在质疑，建议考虑实际的高速公路收费为 0.04 欧元/公里，而折算率应为 10%，则在这种条件下，如全部融资都由私有企业解决，政府不收入任何资金，则政府应补贴的费用为至少 7500 万欧元。

当今具有代表性的企业间合作形式有：企业合作网络、战略联盟、供需链管理、企业集团间合作或寻找新的合作方式等。

1. 企业合作网络

企业合作网络就是将企业和经济组织间相互依赖的活动关系看作一种企业网络，而各种从事这类活动的经济行为者就是网络中的节点。处于企业网络中的企业间的互动将不是通过市场交易，也不是通过企业的内部一体化过程，而是通过组织间的彼此协调来完成。企业可以通过网络来获得资源，使自己有可能克服自身的局限，实现企业的经营目标。

2. 战略联盟

战略联盟又称策略联盟，它是两个乃至多个企业或经济组织之间为了达到某种战略目的，通过某种契约或者部分股权关系而形成的一种合作形式。战略联盟的主体对象十分广泛，它不仅包括企业通常意义上的合作实体，如互补意义上的生产商、科研院所、政府部门、供应商、上下游企业等，还可能包括昔日甚至目前的对手。战略联盟的主体之间的合作，有时是全面的，但更多的时候是基于某一特定的目的，在某一方面所进行的合作。

3. 供需链管理

供需链管理实际上是一个企业与其供应商、供应商的供应商，依次向前直到最初的供应商，以及与其销售商、销售商的销售商，按此向后直到最终用户之间的关系网链。供需链管理是市场渠道各层之间的一个联结，是控制供需链中从原材料通过各制造和分销商直到最终用户的一种管理思想和技术。

4. 企业集团间合作

企业集团是多个法人企业通过一定纽带，具有多个层次的，并允许跨行业、跨部门、跨所有制、跨国所组成的大型经济联合组织。企业集团的形成有两种途径：一是由一家大企业裂变而成，二是由两个以上的企业通过合作形成一个多法人企业。企业集团是为了进一步提高企业合作的效率而产生的，它是出于将外部合作内部化的目的，寻求一个在企业联合体内部完成企业间合作的过程。

5. 业务外包

业务外包所推崇的理念是，如果我们在企业价值链的某一环节上不是世界上最好的，如果这又不是我们的核心竞争优势，如果这种活动不至于把我们同客户分开，那么我们应当把它外包给世界上最好的专业公司去做。也就是说，首先要确定企业的核心竞争优势，并把企业内部的智能和资源集中在那些具有核心竞争优势的活动上；然后将剩余的其他企业活动外包给最好的专业公司。

6. 虚拟企业

所谓虚拟企业，是指在有限资源的条件下，为取得最大的竞争优势，企业以自己拥有的优势产品或品牌为中心，由若干规模各异、拥有专长的小型企业或车间，通过信息网络和快速运输系统连接起来而组成的开放式组织形式。

7. 找到更好的合作方式以满足双方发展的需求

问题不在于合作方式的种类，而在于怎样才能合作得更好。

（1）共同出资成立一个公司，根据合作项目的资金要求及各方资金情况，确定是一般有限公司，还是股份有限公司。

（2）签订合作协议，明确出资额及相关权利义务，股份可各占35%～40%，预留20%～30%给骨干员工或关系户。

（3）共同决定并委托总经理人选，总经理可以是原始股东，但以职业经理人管理制度执行职务，服从和执行股东会决议。

（4）公司架构设置。例如在董事长、总经理下，设公共关系事务部，并设置职能部门，都服从董事长、总经理的管理。

3.4 合作模式（图 3-1）

图 3-1　合作模式

某国政府决定以 PPP 模式进行该项目的实施，在具体合作方式的选择上，咨询公司向某国政府提交了 5 种不同的方案：

（1）DBFMO：整条 A 港至 B 地公路，以设计、建造、融资、维护及运营模式实施。

（2）分段 DBFMO：将 A 港至 B 地公路分为不同标段，分段分别以设计、建造、融资、维护、运营模式实施。

（3）DBFM + 收费站：整条 A 港至 B 地公路，设计、建造、融资、维护由项目公司完成，收费站由政府运作。政府以协议价格买断需求。

（4）分段（DBFM + 收费站）：将 A 港至 B 地公路分为不同标段，每段分别按第 3 种模式实施。

（5）DBFM + vignette 系统：将 A 港至 B 地公路设计、建造、融资及维护交由项目公司完成，政府不设收费站，但政府通过其他车辆税的形式获得收入，逐年补贴项目公司。

3.4.1　DBFMO 模式

这种模式是由企业成立项目公司，由项目公司负责设计、实施、融资、维护、运营。项目公司向金融机构进行借贷或者股权融资，由国际金融机构进行担保。作为回报，项目公司向金融机构或股权持有者支付利息或分红；政府向项目公司发布特许经营权。

项目公司通过招标方式寻找施工公司，项目公司同时拥有公路维护及运营机构，道路使用者向项目公司支付过路费，而项目公司利用收集的管理费支付建设投资、运营费用、利息、红利及还款。为了吸引投资人介入，政府可以提供补助，按照 S 公司的项目可行性建议书，政府应最少提供 4000 万欧元的补助；而咨询公司则建议每年至少补助 7500 万欧元。该种模式的风险是，所有承建及需求风险都转嫁给了项目运营商。所需投入量相对比较大。

3.4.2　分段 DBFMO 模式

这种模式是将整个项目分为若干标段，每个标段都按照 DBFMO 模式运营，政府负责统一协调。但是该种模式由于涉及多家公司，总的建筑成本将会上升，而且业主将承担连接风险（即分别与各个项目段运营公司进行沟通）。但因每段投入减少，政府可以更早启动项目，也可通过先期项目实施，学习、总结经验。

3.4.3 DBFM + 收费站模式

该种模式与第 1 种模式最大的区别就是，需求风险由项目公司转嫁给了政府，项目公司获得了稳定的收入保障。政府根据收费情况向项目公司支付单位费用，即双方签订合同规定年固定收益（无论高速公路盈亏），项目公司收取过路费交给政府，政府向项目公司拨付固定补偿款（项目公司收益见图 3-2）。也可以由政府代替项目公司收取高速公路过路费。

在 S 公司的可行性研究报告中，该项目的年过路费平均收益为 1.43 亿欧元，但存在很大的不确定性；政府每年支付 1.3 亿欧元的补偿费。

该种模式因政府承担了一部分风险，其运作将吸引投资者。

由于财政状况，综合考虑，某国政府比较倾向于该模式。

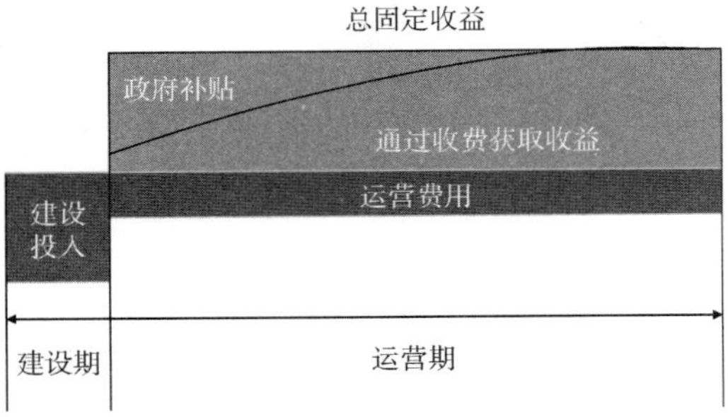

图 3-2　总固定收益

3.4.4 分段（DBFM + 收费站）模式

与第 3 种不同的是，将整个项目分为若干标段单独实施。该模式由于涉及多家公司，总的建筑成本将会上升，而且政府将承担项目协调风险（即分别与各个项目段运营公司进行沟通）。但因每段投入减少，政府可以更早启动项目，也可通过先期项目实施，学习、总结经验。

3.4.5 DBFM + vignette 系统

该模式与第 3 种模式唯一不同的是高速公路不设收费站，而通过增加使用车辆的路税的方式增加收入，补偿项目公司。但是根据经济测算，早期通过路税方式收入有限，不足于使得政府有足够资金补贴项目公司。

3.4.6 咨询公司结论及建议

某国政府应该持续加强对于公路的投资与建设，A 港至 B 地高速公路应该作为最重要的公路项目进行首先开发，同时该项目的经济效益将大于成本，建议某国政府将 PPP 引入到公路网发展建设中以保证公路网路建设的效率。

A 港至 B 地项目是急需开发的大型项目，也是欧洲 PPP 项目中风险极高的项目。同时由于该国家缺乏 PPP 经验，从未有过相关实施法律，所以将可能极大地挫伤私有投资人的兴趣。

为了收回成本，建议采用公路使用收费系统（收费站），但是由于该种方式不足以收回全部投资，公共资金（政府）每年应最少补贴 7500 万欧元（30 年）。这种方式可能将会影响到其他项目的实施资金，但是考虑到国家的战略需求，该项目的实施还是相对合理的。

采用的 PPP 模式将施工、实施及连接风险转嫁给了私有承包商，国家将保有需求风险。

政府应该采取必要的措施以应对不可预见的风险，最明显的风险就是收费站收入的降低，所以政府应该向国际金融机构融资以降低风险评级。

因为某国不具备管理大型 PPP 项目的技能与机构，建议交通部设立项目管理单元以专门管理 PPP 项目。

3.5 A 港至 B 地公路项目风险分析

如图 3-3 所示。

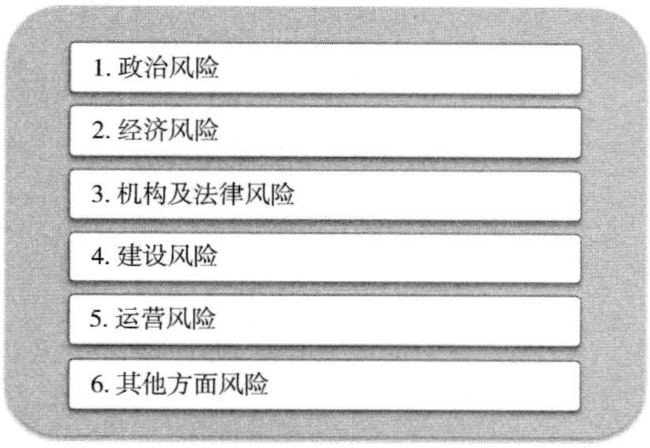

图 3-3 A 港至 B 地公路项目风险分析

3.5.1 政治风险

虽然某国政府多年来政治相对稳定，经济发展较平稳，但是由于该项目投资额巨大，且该国家目前国债水平较高，被世界银行评级为 BB 类国家（AAA 为最高），存在政府对项目进行无条件收归国有或者无法向项目公司支付年补偿额的风险。相关报告建议由国际金融机构对该项目进行保险（此类国家项目适用），以保证在以上涉及的情况出现时可以进行风险规避。

3.5.2 经济风险

由于该项目投资额巨大，回收周期较长，但该国家总体经济规模较小，在执行过程中可能会出现无法按合同支付补偿金额的情况发生。同时该项目也将对总承包方整体财务产生较大压力，应采取相应措施。

3.5.3 机构及法律风险

某国政府已经通过设立机构、立法等途径完善该项目实施的各种条件，但某国政府仍然缺乏 PPP 项目实施经验，特别是此类大型项目。PPP 项目法律层面的保障是一项必不可少的要件，在特许合同条款中当订立清楚。

3.5.4 建设风险

该项目的工程建设队伍通过项目公司招标来选择。总承包方参与了前期的融资，但能否一定能获得项目的承建，仍存在风险。投标 PPP 项目，总承包方应在资金、执行、实施、协调、管理等方方面面综合权衡评估而定。

3.5.5 运营风险

所谓运营风险，是指企业在运营过程中，由于外部环境的复杂性和变动性以及主体对环境的认知能力和适应能力的有限性，而导致的运营失败或使运营活动达不到预期目标的可能性及其损失。运营风险并不是指某一种具体特定的风险，而是包含一系列具体的风险。

3.5.6 其他方面风险

特别是在实施 PPP 项目的全过程中，由于种种不可预见的因素而产生的非传统性风险及其防不胜防的突发事件问题严重性，越来越值得在防范策略上深化研究，采取更为有力有效的措施。

3.6 发展机会

虽然该项目面临巨大的风险，但是如果总承包方能够精心组织、周密运作、克服相应困难，通过实施该项目将大大提升其海外工程的经营水平，并塑造中国公司品牌，同时在运营高速公路的同时，积极拓宽 PPP 经营渠道，带动其他板块的发展是一个利好基础条件。

3.6.1 提升经营水平

该项目由于运作资金较大、施工难度较高、运作周期较长，总承包方如执行该项目将必须建立相应的组织管理机构、招收相应的商务管理及施工管理人员，通过运营该项目将对总承包方新成立的机构进行磨合，对新招收的人员进行锻炼，极大提升公司工程项目融资、运作及管理的能力。

3.6.2 品牌提升

该项目是整个欧洲施工难度较大的工程项目之一，如总承包方实施该项目的建设必将极大地提升公司品牌，为总承包方在海外工程施工打下坚实的基础，在欧洲市场创造和拓展更加美好的未来。

3.6.3 “一带一路”市场的开拓

某国国内基础设施建设投入严重不足。目前，某国政府愿意加大对基础设施建设，特别是公路、铁路的投入，而世界银行及欧洲投资银行都有协助某国进行基础设施建设的意向，某国整个经济形势将随着逐步加大的基础设施建设而提升。总承包方通过运营该项目较早地进入某国基础设施建设市场，将为总承包方在某国获取更多的工程建设项目打下基础。总承包方通过运营该高速公路项目所获取的整体运作能力将达成总承包方具备进入欧盟其他国家建筑市场的条件；且总承包方通过在某国注册相应的运营公司后，总承包方自身将成为欧盟公司，具备了向欧盟内银行申请融资贷款的能力，而总承包方可以依托欧盟银行的融资能力在其他国家承揽或运营 PPP 模式的项目。

该高速公路是连接该国 A 港与邻国的高速公路，邻国由于是内陆国家，没有港口，高速公路的建成将极大促进该国与东欧的经济往来，总承包方可以在该国设立物流港，提供物流及仓储服务，将该国建立成为东欧与西南欧的交通转运枢纽，拓展一带一路比较大的市场空间。

3.6.4 “一带一路”PPP 热潮下的冷思考㊀

“一带一路”作为新型区域合作框架，沿线基础设施网络化建设是其根基，但这些国家的基础设施建设存在巨大资金缺口。据亚洲开发银行预测，2010~2020 年，亚太地区约有 8 万亿美元的基础设施建设资金需求。目前为亚洲基础设施建设提供融资的主要机构有亚洲开发银行和世界银行，即使加上中国政府倡导成立的亚洲基础设施投资银行（亚投行）和丝路基金，亚洲基建仍面临资金不足。

“一带一路”建设可吸收社会资本参与，采取债权、基金等形式，为“走出去”企业提供长期外汇资金支持，但需要采取 PPP 模式等金融创新的方式来带动民间资本，使资金链更能满足大型基建的需求。

1. PPP 模式在“一带一路”建设中大有可为

PPP 主要是政府与社会资本合作，共同设立特殊目的的项目公司，由项目公司负责承担设计、建设、运营、维护基础设施的大部分工作，并通过“使用者付费”或“政府付费”等模式使得私营机构获得合理投资回报；政府部门的主要职责是制定公共物品的价格和进行质量监管。

虽然 PPP 在中国刚刚兴起，但在“一带一路”沿线不少国家已广泛应用。PPP 模式作为一种投融资模式为基础设施提供更多资金，同时施工企业也可将其高效的管理经验和实际操作模式直接在项目中体现，通过早期介入和长期合作，与政府建立互助互信的关系，使项目少走弯路、降低风险，通过“专业的人做专业的事”，提高公共物品的供应侧的效率，实现项目价值最大化。

从效应上看，PPP 模式可以看作资本市场的杠杆，撬动庞大的民间资本，实现金融创新，有效解决市场和资金长期矛盾。在“一带一路”建设中，交通（铁路、公路等）、能源和城镇化可视为 PPP 投资的三大重点投资领域，其中清洁能源的普及和利用将是 PPP 投资的一大热点，而区域性投资也会吸引大量的民间资本涌入。

PPP 模式也可为未来产能合作创造新机遇，可使中国许多企业特别是施工企业与各国政府部门建立长期的合作伙伴关系。这种伙伴关系一方面可通过签署明确双方权利和义务的合同保证项目顺利完成，另一方面可进一步促成中国与沿线国家在产业、贸易、文化和思想上的互联互通，并通过“一带一路”的政策衔接，把资源、资金和中国企业的优势有效结合起来，使项目迅速落地。当 PPP 在“一带一路”项目的盈利模式成熟以后，还可作为一种

㊀ 资料来源：上海龙舟投资管理有限公司董事长周蕾。

金融产品，吸引不仅是中国，而是沿线60多个国家的民间资本发挥效益。

2. “一带一路”PPP项目存在的问题和风险

“一带一路”给“走出去”的中国企业创造了难得的机遇，可以预见以PPP投资的基础设施建设将成为一种潮流，席卷沿线多数国家，弥补政府投资的不足。然而在热浪面前，依然需要冷静地思考中国企业的问题和市场的风险。

（1）由于国内PPP市场刚刚兴起，大多企业存在经验不足、缺乏有力操作模式等情况。同时，很多PPP项目集中获批，甚至盲目上马，企业并没有真正了解物有所值理论和经营模式，不具备全生命周期成本的概念等。而且，施工企业缺乏强有力的PPP团队，缺乏整体的构思和操作模式。

在国际市场上，PPP项目的竞争性谈判招标投标已是相对成熟的市场，企业需要一个既熟悉当地法律法规又熟悉国际商务操作惯例的强大专业团队，以确保风险的合理分配和股权构架的独特设计，确保特许经营权的融资安排和法律合同框架的达成。

而在中国，无论是资本市场，还是项目承包企业，对PPP都处于“摸着石头过河”的阶段，特许经营权的金融市场评估也尚未形成体系。施工企业在PPP行业的底子不厚、经验不足、信心不够、信息不灵、语言不通、团队不强，从而导致风险加大。

当前国际工程领域的竞争主要体现在投融资能力的较量，而融资能力正好是中国企业的短板。目前，大多有海外业务的施工企业还停留在总承包的阶段，即使签订了PPP项目，也只是停留在建设部分。这和企业的海外战略有直接关系，中国企业“走出去”往往追求快速拿项目、做工程，但缺乏持续经营和维护市场的意识。而持续经营是PPP的重要特征之一，一个项目可能要花费二三十年时间，因为PPP项目真正的盈利点是项目开始正式运营之后。

（2）中国企业的社会责任感和参与感还要加强。作为境外投资者，在进行基础设施投资后，需要快速本土化，为当地创造就业机会，参与到当地的社会公众事务中。某些情况下，还需要有积极干政的决心和勇气，要成为当地决策者考虑的一个重要因素。否则就很难获得认同感，有时甚至还会招致当地民众反感或抗议；而收益率偏低的项目，在当地政府保护不利的情况下可能颗粒无收。

（3）不少沿线国家还处于市场不稳定阶段，法律构架和PPP顶层设计不完整，项目资金回收的安全系数较低。“一带一路”沿线国家主要是发展水平较低的新兴市场或发展中国家，缺乏充足的资金用于相关投资，这也是亚洲地区存在巨大基础设施投资缺口的根本原因之一。目前大型对外承包商网络已基本覆盖较容易开发的国际市场，剩下的主要是难以进入、竞争激烈以及中资企业不具备竞争实力和空间的市场。

PPP作为一种商业模式，以盈利为目的，不同于政府援助项目，无论是借贷机构还是社会资本（承包商）都有很大的还款压力，但项目操作需要较长周期。而大部分施工企业商业敏感性不够强，缺乏创新能力和项目长期管理能力。很多施工企业没有与当地资本市场对接，完全依赖于国家开发银行等机构或自有资金，一旦金融市场波动，项目资金链断裂，再次融资渠道就会变得非常脆弱。由于体制限制和“低价中标”的操作惯例，PPP可能沦为招揽工程项目的工具，为了做项目而做PPP，不考虑长期效益。

3. 开发“一带一路”PPP市场的四大战略

（1）投资平台战略。“一带一路”除传统的总承包模式外，应探索股权投资与建设相结合、基础设施合作等多种商业模式，实施跨境基础设施资产证券化，解决投资者的退出渠道问题；建立“一带一路”跨境基础设施证券交易所，为国内乃至沿线私人资本参与“一带一路”跨境基础设施投资提供平台。可由大型承包商按照契约精神，发起建立“一带一路”的 PPP 合同标准，在尊重地方行政法规的同时，保障私营投资机构的权益，引入安全的退出机制。

（2）全产业链战略。施工企业需要延伸产业链条，与外交、商务、发改、财税等有关部门密切协同、高效配合，与国外相关方磋商和促成一批以国内外民间资本为主导的“一带一路”PPP 项目，打造典型范例的同时，强调基建与相关产业上下游服务咨询业相结合，实现利益最大化。在运作工程项目的同时，施工企业还可联合国内优势产能企业，开展“一带一路”产能合作，促进全产业链共同发展。

（3）高端人才库战略。施工企业应联合成立“一带一路”PPP 研究中心，积极培育和促进国内专业机构、中介组织、智库平台和高校研究中心等，开展配合“一带一路”建设相关 PPP 机制创新的科研、咨询服务和专业团队定向支持，同时构建相关人才挖掘和培养的机制，形成 PPP 人才库。

（4）本土化战略。施工企业需要与当地企业和机构合作，实施真正意义的本土化战略。项目团队需有一定数量的所在国人员配比，特别是管理团队要有本土化意识，可通过海外并购的模式，吸取海外优质资源，在最短时间了解当地。

3.7 结论

根据某国聘请的咨询公司的方案论证，某国政府倾向于 DBFM + 收费站模式。经过分析认为，项目执行具有可能性和可行性，但收益不高，风险很大。PPP 模式目前在我国已逐步在基建领域应用。

PPP 项目运作的关键在于国家政治长期稳定，经济稳步发展，法律健全，收益预期可靠。从某国的建议来看，收益的主要手段是公路收费，但由于车流量无法满足投资回报，为了吸引投资，某国政府决定由政府财政补贴的形式保证合作公司收回本息以及有一定的收益。根据咨询公司分析，收益率大约为 7%。同时，由国际金融机构给予担保。

总承包方参与该项目的主要目的为：取得该项目的施工总承包任务，获得施工利润，但由于是 PPP 模式，我司如果参加，理论上是首先建立 SPV，然后进行招标，降低工程造价，获得该项目的特许经营权，建设完毕后，通过运营获得收入。然而分析的结论为，不适合总承包方投资，理由为：

（1）项目投资巨大。某国建议中方筹集资金 90%，某国筹集资金 10%。假设按照 30 亿欧元计算，中方需筹集资金 27 亿欧元，困难极大。财务压力大，将给总承包方财务造成巨大的压力，而且长时间难以缓解。

（2）难以获得工程施工利润。按照国际通行的 PPP 模式，首先需要建立具有一定注册资本的特殊公司，然后进行招标投标，透明度极高，政府也会实行监督。

（3）建设成本高，施工难度大，需要很强的管理团队。

（4）寻求运营商进行管理，成本受控于人。

（5）车流量无法保障，收费站收费数额有限，且发展缓慢，年递增大约 3%。

（6）每年需要某国政府大量的财政补贴，政府财政困难。咨询公司建议每年补贴 7500 万欧元，但目前某国每年用于基建及维修的费用只有 5000 万美元。

（7）运营 30 年，时间长、跨度大。

（8）投资收益率不高，只有 7%。风险极大。

（9）咨询公司评估：这是欧洲五条最高运营风险的道路之一，而且存在政治、经济、法律以及不可预见的或不可抗力的风险等。

应对方案如下：

（1）由某国政府融资，通过世界银行、欧洲主要金融机构融资，特别是通过商贷的方式获取中方银行的主要贷款。总承包方协助其获取中方贷款，负责承建该项目。建议某国政府自筹资金 20 亿欧元，总承包方协助凑集其余款额。

（2）采取分段建设的方案。由于一次性建设投资过大，采取分段建设，融资相对较为容易。同时可以立即开始运营，逐步收费还款。

（3）采用 PPP 模式，某国政府负责融资 20 亿欧元，总承包方将参与该项目的执行并进行融资。但要对未来的运营收益进行测算，某国政府予以财政补贴，且补贴数额 30 年不变，将来车流量增加，将由特殊公司获得超额收益。同时，特殊公司具有该公路的商业经营权并获取相关收益，例如广告、加油站、休息区等。这样，特殊公司获得的收益将可能大于 7%。

（4）某国还要有相应的法律保证以及国际金融组织的担保。

（5）如果要参加该项目的运作，需要聘请有资质的咨询公司对项目进行全面的评估才能得出最终的结论。

3.8　案例解析与思考（图 3-4）

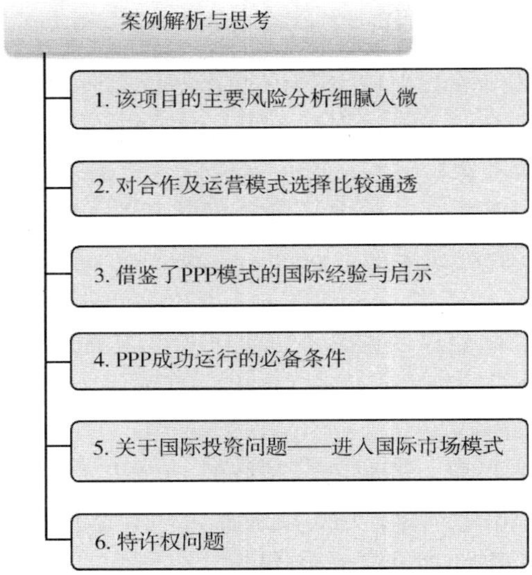

图 3-4　案例解析与思考

3.8.1 该项目的主要风险分析细致入微

这表现在政治风险、经济风险、法律风险、建设风险、运营风险等研究得比较细腻深刻。特别表现在投资风险方面，慎之又慎。这是对一个国际工程项目的高度负责。

3.8.2 对合作及运营模式选择比较通透

列出五种模式，并对每种模式进行了详细解释。

3.8.3 借鉴了 PPP 模式的国际经验与启示

PPP 模式近年来广泛适用于世界各地的公共管理领域。尤以英国更甚，PPP 适用的领域涉及交通运输、公共服务、燃料和能源、公共秩序、环境和卫生、娱乐和文化、教育和国防等等，不一而足。

从市场看，难以估计 PPP 项目的总价值。以基础设施为例，1985~2011 年，全球基础设施 PPP 名义价值为 7751 亿美元，其中欧洲大约占 45.6%，亚洲和澳大利亚占 24.2%，墨西哥、拉丁美洲和加勒比海地区三者合计占 11.4%，美国和加拿大分别占 8.8%、5.8%，非洲和中东地区占 4.1%。

从面域看，大多数国家，PPP 模式主要适用基础设施建设领域，包括收费公路、铁路、桥梁、地铁、轻轨系统、机场设施、隧道、电厂、电信设施、学校建筑、医院、监狱、污水和垃圾处理等。

从区域看，当前欧洲各国的 PPP 市场最为发达。几乎大大小小的项目都有 PPP 模式涉猎并加以理想地操作和运行。

从国别看，以英、美、德、日等为代表的发达国家，PPP 项目的规模和管理水平较高，而且在其现有基础上进一步创新发展。

3.8.4 PPP 成功运行的必备要件

从各国实践情况看，PPP 成功运行的必备条件如图 3-5 所示。

1. 政府支持

在 PPP 模式下，政府既是特许权协议的当事方，又为项目运作提供政府和法律环境。因此，政府采用 PPP 模式应转变管理和调整职能，以适应 PPP 模式管理的需要。

（1）公共部门需审慎核准项目，建立一个适合项目发展的程序，确立 PPP 的法律地位。

（2）公共部门在做出承诺时一定要审慎，保护资产安全，降低融资成本，保证项目的可持续性，使私方获得合理并可以接受的收益。

（3）公共部门要确定清晰的边界（包括资产和监管边界），如市场准入、价格和普遍服务等监管，以效率监管为前提和保证。要实现这些目标，需要公共部门具备较高的公共管理能力。

2. 健全激励机制

PPP 模式下，如果在合同中能确定激励机制，就能较好地避免传统公共项目建设的不足，比如超期与超支等问题。

（1）确定支付机制，促使私方按时完工并且不超支。

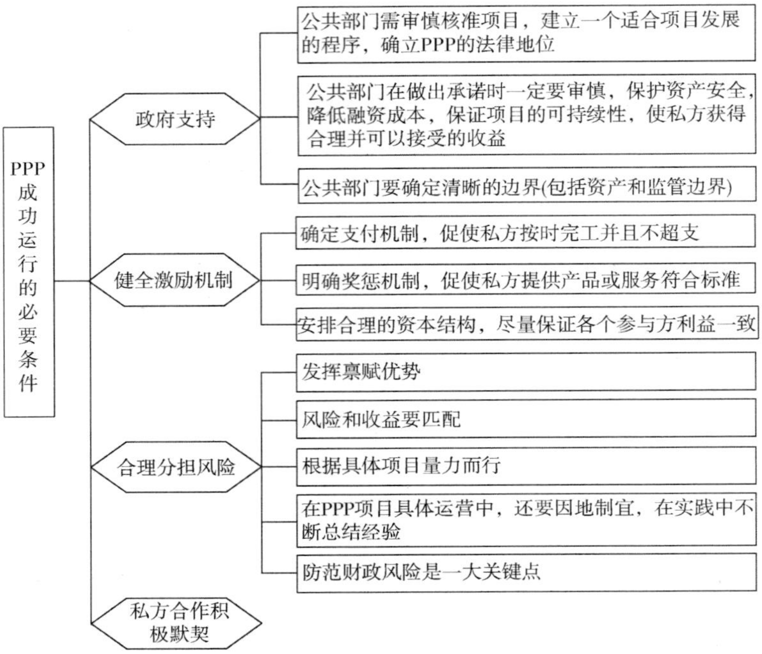

图 3-5　PPP 成功运行的必备条件

（2）明确奖惩机制，促使私方提供产品或服务符合标准。

（3）安排合理的资本结构，尽量保证各个参与方利益一致。

3. 合理分担风险

（1）发挥禀赋优势。由于 PPP 项目的参与者掌握的资源不同，应对各种风险的能力明显不同。参与方对哪种风险控制力最强，就应发挥其优势控制哪种风险。比如说互联互通涉及多个国家间的合作，其政治、政策、法律等风险，私营机构承担不了或不愿承担，而政府最有能力承担，就应由相关国家政府承担。建设风险产生于项目建设过程中，承包商最有能力控制，就应由承包商承担。经营管理风险应分配给运营企业。

（2）风险和收益要匹配。高风险高收益，低风险低收益，要体现公平。唯有公平，才能将各个项目参与者持续地拴在一起，在项目生命周期内保持理性和谨慎的行为，这是构成紧密利益共同体的前提。

（3）根据具体项目量力而行。承担的风险要和参与方的能力相适应，要有上限。如果投资者承担了其无法承担的风险，就会缺乏控制能力。尤其是在 PPP 项目实施阶段中，如果项目的某些风险比之前估计的高很多，就不能让某一方单独承担那些放大的风险，否则将影响风险承担者的积极性。

（4）在 PPP 项目具体运营中，还要因地制宜，在实践中不断总结经验。通常情况下，国家级风险和最低需求风险应尽量由公共部门来承担；市场级风险可由公共部门和私营部门共同承担，但要分配好比例；项目设计、建设、财务、运营、维护等商业风险原则上由私营部门来承担。

（5）防范财政风险是一大关键点。（详见附录“PPP 财务评价方法”）其方法是完善项目审批机制，建立健全 PPP 管理协调机构，绩效考核机制常态化等。

4. 私方合作积极默契

私方即社会资本方，以积极准备、迅速反应、默契配合的精神状态和政府方配合。无论是在立项、项目准备、可行性研究、合同谈判、项目移交5大阶段中，还是在项目实施全过程中碰到需要破解的问题时，都要表现出理性、友好、建设性。理性是指人在正常思维状态下时为了获得预期结果，有自信与勇气冷静地面对现状，并快速全面了解现实，分析出多种可行性方案，再判断出最佳方案且对其有效执行的能力，是人的认识思维活动和社会实践中发现出来的主体事物。主体是存在、运动、变化、事情和行为的主宰者或统帅者。存在、运动、变化、事情和行为是主体的载体和表现形式。智慧、真理、命运、灵魂、人性、绝对、必然、心灵、精神、意志是西方人表述主体事物经常使用的词语概念。这在PPP模式的生产活动中是值得提倡和发扬的。

3.8.5 关于国际投资问题——进入国际市场模式

所谓进入国际市场模式，是指国际工程承包和营销企业进入并参与国外市场进行产品销售可供选择的方式。归纳起来，具体包括三大类：①出口，即国内生产，国外销售，这是一种传统、简单、风险最低的进入方式；②合同进入，又称非股权进入，它有多种具体的形式，而且富有较大的灵活性和实用性；③对外直接投资，又称股权进入，即企业直接在目标市场国投资，就地生产，就近销售。

3.8.5.1 含义

从历史经验来看，各种进入方式各有利弊，也各有其不同的风险，所要求的资本投入和管理能力等也各不相同。各种进入方式的长短优劣，只有在给定的具体条件下才能比较。因此企业要开拓国际市场时，到底选择何种进入方式，必须结合本企业的全球发展战略以及企业拥有的资源条件，针对不同的目标市场国环境综合考虑，科学决策。

3.8.5.2 简述

随着经济生活国际化趋势的日益增强与我国对外开放向纵深发展，我国会有越来越多的企业介入国际经济生活，进入国际市场。为此，比较和研究企业进入国际市场的基本模式，对于我国企业更好地参与国际经济生活，无疑具有十分重要的意义。

3.8.5.3 模式

“走出去”的国家战略是我国坚定不移对外开放政策的重要组成部分，是指我国资本、产品、技术、服务和自然人走出国门，参与全球化市场竞争和国际化经营的发展方针。企业在了解进入国际市场各种模式的基础上，选择适当的模式“走出去”，对实施“走出去”战略、扩大我国的对外开放有着长远的积极意义。企业进入国际市场的模式，如图3-6所示。

1. 出口模式

该模式包括间接出口和直接出口两种方式。间接出口是指企业通过本国的中间商（专业性的外贸公司）来从事产品的出口。此种方式下，企业可以利用中间商现有的销售渠道，不必自己处理出口的单证、保险和运输等业务。同时，企业在保持出入国际市场和改变国际营销渠道的灵活性的情况下，还不用承担各种市场风险。初次出口的小企业比较适合运用间接出口的方式。直接出口是指企业拥有自己的外贸部门，或者使用目标国家的中间商来从事产品的出口。直接出口有利于企业摆脱对中间商的依赖，培养自己的国际商务人才，积累国际市场营销的经验，提高产品在国际市场上的知名度。但同时也要承担更多的风险，由于其

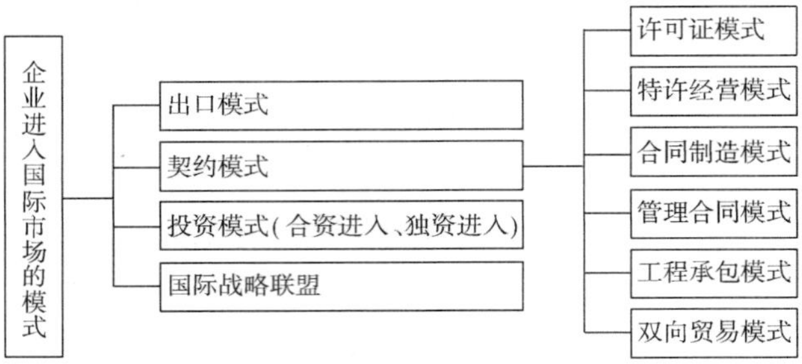

图 3-6　企业进入国际市场模式的种类

业务量可能比较小，企业自己处理单证、保险和船务不能达到规模经济，而且企业出入国际市场和改变营销渠道的灵活性不足。

2. 契约模式

该模式主要包括许可证模式、特许经营模式、合同制造模式、管理合同模式和工程承包模式、双向贸易六种。

(1) 许可证模式。这种模式是指企业在一定时期内向国外法人单位转让其工业产权（如专利、商标、配方等无形资产）的使用权，以获得提成或其他补偿。许可证最明显的好处是能绕过进口壁垒的困扰，而且政治风险很小，但是这种方式不利于对目标国市场的营销规划和方案的控制，还可能将被许可方培养成强劲的竞争对手。

(2) 特许经营模式。这种模式和许可证进入模式很相似，所不同的是，特许方要给予被特许方以生产和管理方面的帮助。在这种模式下，特许方不需投入太多的资源就能快速地进入国外市场，而且还对被特许方的经营拥有一定的控制权。但是很难保证被特许方按照特许合同的规定来提供产品和服务，不利于特许方在不同市场上保持一致的品质形象。

(3) 合同制造模式。这种模式是指企业向国外企业提供零部件由其组装，或向外国企业提供详细的规格标准由其仿制，由企业自身负责营销的一种方式。采取这种模式不仅可以输出技术或商标等无形资产，而且还可以输出劳务和管理等生产要素，以及部分资本。但是由于合同制造往往涉及零部件及生产设备的进出口，有可能受到贸易壁垒的影响。

(4) 管理合同模式。这种模式是指管理公司以合同形式承担另一公司的一部分或全部管理任务，以提取管理费、一部分利润或以某一特定的价格购买该公司的股票作为报酬。利用这种模式，企业可以利用管理技巧，不发生现金流出而获取收入，还可以通过管理活动与目标市场国的企业和政府接触，为以后的营销活动提供机会。但这种模式具有阶段性，即一旦合同约定完成，企业就必须离开东道国，除非又有新的管理合同签订。

(5) 工程承包模式。这种模式是指企业通过与国外企业签订合同并完成某一工程项目，然后将该项目交付给对方的方式进入外国市场。它是劳动力、技术、管理甚至是资金等生产要素的全面进入和配套进入，这样有利于发挥工程承包者的整体优势。工程承包进入模式最具吸引力之处在于，它所签订的合同往往是大型的长期项目，利润颇丰。但也正是由于其长期性，这类项目的不确定性因素也因此而增加。

(6) 双向贸易模式。这种模式是指在进入一国市场的同时，同意从该国输入其他产品作为补偿。双向贸易通常是贸易、许可协定、直接投资、跨国融资等多种国际经营方式的结合。根据补偿贸易合同内容的不同，双向贸易可以分为易货贸易、反向购买和补偿贸易三种形式。

3. 投资模式

投资模式属于进入国际市场的高级阶段。我国的“走出去”战略所指的主要就是投资模式。投资模式包括合资进入和独资进入两种形式。

（1）合资进入。合资指的是与目标国家的企业联合投资，共同经营、共同分享股权及管理权，共担风险。合资企业可以利用合作伙伴的成熟营销网络，而且由于当地企业的参与，企业容易被东道国所接受。但是也应看到由于股权和管理权的分散，公司经营的协调有时候比较困难，而且公司的技术秘密和商业秘密有可能流失到对方手里，将其培养成将来的竞争对手。

（2）独资进入。独资是指企业直接到目标国家投资建厂或并购目标国家的企业。独资经营的方式可以是单纯的装配，也可以是复杂的制造活动。企业可以完全控制整个管理和销售，独立支配所得利润，技术秘密和商业秘密也不易丢失。但是独资要求的资金投入很大，而且市场规模的扩大容易受到限制，还可能面临比较大的政治和经济风险，如货币贬值、外汇管制、政府没收等。

4. 国际战略联盟

国际战略联盟是指两个或两个以上的企业为了相互需要，分担风险并实现共同目的而建立的一种合作关系。国际战略联盟是弥补劣势、提升彼此竞争优势的重要方法，可以迅速开拓新市场，获得新技术，提高生产率，降低营销成本，谋求战略性竞争策略，寻求额外资金来源。

3.8.5.4 影响企业进入模式选择的因素

1. 目标国家的市场因素

这主要包括市场规模和竞争结构。如果目标国家的市场规模较大，或者市场潜力较大，则企业可以考虑以投资模式进入，尽可能地扩大销售额；反之则可以考虑以出口模式和契约模式进入，以保证企业资源的有效使用。如果目标市场的竞争结构是垄断或寡头垄断型，企业应考虑以契约模式或投资模式进入，以使企业有足够的能力在当地与实力雄厚的企业竞争；如果目标国家的市场结构是分散型的，则以出口模式为宜。

2. 目标国家的环境因素

（1）政治和经济环境。如果目标国家的政局稳定、法制健全、投资政策较为宽松、人均国民收入比较高、汇率稳定，则可以考虑采取投资模式进入，反之则以出口模式或契约模式进入为宜。

（2）地理和社会文化环境。如果目标国家距离本国较远，为了省去长途运输的费用，则可以考虑契约模式或投资模式。如果目标国家的社会文化和本国文化差异较大，则最好先采取出口模式或契约模式进入，以避免由于文化的冲突造成摩擦成本。

（3）材料、劳动力、资本市场、基础设施等的易获得性和价格。如果目标国家生产要素的价格比较低，基础设施比较完善，则比较适合采取投资进入模式，否则应采取出口模式。

3. 国内因素

国内因素主要包括本国市场的竞争结构、生产要素和环境因素三个方面。如果本国市场是垄断竞争或寡头垄断型，企业可以考虑以契约或投资模式进入国外市场。如果本国市场的竞争程度比较高，则企业可以采取出口模式。从生产要素来看，如本国生产要素比较便宜且容易获得，则企业可以采取出口模式进入国际市场。所谓本国的环境要素，是指本国政府对出口和对外投资的态度。

4. 企业产品因素

（1）企业产品要素的密集度、价值高低和技术含量。劳动密集型和资源密集型产品主要以具有丰富自然资源的国家为生产基地，如果目标国家具备这些条件，那么可以采取投资模式，就地设厂，以节省出口的中间费用。如果企业生产的产品价值高、技术复杂，考虑到目标国市场的需求量，以及当地技术基础的配套能力，则以出口模式为宜。

（2）产品的服务性和适应性。如果客户对产品的售后服务要求比较高，以及那些需要做出大量适应性变化以销售国外市场的产品，企业最好采取契约模式或投资模式进入。

（3）企业的主线产品、核心技术在进入目标国市场时，大多采取投资方式，且以独资为主。

5. 企业的核心竞争力

就核心竞争力而言，企业可以分为两类：一类企业的核心竞争力是技术诀窍，另一类企业的核心竞争力是管理诀窍。当企业的竞争优势建立在技术诀窍上时，应尽量避免许可协定和合资企业的经营方式，以降低技术失控的可能性。当企业的竞争优势建立在管理诀窍上时。以管理技巧为基础的大多是服务性企业（如麦当劳、希尔顿国际饭店等），这些企业宝贵的是它们的品牌，而品牌是受国际标准化法律保护的，因此可以采取特许经营和建立子公司相结合的方法。

6. 企业资源与投入因素

企业在管理、资金、技术、工艺和销售方面的资源越充裕，企业在进入方式上的选择余地就越大。如果企业的资金较为充足，技术较先进，且积累了丰富的国际市场营销经验，则可以采取直接投资模式进入国外市场。反之，则以出口模式和契约模式为宜，待企业实力增强，积累了一定的国际市场营销经验后再采取直接投资模式。

3.8.6 特许权问题

特许经营分两大类：政府特许经营（Concession）和商业特许经营（Franchise）。项目融资领域所说的特许经营特指政府特许经营。私营企业参与公共产品（服务）的提供，通常是需要政府的授权的。《基础设施和公用事业特许经营法（征求意见稿）》（2014 年 5 月 3 日）中，特许经营是指“各级人民政府依法选择中华人民共和国内外的企业法人或者其他组织，并签订协议，授权企业法人或者其他组织在一定期限和范围内建设运营或者经营特定基础设施和公用事业，提供公共产品或者公共服务的活动。”政府特许经营项目的要点是私营企业从事提供公共产品（服务）必须获得的政府授权。PPP 的本质是政府向社会购买公共产品（服务），一般可以分为：服务外包（如垃圾清运服务）、特许经营（如污水处理项目）、私有化（如燃煤发电项目）三种类型，并非所有 PPP 项目都必须获得政府授权。

发改委《基础设施和公用事业特许经营暂行条例（草案）》《基础设施和公用事业特许经营管理办法》（以下简称《办法》）作为 PPP 领域的基本制度规范，对于引导规范特许经营等 PPP 项目实施发挥了积极作用。但实践中仍存在模糊不清的实际问题，需要在《办法》等贯彻实施的基础上调整解决。

2016 年年初，国家发改委与联合国欧洲经济委员会（UNECE）正式签署合作谅解备忘录，双方将在合作推广 PPP 模式方面加强交流合作。这是中国政府机构与联合国有关机构首次签署 PPP 领域合作协议，标志着中国推广 PPP 模式进入了国际合作新阶段。谅解备忘录签署后，国家发改委将与联合国欧洲经济委员会在 PPP 理论研究、经验交流、业务培训、实际操作等方面开展全方位合作。一是支持设立 PPP 中国中心，积极参与联合国有关 PPP 标准的制定、总结和推广 PPP 实践案例等。二是每年在青岛共同主办国际 PPP 论坛，邀请有关国家的政府部门、研究机构、社会资本、专家学者等，探讨 PPP 理论与标准，分享 PPP 案例和经验，推动 PPP 国际合作交流。三是在深圳实施 PPP 培训计划，邀请国内外知名专家讲解 PPP 具体操作方法，剖析 PPP 典型案例，为政府机构、社会资本、金融单位、项目业主等提供学习交流平台。中国与 UNECE 合作的有序开展，将有助于中国更好地吸收借鉴国际先进经验，不断丰富完善适合中国国情的 PPP 模式，推动更多的 PPP 项目落地实施；也有助于中国积极参与联合国 PPP 标准的研究制定，提升中国在 PPP 领域的国际影响力，为促进 PPP 模式在世界范围的推广贡献中国力量。业内普遍希望通过这种国际合作，做出有针对性的法律和制度设计以适应 PPP 模式发展。

附：

1. A 港至 B 地高速公路特许协议目录（图 3-7）

2. 特许协议附录清单

附录 1　现场。

附录 2　特许权出让人的技术要求。

附录 3　独立工程师职能。

附录 4　保险。

附录 5　支付机制。

附录 6　融资调整。

附录 7　特许权细节。

附录 8　开工准备期。

附录 9　预留空白表。

附录 10　协议引导表。

附录 11　最终报价。

附录 12　封闭通知。

附录 13　许可证清单。

附录 14　收费站。

附录 15　次生事件。

附录 16　偿债计划。

附录 17　独立工程师的住宿与装备。

3. 支付机制及计算公式

“可用性付款”是指根据第 36 条“支付计算”条款计算的付款额，是特许权出让人应付和支付受让人的款。

注：根据投标说明，项目评标是以报价中可用性支付折现后，净现值（NPV）最小值为最优报价。

支付计算依据附录 5 支付机制

巴尔港至保加利高速公路特许协议目录

- 1. 术语与解释
- 2. 前提条件
- 3. 文件
- 4. 项目
- 5. 财务模型
- 6. 独立工程师
- 7. 接口
- 8. 开工准备期
- 9. 开工证
- 10. 道路现场
- 11. 现场安全
- 12. 设计与施工
- 13. 进度与计划
- 14. 延误
- 15. 化石与古迹
- 16. 弃渣场威胁
- 17. 检验与竣工
- 18. 现场
- 19. 运营开始
- 20. 运营场地—场地安全
- 21. 运营
- 22. 运营计划
- 23. 交通管理
- 24. 信号
- 25. 保险
- 26. 公开信息
- 27. 代表
- 28. 管理体系
- 29. 报告和信息
- 30. 特许权受让人的记录
- 31. 运营监视
- 32. 法律效力
- 33. 第三方
- 34. 收费站
- 35. 支付计算
- 36. 发票和支付
- 37. 道路分段
- 38. 程序改变
- 39. 额外收益—可用性支付减免
- 40. 不可抗力
- 41. 违背政府行为的材料
- 42. 表现与保证
- 43. 赔偿
- 44. 特许权受让人终止
- 45. 特许权出让人终止
- 46. 其他终止事项
- 47. 终止的影响
- 48. 终止的赔偿
- 49. 转让、分包与控制变更
- 50. 通知
- 51. 许可和批准
- 52. 税
- 53. 数据保护
- 54. 知识产权
- 55. 信息保密
- 56. 分包商
- 57. 禁止性行为
- 58. 争议解决程序
- 59. 协议及类似协议的完整性
- 60. 豁免和分割
- 61. 豁免权的放弃
- 62. 修订
- 63. 政府法律及语言

图 3-7　A 港至 B 地高速公路特许协议目录

（1）施工支付。

1）如果可能的话，在项目开工前或施工期，特许权出让人向受让人提供×××欧元，用于 S 地至 M 地路段设计与施工。付款在施工达成以下里程碑后，由独立工程师签署并通知特许权出让人后一个月内支付：

①第一次支付发生在长度 500 米以上隧道完成主体开挖和支撑工作的 20% 或长度 100 米以上桥梁基础工作完成 25% 以上。

②第二次支付发生在长度 500 米以上隧道完成主体开挖和支撑工作的 50% 或长度 100 米以上桥梁基础工作完成 75% 以上。

③第三次支付发生在长度 500 米以上隧道完成主体开挖和支撑工作的 100% 。

2）每个里程碑完成后，应由独立工程师确认，并通知到特许权出让人和受让人，里程碑已经达成。

3）特许权出让人可以自主决定在项目开工前支付里程碑 1 支付额的部分比例。如果特许权出让人这样做时，付款金额、分期数、付款时间都由特许权出让人独立决定。里程碑 1 支付额其余金额应根据 36. 1. 1a 条款在隧道完成 20% 开挖或桥梁基础完成 25% 时进行。

（2）可用性付款：运营开始和运营期间，特许权出让人应当每三个月向受让人支付可用性付款。可用性付款计算应按照附录 5（支付机制）进行。第一次付款应在运营期开始后三个月末支付。

本附录 5（支付机制）中引用的术语应与特许权协议或本文后续出现的术语具有相同的含义。

（3）年可用性付款：在最终报价里，年可用性支付列入表 3-2 中。另外，根据最终报价的财务模型，相关资金流的信息也列在其中。

表 3-2　支付原始表

运营年度（i）	1	2	3	4	5	6	7	8	9	10	11	12	13	14	15	16	17	18	19	20
依据最终报价的年可用性支付——“$AP(FO)_i$”																				
依据最终报价的年运作费用——“$OPEX_i$”																				
依据最终报价的年本金及利息偿债总额——“DS_i”																				

可用性付款参照附录 5（支付机制）第Ⅱ章浮动。根据协议第 36. 2 条，可用性支付从运营期三个月末开始支付。

年可用性支付额也根据附录 6（融资调整）或特许协议的其他机制进行调整。

年可用性支付应根据项目开工后的通胀影响调整，调整采用通胀指数形式，采用以下公式计算：

$$AP_i = AP(FO)_i \times [1 - M_i] + AP(FO)_i \times Index \times [M_i] - D_{(i-1)}$$

式中　AP_i——从运营开始日起第 i 年的实际可用性支付；

$AP(FO)_i$——报价中的第 i 年可用性支付；

i——从运营开始日起第 i 运营年；

$D_{(i-1)}$——前一个运营年度扣减额（扣减额基于道路封闭点数、服务点数及额外措施）；

M_i——第 i 年的可调整部分比例，依据以下公式：

$$M_i —— \max\left\{0,\ \frac{\min\left[\ (AP\ (FO)_i - DS_i),\ (OPEX_i + HM_i)\ \right]}{AP\ (FO)_i}\right\}$$

式中　DS_i——依据最终报价的第 i 年偿债额（包括利息及本金）；

$OPEX_i$——依据最终报价的第 i 年运作费用；

HM_i——依据最终报价的第 i 年大修费用，应用以下公式计算指数：

$$指数\ Index —— \left(0.1 \times \frac{D_i}{D_0}\right) + \left(0.6 \times \frac{C_i}{C_0}\right) + \left(0.3 \times \frac{E_i}{E_0}\right)$$

式中　D_0——某国统计局报告的项目开工一年建筑业平均工资；

D_i——某国统计局报告的调整年建筑业平均工资；

C_0——某国统计局报告的项目开工一年服务业零售价格指数；

C_i——某国统计局报告的调整年服务业零售价格指数；

E_0——能源价格指数（欧盟统计局（Eurostat）报告的项目开工第一年的柴油平均价格）；

E_i——能源价格指数（欧盟统计局（Eurostat）报告的调整年的柴油平均价格）

扣减以后调整的年可用性支付将按季度分四次等额支付。

（4）扣减。可用性支付通过以下三种方式扣减：

基于道路封闭扣减点数依据附录 2。

根据附录 5 第Ⅱ章定义的指数，从项目开工之日计算项目封闭扣减点。服务扣减点依据附录 2。

扣减额自项目开工之日起每年调整，依据附录 5 第Ⅱ章定义的指数进行。

特许权受让人应以运营年度为单位，累计扣减点数。在每运营年度末，特许权受让人统计所有扣减点数，作为下年度的可用性支付调整依据。下年度开始，上年度的扣减点数将清零，从零重新开始计算。为避免歧义，一个服务点等于一个扣减点。相关情况如表 3-3 所示。

表 3-3　扣减点数和扣减额

扣减点数	扣减额
0～9	无扣减额
10～19	每点 10000 欧元
20～39	200000 欧元 +15000 欧元 *（点数 -19）
40～59	500000 欧元 +20000 欧元 *（点数 -39）
60～79	900000 欧元 +25000 欧元 *（点数 -59）
80～99	14000000 欧元 +30000 欧元 *（点数 -79）

此外，根据条款 31.6 干涉权的规定，特许权出让人有权在他认为有必要时，在某一段时间采取额外措施或委托第三方进行额外措施。如果特许权出让人或他的第三方委托人采取了额外措施，特许权出让人将通过以下方式减少可用性付款：①额外措施实际发生额；②根据附录 5 支付机制第Ⅱ章调整可用性付款规定的指数；③在额外措施费扣减额基础上再加 10% 管理费。

4. 收费站回报分享机制

（1）特许权受让人的特许权费。特许权出让人不仅提供道路土地，同时考虑到其在时间、精力以及采购成本及施工支付方面的投入，特许权人出让人有权利通过收费站回报机制获取相应补偿。这种补偿以特许权费的形式，由特许权受让人在运营期内支付。

（2）特许权费水平计算：

从项目公司股权收益率大于股权收益率临界点 1（注：此合同股权收益率临界点 1 是 15%）起第一年，特许权出让人有权获取项目相应股权的可分配现金流的 50%。

从项目公司股权收益率大于股权收益率临界点 2（注：此合同股权收益率临界点 2 是 20%）起第一年，特许权出让人有权获取项目相应股权的可分配现金流的 80%。

特许权出让人完全自主选择以总额或年可用性支付抵消或季度可用性支付抵消方式获取这笔收益。

5. 再融资调整

根据协议 3.2 条款，特许权出让人可以要求受让人调查再融资的可能性和再签署一个或多个有优先权协议，执行再融资；受让人也可以提议再融资。无论上述哪种情况，一旦有再融资机会，受让人应事先获得出让人对再融资条件的书面认可。出让人和受让人均应随时互相配合再融资。

特许权出让人有权利在再融资中获取 50% 的股权。

特许权受让人应向出让人提供完整的再融资细节，包括修订的财务模型和修订财务模型采用的假设条件。特许权出让人在再融资期间和之后有无限权利审计财务模型及再融资回报计算相关的任何文件。特许权出让人收到的再融资回报用于抵扣年可用性支付时，可用性支付抵扣额应按照附录 6 融资调整程序规定计算，即可用性支付扣减额等于调整后金额与最初金额（调整前可用性支付额）差额的 50%。再融资回报计算应适当考虑各方再融资的直接成本。在再融资 30 天内，特许权受让人应支付特许权出让人合理的成本。在不带任何偏见情况下，特许权受让人应确保在融资协议写入条款：用高级债转换为再融资时，特许权出让人有权被告知。

第 4 章　PPP 模式水务项目

4.1　PPP 模式水务项目一般流程

4.1.1　水务工程项目 PPP 模式一般流程（图 4-1）

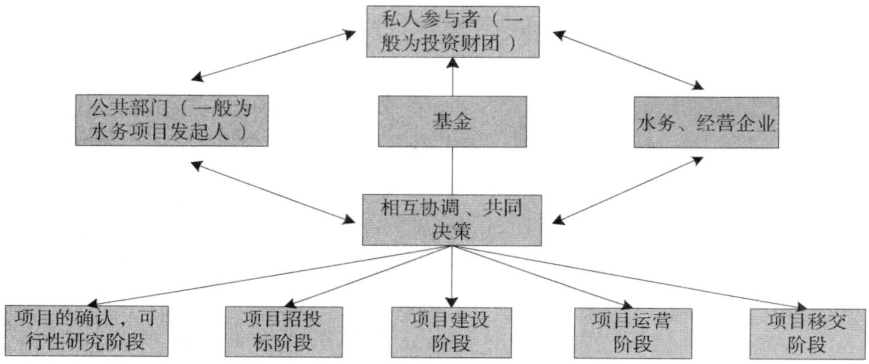

图 4-1　水务工程项目 PPP 模式一般流程

4.1.2　水务工程项目 PPP 模式一般采购流程

根据《财政部关于印发 <政府和社会资本合作项目政府采购管理办法> 的通知》（财库〔2014〕215 号，以下简称 215 号文），制定水务工程项目 PPP 模式一般采购流程图，如图 4-2所示。

4.1.3　水务工程项目 PPP 模式各阶段工作（图 4-3 和图 4-4）

4.1.4　PPP 项目咨询流程

PPP 咨询目的主要工作方向为：对 PPP 项目进行识别筛选；法规政策分析、制度建设；PPP 业务培训、研讨；PPP 项目论证和方案优化；编写物有所值及财政承受能力评价报告；PPP 项目特许合同编制；组织招商采购、草拟或审核招商文件；PPP 项目策划和引入社会资本；组织投资，进行方案策划；协助谈判、签约；中期评估、后评价等系列性工作。PPP 项目咨询流程如图 4-5 所示。

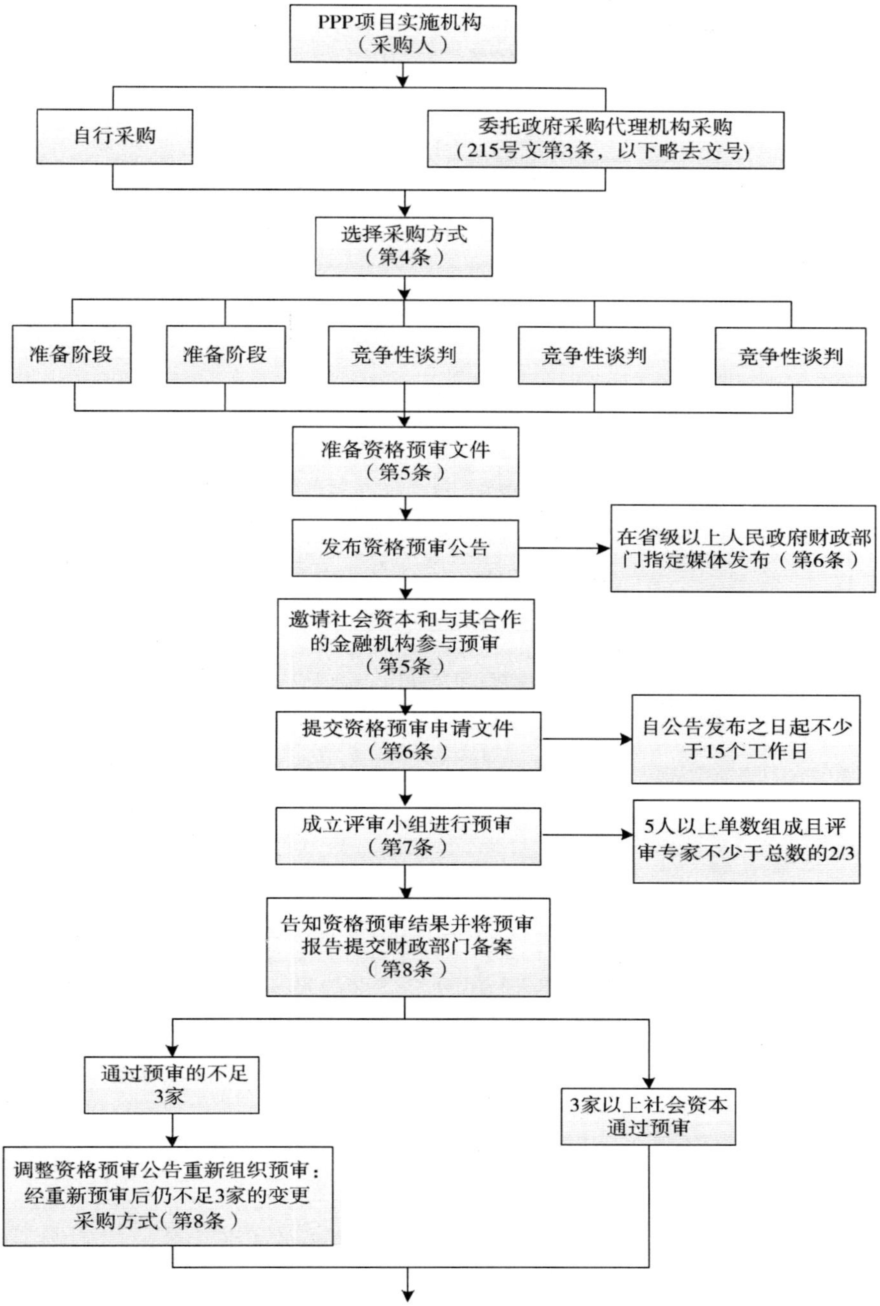

图 4-2　水务工程项目 PPP 模式一般采购流程图

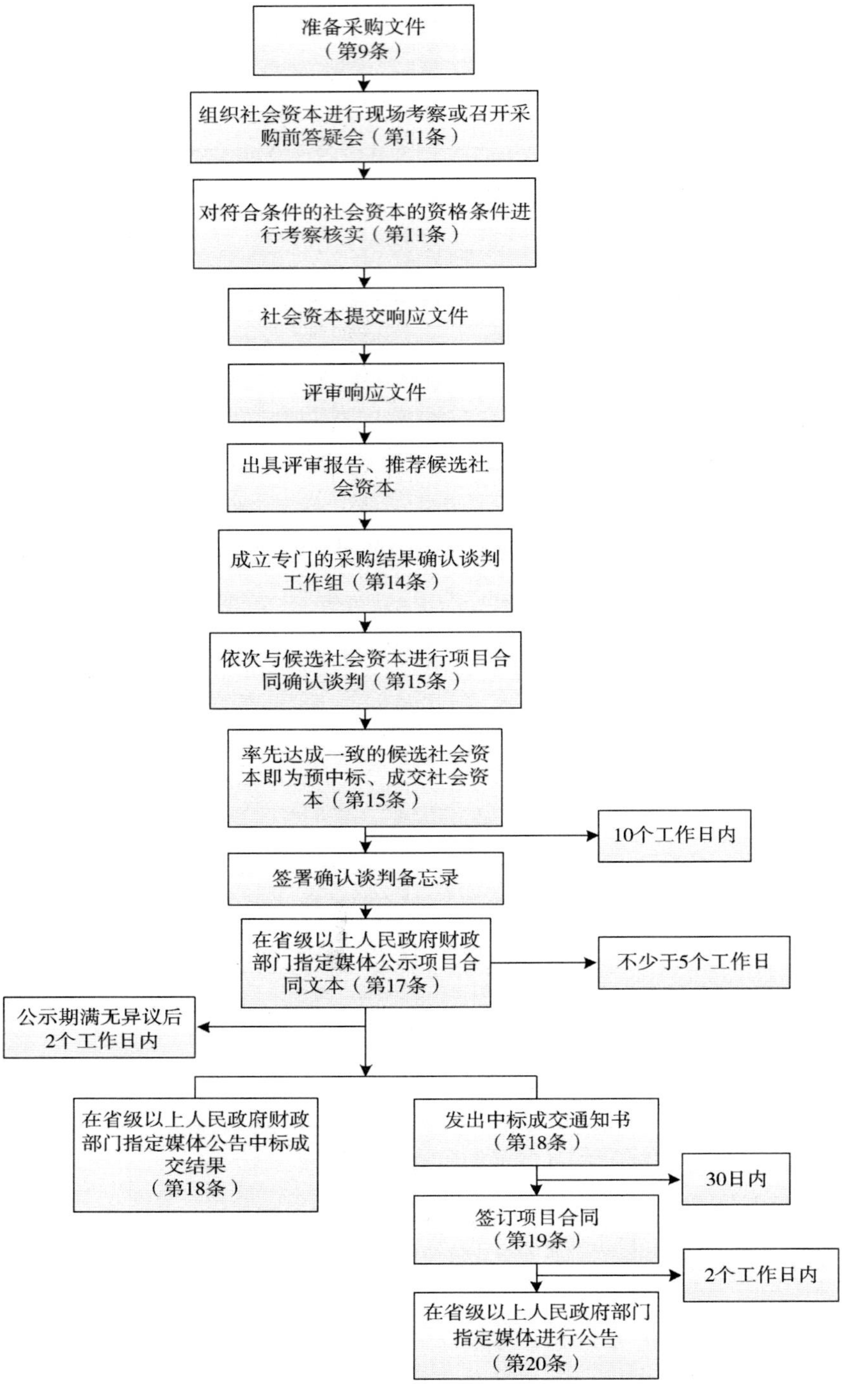

图 4-2　水务工程项目 PPP 模式一般采购流程图（续）

图 4-3　水务工程项目 PPP 模式各阶段工作（一）

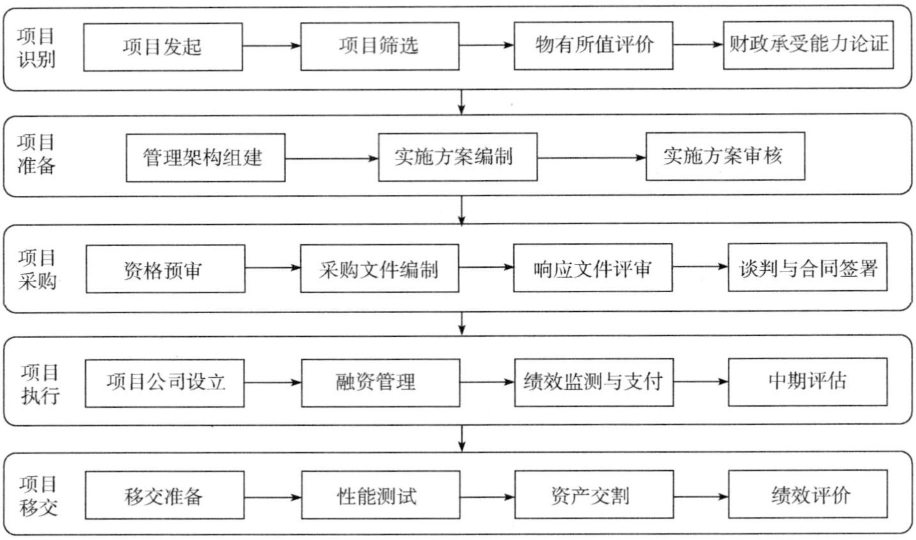

图 4-4　水务工程项目 PPP 模式各阶段工作（二）

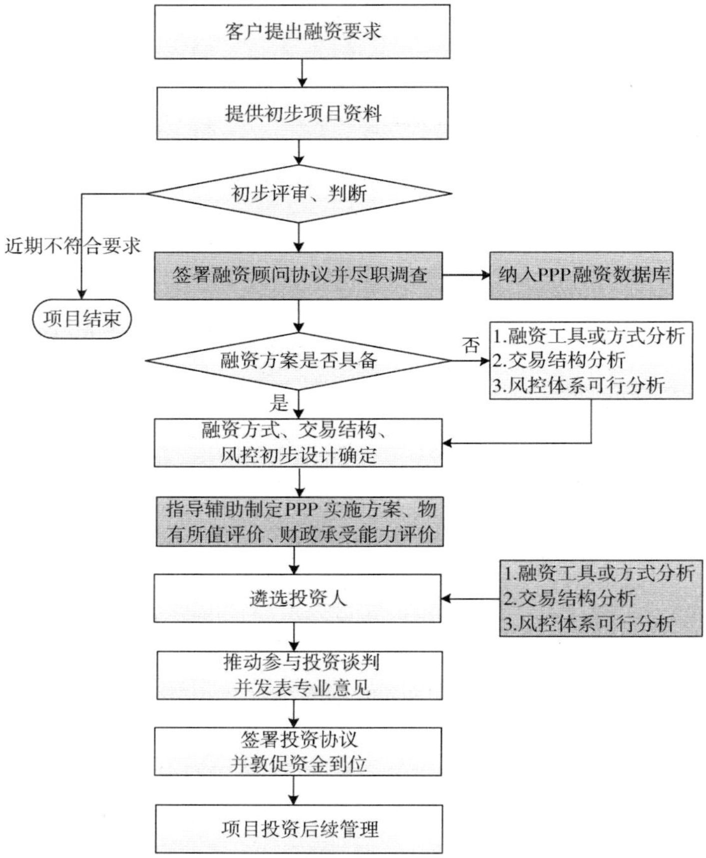

图 4-5　PPP 项目咨询流程

4.2 某污水处理项目

某污水处理项目无论从水务视角还是从 PPP 模式特征出发进行详解，都有其典型性意义。

（1）表现了充分的政府与社会资本合作，PPP 模式的水务功能性比较突出，有较高的借鉴价值和实务实践操作性；水务 PPP 模式项目的空间大，此例对探究水务的广泛发展领域有较好的范例和标杆之一。

（2）有美国某投资有限公司 67% 的股权参与，中外合营合作特色鲜明，昭示了国家关于 PPP 国际合作政策的对外开放性；对推进 PPP 模式国际合作的深入，引进国外跨国公司到中国纵横发展 PPP 项目，有重大的启迪意义。

（3）监管结构的尽职尽责使特许合同条款、保证工程质量、项目移交等安安全全落地，运行良好，受到主管部门赞扬和百姓的称许，并取得全国城镇污水处理厂绩效评比“十佳”殊荣。这是难能可贵的。

（4）某污水处理项目中，有许多大放异彩的亮点，包括融资创新方面、经营管理方面、系统性协调方面、人的作为方面等，不一而足。

正如先人所云：“只为人谋，不为己谋，成功是成功，失败亦是成功，圣贤是也。为人谋，亦为己谋，成功是成功，失败是失败，豪杰是也。只为己谋，不为人谋，失败是失败，成功亦是失败，糊涂人也。吾辈当免做前者，忌做后者。”PPP 项目主体和参与方的命运共同体机制，一旦爆发就会产生巨大的能量，确保该项目的成功。

4.2.1 项目简介

某污水处理厂位于××市××区南部，是××市政府为保护×江，控制及减少对×江的污染而鼓励兴建的污水处理厂之一，是××省重点市政基础设施建设项目。某项目于 1998 年启动，2003 年建成，2007 年宣布全面启用，总占地面积约 30 万平方米，总规模日处理污水量 40 万立方米，一期占地面积约 1 万平方米，日处理污水量 20 万立方米，首期工程的建设内容包括某污水处理厂、截污干管及沿线 4 个泵站，初始总投资约 10 亿元人民币。

自 2000 年以来，该项目连续几年被列为××省、××市的重点建设项目，一直得到政府各有关部门和领导的高度重视和大力支持。2000 年 7 月，××市××水务有限公司通过竞标，获得了××市某污水处理厂 17 年运营维护的总承包合同。根据总承包合同的规定，该公司负责营运和维护保养日处理能力为 20 万吨的某污水处理厂及与之相配套的 40 公里污水管线、4 座污水泵站。2003 年 10 月底，某污水项目工程基本建成并投入通水调试，2004 年投入污水试运行。到 2008 年年底某污水工程项目实现连续三年全达标排放，并取得全国城镇污水处理厂绩效评比“十佳”殊荣。

某污水处理厂采用改良 A2/O 工艺，具有较好的脱磷除氮功能。项目的建成运营，有效地收集和处理了××区全部污水及××区部分污水，改善了河段的水体，保护了××市××水厂、××水厂、××水厂和××水厂取水点的水质，优化了投资环境，从而提高了××市人民的生活质量，产生了良好的环境效益、社会效益。

1. PPP 模式

该例 PPP 模式，PPP 水务理念深邃、结构严密、条贯酣畅、剖析透彻，堪称 PPP 造诣比较高，读之让人折服。水务行业是指由原水、供水、节水、排水、污水处理及水资源回收利用等构成的产业链。水务行业是中国乃至世界上所有国家和地区最重要的城市基本服务行业之一。改革开放以来，随着中国城市化进程的加快，水务行业的重要性日益凸显，目前已基本形成政府监管力度不断加大、政策法规不断完善，水务市场投资和运营主体多元化、水工程技术水平提升，供水管网分布日益科学合理、供水能力大幅增强，水务行业市场化、产业化程度加深，水务投资和经营企业发展壮大的良好局面。其市场化主要特征为：全方位的业务集成；资本实力主导的资产重组；水务产业链的分工明确——私营水务公司专注于其最擅长的运营管理领域，而金融机构则为基础设施建设提供融资服务。

此例的 PPP 模式，比较全面地反映了企业运营效率和收益提高、政府财政收支状况改善、市场化能够以收益为核心使产品和服务得到更为合理和公正的分配，因此体现了社会的文明与进步。这是供给侧改革的重要组成部分。转换经营机制，提高资源利用效率，国内水务改革势在必行。近几年，中国水务市场改革如火如荼，引入市场竞争机制，市政公用事业的投资、建设、运营市场全方位开放，水务行业产业链稳步推进，多元投资主体已经形成。宽松的政策、广阔的市场、丰厚的收益，使得外资、民营企业纷纷投身水务行业，水务市场国有企业垄断的局势逐渐被打破，改革后的国有独资水务企业、上市水务公司及跨国境外水务巨头抢占国内巨大的水务市场。古人曰：“道者，天下古今公共之理，人人都有分底。”“道在天地间，不限于取数之多，心力勤者得多，心力衰者得少，昏弱者一无所得。”该案例精粹的 PPP 内容，精诚的 PPP 内涵，精彩的 PPP 操作，给我们提供了宝贵的 PPP 理念精髓。

2. 水务 PPP 系统的流程化

此例布置得宜，璀璨齐齐，一气呵成，形成酣畅的水务业操作流程。水务 PPP 万事同理，一事得中，推之皆然。流程是 PPP 项目的精髓。流程的观点要求我们从项目的要求出发来设计我们的工作。所谓流程必须是以项目导向，以公司整体目标为出发点的。流程化管理是指以流程为主线的管理方法，强调以流程为目标、以流程为导向来设计组织框架，同时进行业务流程的不断再造和创新，以保持企业的活力。流程化管理是在管理大师哈默（Michael Hammer）提出的流程再造的基础上发展而来的。在哈默提出的流程再造中，所谓流程有两个关键要素：一是顾客；二是整体。其特点是：①突出流程，强调以流程为导向的组织模式重组，以追求企业组织的简单化和高效化；②注重过程效率，流程是以时间为尺度来运行的，因此这种管理模式在对每一个事件、过程的分解过程中，时间是其关注的重要对象；③将所有的业务、管理活动都视为一个流程，注重连续性，以全流程的观点来取代个别部门或个别活动的观点，强调全流程的绩效表现取代个别部门或个别活动的绩效；④强调重新思考流程的目的性，使各流程的方向和经营策略方向更密切配合；⑤强调运用信息工具的重要性，以自动化、电子化来体现信息流增加效率。⑥反向，即从结果入手，倒推其过程，这样关注重点首先就是结果和产生这个结果的过程，就意味着企业管理的重点转变为突出顾客服务、突出企业的产出效果、突出企业的运营效率，即以外部顾客的观点取代内部作业面方便的观点来设计任务。

4.2.2 开发过程（图 4-6）

图 4-6 开发过程

1. 项目发起

项目发起是 PPP 项目从无到有的过程。PPP 项目有两种常见发起方式：应标式和自提式。应标式是指在政府规划提出方案、进行可行性研究和批准立项等流程结束后，政府发布公告通过竞争性方式公开招选 PPP 项目特许经营商，有意向参与且符合资格条件的社会资本方可以报名和参加投资竞争。自提式又称民间自提，民间自提是基础设施 PPP 项目初始发起的另一种方式，一般而言包括三种情形：①没有被邀请投标的提议；②可能不在政府预算或政策框架范围内；③项目需求及目标尚未被有效识别。某污水处理项目属于应标式，发起人是代表政府方的××市建设委员会，政府方做的主要工作有：进行项目的可行性研究，选择某污水处理厂和输送污水入厂的约 40 公里截污干管及 4 个外围污水提升泵站作为特许经营对象；项目的立项审批；组织一系列招商引资会，通过洽谈选择外商投资人及项目经营公司，签订一系列合作协议，确定特许经营权限和期限。

2. 项目准备

项目准备阶段是 PPP 项目从发起到完成社会资本方甄选前全部准备工作的过程。该阶段的主要工作包括项目 PPP 运作模式的选择和项目交易结构的设计，和/或核心边界条件的设计。项目准备阶段是否需要确定项目核心边界条件的设计，取决于社会资本方的甄选方式。一般而言，采用公开招标方式甄选社会资本方的 PPP 项目，政府需在准备阶段全面、详细地确定核心边界条件；而采用竞争性谈判程序甄选社会资本方的 PPP 项目，具体边界条件则通常在项目谈判环节进行详细设计。

（1）PPP 运作模式的选择。确定 PPP 项目具体采用哪种运作模式，需根据项目中政府和社会资本方各自所承担的职能和风险来进行科学判定，下面通过决策树来判定 PPP 项目的具体运作模式，见图 4-7。某污水处理项目具有如下特点：

1）某污水处理项目属于新建项目，项目建设内容包括某污水处理厂、截污干管及沿线 4 个泵站。

2）该项目的项目资产是污水处理资产，资产运营具有收费机制，收费机制具有长期稳定性，故该项目具有可经营性，属于准经营性项目。

3）该项目投资规模大，社会资本方负责融资工作可以大大减轻财政压力，政府仅需对项目进行适当补贴。

根据上述的判定流程，××市建设委员会在对比该项目的特点以及不同 PPP 模式的适用范围后，决定采用 BOT 运作模式，这也是大多数新建水务设施采用的模式。

（2）项目交易结构的设计。根据 PPP 项目投资融资结构和合同结构的一般安排，以及某污水处理厂项目的具体情况，××市建设委员会为该项目设计了以下交易结构，如图 4-8 所示。

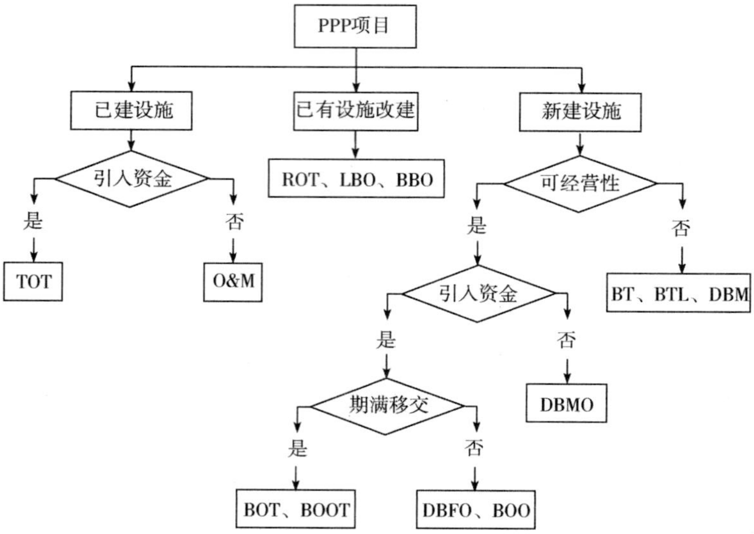

图 4-7　PPP 运作模式的选择

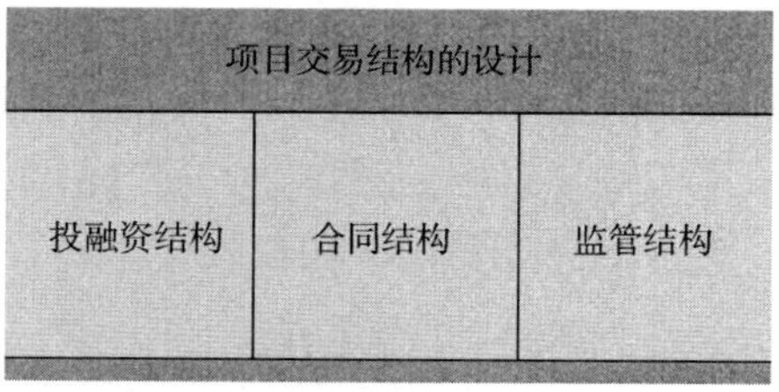

图 4-8　项目交易结构的设计

1）投融资结构。

①融资安排：项目公司初始投资主要由政府方授权单位和外商按持股比例共同出资和项目融资两部分组成，其中大部分来自商业银行的项目抵押贷款。

②投资安排：项目公司获得污水处理厂的特许经营权，负责某污水处理厂、截污干管及沿线 4 个泵站的投资、建设、运营和维护。

③付费机制：由于污水处理项目是不能直接向终端用户提供服务的终端型基础设施项目，所以采用政府付费方式。政府方向项目公司提供污水，项目公司向政府方提供污水处理服务，政府方接受经处理过的污水并向合作公司支付污水处理服务费。

2）合同结构。项目主要包括以下几种合同：①××市建设委员会代表政府与项目公司签订的具有特许经营性质的污水处理服务合同；②项目公司与投资者签订的股权投资合同；③项目公司与银行签订的项目抵押贷款合同；④项目公司与 EPC 总承包商签订的总承包商合同（EPC 合同）；⑤项目公司与运营商签订的运营和维护合同（O&M 合同）。

3）监管结构。××市建设委员会对某污水项目的监管结构设计按监管主体分类设计如下：

①政府部门监管。由××市建设委员会作为签约主体依据污水处理服务合同对项目公司实施合同监管；市政局排水处及××污水处理有限公司对项目进行行业监管；省、市环保局对项目建设经营给环境带来的影响进行环境监管。

②金融机构监管：贷款人就项目资金使用及还款进度进行监管。

3. 社会资本方甄选及交易结构确定

（1）社会资本方甄选。社会资本方甄选是从若干投资竞争者（包括联合体）中选出一家作为PPP项目的特许经营商的过程，是PPP项目运作过程中极为重要的一环。通过科学的方法甄选出具有丰富项目经验、先进技术实力、强大资金支撑以及优秀管理能力的社会资本方，并与政府达成合作，能大大降低项目的建设运营风险，保证公共服务的持续稳定。

PPP项目社会资本方的甄选适用《政府采购法》中的“政府购买服务”情形，可采用的采购方式包括公开招标、邀请招标、竞争性谈判和单一来源采购。

在某污水处理项目中，××市政府未完全通过招标方式选择外商投资人，而是通过组织一系列招商引资会，通过谈判选择外商投资人。外方以现金出资，合作者开始为美国××有限公司，后转让其××%股权给美国××投资有限公司。

（2）交易结构确定。某污水处理项目最终确定的交易结构与政府在准备阶段设计的交易结构在整体框架上保持一致，具体情况如下：

1）投融资结构。最终形成的投融资结构中，初始资金由权益资金和债务资金构成，中方××市污水处理有限公司和外商投资方美国××××投资有限公司分别出资××亿元和××亿元，各持有××%和××%的股权；另外美国××××投资有限公司通过美国×××公司从中国×××商业银行获得了约××亿元人民币的项目抵押贷款，如图4-9所示。

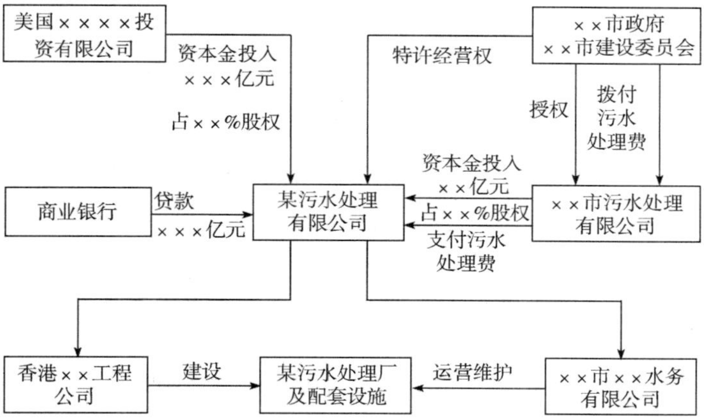

图4-9 投融资结构

2）合同结构。

①××市建设委员会代表政府与项目公司××某污水处理有限公司签订具有特许经营性质的《污水处理服务合同》，约定授予项目公司17年特许经营权，并且项目公司需要在17年内将主要设备更新一遍，合作期结束后将全部资产无偿转让给中方所有，此过程由政府授权机构××市污水处理有限公司进行监督，防止资产移交后不能使用。

②最初，××市隧道开发公司与美国×××有限公司签署了一份中外合作经营合同，共同成立中外合作经营公司，此后，美国×××有限公司与美国×××投资有限公司签署了一份股权转让合同，前者将其持有的该合作公司的××%的股权转让给了后者，中方主体也因政府原因由××市隧道开发公司转让给了××市污水处理有限公司，并持有××%的股权。

③根据《××××污水处理系统工程融资合同》，为了保证项目还贷的资金来源，项目公司做出如下承诺：一是将其与××市政府签订的《污水处理服务合同》项下的权益质押给贷款银行，双方签订《服务合同权益质押合同》；二是在建设期内将建设、采购及安装总承包商提供的履约担保合同中的权益质押给贷款银行，双方签订《权益质押合同》；三是在项目投产后将项目的固定资产（包括土地使用权、机器设备等）质押给贷款银行，双方签订《房地产抵押合同》及《机器设备质押合同》，并在相关部门办理登记备案手续。

④项目公司与 EPC 总承包商香港××工程公司签订总承包商合同（EPC 合同），以交钥匙的项目总承包方式对该项目污水处理厂、截污干管及泵站系统进行设计、采购和建设。

⑤项目公司与运营总承包商××市××水务有限公司签订 O&M 合同，依照 BOT 运营合同，负责对该项目进行运营管理。具体合同结构如图 4-10 所示。

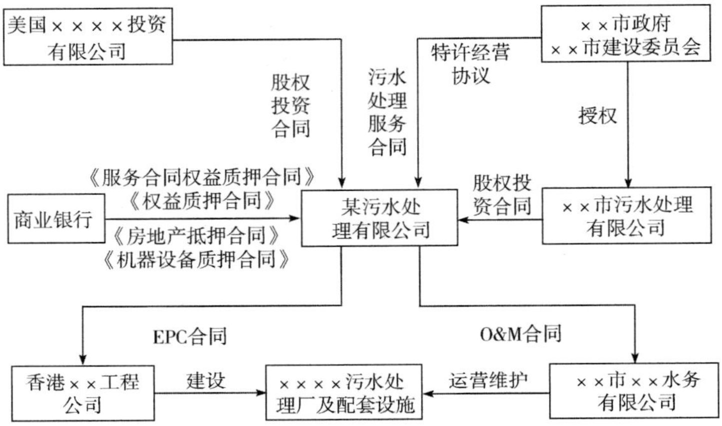

图 4-10　合同结构

3）监管结构。在政府合同监管方面，从项目建设开始，市政府及项目公司双方均严格按照服务合同的内容执行。××市建设委员会对项目的设计、建设、运营过程都实施了充分的监管。在进入启用日（即项目具备了设计处理能力，并在市政府的许可下正式通入污水，开始进行污水处理的当日）后，××市建设委员会授权××市市政园林局，按照上述合同规定，根据××市城市排水监测站每月的监测报告和项目公司按月提交的支付申请，审批每月污水处理服务费，由××市建设委员会加盖审批意见，最终由市财政局从城维费中拨付。××市建设委员会授权××市城市排水监测站对该污水处理厂每日的水质水量进行监测，并每月形成综合报告，报送市政园林局、市建设委员会及相关各单位。同时，市政园林局排水管理处及××市污水处理有限公司对项目公司进行行业监管。

在金融机构监管方面，×××商业银行对项目资金使用及还款进度进行监管。具体监管结构如图 4-11 所示。

4. 交易边界

PPP 项目的交易边界一般包括特许经营期限与内容、付费及补贴机制、定价机制等。

（1）特许经营期限与内容。美国××××投资有限公司获得该污水处理厂 17 年的特许经营权，项目于 1998 年启动，共 23 年 BOT 转让期，前 3 年为项目准备期，第二个 3 年为项目实体建设期，后 17 年为运营期。项目公司需要在 17 年内将主要设备更新一遍，以保证交付后污水处理设施能更持久地运营，合作期结束后将全部资产无偿转让给中方所有。

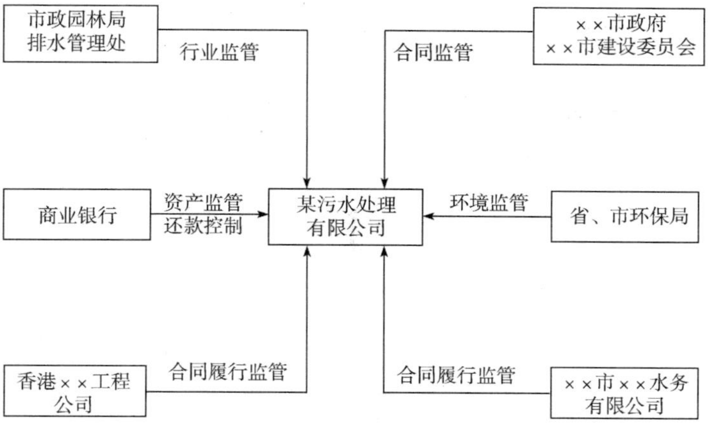

图 4-11　监管结构

（2）付费及补贴机制。《污水处理服务合同》规定，政府方向项目公司提供污水，项目公司向政府方提供符合合同规定或环保部门规定的出水水质标准的污水处理服务，政府方接受经处理过的污水并向合作公司支付服务费。

（3）定价机制。由于商业性的污水处理服务是我国新兴的一门环保行业，而该污水处理项目又是全国早期商业性的污水处理项目，不仅无参考的市场价格，而且正常的社会成本无法确定，因此，项目公司与政府方根据项目的建设和经营成本、合理的利润等因素，有理、有据地确定服务费价格，以使合作公司在正常的营运情况下，能通过收取服务费来收回项目的成本并获得合理的利润。

政府方偿还项目投资从项目建成投产开始，因此该项目自建成投入启用日起，每个公历月的服务费按既定公式计算。

4.2.3　项目实施（图 4-12）

图 4-12　污水处理项目的实施

4.2.3.1　项目公司设立

××市××开发公司与美国××××有限公司于 1993 年签订了协议书，在可行性研究获准通过后，在中国组建了××××污水处理建设管理有限公司。××市××开发公司（甲方）与美国××××有限公司（丙方）于 1997 年签署了一份中外合作经营企业合同，该合同于 1997 年经××市对外经济贸易委员会批准。合同所述的中外合作经营公司于 1998 年成立，名称为××××污水处理有限公司。此后，美国××××有限公司把股权转让给了美国××××投资有限公司，中方主体也因政府原因变更为××市污水处理有限公司，项目公司更名为××市××污水处理有限公司。该项目总投资额约××亿元，其中注册资本为人民币××亿元。中方出资××亿元人民币，占××%的注册资本，即以已完成建设的早期的该污水处理系统收集区域的截污干管评估作价计入合作公司。而外方以现金出资××亿元人民币，占××%的注册资本。

4.2.3.2 项目融资

项目总投资除注册资本××亿元人民币外，其他资金均通过项目融资解决，以项目公司所签合同的各项权益和固定资产质/抵押给中国×××商业银行，从而获得了××亿元人民币贷款，其中人民币与外币贷款比例各占总贷款款额约××%。中长期人民币贷款为×亿元，中长期美元贷款为××万元。基建储备贷款为人民币××万元，用款期限不超过一年，到期后转为中长期人民币贷款，即实际中长期人民币贷款为××亿元。

银行作为最大资金的投资者，在融资方案确定之初，组织专业人员对项目的收益、风险、财务模型做出详细的评估，并根据项目不同阶段所需的投资及现金流，与项目公司一起确定了融资方案。该融资方案经国家计委审批后，2001 年 8 月该项目的项目融资方法被正式批准，成为我国早期采用项目融资方式建设的污水处理项目。项目融资仅对项目拥有有限追索权，仅以项目自身的收入和资产承担债务偿还责任，没有任何第三人提供担保。

项目公司经过对几家银行融资方案的招标和甄选，最终确定了由××银行进行融资。在随后的项目建设和运营过程中，该银行的工作人员一方面从财务角度对合作公司实施严格的监管，另一方面也根据项目建设和运营的实际情况，与合作公司财务人员一起调整贷款计划，并参与了一部分的协调工作。因为归根到底，银行实际上是最大的风险承担者。

4.2.3.3 项目建设

为分摊项目风险，××项目公司通过招标寻找工程承包商，而且为了避免设计、采购和施工分别承包可能出现的衔接不清、责任难分的弊端，该项目采用 EPC 合同的形式进行。由国际邀请招标中标的 EPC 承包商香港××工程公司以交钥匙的项目总承包方式对该污水处理厂、截污干管及泵站系统进行设计、采购和建设，以确保该项目以约定的总承包价在规定的期限内完成，确保向业主交付符合 EPC 合同规定的基本处理量的处理能力，并达到规定出水水质标准的项目。

该项目工程管理采用的管理组织构架如图 4-13 所示。

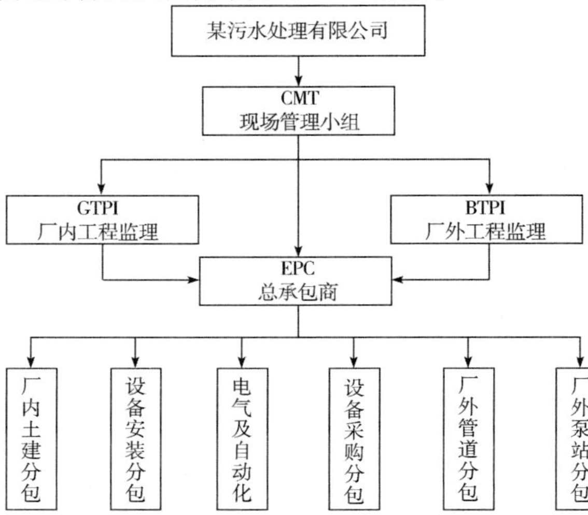

图 4-13　管理组织构架

4.2.3.4 项目运营和维护

特许经营项目在建成后，项目业主一般委托符合资格的专业运营商对项目进行运营管理。一方面，可以使投资业主专注于投资回报管理，使项目业主人员结构精简，作为一个精英项目管理班子，集中精力进行项目的风险管理，及项目资金的借贷与偿还的管理。另一方面，通过委托专业公司进行厂区的运营，可以充分依赖专业知识及运营经验，从而大大降低项目进入商业运行的风险。在该项目工程动工前，通过公开招标方式确定了××市××水务有限公司作为项目建成后的专业运营和维护承包商，这在国内尚属罕见。项目公司与运营商签订详细的运营和维护合同，并由运营商提供履约担保，可使投资者、融资银行、项目公司对项目的运营成本、营运风险有清晰的预见，而且运营商在建设期可以在一定程度上参与建设过程，有利于日后的运营。业主将该污水处理厂和输送污水入厂的截污干管及4个污水泵站全部交承包方以运营总承包方式进行运营、维修养护和管理。运营总承包商须确保污水量达到运营合同约定的数额，出水水质完全符合合同或环保部门规定的出水水质要求，以保证项目业主得以完全履行与政府方签署的污水处理服务合同中规定的业主的责任和义务，并且能取得预期的经济收益。业主将根据约定向承包方每月结算支付上一个月的费用。该项目的运营管理组织架构如图4-14所示。

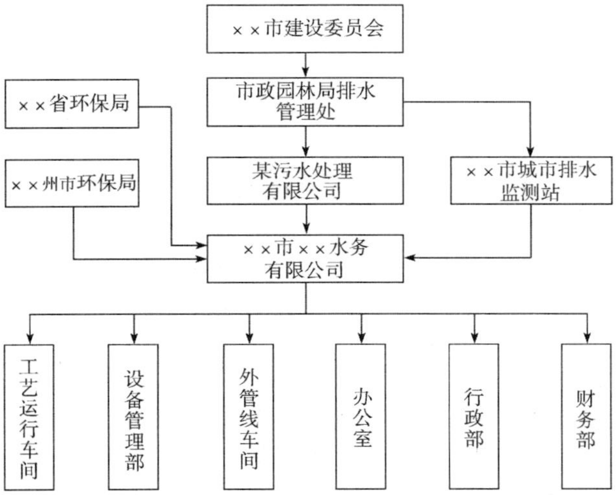

图4-14 运营管理组织架构

4.2.3.5 项目移交

在17年商业运营期满以后，项目公司所有资产将无偿移交给政府方或其代表，包括该项目运行过程积累下来的专有技术、保密资料、设计资料、财务资料和发明的使用权等。向政府方移交的该项目资产不应存在任何抵押、担保、留置等障碍或负担。在移交发生前两年，中外双方将讨论公司资产移交程序；在移交前六个月，双方将对资产清单和移交方法进行友好协商。所有需移交资产均需处于良好的运行状态，并不得成为政府方继续经营该项目的负担。移交中发生的所有支出费用将由政府方承担，包括律师费、税费、关税和对外方依服务合同做资产移交而发生的费用进行补偿。中方将负责获得政府及其他批文、许可证、注册及备案，以及进行移交所必需的一切其他事项。

4.2.4 项目评价

4.2.4.1 关于产出评价标准

关于产出评价标准，可依据以下文件：财政部《政府和社会资本合作模式操作指南（试行）》（财金〔2014〕113号）；财政部《关于政府和社会资本合作示范项目实施有关问题的通知》（财金〔2014〕112号）；发改委《关于开展政府和社会资本合作的指导意见》（发改投资〔2014〕2724号）等。这些文件重点强调绩效管理和产出说明（Output Specifications）的应用。从政府支出视角看，PPP可理解为政府购买公共服务的行为，要求按效付费就是天经地义的事，主要运用的工具即描述政府采购需求和标准的项目产出说明，作为执行期间政府对项目公司绩效监测的依据。PPP产出说明评价标准重点关注内容如图4-15所示。

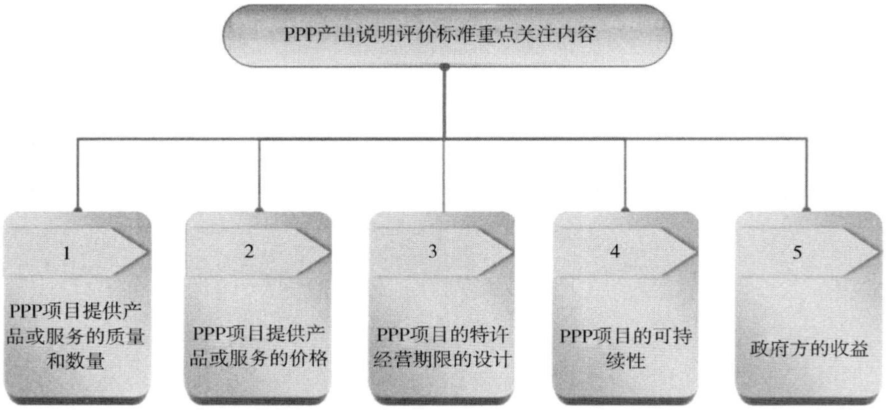

图4-15 PPP产出说明评价标准重点关注内容

1. PPP项目提供产品或服务的质量和数量

PPP项目实施的背景是政府财政资金不足和管理效率的低下，而它提供的产品或服务又是社会公众急需的，因此PPP项目的实施能不能提供质量合格的产品或服务，以及能不能缓解社会的供需矛盾，成为政府方关心的首要问题。

2. PPP项目提供产品或服务的价格

PPP作为一种准公共产品的提供方式，决定了其提供的产品或服务是要付费的。私人投资商之所以愿意投资，以及银行之所以愿意放贷，看中的就是项目预期的收益。同时PPP项目服务的是公众，这种服务的价格必须是公众能够消费并且愿意消费的，所以PPP项目提供的产品服务收费应该合理。另外价格的制定应体现社会的公平性，主要表现在：消费者付费，谁消费了谁付费；投资者获取合理回报；PPP项目投资巨大，服务的时间长，在这个过程中，经济发展，物价上涨必然会导致实际价格的变化，因此特许经营协议中应该有调价机制条款。

3. PPP项目的特许经营期限的设计

PPP项目的生命周期包括建设期和实际运营期，因此特许经营期的结构可分为单时段和双时段，也就是是否把建设期和实际运营期分开，这涉及PPP项目一个比较重大的风险——完工风险的分配问题。政府采取PPP模式实施项目，很重要的原因就是公众对项目预期提供的产品或服务处于一种急需的状态，因此政府当然希望 PPP 项目建设周期尽可能短，尽早提供产品或期限结构以缩短建设周期，成为政府关心的问题。

4. PPP 项目的可持续性

PPP 项目的生命周期一般都很长，PPP 项目的建设和运营是否符合环保要求、项目建造是否具备内部维护能力和长远规划要求、项目提供的产品或服务是否具备竞争力以及是否具备可升级能力，都将影响项目的可持续性。另外，PPP 项目在特许经营期限到期后一般都将移交给政府方，在移交之前，私营企业方出于自身利益的考虑可能会进行掠夺性经营，最终导致移交给政府方的项目无法正常运营，不利于项目的可持续性发展。

5. 政府方的收益

政府方作为公共部门，它的收益更多地体现在有效使用公众赋予的权力，使得有限的财政收入效益最大化，为公众提供及时、便捷、实惠的基础设施产品或服务，加快社会经济发展，进而提高政府的威信和维护政府形象。其指标如表 4-1 所示。

表 4-1　PPP 产出说明评价指标

标准类别	描述	评分	比重
产品或服务质量	项目设计满足现在及将来的使用需求		
	项目运营安全可靠性		
	产品或服务质量满足消费者需求		
	产品或服务质量移交前后的一致性		
	产品或服务质量具有持久性		
产品或服务数量	数量满足消费者需求		
	在一定程度上缓解社会供需矛盾		
产品或服务价格	消费者能够承受		
	项目公司获得合理利润		
	与社会经济发展水平相适应		
	设置合理的调价机制		
	定价能够促进社会公平		
特许经营期限设计	特许经营期限结构选择合理		
	建设期限尽可能短，尽早提供服务		
	运营期限设置长短合理		
政府方的收益	减少政府补贴，切实减小政府财政压力		
	提高财政资金的利用效率		
	提高基础设施项目建设、经营、维护和管理效率		
	体现政府的公益性和服务性		
	维护政府的权威和形象		
合计			

4.2.4.2 本项目评价（图 4-16）

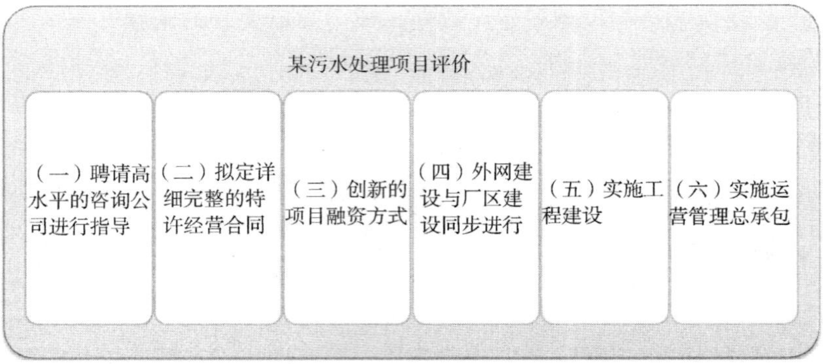

图 4-16　某污水处理项目评价

1. 聘请高水平的咨询公司进行指导

决定采用 PPP 模式建设城市污水处理厂的地方政府，应当在项目开始阶段就参照国际惯例，聘请高水平的咨询公司和财务、法律顾问。通过国际公开招标投标，可以为拟实施的大型基础项目找到一批国外实力比较强大的银行或跨国集团作为潜在融资机构。该项目在项目决策开始，政府方就聘请××市国际工程咨询公司作为顾问公司，这为该项目的中外双方的顺利谈判奠定了基础。该项目的合作外方其母公司是位列世界 500 强前列的××集团。通过国际公开招标投标，可使政府在 BOT 融资活动中始终处于主动地位。因项目竞争者大多为著名跨国公司，它们之间的激烈竞争使得各自在不同程度上降低条件和要价，从而使政府在融资活动中处于主动和有利地位。由于招标带来的激烈竞争大大降低了产品价格，使最终用户受益，也减轻了政府的财政负担。

2. 拟定详细完整的特许经营合同

特许经营合同是 PPP 项目的核心，所有的工作都是围绕这个中心开展的。它对投资者和政府双方的权利义务责任做出了详细的规定，双方都应该严格按照合同规定的内容，履行各自的责任和义务。该项目的特许经营合同历时数年，经过各专业小组无数次谈判方能最后确定下来。它对合同中专有名词的解释非常准确到位，避免了因概念模糊不清造成双方的误解。它对双方权利义务、水量计量、水质监测、服务费计算、合同变更、争议解决等内容都做了非常详细的阐述，指导了后续一系列建设和运营工作。它的很多内容被建设部引入到最新的特许经营合同样本中，作为范本。

3. 创新的项目融资方式

该项目融资具有独到之处：①原计划是进行境外融资的，随着国内资金市场的变化，果断改变为国内融资，避免了外债风险和大大减低了融资成本。②通过公开招标方式选择融资银行，通过竞争性投标，项目公司可选择实力雄厚、条件优惠、服务全面周到，并且对项目风险控制有丰富经验的银行。经过综合评标，中国×××商业银行中标，与项目公司签订总额××亿元人民币的融资合同。③融资包括中长期人民币贷款、中长期美元贷款、流动资金贷款，短期与长期结合，本币与外币配套，不但降低了财务费用，更最大限度地避免了外汇汇率风险（污水处理项目没有外汇收入）。

4. 外网建设与厂区建设同步进行

对项目业主而言，要取得投资最佳效益应该使投资的项目尽快投入运营。否则，只有建设好厂区而没有完善的收集管网，项目不算成功。该污水厂在 2003 年 10 月建成，2004 年 4 月投入试运行，日处理水量 12 万吨。污水处理厂经 1 个月试运行的调试后，出厂排放的水体水质连续 3 年稳定达标，满足了《污水处理服务合同》的基本要求。水量随着外围管网的完善逐渐上升，到2006 年9 月基本达到进入商业运行日的最低水量 15 万吨/天的条件。厂区只是一个点的施工，一般来说，只要将建设用地围起来并且资金到位就能按期完工，而管线要在老城区穿街过巷，动迁的难度大，完成时间不好把握。因此，新建的城市污水厂项目其城市规划一定要超前。城市规划（包括污水分区规划）一旦稳定，为使污水厂尽快收集到足够的污水，相关的城市管网一定要先施工。

5. 实施工程建设

由于绝大部分的城市污水 PPP 项目投资者不具备大型市政工程施工的能力，因此在 PPP 项目建设中实行工程建设 EPC 总承包，无疑是明智的选择。EPC 合同规定由承包商负责全部设计，并承担工程全部责任，故投资者不需要过多地干预承包商的工作。要求所完成的工程符合“合同中预期的工程之目的”就应认为承包商履行了合同中的义务。该项目经验告诫我们，投资者在优选承包商时应突出对承包商过去业绩的审查、对投标书中技术文件的审查以及质量管理体系的审查。

6. 实施运营管理总承包

对于目前绝大多数的城市污水 PPP 投资者来说，将污水厂的营运分包给具有专业资质的运营分包商是一个分担风险的良好途径。污水厂的运营风险主要是指污水厂在日常运营过程中，由于某种内部原因，可能是工艺调控问题，也可能是设备运行问题等，造成处理后的出水不能达到规定的排放标准，而被环保部门处以罚款甚至停产。由于大多数投资者只是作为资金的拥有者，并无污水处理方面的专业知识，也缺乏污水厂营运管理的经验。这种情况下，投资者与其自己运营，承担营运的风险，不如将整个营运分包给专业的污水处理营运商。通过向社会招标，可以有效地降低运营成本，同时也节省自己的人力资源成本，另外还将营运的风险转嫁给了分包商。

4.2.5 中国水务行业发展趋势简析

市场化改革将不断深入，法国、德国、英国、美国等欧美主要发达国家的水务行业市场化改革较早，水务行业已由传统的福利性、公益性部门转化为具有合理商业利益的产业部门。

1. 欧美发达国家在水务改革过程中进行了大胆尝试，逐渐形成了所谓的英国模式和法国模式

（1）英国模式。政府放松管制，取消企业进入水务行业的壁垒，打破国家资本对水务行业的垄断，实现投资主体多元化。

（2）法国模式。政府部门将水务行业经营权交给私人机构，允许承租方通过对用户征收费用获取利润，并对所承租的水务行业进行开发管理。无论是英国模式的民营化，还是法国模式的特许经营，都是促进竞争的有效手段，这些国家在引入市场机制以后，极大促进了水务行业的发展，企业在获取利益最大化的同时，也促进了效率、产品或服务质量的提高。

2. 随着我国改革开放的深入和社会主义市场经济的不断发展，作为市政公用领域内的水务行业走向开放、走向市场化已成为必然趋势

我国水务行业在国家相关政策的指导下，近十几年来实行了市场开放，允许社会资本参与供排水设施的投资、建设和经营，推行运营主体和产权多元化的市场化改革。改革对加强城市供排水设施的建设、提高企业的经营效益和管理水平起到了一定的促进作用。但水务行业特点决定了其市场化改革不能等同于一般行业的改革，需要来自政策环境、法律保障、产业发展、监管完善、经济支撑等诸多方面的协同，水务行业的市场化改革是一个复杂而长期的过程。我国水务行业市场化改革由两大动机推动：一是吸引资金，伴随城市化进程的加快，水务行业发展所需巨大的投资需求仅靠政府力量难以满足；二是提高水务企业运营效率，增强服务，实现水务行业的可持续发展。这两大动机在不同的改革阶段有不同侧重。截至目前，水务行业市场化改革的重点主要在吸引资金方面，而轻视了对效率的追求。水务行业市场化改革虽然起因于投资的不足，但引资不是唯一目标，实际上引入资金只是改革的一个过程和手段，是阶段性目标，最终目的是通过市场机制提高效率。因此，我国仍需深化水务行业市场化改革，逐步建立和完善投资主体多元化、运行管理市场化、政府监管规范化的水务行业运营机制，并充分发挥市场在提升服务效率和服务质量方面的先导作用，充分发挥企业在水务行业投资、建设和运营中的主体作用。

3. 水价将呈现长期上涨趋势

随着我国水资源的供求矛盾日益突出，通过水价杠杆调节水资源的供求关系，促进水资源的合理利用，保障经济社会的可持续发展，成为水价改革的主要目的。推动我国水价长期上涨的主要原因包括：

（1）水作为人们生产和生活中的必需品，具有不可替代性，其价格弹性很小，水资源日益稀缺将促使水价长期上涨。

（2）目前水价较低，水务行业市场化改革将促使水价逐步反映水资源的价值。

（3）水资源环境保护促进污水处理费价格上涨，进而推动水价总体上涨。

（4）长期以来，我国水价较低，行业盈利状况不佳，水价上涨有利于促进水务行业健康发展。

（5）目前我国水资源浪费情况较严重，水价上涨是促进居民节约用水的重要手段之一。近年来国家先后出台了一系列关于水价调整方面的政策，目前正在不断完善水价调整机制。在我国持续推进水价改革过程中，水价上涨也要兼顾社会的承受能力，所以水价上涨将是一个循序渐进的过程。从长期来看，一个城市水价将呈现阶段性保持稳定但逐步上涨的趋势。

4. 收购、兼并将成为行业内公司业务扩张的重要手段

在国际水务市场，全球水务巨头大部分通过兼并重组来扩大其自身在水务行业的影响力，实现规模化发展，使行业集中度得到快速提高。我国水务行业集中度较低，行业内企业较多且规模较小，区域垄断特征也较明显。在巩固和发展原有市场区域的基础上，通过兼并收购来抢占市场份额已成为水务企业做大做强的重要手段。由于我国水务市场发展空间广阔，且水价长期上涨的预期强烈，近年来国内外大型水务企业、外资、民营资本纷纷投资水务行业，争夺国内水务区域市场。近年来，全球水务巨头频繁涉足国内水务行业的兼并重组，且往往支付较高溢价。例如，法国威立雅水务集团于2007年收购兰州水务集团49%股

权的竞标价为 17.1 亿元，该价格超过竞争对手 12.6 亿元。在外资频繁收购兼并的示范效应下，首创股份（SH600008）、北控水务（HK00371）、深圳水务集团等国内大型水务公司也加入到收购兼并行列。在水务行业市场化发展的趋势下，市场竞争将使原有的区域垄断特征弱化，并且我国水务企业众多且规模较小，规模小的水务企业在市场竞争中处于劣势，采用收购、兼并等方式，有利于水务企业实现规模化经营，增强竞争优势。因此，在我国水务行业集中度较低、水务企业区域经营分散的情况下，收购兼并将成为行业内企业业务扩张的重要手段。

5. 投资主体多元化趋势更加明显

水务行业投资规模大、投资回收期相对较长。根据全球水务行业发展经验，完全由政府垄断经营城市供排水业已不能适应我国城市快速发展的需要。2002 年，国家先后发布《外商投资产业指导目录》和《关于加快市政公用行业市场化进程的意见》，允许外资和民营资本进入水务行业。近年来在水务行业投资方面，外资和民营资本纷纷进入水务行业，产权制度改革推动了水务行业投资主体由过去的国有独资向投资主体多元化的转变。我国水务行业巨大的市场需求吸引了全球水务巨头纷纷进入中国市场，例如威立雅水务、苏伊士环境等，全球水务巨头大多为上市公司，广泛吸收了社会资本，依靠强大的资本实力在全球水务市场投资布局。国内一些水务企业也纷纷进行公司化改制，吸收外资和民营资本。近年来，我国部分水务企业也通过国内证券市场募集社会公众资金，水务行业中涌现了一批上市公司。在我国水务行业市场化发展的趋势下，国内水务企业必须大量吸收社会资本，增强资本实力，不断扩大业务基础以实现规模化经营。因此，我国水务行业投资主体多元化的趋势将更明显。

地表水和地下水在对水资源总量的贡献统计中是有重叠的部分的，但我们仍能看到二者的比例差距，二者均对水资源有不可替代的贡献，但地表水的贡献量约为地下水的 3 倍，因此，对地表水的保护是水资源保护工作中最重要的点，但地下水的保护同样不可忽视。地下水的保护一般同土壤修复联系在一起，而《土壤污染防治行动计划》（简称“土十条”）可为其助力。2004 ~ 2013 年中国地表水及地下水情况分析如图 4-17 和图 4-18 所示。

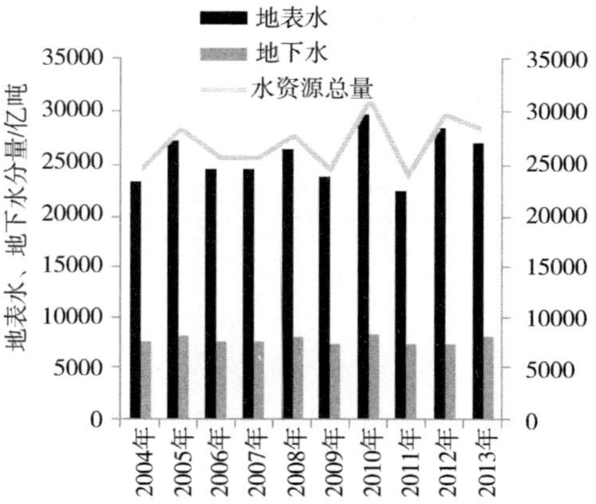

图 4-17　2004 ~ 2013 年中国地表水及地下水情况分析（一）

（资料来源：中国产业信息网。）

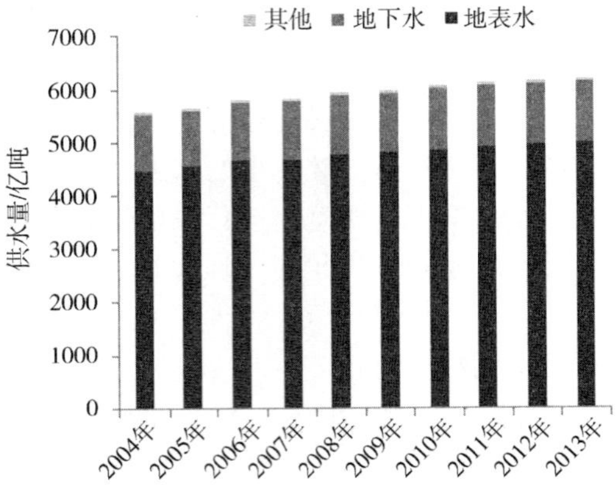

图 4-18　2004～2013 年中国地表水及地下水情况分析（二）

（资料来源：中国产业信息网。）

4.2.6　水务市场利好政策示例（表 4-2）

表 4-2　水务市场利好政策示例

时间	政策名称
201501	发改委、财政部、住建部《关于制定和调整污水处理收费标准等有关问题的通知》
200908	财政部《城镇污水处理设施配套管网建设以奖代补专项资金管理办法》
201204	财政部、税务总局《关于支持农村饮水安全工程建设运营税收政策的通知》
201507	新增《合成树脂工业污染物排放标准》
201507	新增《石油炼制工业污染物排放标准》
201507	新增《再生铜、铝、铅、锌工业污染物排放标准》
201507	新增《无机化学工业污染物排放标准》
201507	住建部出台《海绵城市建设绩效评价与考核办法（试行）》
201507	财政部、发改委、环保部联合印发《排污权出让收入管理暂行办法》
201508	水利部印发《关于进一步加强农村饮水安全工程运行管护工作的指导意见》
201508	国务院办公厅发布《关于推进城市地下综合管廊建设的指导意见》
201508	水利部印发《关于推进海绵城市建设水利工作的指导意见的通知》
201508	住建部、环保部印发《城市黑臭水体整治工作指南》

第 5 章　国内外 PPP 模式比较

5.1　PPP 模式类型比较

比较是指对比几种同类事物的异同、高下。比较是确定事物之间相同点和相异点的思维方法，它为客观、全面地认识事物提供了一条重要途径。横向比较就是对空间上同时并存的事物的既定形态进行比较。纵向比较即时间上的比较，就是比较同一事物在不同时期的形态，从而认识事物的发展变化过程，揭示事物的发展规律。对一些比较复杂的问题，往往既要进行纵比，也要进行横比，这样才能比较全面地把握事物的本质及发展规律。比较研究法可以理解为是根据一定的标准，对两个或两个以上有联系的事物进行考察，寻找其异同，探求普遍规律与特殊规律的方法。

认识一个事物，既可以从宏观上认识，也可以从微观上认识。从宏观上把握事物的本质，对事物的异同点或基本规律进行比较，则是宏观比较；从微观上把握事物的本质，对事物的异同点或基本规律进步比较，则是微观比较。

PPP 模式及其衍生类型繁多，应根据项目的具体细节情况，进行理性和认真选择为第一要务。其类型、特征、适用范围和优缺点如表 5-1 所示。

表 5-1　PPP 模式类型、特征、适用范围和优缺点

PPP 类型	主要特征	适用范围	优点	缺点
服务协议	·民营方提供专业技术服务 ·政府拥有项目资产所有权 ·政府负责为项目融资 ·政府需承担所有风险 ·期限为几个月到 5 年	·公用事业的一些特殊服务项目，如果公路收费、抄表、垃圾收集、清洁等服务项目	·政府获益于民营方的专业服务 ·潜在地节约成本 ·提高服务的质量 ·政府拥有所有权	·政府仍承担投资、运营等大部分责任 ·服务分割进行外包，也可能增加成本
运营和维护协议	·民营方运营和维护公共设施 ·政府拥有项目资产所有权 ·将运营风险转移给民营方 ·政府需承担融资、建设风险、商业风险	·政府的许多服务，如水厂、污水处理，垃圾处理，道路的维护，公园的维护，景观的维护，停车场等，都可以采用这种方式	·潜在的服务质量与运营效率提高 ·节约成本 ·提高服务的质量 ·政府拥有所有权	·公众不同意外包 ·一旦民营部门毁约，那么再进入服务的成本则很大 ·存在着削弱所有者控制的可能及降低对公众需求变化的反应力的可能

（续）

PPP 类型	主要特征	适用范围	优点	缺点
设计—建设	·根据协议，将公共设施的设计建设交给民营机构 ·政府拥有项目资产所有权 ·政府负责为项目融资 ·政府负责设施的运营和管理 ·该模式主要目的在于转移项目设计及建设方面的风险	·适用于运营过程比较简单的资本项目 ·适用于政府主管部门必须发挥运营作用的资本项目 ·大多数公共基础设施和建设项目，包括道路、高速公路、水和污水处理厂、排水和灌溉系统等以及其他政府设施都可以运用这种形式	·转移了项目的设计及建设风险 ·能够利用民营部门的经验 ·有利于加快项目建设的进度 ·存在着创新和降低成本的可能	·降低所有者的控制权 ·有可能与规划及环境的要求相冲突 ·可能增大项目运作过程的风险 ·激励作用有限，难以保证使用项目全生命周期的成本计算方法 ·较高的运营和维持成本可能抵消较低的资本成本
承包经营	·民营合作设计、建设，并且在一段时期内负责项目的运营 ·政府拥有项目资产所有权 ·该模式除转移了设计及建设风险之外，同时也转移了项目的运营风险	·适用于运营过程重要、运营责任重大的项目。因此政府希望拥有所有权，但是又希望从私人的建设和运营中获取利益 ·这种形式也适用于大多数公共设施的建设和运营。大多数公共基础设施和建设项目，包括水和污水处理厂、垃圾处理、体育场馆等以及其他政府设施都可以运用这种形式	·转移了项目的设计、建设、采购及运营风险 ·有利于加快项目的建设进度 ·运营的责任可以强化建设的质量 ·风险的转移使得全生命周期成本计算方法得到应用 ·推动相关机构创新以提高资金的价值及收益 ·项目运营及维护的质量得到提高 ·得以从整体角度全盘考虑协议条款，建立协议体系 ·政府部门得以专注于政府的核心职责 ·对承包经营方的管控等方方面面要求比较高	·政府对设施运营的控制权降低 ·政府可能面临融资的风险 ·有可能与规划及环境的要求相冲突 ·合同结构较为复杂，合同的达成需要较长时间 ·要求建立合同管理及项目运营监管体系 ·如运营者运营不利，公共部门需重新介入项目运营，增加了成本 ·无法吸引足够的私人资金，需要政府部门进行长期融资
租赁	·政府保留对公共基础设施的所有权和适当的控制全权 ·民营方租赁市政设施，地方政府获得稳定的现金流 ·转移了运营和商业风险 ·民营方还要承担项目改扩建的融资风险 ·期限 5~15 年	·适用于政府设施有独立的现金流，如交通项目、税务项目，政府具有服务的要求而无力投资和提供服务的情形	·改善运营的效率 ·租赁的支出可能低于债务的成本 ·可形成“依照绩效付费”的租赁 ·以较低的成本向公民提供服务 ·双方都有得到和增加收入的机会	·减少政府对服务或者基础设施控制的可能 ·在租赁交易过程中，资产评估难度大 ·减税的作用 ·租赁合同难以将未来的设施更新包括进去 ·可能带来设施的修理维护不当，尤其是接近于项目租赁期满时

（续）

PPP 类型	主要特征	适用范围	优点	缺点
扩充后经营整体工程并转移	·民营方特许期完成对已有设施的扩建、运营 ·政府拥有项目资产所有权 ·民营合作者负责为项目融资 ·转移了运营风险 ·民营方要承担改扩建的融资风险	·大多数公共设施和公共娱乐设施都可以采用这种形式	·政府不用为公共设施的扩建和更新提供资金上的投入 ·融资风险由私人合作者承担 ·能够利用民营部门的经验 ·政府采购的弹性化 ·建设速度和效率的提高	·由于以后设施的更新不包括在契约中，这便为以后设施的建设和运营带来困难 ·变更契约可能增加成本和费用 ·政府需要比较复杂的契约管理程序
TOT	·某一现存的公共设施的所有权转移到改善和扩建此设施的私人合作者的手中 ·设施的所有权和经营权在一段时间内归私人合作者，直到其收回投资并得到合理的回报 ·在特许经营期满后，所有权转让给政府，转移了运营风险 ·民营方还要承担项目改扩建的融资风险	·适用于大部分基础设施和其他公共设施	·如果与私人合作者的契约得到良好的履行，则政府能够对标准和绩效进行一定的控制，而且不承担所有和经营的成本 ·资产的转移能够降低政府经营的成本 ·私人部门能够保证设施建设和经营的效率 ·能够利用私人资本进行公共设施的建设和经营	·在私人合作者破产或者经营绩效不佳的情况下，要替代其存在着困难 ·在将来，存在着政府重新成为一项公共设施提供者的可能 ·公共部门的工作人员也可能因为暂时的民营化而失业，在民营化的过程中也可能出现其他劳动问题
建设—移交—运营	·民营合作者投资兴建公共设施和运营 ·政府拥有项目资产所有权 ·政府将设施租赁给民营合作者 ·民营合作者负责为项目融资 ·转移建设风险、融资风险、运营风险	·大部分公共设施都适用于这种模式	·公共部门能够从私人的经验中得到益处并且节约成本 ·公共部门能够保持对服务水准和绩效的标准 ·政府可以终止契约 ·政府还可以建设、设计和运营的成本 ·与 BOT 模式相比，这种模式可以避免法律、管制和民事责任问题	·如果出现破产和绩效的欺诈问题，要替代私人合作者或者终止协议，会遇到一些困难和麻烦 ·由于民间资本的逐利性较强，政府的购买成本也相对较高，因此，对于解决财政困难发挥的作用也是有限的

（续）

PPP 类型	主要特征	适用范围	优点	缺点
BOOT	·民营机构负责公共设施的设计、建设、运营及融资 ·民营方在特许期内拥有资产所有权，并通过政府提供的补贴收回成本 ·在特许经营期满后，所有权转让给政府 ·民营合作者负责为项目融资 ·该模式的主要目的在引入、利用私人资本，并转移项目的设计、建设及运营风险 ·根据不同的权限划分及组合有多种不同的形式	·适用于运营过程重要、运营责任重大的项目 ·尤其适用于道路、污水及垃圾处理项目	·具有 BOT 模式的一般优点 ·对私人资本有较大吸引力 ·较易进行债务融资 ·项目成本相对稳定，更易预见 ·极有可能加快项目建设的进程 ·更多的风险转移大大刺激了私营机构采用项目全生命周期的成本计算方法	·有可能与规划及环境的要求相冲突 ·设施可能在经营和管理的成本上涨时，转让给政府 ·政府可能丧失对建设和运营的控制权 ·与以上模式相比，合同结构更为复杂，合同的达成需要更多时间 ·要求建立合同管理及项目运营监管体系 ·如运营者运营不利，公共部门需重新介入项目运营，增加了成本 ·可能要求资金担保 ·需要灵活可变的管理体系
特许权经营	·与一般特许模式基本相同，唯一不同的是从政府部门得到排他性的特许权，通过向使用者收费收回成本 ·项目主要目的在于根据使用者付费原则，应用私人资本，并转移项目的设计、建设、运营风险 ·在特许经营期满后，所有权转让给政府	·适用于可对使用者进行收费的项目 ·尤其适用于高速公路、污水及燃气项目	·具备一般特许模式的一般优点 ·采用了使用者付费原则 ·能够最大限度地使用私人部门的财务资源 ·所有项目启动时所遇到的问题都由私人部门来解决 ·增大了需求风险转移的程度，并且提高了第三方的收益	·具备一般模式的缺点 ·部分项目可能不符合政治上的要求 ·私人部门有权决定收费标准，而政府则无权，除非政府愿意补助 ·由于私人部门决定使用者付费的水平，因此使用者付的费用可能高于政府控制时的费用
合资新建	·政府和民营合作者共同出资 ·投资者通过持股拥有设施，通过选举任命董事会成员对设施的运作进行管理 ·政府一般处于控股地位 ·政府与民营方共同承担各种风险	·适用于对地方发展有重要作用的战略性项目、对公共利益有重要影响的项目，如水管网、通信网、轨道交通网等项目	·能够利用民营部门的技术 ·政府能够从私人的建设和经营中得到经验 ·能够利用私人资本进行公共设施的建设和经营 ·经营的风险由双方共同承担	·政府需要付出一定的资金 ·政府控股有可能影响经营效率

（续）

PPP 类型	主要特征	适用范围	优点	缺点
股权转让	·政府将现有设施的一部分所有权转让给民营合作者持有 ·政府一般处于控股地位 ·政府与民营共同承担各种风险	·适用于政府需要保持一定控制的项目	·能够利用民营部门的技术 ·政府能够从私人的建设和经营中得到经验 ·能够利用私人资本进行公共设施的建设和经营 ·经营的风险由双方共同承担	·政府控制有可能影响经营效率
购买—扩建—运营	·民营部门购买现有设施 ·民营部门拥有资产所有权 ·民营部门承担项目的所有风险	·大多数能产生一定现金流量的公共基础设施，如电力、燃气、污水处理、机场、停车场、体育场馆等	·政府能够得到资金 ·政府不用为设施的更新投资 ·双方都有得到和增加收入的机会 ·对于使用者而言，设施的更新能够使服务的质量得到改善 ·设施建设和经营的效率也能够得到提高	·政府可能事实上丧失设施的实际控制权 ·存在着评估资产价值的困难 ·即使设施已经出售给民营部门，失败的风险依然是存在的 ·此外，由于设施未来更新的成本没有写在契约中，这为以后的工作带来麻烦和困难
BOO	·民营部门建设、融资、拥有和经营新的设施 ·民营部门拥有资产所有权 ·民营部门承担项目的所有风险	·通常是运营成本相对较大、项目规模相对较小、对公共利益影响也不大的项目 ·多数未来能产生一定现金流量的公共基础设施，如电力、燃气、污水处理、机场、停车场	·公共部门不介入公共设施的建设或者经营 ·公共部门能多对民生提供服务，以垄断服务的方式提供服务 ·公共部门不需要进行融资和投资 ·政府通过征收所得税和财产税增加收入 ·鼓励开发商投资和经营其他重大的公共项目	·民营部门可能不愿建设或者经营具有公共利益性质的设施或者服务 ·公共部门缺乏有效的管制服务价格的机制 ·由于缺乏竞争，所以有必要对经营活动制定法规和规则

可从表 5-1 中：

（1）认知 PPP 各种不同形式的优点与缺点。

（2）根据不同类型的项目，选择不同形式的操作模式。

（3）也可视 PPP 项目的规模大小、技术需求、难易程度等，考虑选择多种衍生模式共用。

5.2 国内外 PPP 模式比较

5.2.1 PPP 法律体系及管理

表 5-2 列举了一些国家和地区的 PPP 法律体系及管理。

表 5-2　PPP 法律体系及管理示例

国家或地区	管理机构/条款层面	法规文件	特色	补充说明
英国	专门管理咨询机构 财政部 + 财政部专设协助机构 政策、指南	2003 年《PFI：适应投资挑战》："政府责任" 2006 年《PFI：加强长期合作》："选择标准" 2008 年《基于长期价值的基础设施采购》："监管、采购"	英国 PFI/PPP 的基本特征是：①公共部门与私人部门达成长达 15 ~ 30 年乃至更久的长期合同关系，约定由私人部门参与提供传统上应当由政府提供的公共物品，特别是需要大量资金和复杂建设技术的道路、桥梁、地铁等基础设施，也包括监狱、公立医院和学校乃至国防等其他方面。②在 PFI/PPP 合同项下，私人部门根据情况可能负责设计、建设、融资、运营和管理有关项目资产，以按照合同中设定的标准和数量提供公共产品或者服务 英国自 1992 年开始启动英国特色的 PFI，并在 1999 年颁布了《标准化 PFI 合同》第 1 版，然后分别在 2002 年、2004 年和 2007 年颁布了第 2 版、第 3 版和第 4 版。到 2012 年，英国政府总结了以往 PFI 的不足，颁布了"PPP 新路径"，简称 PF2。PF2 充分利用 PPP 的关键优点，继续吸收私人融资的专长。PF2 模式包含了很多改革，致力于消除浪费、改进效率，从而更好地保护公共利益。英国财政部于 2012 年 12 月出版了《标准化 PF2 合同》	PPP 概念最早由英国提出，英国是目前世界公认的最先进的 PPP 模式使用者，它不仅已经将 PPP 模式成功运用于公用事业、社区建设中，而且在医疗、监狱及地方政府部门事业的建设应用中同样取得了进展和成效 自 20 世纪 90 年代以来，英国政府积极改革了向公众提供公共服务的模式。目前英国 PPP 模式中的基本形式有服务合同、特许权项目、合资项目、投资项目管理四类 法规方面，英国并未出台专门针对 PPP 模式的法律，一般指导 PPP 模式实施的是政府的相关政策和指南，但比较细致。英国对 PPP 模式的推广已经形成了较为规范的体系。而在 PF2 框架下，私人部门继续承担设计、建设、融资、维护基础设施资产的责任
澳大利亚	专门管理咨询机构 无统一的法律、分州管理 政策、指南、建议诠释、技术注释	2001 年《维多利亚合作伙伴政策》："理论框架" 2003 年《合同管理政策》："合同重要性" 2007 年《政府公示政策》："公示项目概况、组织方式、风险分担、受监督"	澳大利亚为了满足对学校、医院等公共设施日益增长的需求，进行了很多包括 PPP 模式在内的创新尝试。并且，澳大利亚 PPP 模式的实施基于物有所值。澳大利亚也没有专门的 PPP 法律，并且它对 PPP 项目的指导分州进行。以维多利亚州为例，它对 PPP 的指导主要分成四个方面：政策、指南、建议注释（Advisory Notes）和技术注释（Technical Notes）。其中最主要的是 2001 年的《维多利亚合作伙伴政策》为政府参与 PPP 项目提供了一个大的理论框架；2003 年的《合同管理政策》（*Contract Management Policy*）是在认识到合同管理在保证长期物有所值的重要作用时，颁布的框架性政策措施建议；2007 年的《政府公示政策》（*Public Disclosure Policy*）则要求政府相关部门及时告示各个 PPP 项目，包括项目的概况、组织方式和风险分担等商业属性，以满足社会大众的监督需求	澳大利亚已经成为世界上 PPP 模式应用体系最为成熟的国家之一。澳大利亚的 PPP 项目盛行于各个方面，但最主要的仍然集中在住房、医疗以及国防领域。如此迅猛的发展归功于三大原因：一是在澳大利亚，PPP 不再是一个困扰政府的问题。二是各地方政府已经在签订契约方面达到了一定的程序化和标准化。三是 PPP 的应用确实带来了明显的效益改善

（续）

国家或地区	管理机构/条款层面	法规文件	特色	补充说明
日本	总理室——政策制定、项目实施者的选择 活用项目推进委员会	1999 年、2011 年修改《关于充分发挥民间事业者的活力来促进特别设施整备的临时措施法》	日本城市建设高峰期过后，以公共事业及公共服务为对象的 PFI 讨论又兴盛起来。1997 年日本颁布了 PFI 法，该法是一部通过活用民间资金促进公共设施建设的法律。PFI 推进委员会的职责有六个方面： （1）对国家 PFI 项目的实施情况和民间事业者等的意见进行必要的调查研究、审议，认为有必要促进 PFI 项目的实施时，向内阁总理大臣或相关行政长官提出建议，促进和综合协调国家的 PFI 项目 （2）和政府一起收集国内外 PFI 项目的实施状况、PFI 有关法律制度、税制、促进 PFI 项目顺利进行等的有关信息，并为了使国民了解 PFI 模式，为 PFI 项目相关者提供便利，进行广泛的宣传 （3）除了给内阁总理大臣等建言，为了推进 PFI 项目的顺利进行，也要给负责 PFI 项目的机构进行恰当的建议 （4）接受民间事业者的意见、建议或诉苦，必要时向内阁总理大臣或有关行政长官建言 （5）负责宣传 PFI 推进委员会的活动，加深国民对其的了解，并协助政府宣传 （6）分析收集到的 PFI 项目的有关信息，在调研基础上，为促进 PFI 项目的顺利进行，做必要的协调工作	日本的 PPP 模式借鉴了英国的 PPP 理念，确切地说，是借鉴了英国的 PFI 模式。PPP 模式在日本的发展与日本政府，特别是中央政府的支持和推动密不可分。东洋大学每年和美国 PPP 协会（NCPPP）共同举办日美 PPP 论坛
韩国	民间基础设施投资中心/韩国公私基础设施投资管理中心	1994 年《促进民间资本参与社会间接资本设施投资法》 2005 年修订《社会基础设施民间投资法》	政府政策的导向逐渐趋于对 PPP 的双重支持，即对购置土地的特许权上的支持和财政上的支持 在购置土地的特许权支持上，具体有以下三点：赋予特许权获得者土地征用权利；国家或公共财产在指定地区可以出售给特许权获得者；特许权获得者可以免费或以较低费用获得国家或公共财产的使用权 在财政支持上，具体有以下两点：提供建设补贴；施行减免税政策	韩国有关 PPP 内容的制定与修订逐渐趋于完备化、系统化。近些年来私营投资额在 PPP 中呈不断上升的趋势
中国香港	专门管理咨询机构 指南	《公私合营目 PPP 指南》 《公私合营项目 PPP 指南 2008》“风险管理、政府公正性”		在内地实行和推广 PPP 模式的过程中，香港可以直接参与 PPP 投资，提供广泛的金融服务和管理经验

（续）

国家或地区	管理机构/条款层面	法规文件	特色	补充说明
中国内地	政府和社会资本合作中心通知、政策	1995 年《关于以BOT方式吸收外商投资有关问题的通知》 2005 年《关于鼓励支持和引导个体私营等非公有制经济发展的若干意见》 2010 年国务院《关于鼓励和引导民间投资健康发展的若干意见》 2014 年国务院《关于创新重点领域投融资机制鼓励社会投资的指导意见》	党和政府高度重视我国民营经济的发展： 2010 年，我国出台了《关于鼓励和引导民间投资健康发展的若干意见》，明确规定了民营资本参与的范围，“对于可以实行市场化运作的基础设施、市政工程和其他公共服务领域，应鼓励和支持民间资本进入” 2012 年，铁道部、能源部、交通部、银监会、卫生部、国资委、证监会等部委纷纷出台了鼓励引导民间资本的政策措施。其中交通部进一步鼓励民间资本进入交通运输领域；铁道部出台关于鼓励和引导民间资本投资的意见；卫生部规定社会资本可以自主申办营利性医疗机构；国资委积极推动民资设立私募股权投资（PE）基金参与国企改制重组；证监会大力鼓励民间资本参股证券公司；银监会制发了《关于鼓励和引导民间资本进入银行业的实施意见》；能源局颁布了《关于鼓励和引导民间资本进一步扩大能源领域投资的实施意见》	特别是自2014年以来，国务院、发改委、财政部出台了一系列PPP相关的支持政策。运用PPP模式需着重考虑以下方面： 一是加快PPP法律法规体系建设 二是培育契约精神，积极推动法治化契约制度建设。PPP模式中，政府部门、私人部门和公众之间存在多重契约关系：①政府部门与公众之间存在契约关系，这种契约关系以政治合法性为背景，以宪法为框架，由政府在宪法范围内活动为公众提供公共产品与服务，针对公众的需求履行承诺。②政府部门与私人部门之间形成契约关系，这种契约关系以双方就具体项目或事项签订的合同为基础，由政府部门与私人部门通过合作来提供公共产品与服务。③参与PPP的非政府的企业和专业机构、社会组织之间形成契约关系，在PPP总体契约中承担公共产品与服务的供给，回应公众的诉求 三是创新金融支持模式，多方合力支持PPP机制推广 四是建立规范系统的监督管理机制，防范财政风险

从表5-2可以看到：

（1）各国和地区都有专门的PPP管理机构，以推动PPP的发展。

（2）各国和地区都出台了专门对PPP项目的促进政策，相关管理条款大都属于政策、指南形式。

（3）相对来说，欧美各国注重对私人财产的保护，因此PPP项目中私人部门的利益更加有保障。

（4）相对来说，我国的法律体系、市场环境具有自己的特点，实施PPP项目还有待进一步完善。

5.2.2 PPP 模式应用领域示例

表 5-3 列举了一些 PPP 模式应用领域示例，以供参考。

表 5-3 PPP 模式应用领域示例

国家和地区＼领域	水务	道路	医疗	教育	住房	备注
英国	供水等	伦敦地铁信息化 曼彻斯特南公路 克罗伊登电车线 劳特拉夫大桥等	LIFT 有限责任公司等	苏格兰南拉纳克郡学校项目 格拉斯哥学校项目 谢尔学校项目等	大型自愿转让方式等	PPP 模式可以全方位实施
澳大利亚		悉尼城际隧道 莱茵科夫隧道 堪培拉城市连线东部公路 悉尼城市轻轨等	Mildura 医院 墨尔本皇家儿童医院等	新南威尔士州等		
美国	自来水厂等	收费公路等	圣马特奥郡区域医院	密尔沃基家长选择计划等	牛津广场保障住房	美国 PPPs 委员会进行管理联邦级、州级、地方级公共部门和私人部门实体间的契约协议 私人部门主导 重视市场作用 以地方为主体
法国	Veolia Environment 供水公司等	铁路线网 高速公路网 街道照明 Millau 高架桥等				
中国香港		红磡海底隧道 东区海底隧道 大老山隧道 西区海底隧道 3 号干线郊野公园段等			居屋（红湾半岛）等	

（续）

国家和地区＼领域	水务	道路	医疗	教育	住房	备注
中国内地	重庆水务等	（北）京承（德）高速公路北京高丽营至沙浴沟段 北京地铁4号线 深圳地铁5号线 南京地铁2号线等	广州广和医院 北京门头沟区医院 汕头潮南民生医院 北京新里程肿瘤医院等	广东科学技术职业学院等	辽宁营口熊岳古城区域一期 昆明官渡区方旺片区 重庆巴南区 嘉兴海盐县人才小区 重庆合川区 广州金沙洲保障房等	2002年12月，建设部发布《关于加快市政公用行业市场化进程的意见》，以正式文件形式确定了允许外资和民营企业同时在供水、供气、供热、公共交通、污水处理、垃圾处理等市政公用设施项目中公平竞争 2003年10月，党的十六届三中全会指出，“要清理和修订限制非公有制经济发展的法律、法规和政策，消除体制性障碍，放宽市场准入，允许非公有资本进入法律法规未禁止的基础设施、公用事业及其他行业和领域。” 2004年3月，建设部宣布《市政公用事业特许经营管理办法》从2004年5月1日起开始施行 2005年2月，国务院发布了《关于鼓励支持和引导个体私营等非公有制经济发展的若干意见》，为社会资本进入基础设施产业创造了有利条件

（1）PPP模式在世界各国的很多领域都被运用，具有代表性的是城市供水、交通道路、医疗、教育和住房等领域。

（2）水务领域目前存在很多问题，几乎所有国家面临缺水、水污染问题，而基础设施薄弱，管理跟不上，融资渠道不畅通等，通过PPP能够提供多种融资渠道，减轻公共部门的压力，分担项目风险，提高管理水平和收益，改善供水服务水平。

（3）交通领域的投资规模大，耗时长，风险大，且有一定的盈利性，特别适合PPP模式，因而PPP项目中，交通领域的比重无论在哪国都是特别大的。为解决交通领域PPP项目亏损状态，在交通领域有相对成熟的补贴模式，如建设补贴、运营补贴等，鼓励私人资本的投资。

（4）医疗服务供给不足、服务质量问题一直是各国社会重点难题，在我国就医难尤其突出。通过将PPP模式引入医疗供给领域，首先能缓解就医困难局面，增加医疗服务供给。其次，能改善服务差和效率低的问题。再次，能降低风险，减少政府财政缺口对医疗服务供给的影响。医疗领域的 PPP 模式主要通过相关业务外包、特许经营和私有化实现。英国通过 PFI 解决医院的建设问题，而通过 LIFT（本地改善金融信托计划）解决初级卫生保健服务问题。澳大利亚则通过 DBOO 模式（设计—建设—拥有—运营），私人部门提供 15 年的免费服务，政府每年给予运营商报酬。

（5）国外的教育领域 PPP 模式较多，主要通过私人慈善行动计划、公立学校私营计划、政府购买私立学校教育服务计划、待用券和仿待用券计划、学校收容计划、强校行动计划、学校基础设施合作伙伴关系七个类型实现，概括起来就是资本合作、设施合作和服务合作。故 PPP 能够为我国教育事业提供资金保障，提高教育质量，推动教育体制的改革。

（6）提供保障性住房，解决底层人民居住问题是一个世界性问题。英国之前一直是政府主导保障性住房的建设，后来因财政困境不得不放弃，改为和美国一样的依靠市场，通过 PPP 模式调动社会资本参与建设、运营，缓解财政资金压力，提高运营效益。美国的保障房基本采用政府出资，最终归私人所有，通过税收抵扣、软性贷款约束保障房的最低服务年限。私人一般是非营利组织，因此即使归私人所有，保障房的性质不会变。保障性住房建设资金需求大，通过引入私人资本，可以缓解财政资金压力，改善底层人民生活环境，因此也在我国获得积极的实践。

5.2.3 医疗领域 PPP 模式示例

表 5-4 列举了一些医疗领域的 PPP 模式示例，以供参考。

表 5-4 医疗领域 PPP 模式示例

国家项目	模式	特点
英国（West Middlesex 大学医院）	PFI	私人部门设计、开发、运营，政府付费
英国（伦敦大学医院）	DBFO（设计—建设—融资—经营）	私人部门设计、建设，租给国家运营
美国（San Mateo 郡）	SOD（服务导向开发）	主要在医药领域，针对公共部门需求开发特定服务
西班牙（Alzira 医疗区）	PPIP（公私合营投资伙伴关系）	引入私人财团进行项目建设
瑞典（Saint Goran 医院）	PUO（购买—更新—运营）	政府提供资金，私人部门提供服务
加拿大（The Royal Ottawa 医院）	DBFO	私人部门设计、建设、融资、运营
澳大利亚（Joondalup 医院）	DBOT（设计—建设—运营—移交）	政府支付报酬并最后回报
澳大利亚（Mildura 医院）	DBOO	政府支付补偿金及报酬

PPP 模式由于能够缓解政府医疗服务不足的问题，改善民生，因此在我国医疗领域也得到了推广。PPP 模式目前在我国医疗保障体系建设中的应用主要区分为特许经营和服务外包两种形式；这两种合作形式既可以单独存在，也可以互相结合。我国医疗领域 PPP 模式示例如表 5-5 所示。

表 5-5 我国医疗领域 PPP 模式示例

项目	PPP 模式	特点
江阴项目、新乡项目、晋江项目	服务外包	政府筹资、运营，私人部门提供专业服务项目 政府投保，保险公司监督和报销，共担医疗基金盈亏

（续）

项目	PPP 模式	特点
湛江项目、太仓项目	特许经营	—
浙江金华三院	私有化	民营企业控股
昆明市星耀医院	BOOT	政府政策支持，私人部门建设运营
昆明市儿童医院	BOO	私人部门建设、运营，但是无所有权

5.3 英国、澳大利亚的 PPP 模式特点

5.3.1 英国 PPP 模式特点

英国作为全球 PPP 项目规模最大、涉及领域最广的国家，PPP 适用领域开始从公共产品向公共服务领域扩展，涉及国防、公共秩序、娱乐文化、教育等。从 20 世纪 90 年代开始，英国在基础设施建设等领域应用 PPP 模式，并逐步建立起一套成熟的 PPP 模式管理制度，形成了完整的私营企业参与公共建设的推动机制。

1. 成立了专业机构规范管理

发达国家经济法规健全、政策透明度高，PPP 项目运作较为规范。1992 年，英国政府推动民间投资提案制度，引导私营企业参与公共基础建设投资。1997 年，英国工党执政，为了推动 PPP 模式发展公共事业，设立专门机构组织和协调相关事宜。2000 年，英国成立了合作伙伴关系组织，专门从事公共部门的 PPP 项目运作，为政府公共部门与私人部门搭建了合作平台。2011 年，英国财政部设立基础设施局全面负责 PPP 项目。截至目前，英国形成了三级管理机构，共同负责 PPP 项目运作：①英国财政部负责制定政策及批准纲领；②由英国合伙经营机关向公共部门提供私营机构的专门知识及资源，以建立更好的合伙人关系，并协助公共部门落实 PPP 模式的重要目标；③公私营机构合作署（由地方政府拨款成立的机构）向由地方政府协会委任的董事局问责，并为发展公私营机构合作的地方机关提供支持。

2. 确立了完善的评价制度

在总结了基建、医疗等领域大量项目经验的基础上，2004 年英国财政部公布了《资金价值评估指南》《定量评价用户指南》。《资金价值评估指南》是在与公共、私营部门广泛和深入地讨论之后，财政部设计的项目资金价值最大化的程序框架，作为推动公共部门成本比较的重要方法；《定量评价用户指南》包括两部分内容，第一部分是用户指南，第二部分是工作案例，为采购当局的政府部门提供了一个数量分析工具，帮助政府部门通过对项目资金价值的评价，做出相关决策。其中，VFM 通过比较不同方案下的潜在收益，选择能够提供最大资金价值方案。在推动一个公共基础设施建设项目前，无论资金来自公共部门或私营部门，英国政府均可进行前期可行性研究，目的是使公共部门的利益最大化，并对政府部门的职责进行梳理和定义，因为并不是所有公共基础设施建设项目均适合采用 PPP 模式，这也是引进“资金价值评估标准”作为评估公共基础设施项目建设和运营的重要原因。

3. 目前英国 PPP 项目发展成果丰硕

（1）英国PPP项目规模庞大。目前，英国PPP项目的价值额和数量约占到全球的1/3。在发达国家当中，英国PPP项目发展也大幅领先。例如1990~2006年，美国PPP项目在交通基础设施领域的融资规模为10亿美元，而同期英国在该领域的PPP项目融资规模高达500亿美元。

（2）公共服务领域应用增加。目前，包括中国在内的大多数国家，PPP模式的应用范围主要集中在基础设施领域，包括公路、地铁、电厂、污水处理和垃圾处理等。而英国PPP项目的适用领域向公共服务领域扩展，涉及国防、公共秩序、娱乐文化、教育等。2005年以后，这种趋势更加明显。无论从项目投资和数量上看，教育、卫生领域的PPP项目占比均超过50%。

借鉴英国经验，我国加快推动PPP模式发展。PPP模式成功推动了私营经济参与公共产品及服务的建设和运营，我国要建立相应的法规制度和工作机制，推动PPP经济发展。

（1）发展PPP模式需要较完善的法律法规。作为一种长期合作关系，PPP模式发展需要完备的制度体系。目前，我国现行与PPP相关的法规政策多为部门规章或者地方性法规，权威性不足，部分文件之间甚至相互矛盾。我国需要学习英国的管理经验，出台国家级的法规政策来促进和规范PPP模式发展。一是对现行法规政策进行梳理，消除有冲突的制度障碍，进一步明确PPP项目操作规则，包括市场准入、政府采购、预算管理、风险分担、流程管理、绩效评价和争议解决等。地方财政部门要紧密结合实际，积极推动构建有利于鼓励和引导社会资本参与PPP项目建设的制度环境，调动社会资本的积极性。二是由中央政府出台PPP项目的评价标准及适用范围，地方政府在基建等领域运用PPP项目才能有据可依，规范和降低公共项目的政策风险和投资风险。

（2）运用PPP模式推动基础设施建设，化解地方债风险。近年来，由于我国各地政府通过地方融资平台等方式，推动地方基础设施建设，地方债风险日益突出。有必要在总结和学习英国在基础设施和公共服务项目的PPP经验，实现基础设施领域投融资体制向市场化方向转变。政府在基础领域的地位和职能迫切需要转变，充分运用PPP模式，引导社会资金进入基础设施建设领域，逐步减轻地方政府财政压力。

（3）有选择性地在医疗、保障房等"准公共服务"领域培育PPP项目。从英国PPP模式发展历程看，应用领域呈现规律性的变化，最初应用集中在硬经济基础设施领域，包括高速公路、铁路，随后逐步推广到硬社会基础设施领域，包括医院、学校、保障房等。随着我国PPP项目数量增多，运营经验的积累，通过PPP的方式，引入竞争机制提升“准公共服务”服务水平。

5.3.2 澳大利亚PPP模式特点

澳大利亚PPP项目多集中在基础设施和公益事业领域。政府通过法制化和规范化管理，责任明晰，与私营部门确权分利，分担风险，形成双方共赢的局面。其PPP模式特点如图5-1所示。

1. 建立专业管理部门或机构

澳大利亚基础设施管理局为联邦政府的PPP管理机构，负责对全国PPP项目进行管理，并审批所有PPP建设项目。州政府设立PPP指导委员会，由财政、交通、医疗、教育等相关部门人员及专家担任委员。

2. 确定项目标准

PPP 项目明确的条件如下：①项目具有一定的价值和规模；②技术具有复杂性和新颖性；③能够帮助政府实现一定的风险分散和转移；④项目具有很大的设计和技术创新空间；⑤项目所有者具有较高的 PPP 项目实施能力；⑥配套设施及副业经营等辅助项目可使私营部门从中受益。

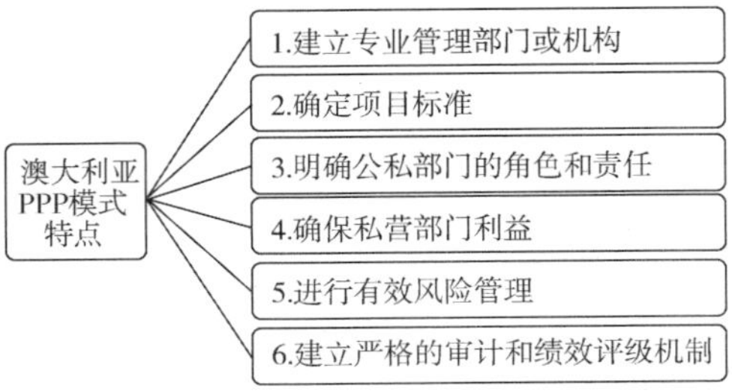

图 5-1　澳大利亚 PPP 模式特点

3. 明确公私部门的角色和责任

公共部门承担土地风险，私营部门承担建设风险。私营部门既可以参与建设，也可以负责经营。政府则对建设和服务是否达标进行监管。

4. 确保私营部门利益

只要符合政府要求并投入运营的 PPP 项目，政府即会向私营部门付费。另外，政府在某些 PPP 项目中让利给私营部门，使其在参与项目建设中有利可图。

5. 进行有效风险管理

公私合作，确定合理的风险分配原则和承担机制。制定有效的风险防范措施，确保 PPP 项目的正常运作。

6. 建立严格的审计和绩效评级机制

（1）在 PPP 项目中，政府与私人部门以标准合同形式确定各自的权利义务，并明确政府、环境变化时可再商谈的条款，保证合同的公正合理。

（2）澳大利亚合同法从法律上保证合同的履行，一方违约另一方可起诉。若企业违法，将会失去声誉和今后参与其他项目的机会。若政府对项目判断失误，选民会在选举中用投票来表达意见。

5.4　PPP 全方位操作流程示例与应用

PPP 全方位操作流程如图 5-2 所示。

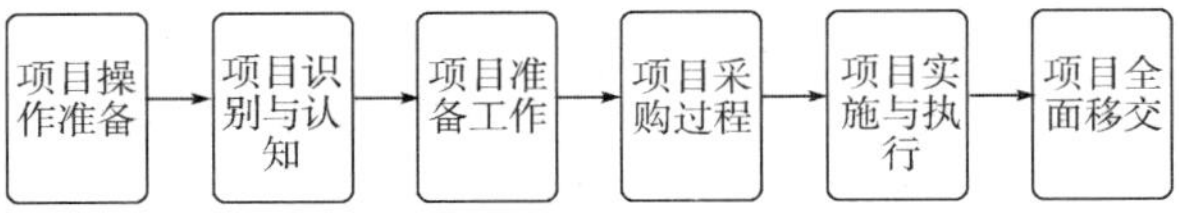

图 5-2　PPP 全方位操作流程

5.4.1　PPP 项目操作准备

5.4.1.1　充分准备

充分准备包括理智的科学的思想准备、知识准备、务实准备和行动准备，要掌握及通晓 PPP 项目运作阶段、要素、要点、步骤。

5.4.1.2　PPP 模式的运行阶段及步骤预热

对所谓 PPP 模式的 5 个运行阶段、19 个步骤预热，需要认认真真研究并制定策略。5 个运行阶段为：①项目识别；②项目准备；③项目采购；④项目执行；⑤项目移交。19 个步骤为：①项目发起；②项目筛选；③物有所值评价；④财政承受能力论证；⑤管理构架组建；⑥实施方案编制；⑦实施方案审核；⑧资格预审；⑨采购文件编制；⑩响应文件评审；⑪谈判与合同签署；⑫项目公司成立；⑬融资管理；⑭绩效监测与支付；⑮中期评估；⑯移交准备；⑰性能测试；⑱资金交割；⑲绩效评价。

5.4.2 项目识别与认知

1. 项目发起：政府或社会资本

（1）政府发起：财政部门应负责向行业主管部门征集潜在政府和社会资本合作项目。

（2）社会资本发起：社会资本应以项目建议书的方式向财政部门推荐潜在政府和社会资本合作项目。

2. 项目筛选：政府

项目发起方应按财政部门的要求提交相关资料。

（1）新建、改建项目应提交可行性研究报告、项目产出说明和初步实施方案。

（2）存量项目应提交存量公共资产的历史资料、项目产出说明和初步实施方案。

3. 物有所值评价：政府

（1）定性评价：重点关注项目采用 PPP 模式与采用政府传统采购模式相比能否增加供给、优化风险分配、提高运营效率、促进创新和公平竞争等。

（2）定量评价：主要通过对 PPP 项目全生命周期内政府支出成本现值与公共部门比较值进行比较，计算项目的物有所值量值，判断 PPP 模式是否降低项目全生命周期成本。

4. 财政承受能力论证：政府

对部分政府付费或政府补贴的项目，开展财政承受能力论证，每年政府付费或政府补贴等财政支出不得超出当年财政收入的一定比例。

5.4.3 项目准备工作

1. 管理架构组建：政府

县级（含）以上地方人民政府可建立专门协调机制负责项目。

2. 实施方案编制：项目实施机构

编制实施方案，依次对如下内容进行介绍：

（1）项目概况。这主要包括基本情况、经济技术指标和项目公司股权情况等。

（2）风险分配基本框架。

（3）项目运作方式。这主要包括委托运营、管理合同、BOT、BOO、TOT 和 ROT 等。具体运作方式的选择主要由收费定价机制、项目投资收益水平、风险分配基本框架、融资需求、改扩建需求和期满处置等因素决定。

（4）交易结构。这主要包括项目投融资结构、回报机制和相关配套安排。

（5）合同体系。这主要包括项目合同、股东合同、融资合同、工程承包合同、运营服务合同、原料供应合同、产品采购合同和保险合同等。项目合同是其中最核心的法律文件。

（6）监管架构。这主要包括授权关系和监管方式。

（7）采购方式选择。采购方式包括公开招标、竞争性谈判、邀请招标、竞争性磋商和单一来源采购。

3. 实施方案审核：政府

由项目实施机构报政府审核。

5.4.4 项目采购过程

1. 资格预审：参与方、政府

（1）准备资格预审文件、发布资格预审公告（资格预审公告应在省级以上人民政府财政部门指定的媒体上发布，提交资格预审申请文件的时间自公告发布之日起不得少于15个工作日）。

（2）资格预审的评审报告提交财政部门备案。

（3）项目有3家以上社会资本通过资格预审的，项目实施机构可以继续开展采购文件准备工作。

2. 采购文件编制：政府

项目采购文件应包括采购邀请，竞争者须知（包括密封、签署、盖章要求等），竞争者应提供的资格，资信及业绩证明文件，采购方式，政府对项目实施机构的授权，实施方案的批复和项目相关审批文件，采购程序，响应文件编制要求，提交响应文件截止时间，开启时间及地点，强制担保的保证金交纳数额和形式，评审方法，评审标准，政府采购政策要求，项目合同草案及其他法律文本等。

3. 采购方式及执行：政府

项目采用公开招标、邀请招标、竞争性谈判、单一来源采购方式开展采购的，按照政府采购法律法规及有关规定执行。

项目采用竞争性磋商采购方式开展采购的，按照下列基本程序进行：采购公告发布及报名→资格审查及采购文件发售→相应文件评审。

4. 谈判与合同签署：参与方、政府

（1）项目实施机构应成立专门的采购结果确认谈判工作组。按照候选社会资本的排名，依次与候选社会资本及与其合作的金融机构就合同中可变的细节问题进行合同签署前的确认谈判，率先达成一致的即为中选者。

（2）确认谈判完成后，项目实施机构应与中选社会资本签署确认谈判备忘录，并将采购结果和根据采购文件、响应文件、补遗文件和确认谈判备忘录拟定的合同文本进行公示，公示期不得少于5个工作日。

（3）项目实施机构应在项目合同签订之日起2个工作日内，将项目合同在省级以上人民政府财政部门指定的媒体上公告。

5.4.5 项目实施与执行

1. 项目公司设立

首先要设立项目公司。

2. 融资管理：参与者、项目公司

（1）项目融资由社会资本或项目公司负责。

（2）社会资本或项目公司未按照项目合同约定完成融资的，政府可提取履约保函直至

终止项目合同

（3）当项目出现重大经营或财务风险，威胁或侵害债权人利益时，债权人可依据与政府、社会资本或项目公司签订的直接介入协议或条款，要求社会资本或项目公司改善管理。

3. 绩效监测与支付：政府、项目实施机构

（1）项目合同中涉及的政府支付义务，财政部门应结合中长期财政规划统筹考虑，纳入同级政府预算。

（2）定期监测项目产出绩效指标，编制季报和年报，并报财政部门（政府和社会资本合作中心）备案。

（3）政府有支付义务的，项目实施机构应根据项目合同约定的产出说明，按照实际绩效直接或通知财政部门向社会资本或项目公司及时足额支付。

4. 中期评估：政府、项目实施机构

（1）应重点关注合同修订、违约责任和争议解决等工作。

（2）项目实施机构应每3~5年对项目进行中期评估，重点分析项目运行状况和项目合同的合规性、适应性和合理性；及时评估已发现问题的风险，制定应对措施，并报财政部门（政府和社会资本合作中心）备案。

（3）政府相关职能部门应根据国家相关法律法规对项目履行行政监管职责，重点关注公共产品和服务质量、价格和收费机制、安全生产、环境保护和劳动者权益等。

（4）政府、社会资本或项目公司应依法公开披露项目相关信息，保障公众知情权，接受社会监督。

5.4.6 项目全面移交

1. 移交准备：政府、项目实施机构

（1）项目合同中应明确约定移交形式、补偿方式、移交内容和移交标准。

（2）补偿方案没有约定或约定不明的，项目实施机构应按照“恢复相同经济地位”原则拟定补偿方案，报政府审核同意后实施。

2. 性能测试：政府、项目实施机构

（1）应组建项目移交工作组，制定资产评估和性能测试方案。

（2）应委托具有相关资质的资产评估机构，按照项目合同约定的评估方式，对移交资产进行资产评估，作为确定补偿金额的依据。

（3）性能测试结果不达标的，移交工作组应要求社会资本或项目公司进行恢复性修理、更新重置或提取移交维修保函。

3. 资产交割：参与方、政府、项目实施机构

社会资本或项目公司应将满足性能测试要求的项目资产、知识产权和技术法律文件，连同资产清单移交项目实施机构或政府指定的其他机构，办妥法律过户和管理权移交手续。社会资本或项目公司应配合做好项目运营平稳过渡相关工作。

4. 绩效评价：政府财政部分

对项目产出、成本效益、监管成效、可持续性、PPP合作模式应用等进行绩效评价，并按相关规定公开评价结果。

5.5 国际 PPP 运作的基本流程

国际 PPP 运作的基本流程如图 5-3 所示。

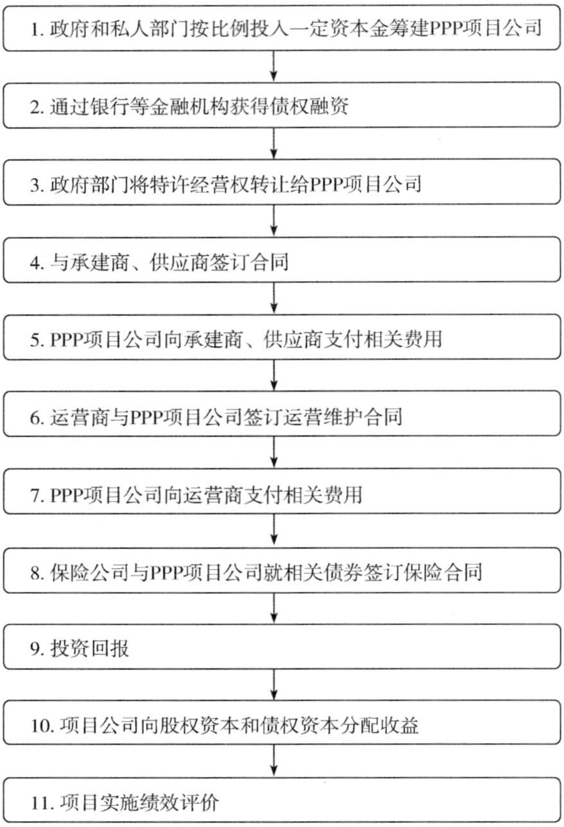

图 5-3　国际 PPP 运作的基本流程

1. 政府和私人部门按比例投入一定资本金筹建 PPP 项目公司

通常情况下，政府部门出资比例较小，而 PPP 项目的特点之一就是撬动更多的社会资金。同时，股本金占 PPP 项目所需全部投资额的比例较小，一般在 10% ~30%。

2. 通过银行等金融机构获得债权融资

PPP 项目的特点之一是高负债运行，一般而言，债权资金占 PPP 项目公司总资产的 70% 或以上。融资方式大多是通过银行贷款（含银团贷款）和发行债券。在最新的 PPP 实践中，信托、保险资金、养老资金等也有介入，极大地丰富了资金来源渠道。

3. 政府部门将特许经营权转让给 PPP 项目公司

特许经营期限根据项目类型不同而有所区别，一般而言在 20 ~30 年，项目类型以交通基础设施、医疗等为主。

4. 与承建商、供应商签订合同

承建商与 PPP 项目公司签订建造合同，建造合同可能是 BT 或 EPC 总承包形式。供应商与 PPP 项目公司签订设备采购或供货合同。在这个环节，承建商可以通过垫资等方式、供应商可以通过经营租赁等方式给 PPP 项目提供中短期融资甚至是长期融资。

5. PPP 项目公司向承建商、供应商支付相关费用

在大多情况下，SPV 的发起方会同时作为项目承建商或供应商，因此对私人资本而言，可以从以下两方面获得收入：一是初始股权投资回报，即资金回报；二是建造合同收入或供货合同收入，即服务回报。

6. 运营商与 PPP 项目公司签订运营和维护合同

7. PPP 项目公司向运营商支付相关费用

同样，运营商一方面可以获得资金回报，另一方面可以通过后期运营维护取得服务回报。

8. 保险公司与 PPP 项目公司就相关债券签订保险合同

例如美国马萨诸塞州 3 号公路北段修缮扩建项目发行的 30 年免税债券就购买了保险，使得债券被惠誉和标准普尔评级为 AAA，从而降低了债券发行成本。

9. 投资回报对于 PPP 项目而言，投资回报一般包括三种模式：使用者付费、使用者付费 + 政府购买、政府购买。上述三种投资回报模式分别对应三种类型的项目，即经营性项目、准经营性项目和公益性项目。在经营性项目中，使用者付费可基本覆盖投资支出并提供合理回报。在准公益性项目中，由于项目具有公益性质，单靠使用者付费可能不能完全弥补项目运行开支，因此需要政府部门通过政府购买方式提供一定的收入来源，即可行性缺口补助。例如法国西班牙跨国铁路项目，政府购买占到总投资的比例高达 57%，政府购买成为该项目成功的重要因素。此外，在项目运营期间，特别是在项目收益达不到预期时，政府也会根据约定支付一定补助，即政府承担最低需求风险。而在公益性项目中，政府购买将作为唯一收入来源用以弥补投资成本。

10. 项目公司向股权资本和债权资本分配收益

在有的 PPP 项目中，后期由于运营等方面的问题可能会出现债务重组而改变原有资本结构的情况（即再融资），在这种情况下，项目收益的分配应做相应调整。例如英国赛文河（Severn River）第二大桥项目。

11. 项目实施绩效评价

绩效（Performance）一词来源于西方，它的原意是指表现和成绩。企业管理对绩效有两种不同的理解，伯纳丁（Bernardin，1984）把绩效定义为“对在特定时间段和特定工作或活动中产生的结果的记录”。换言之，绩效就是结果。也有人认为，绩效是与某个组织中的某种工作和组织目标有关的一组行为（Campbell，1993；Murphy，1990）。目前对绩效的界定主要有三种观点：一种观点认为，绩效是结果；另一种观点认为，绩效是行为；还有一种观点则强调员工潜能与绩效的关系，关注员工素质，关注未来发展。

（1）绩效是结果。Bernardin 等（1995）认为：“绩效应该定义为工作的结果，因为这些工作结果与组织的战略目标、顾客满意度及所投资金的关系最为密切。”Kane（1996）指出，绩效是“一个人留下的东西，这种东西与目的相对独立存在”。从这些定义不难看出，“绩效是结果”的观点认为，绩效是工作所达到的结果，是一个人工作成绩的记录。一般用来表示绩效结果的相关概念有：职责（Account-abilities），关键结果领域（Key result Areas），结果（Results），责任、任务及事务（Duties，Tasks and Activities），目的（Objectives)，目标（Goals or Targets），生产量（Outputs），关键成功因素（Critical Success Factors）等。对绩效结果的不同界定，可用来表示不同类型或水平的工作的要求。对此，我们在设定绩效目标时应注意加以区分。

（2）绩效是行为。随着人们对绩效问题研究的不断深入，人们对绩效是工作成绩、目标实现、结果、生产量的观点不断提出挑战，普遍接受了绩效的行为观点，即“绩效是行为”。支持这一观点的主要依据是：许多工作结果并不一定是个体行为所致，可能会受到与工作无关的其他影响因素的影响（Cardy 和 Dobbins，1994；Murphy 和 Clebeland，1995）；员工没有平等地完成工作的机会，并且在工作中的表现不一定都与工作任务有关（Murphy，1989）；过分关注结果会导致忽视重要的行为过程，而对过程控制的缺乏会导致工作成果的不可靠性，不适当地强调结果可能会在工作要求上误导员工。认为“绩效是行为”，并不是说绩效的行为定义中不能包容目标，Murphy（1990）给绩效下的定义是，“绩效是与一个人在其中工作的组织或组织单元的目标有关的一组行为”。Campbell（1990）指出，“绩效是行为，应该与结果区分开，因为结果会受系统因素的影响”。他在 1993 年给绩效下的定义是，“绩效是行为的同义词，它是人们实际的行为表现，而且是能观察得到的。就定义而言，它只包括与组织目标有关的行动或行为，能够用个人的熟练程度（即贡献水平）来评定等级（测量）。绩效不是行为的后果或结果，而是行为本身。绩效由个体控制下的与目标相关的行为组成，不论这些行为是认知的、生理的、心智活动的或人际的”。Borman 和 Motowidlo（1993）则提出了绩效的二维模型，认为行为绩效包括任务绩效和关系绩效两方面，其中，任务绩效是指所规定的行为或与特定的工作熟练有关的行为，关系绩效是指自发的行为或与非特定的工作熟练有关的行为。

（3）高绩效与员工素质。随着知识经济的到来，评价并管理知识型员工的绩效也越来越显得重要。由于知识性工作和知识型员工给组织绩效管理带来的新挑战，越来越多的企业将以素质为基础的员工潜能列入绩效考核的范围里，对绩效的研究也不再仅仅关注对过去的反应，而是更加关注员工的潜在能力，更加重视素质与高绩效之间的关系。

附　录

附录 A　PPP 物有所值评价指引（试行）

为推动政府和社会资本合作（Public-Private Partnership，以下简称 PPP）项目物有所值评价工作规范有序开展，我们立足国内实际，借鉴国际经验，制订了《PPP 物有所值评价指引（试行）》。由于实践中缺乏充足的数据积累，难以形成成熟的计量模型，物有所值定量评价处于探索阶段，各地应当依据客观需要，因地制宜地开展物有所值评价工作。施行过程中的问题和建议，请及时反馈我部。

财政部

2015 年 12 月 18 日

《PPP 物有所值评价指引（试行）》结构体系如图 A-1 所示。

《PPP 物有所值评价指引（试行）》全文如下：

第一章　总则

第一条　为促进 PPP 物有所值评价工作规范有序开展，根据《中华人民共和国预算法》《国务院办公厅转发财政部、发展改革委、人民银行关于在公共服务领域推广政府和社会资本合作模式指导意见的通知》（国办发〔2015〕42 号）等有关规定，制定本指引。

第二条　本指引所称物有所值（Value for Money，VFM）评价是判断是否采用 PPP 模式代替政府传统投资运营方式提供公共服务项目的一种评价方法。

第三条　物有所值评价应遵循真实、客观、公开的原则。

第四条　中华人民共和国境内拟采用 PPP 模式实施的项目，应在项目识别或准备阶段开展物有所值评价。

第五条　物有所值评价包括定性评价和定量评价。现阶段以定性评价为主，鼓励开展定量评价。定量评价可作为项目全生命周期内风险分配、成本测算和数据收集的重要手段，以及项目决策和绩效评价的参考依据。

第六条　应统筹定性评价和定量评价结论，做出物有所值评价结论。物有所值评价结论分为“通过”和“未通过”。“通过”的项目，可进行财政承受能力论证；“未通过”的项目，可在调整实施方案后重新评价，仍未通过的不宜采用 PPP 模式。

第七条　财政部门（或 PPP 中心）应会同行业主管部门共同做好物有所值评价工作，并积极利用第三方专业机构和专家力量。

- PPP物有所值评价指引（试行）
  - 第一章 总则
    - 第一条 为促进PPP物有所值评价工作规范有序开展……
    - 第二条 本指引所称物有所值（Value for Money, VFM）评价……
    - 第三条 物有所值评价应遵循真实、客观、公开的原则。
    - 第四条 采用PPP模式实施的项目，开展物有所值评价。
    - 第五条 物有所值评价包括定性评价和定量评价。
    - 第六条 应统筹定性评价和定量评价结论，做出物有所值评价结论。
    - 第七条 财政部门（或PPP中心）应会同行业主管部门共同做好物有所值评价工作……
  - 第二章 评价准备
    - 第八条 物有所值评价资料主要包括……
    - 第九条 开展物有所值评价时，项目本级财政部门（或PPP中心）应会同行业主管部门……
    - 第十条 开展物有所值定量评价时，项目本级财政部门（或PPP中心）应会同行业主管部门……
  - 第三章 定性评价
    - 第十一条 定性评价指标包括……
    - 第十二条 全生命周期整合程度指标主要考核在项目全生命周期内……
    - 第十三条 风险识别与分配指标主要考核在项目全生命周期内……
    - 第十四条 绩效导向与鼓励创新指标主要考核……
    - 第十五条 潜在竞争程度指标主要考核项目内容对社会资本参与竞争的吸引力。
    - 第十六条 政府机构能力指标主要考核……
    - 第十七条 可融资性指标主要考核项目的市场融资能力。
    - 第十八条 根据具体情况设置补充评价指标。
    - 第十九条 补充评价指标主要是六项基本评价指标未涵盖的其他影响因素……
    - 第二十条 在各项评价指标中，六项基本评价指标权重为80%……
    - 第二十一条 每项指标评分分为五个等级……
    - 第二十二条 定性评价专家组包括……
    - 第二十三条 项目本级财政部门（或PPP中心）会同行业主管部门组织召开专家组会议……
    - 第二十四条 专家组会议基本程序如下……
    - 第二十五条 项目本级财政部门（或PPP中心）会同行业主管部门根据专家组意见，做出定性评价结论……
  - 第四章 定量评价
    - 第二十六条 定量评价是在假定采用PPP模式与政府传统投资方式产出绩效相同的前提下……
    - 第二十七条 PPP值可等同于PPP项目全生命周期内股权投资等各项财政支出责任的现值……
    - 第二十八条 PSC值是以下三项成本的全生命周期现值之和……
    - 第二十九条 参照项目可根据具体情况确定为……
    - 第三十条 竞争性中立调整值主要是采用政府传统投资方式……
    - 第三十一条 项目全部风险成本包括……
    - 第三十二条 用于测算PSC值的折现率应与用于测算PPP值的折现率相同。
    - 第三十三条 PPP值小于或等于PSC值的，认定为通过定量评价……
  - 第五章 评价报告和信息披露
    - 第三十四条 完成物有所值评价报告编制工作，报省级财政部门备案……
    - 第三十五条 物有所值评价报告内容包括……
    - 第三十六条 物有所值评价报告涉及国家秘密和商业秘密的信息除外。
    - 第三十七条 在PPP项目合作期内和期满后，将物有所值评价报告，对照进行统计和分析……
    - 第三十八条 加强物有所值评价数据库的建设……
    - 第三十九条 各级财政部门应会同行业主管部门，加强对物有所值评价第三方专业机构和专家的监督管理……
  - 第六章 附则
    - 第四十条 本指引自印发之日起施行，有效期2年。

图 A-1 《PPP 物有所值评价指引（试行）》结构体系

第二章 评价准备

第八条 物有所值评价资料主要包括：（初步）实施方案、项目产出说明、风险识别和分配情况、存量公共资产的历史资料、新建或改扩建项目的（预）可行性研究报告、设计文件等。

第九条 开展物有所值评价时，项目本级财政部门（或 PPP 中心）应会同行业主管部门，明确是否开展定量评价，并明确定性评价程序、指标及其权重、评分标准等基本要求。

第十条　开展物有所值定量评价时，项目本级财政部门（或 PPP 中心）应会同行业主管部门，明确定量评价内容、测算指标和方法，以及定量评价结论是否作为采用 PPP 模式的决策依据。

第三章　定性评价

第十一条　定性评价指标包括全生命周期整合程度、风险识别与分配、绩效导向与鼓励创新、潜在竞争程度、政府机构能力、可融资性等六项基本评价指标。

第十二条　全生命周期整合程度指标主要考核在项目全生命周期内，项目设计、投融资、建造、运营和维护等环节能否实现长期、充分整合。

第十三条　风险识别与分配指标主要考核在项目全生命周期内，各风险因素是否得到充分识别并在政府和社会资本之间进行合理分配。

第十四条　绩效导向与鼓励创新指标主要考核是否建立以基础设施及公共服务供给数量、质量和效率为导向的绩效标准和监管机制，是否落实节能环保、支持本国产业等政府采购政策，能否鼓励社会资本创新。

第十五条　潜在竞争程度指标主要考核项目内容对社会资本参与竞争的吸引力。

第十六条　政府机构能力指标主要考核政府转变职能、优化服务、依法履约、行政监管和项目执行管理等能力。

第十七条　可融资性指标主要考核项目的市场融资能力。

第十八条　项目本级财政部门（或 PPP 中心）会同行业主管部门，可根据具体情况设置补充评价指标。

第十九条　补充评价指标主要是六项基本评价指标未涵盖的其他影响因素，包括项目规模大小、预期使用寿命长短、主要固定资产种类、全生命周期成本测算准确性、运营收入增长潜力、行业示范性等。

第二十条　在各项评价指标中，六项基本评价指标权重为 80%，其中任一指标权重一般不超过 20%；补充评价指标权重为 20%，其中任一指标权重一般不超过 10%。

第二十一条　每项指标评分分为五个等级，即有利、较有利、一般、较不利、不利，对应分值分别为 100～81 分、80～61 分、60～41 分、40～21 分、20～0 分。项目本级财政部门（或 PPP 中心）会同行业主管部门，按照评分等级对每项指标制定清晰准确的评分标准。

第二十二条　定性评价专家组包括财政、资产评估、会计、金融等经济方面专家，以及行业、工程技术、项目管理和法律方面专家等。

第二十三条　项目本级财政部门（或 PPP 中心）会同行业主管部门组织召开专家组会议。定性评价所需资料应于专家组会议召开前送达专家，确保专家掌握必要信息。

第二十四条　专家组会议基本程序如下：

（一）专家在充分讨论后按评价指标逐项打分，专家打分表见附件。

（二）按照指标权重计算加权平均分，得到评分结果，形成专家组意见。

第二十五条　项目本级财政部门（或 PPP 中心）会同行业主管部门根据专家组意见，做出定性评价结论。原则上，评分结果在 60 分（含）以上的，通过定性评价；否则，未通过定性评价。

第四章　定量评价

第二十六条　定量评价是在假定采用 PPP 模式与政府传统投资方式产出绩效相同的前提下，通过对 PPP 项目全生命周期内政府方净成本的现值（PPP 值）与公共部门比较值（PSC 值）进行比较，判断 PPP 模式能否降低项目全生命周期成本。

第二十七条　PPP 值可等同于 PPP 项目全生命周期内股权投资、运营补贴、风险承担和配套投入等各项财政支出责任的现值，参照《政府和社会资本合作项目财政承受能力论证指引》（财金〔2015〕21 号）及有关规定测算。

第二十八条　PSC 值是以下三项成本的全生命周期现值之和：

（一）参照项目的建设和运营维护净成本。

（二）竞争性中立调整值。

（三）项目全部风险成本。

第二十九条　参照项目可根据具体情况确定为：

（一）假设政府采用现实可行的、最有效的传统投资方式实施的、与 PPP 项目产出相同的虚拟项目。

（二）最近五年内，相同或相似地区采用政府传统投资方式实施的、与 PPP 项目产出相同或非常相似的项目。

建设净成本主要包括参照项目设计、建造、升级、改造、大修等方面投入的现金以及固定资产、土地使用权等实物和无形资产的价值，并扣除参照项目全生命周期内产生的转让、租赁或处置资产所获的收益。

运营维护净成本主要包括参照项目全生命周期内运营维护所需的原材料、设备、人工等成本，以及管理费用、销售费用和运营期财务费用等，并扣除假设参照项目与 PPP 项目付费机制相同情况下能够获得的使用者付费收入等。

第三十条　竞争性中立调整值主要是采用政府传统投资方式比采用 PPP 模式实施项目少支出的费用，通常包括少支出的土地费用、行政审批费用、有关税费等。

第三十一条　项目全部风险成本包括可转移给社会资本的风险承担成本和政府自留风险的承担成本，参照《政府和社会资本合作项目财政承受能力论证指引》（财金〔2015〕21 号）第二十一条及有关规定测算。

政府自留风险承担成本等同于 PPP 值中的全生命周期风险承担支出责任，两者在 PSC 值与 PPP 值比较时可对等扣除。

第三十二条　用于测算 PSC 值的折现率应与用于测算 PPP 值的折现率相同，参照《政府和社会资本合作项目财政承受能力论证指引》（财金〔2015〕21 号）第十七条及有关规定测算。

第三十三条　PPP 值小于或等于 PSC 值的，认定为通过定量评价；PPP 值大于 PSC 值的，认定为未通过定量评价。

第五章　评价报告和信息披露

第三十四条　项目本级财政部门（或 PPP 中心）会同行业主管部门，在物有所值评价结论形成后，完成物有所值评价报告编制工作，报省级财政部门备案，并将报告电子版上传

PPP 综合信息平台。

第三十五条　物有所值评价报告内容包括：

（一）项目基础信息。主要包括项目概况、项目产出说明和绩效标准、PPP 运作方式、风险分配框架和付费机制等。

（二）评价方法。主要包括定性评价程序、指标及权重、评分标准、评分结果、专家组意见以及定量评价的 PSC 值、PPP 值的测算依据、测算过程和结果等。

（三）评价结论，分为“通过”和“未通过”。

（四）附件。通常包括（初步）实施方案、项目产出说明、可行性研究报告、设计文件、存量公共资产的历史资料、PPP 项目合同、绩效监测报告和中期评估报告等。

第三十六条　项目本级财政部门（或 PPP 中心）应在物有所值评价报告编制完成之日起 5 个工作日内，将报告的主要信息通过 PPP 综合信息平台等渠道向社会公开披露，但涉及国家秘密和商业秘密的信息除外。

第三十七条　在 PPP 项目合作期内和期满后，项目本级财政部门（或 PPP 中心）应会同行业主管部门，将物有所值评价报告作为项目绩效评价的重要组成部分，对照进行统计和分析。

第三十八条　各级财政部门（或 PPP 中心）应加强物有所值评价数据库的建设，做好定性和定量评价数据的收集、统计、分析和报送等工作。

第三十九条　各级财政部门（或 PPP 中心）应会同行业主管部门，加强对物有所值评价第三方专业机构和专家的监督管理，通过 PPP 综合信息平台进行信用记录、跟踪、报告和信息公布。省级财政部门应加强对全省（市、区）物有所值评价工作的监督管理。

第六章　附则

第四十条　本指引自印发之日起施行，有效期 2 年。

附：1. 物有所值评价工作流程图（略）

2. 物有所值定性评价专家打分表（略）

附录 B　国务院关于创新重点领域投融资机制鼓励社会投资的指导意见（国发〔2014〕60 号）节选

为推进经济结构战略性调整，加强薄弱环节建设，促进经济持续健康发展，迫切需要在公共服务、资源环境、生态建设、基础设施等重点领域进一步创新投融资机制，充分发挥社会资本特别是民间资本的积极作用。为此，特提出以下意见，如图 B-1 所示。

一、总体要求

（一）指导思想。全面贯彻落实党的十八大和十八届三中、四中全会精神，按照党中央、国务院决策部署，使市场在资源配置中起决定性作用和更好发挥政府作用，打破行业垄断和市场壁垒，切实降低准入门槛，建立公平开放透明的市场规则，营造权利平等、机会平

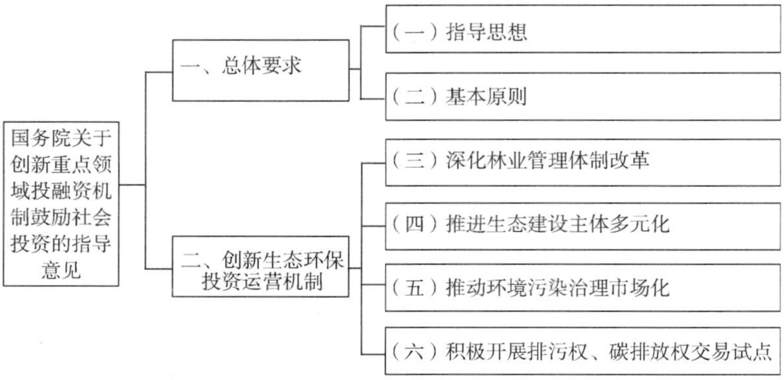

图 B-2　国务院关于创新重点领域投融资机制鼓励社会投资的指导意见

等、规则平等的投资环境，进一步鼓励社会投资特别是民间投资，盘活存量、用好增量，调结构、补短板，服务国家生产力布局，促进重点领域建设，增加公共产品有效供给。

（二）基本原则。实行统一市场准入，创造平等投资机会；创新投资运营机制，扩大社会资本投资途径；优化政府投资使用方向和方式，发挥引导带动作用；创新融资方式，拓宽融资渠道；完善价格形成机制，发挥价格杠杆作用。

二、创新生态环保投资运营机制

（三）深化林业管理体制改革。

（四）推进生态建设主体多元化。

（五）推动环境污染治理市场化。在电力、钢铁等重点行业以及开发区（工业园区）污染治理等领域，大力推行环境污染第三方治理，通过委托治理服务、托管运营服务等方式，由排污企业付费购买专业环境服务公司的治污减排服务，提高污染治理的产业化、专业化程度。稳妥推进政府向社会购买环境监测服务。建立重点行业第三方治污企业推荐制度。

（六）积极开展排污权、碳排放权交易试点。

附录 C　特许经营权资产价值的形成及评估方法

特许经营权作为一类特殊的可确指无形资产，对不少企业的生产经营发挥着举足轻重的作用。市场经济的发展，对外交往的日益频繁，使国内企业接触、认识和开发利用特许经营权的机会日渐增多。从资产管理与资本经营的角度看，国内企业界对该类无形资产的认识与使用尚处于起步阶段，尤其是对其资产价值的理解和把握还没有形成统一而规范的结论。为利于进一步开发、利用各类特许经营权为企业生产经营服务，有必要系统性地探讨特许经营权资产价值形成的机理以及如何根据资产的实际状况对其价值做出公允的认定。

C.1　特许经营权资产界定

按传统观点理解，特许经营权是指国家或政府授予企业拥有排他性的某项商品或某类服务（业务）生产、经营的专项权利。这些权利包括专营权、进出口权、生产许可证等。从市场经济的发展趋势看，特许经营权的授权主体范围已逐渐扩大，从国家政府延伸到各种类型的经济组织和社会机构；其涵盖的经营范围也从商品的生产流通扩大至各类经济活动和社会活动的组织、管理和监督。按此观点，甲企业对乙企业产品的独家代理，某企业所获取的对某旅游区的开发权、对某公路的经营权等，都可以归入特许经营权的范畴。符合上述要求的企业诸项权利并非最终都能形成特许经营权资产并被企业纳入资产管理范围。从无形资产的特点和性质来看，唯有满足独占性、优越性和收益性且附属于企业的权利才能成为特许经营权资产。这一论述有两层含义：①运用所获取的权利为企业经营服务是其成为无形资产的前提条件，因为某项资产只是使用（或具备使用的能力）才可能创造出收益，也才能满足资产界定的要求。所以，对那些企业长期搁置不用或因政策等原因无法再用的权利，一般不认定为特许经营权并作为资产进行管理。②如某种权利成为企业经营中不可缺少的一项，并由于企业发展或政府政策原因，这种权利为一般企业所通有时，也就不再是该企业的无形资产了。例如航空、铁路等公共企业经营特许权的取得，几乎成了这类企业经营的必要条件，而且这类企业的经营与国计民生关系密切，于是它们所提供的价格必然受到政府和社会公众的严格监督，其原有的垄断性权利也就被完全限制。在此情况下，其经营特许权也只能被视为一般的企业权利了。因此，能否给企业带来收益，并且是超出一般的企业获利水平的独占利益（垄断利益），往往成了鉴别企业某项权利是否属特许经营权无形资产的终结条件。此外，企业获取的不少特许经营权有期限的限定，超出授权经营期限的权利当然不再被视为无形资产。

C.2 特许经营权资产的价值形成机理

作为特殊的权利性无形资产，特许经营权价值的形成不能以简单的劳动价值论来说明，而应深入分析特许经营现象（或称之为经济行为）产生的原因及其存在的必然性。至少可以从三个方面来考察特许经营权资产价值的形成机理。

1. 行业优势的价值转换

国民经济发展的不同时期对不同的行业（产业）有不同的要求。某些行业保持比较明显的发展优势，既需要政策予以足够的扶持，也依赖于政府对其实施必要的保护。政府为避免这类行业无序扩张和大量各种类型的经济组织盲目挤入争夺市场及资源，以致破坏该行业良性发展的格局，扰乱国民经济，必然采取准入制度，选择符合经营条件的有实力的企业进入，特许它们实现该行业内的各项经营职能。因而，这类企业承继了该行业的优势，它们能够创造出比其他企业更为优秀的经营业绩，这一优秀的业绩就是行业优势的价值转换，因为别的企业进入该行业内也可能实现。那么，该价值转换便形成了特许经营权无形资产的价值。就我国的情况看，外贸业、证券业、电信业等行业便是最好的例证。某些国际性的企业集团如麦当劳、摩托罗拉在其战略性扩张的过程中，正是基于类似的考虑，采取特许经营的方式进入更多的国外市场，从而使授权企业获取了业内的竞争优势。

2. 垄断经营的超额收益

实施特许经营的不少行业自身具有一定程度垄断的要求，尤其是关系到国计民生的一些重要基础性产业和经济领域，在相当长时期内有实施国家垄断的必要。如果政府对这类行业采取价格扶持政策，业内垄断企业便很容易获取较为高额的垄断利润。我国现阶段的银行、保险业便属此种情况。收益企业所获取的高额垄断收益实质是特项权利带来的，因而应归入相应的特许经营权资产价值中。

3. 风险回报

政府对某些可能存在圈套风险的新生行业往往采取偏保守的政策——试点，防止大量企业盲目进入遭受巨额风险损失。有试点权的企业一般具备较雄厚的经济实力、较丰富的从业经验和较强的抗风险能力。作为高风险的回报，这类企业在经营中往往得到国家给予的多项优惠政策和扶持，只要经营得当，风险控制得力，其收益可能会远远高于其他行业的一般企业。如果争取不到这类专营权，企业也就失去了创造高额收益的机会。显然，这类产业更能凸现特许经营权的价值。我国在旅游、通信产品制造、信息等高科技产业实施开发权、经营许可证等政策措施，正是从维护新型产业的健康成长出发，也给业内企业带来更多的发展机遇。当然，如果企业经营不力，因风险太大招致损失，政策赋予的权利也就失去了现实的价值，但不能因此否认其潜在的价值。

综上所述，特许经营权资产价值的形成和存在是客观事实，企业不仅要适时将其列入资产管理范围实施管理，而且在涉及该类资产权属变动或经营方式变动等多种经济事项时，有必要了解和把握其资产的现实价值（价格），以便为企业争取公平的权益。

C.3 价值（价格）评估

1. 一般方法

目前，对无形资产价值的评估多采用收益现值法，将使用无形资产在未来年份可能获取的超额预期收益金额按一定的折现率折算为现时资金数额，即为该无形资产的公允价值。特许经营权价值评估也使用该方法，其一般测算公式如下：

$$S = \sum_{t=1}^{n} \frac{B_t}{(1+i)^t}$$

式中 S——待估特许经营权资产评估值；

B_t——第 t 年资产的超额预期收益；

n——资产授权经营年限或未来有效经营年限；

i——适用折现率。

用于计算超额预期收益的指标可以是以下三种之一：企业税后利润、企业利润总额或企业税后利润与提取折旧额之和扣除再投资（即企业净现金流量）。目前国际上采用的现金流量计算法与上述第三种情况吻合。关键和难点在于预期收益的超额部分如何计量？理论上讲，超额预期收益是指使用该类资产的企业相对于国民经济总体而言超出其他行业的获利能力，以及企业在本行业中超出其他企业的获利能力，可以用经验的资本利润率指标来测算，即企业与类比对象在该指标的差量推算。但该方法在操作中存在很大难度：一方面社会平均资金利润率及各行业的平均资金利润率数据较难得到，且波动明显；另一方面参比两方数据因预测的不确定性可能使差量值产生系统误差，并导致评估值与客观值之间更为明显的差异。此外，上述做法忽视了不同行业获利水平的固有差异，并将其归入运用无形资产的结果，显然不甚科学。要解决好特许经营权资产创造的超额预期收益的计量问题，不宜拘泥于一般规则，生搬硬套，而应根据各类资产及所属企业的全体特点，找准“超额预期收益”的计量切入点，再选择合适的方式予以计算，以求取该资产的客观价值。

2. 其他方法

除以上方法外，还可以采用增减法、有无法及其他手段计算企业的超额收益。

（1）增减法。在其他条件不变的情况下，以企业在正常运营特许经营权状况下的获利水平与企业丧失该项权利状况下的获利水平相比较，据此测算因使用特许经营权企业获取的超额收益。比如，计算一家有进出口经营权的外贸生产企业未来年份可能创造的超额预期收益，可分别测算：第一，正常利用进出口经营权未来年份可获取的收益（含外贸、内贸）；第二，国家收回进出口经营权企业仅能在国内市场经营未来年份可获取的收益（仅内贸）。两者的差额即该企业拥有的进出口经营权未来可能创造的超额预期收益。

（2）有无法。因特许经营权的存在，获授权企业可能独享基本经营领域的利益；如取消该项特许，众多企业可能挤入分享市场，原企业经营收益因此让出一定份额。该份额即是测算其特许经营权资产超额预期收益的依据。例如基本客运企业拥有基本公路客运的独家经营权，正常经营可能获取较高收益；假设政府放开该公路的客运业务，逐渐有多家客运企业参营，竞争的结果是：一方面将多余的经营力量挤出，另一方面原企业的收益水平很可能下降，最终形成新的市场均势。比较此两种情况，企业的超额预期收益不难得到。

（3）还可以通过咨询、调查等多种手段对资产的超额预期收益进行估算。

笔者提出的方法当然有待实践验证，但均反映出如下基本观点：①超额收益能力的分析应立足于企业自身的比较，因为不同的企业除资产拥有状况的差异外尚存在诸如经营管理水平、外部环境条件等差异，可比性不强无法保证分析结果的客观性。②特许经营权资产类型复杂。价值形成机制不一，应根据具体资产情况选择合适的方法评估，套用一般公式可能造成圈套的价值偏差。

C.4 特许经营权资产价值的实现

特许经营权与一般无形资产在价值实现方式上有一定的区别，比如特许经营权一般不能转让，不会产生交易价格；也不能作为长期资本对外投资，获取投资收益等。所以，这类资产的变现能力很差。通常，拥有特许经营权资产的企业发生重组、兼并等整体性的重大产权变动事项，如产权新主体获授权存续原产权主体专项权利，才有必要对特许经营权资产进行评估，并计入资产价值总量，纳入资产管理。

从资产经营的角度看，管理好、使用好特许经营权资产比掌握其价值更具有意义。对其价值的认识，有助于资产持有人有针对性地处置好、运用好这类资产，为企业经营与发展服务。

附录 D PPP 财务评价方法

PPP 项目大都是投资金额巨大、社会影响广泛、建设经营周期长的固定资产投资项目，由于有了私营部门的参与，其财务评价要与一般项目的财务评价区别对待，如图 D-1 所示。

（1）计算期不同。对于私营部门而言，财务评价的计算期是从项目启动到项目特许期

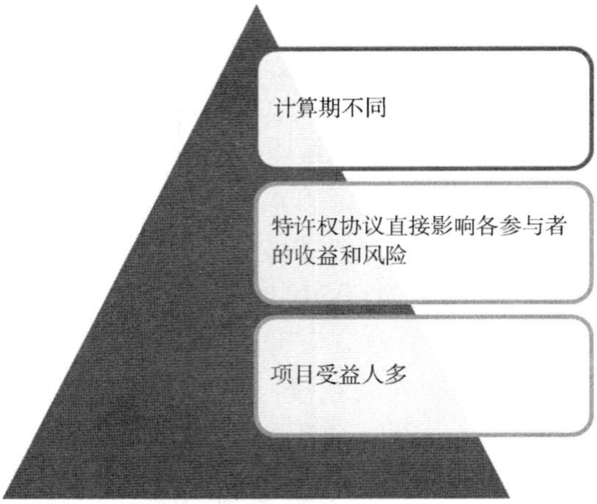

图 D-1　PPP 财务评价方法

结束，且在特许期结束后，一般并没有所谓的资产回收。而对于公共部门而言，财务评价的计算期有两个：一是从项目启动到项目不能再提供产品或服务（如拆除）时的经济生命周期，评价项目在整个经济生命周期内的财务情况；二是从项目移交后到项目经济生命周期结束，作为计算公共部门利益的财务评价指标。

（2）特许权协议直接影响各参与者的收益和风险。PPP 项目的财务分析也需要预测项目提供的产品或服务的价格、市场需求量、通货膨胀率、利率、税率、汇率等因素的变动，与其他项目不同的是，由于在特许权协议中会对以上因素做出一些特殊约定，这些约定将直接影响各方的收益和风险。

（3）项目受益人多。BOT/PPP 项目的一个主要特点是项目的参与者多，意味着项目的受益方也多，为达到多赢的目的，财务评价结果必须能够体现主要参与者的受益情况。

基于上述与一般项目财务评价的不同，PPP 项目财务评价指标如图 D-2 所示。

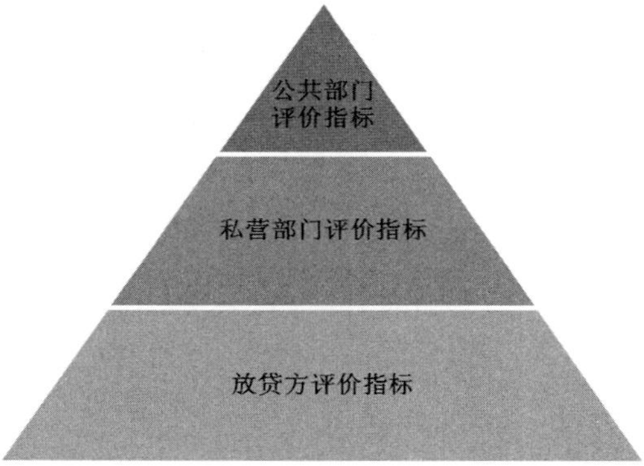

图 D-2　PPP 项目财务评价指标

（1）公共部门评价指标。例如，自偿率（SLR）反映公共部门的财务负担，项目移交后的净现值（NPV_{T_1}，T_1表示从项目移交到项目经济生命周期结束之间的时间长度）表示公共部门的收益，资金价值（VFM）表示运用资金的效率。

（2）私营部门评价指标。例如，净现值（NPV_{T_0}，T_0表示特许期长度，下同）、内部收益率（IRR_{T_0}）反映了私营部门的收益。

（3）放贷方评价指标。例如，债务偿付率（DSCR）、利息保障倍数（TIE）反映了借款方还本付息的能力。

PPP 项目合同关系复杂，影响项目现金流的因素较多，决策者在进行财务评价的时候往往希望了解财务评价指标为某一特定值的概率，因此可以借用金融领域常用的风险价值概念，应用基于置信水平的 PPP 项目财务评价方法，即在给定的置信水平下，分别从公共部门、私营部门和放贷方的角度评价项目的财务可行性，具体的指标计算方法如表 D-1 所示。

表 D-1　PPP 项目合同关系

参与者	评价指标	计算方法
公共部门	SLR	运营期净收入除以建造期成本 若 SLR >1，则项目所投入的建设成本可完全由运营收入回收 若 1 > SLR >0，则表示项目不完全自偿，需要公共部门投资参与或补贴公共基础设施建设
	VFM	公共部门基准值（PSC）减去投标价格 VFM 越大越好。PSC 是根据历史上同类项目的数据而确定的基准，即私营部门提供同样水平的公共设施和服务的成本标准
	NPV_{T_1}	BOT/PPP 项目在从移交后到项目经济生命周期结束之间的净现值 反映了该项目移交后的运营盈利能力
私营部门	NPV_{T_0}	BOT/PPP 项目在特许经营期内的净现值/内部收益率 计算方法与一般项目无差异。值得注意的是，BOT/PPP 项目移交后一般没有所谓的资产回收
	IRR_{T_0}	
放贷方	DSCR	某一时期用于偿债的现金流量除以当期应付贷款本息 DSCR 大于参考值（一般在 1.0 ~ 1.5）时，放贷方可以接受
	TIE	某一时期税前息前净利润除以当期应付贷款利息 放贷方一般要求 TIE 至少大于 2

附录 E　PPP 融资模式与盈利模式比较

PPP 可能的融资渠道多样化。从海外经验看，PPP 的融资方式包括银行贷款、出口信贷、资本市场（权益融资和债券）、国际银团贷款、租赁公司及项目其他参与方等。一般来看，银行贷款和资本市场为主要融资方式。PPP 可能的融资渠道各融资方式比较如表 E-1 所示。

表 E-1 PPP 可能的融资渠道各融资方式比较

融资渠道	融资特点
国内/国际商业银行贷款	这是最基本、最重要的债务资金形式，决策过程复杂，附带限制条件多
出口信贷	一般有贷款或提供担保两种形式，不承担建设风险，需配套其他贷款，利率比较低
资本市场	操作快捷、条件灵活、风险承担能力强，不需要政府担保，但投资风险大
国际银团贷款（辛迪加贷款）	数额大、期限长、灵活、风险小，但条件苛刻
国际金融机构/多边代理机构	低利率，但手续烦琐、过程长
外国政府援助贷款	低息甚至无息
租赁公司	以租赁方式为项目设备筹集资金
项目所在国政府贷款	低息
项目其他参与方	发起人、承包商、供应商提供的贷款

（数据来源：《特许经营项目融资（BOT、PFI 和 PPP）》，兴业证券研究所。）

PPP 项目的盈利模式主要有三种，且多与财政补贴挂钩。如表 E-2 所示。

表 E-2 PPP 项目的盈利模式

盈利模式	代表项目	具体内容
项目运营收入和政府补贴	马来西亚南北高速公路项目	收入主要来自车辆过路费，但是政府向项目公司提供最低公路收费的收入担保，即在任何情况下，如果公路流量不足，公路的使用费收入低于合约中规定的水平，政府将向项目公司支付差额部分
项目运营收入和延伸业务收入	香港地铁	经营收入主要来自地铁乘客的车费，地铁公司有权决定要价。此外政府还赋予香港地铁公司沿线的地产开发权，香港地铁公司把发展房地产与发展地铁结合起来，建设大型住宅、写字楼和商场等，获取了巨大利润
政府补贴	南非的豪登快铁项目	项目所有的运营收入均进入政府财政，政府按照合约规定的价格每年支付项目公司 Bombela 保本运量所对应的收入（每年 3.6 亿兰特），Bombela 每年获得上述固定费用用于日常的运营和维护工作，Bombela 有义务按照合同规定做好日常运营管理工作，但对客容量的多少基本不承担责任，此外，项目的电力成本由政府负担

（数据来源：兴业证券研究所。）

附录 F 某水务集团 PPP 项目操作手册

一、操作基础

PPP 是 Public-Private-Partnership 的首字母缩写，常译为“公共私营合作机制”，是指为了建设基础设施项目，或是为提供某种公共物品和服务，政府按照一定的程序和方式，与私人组织（社会力量）以政府购买服务合同、特许经营协议为基础，明确双方的权利和义务，发挥双方优势，形成一种伙伴式的合作关系，并通过签署合同来明确双方的权利和义务，以确保合作的顺利完成，由社会力量向公众提供市政公用产品与服务的方式，提高质量和供给效率，最终实现使合作各方达到比预期单独行动更为有利的结果。

PPP 模式本质上是政府与社会资本合作，为提供公共产品或服务而建立的全过程合作关系，以授予特许经营权等为基础，以利益共享和风险分担为特征，通过引入市场竞争和激励约束机制，发挥双方优势，提高公共产品或服务的质量和供给效率。即建立政府与企业“利益分享、风险共担、全程合作”的模式，形成“政府监管、企业运营、社会评价”的良性互动格局。PPP 模式的核心是在公共服务领域引入市场机制，因此，它不仅仅是单纯的融资方式，也是一种机制和制度设计。推广 PPP 模式进行城市基础设施的建设与运行，可以将适度的市场竞争引入城市基础设施领域，在实现社会福利、提高基础设施服务质量的同时也给企业带来合理的投资回报，同时也能够增强公共基础设施可持续运行的效率和能力。

PPP 模式项目的实施主要包括项目选择、社会力量合作伙伴确定、组建项目公司、融资、建设、运行管理等过程。项目收入来源主要分三类：一是完全依靠使用者付费，二是政府支付服务费用，三是前两种方式的结合。

PPP 有广义和狭义之分：广义的 PPP 可以理解为一系列项目融资模式的总称，包含 BOT、TOT、DBO、BTO、股权转让、委托运营等多种模式。狭义的 PPP 与 BOT 原理相似，都是由“使用者付费”，但它更强调公共部门与私人部门的全过程合作。

二、总体要求

1. 打破地域垄断和所有制限制

政府通过竞争机制择优选择合作伙伴，吸引各类社会资本参与项目的投融资、建设和运营等；鼓励有一定技术能力和管理经验的专业性企业通过兼并、收购，跨地域参与市场竞争，培育具有开拓国内外市场能力的大型市政公用服务企业，提高产业集中度；鼓励以市代县、城乡一体化中的同类项目进行打包，扩大市场规模。

2. 落实费价政策

将市政公用服务价格收费或政府支付服务费作为合作伙伴的经营收入来源。政府要合理确定费价标准，完善价格调整机制，在合作伙伴履约的前提下及时足额支付服务费和补贴，既保护消费者权益，又保证投资者的合理收益。政府支付的服务费应通过竞争程序确定，并纳入地方财政预算管理。向用户收费的各类市政公用产品价格，应按照相关规定进行成本监审并及时调整到位，价格不到位的，政府应予以补贴。

城镇综合管廊项目要明确各入廊管线行业费用分摊和价格标准。

3. 规范运行操作

按照城镇市政公用各类专项规划筛选适宜 PPP 的项目，强化项目前期策划和论证，做好信息公开；通过竞争机制选择合作伙伴，按照“政府引导、企业主导、市场运作、利益共享、风险共担”的原则，由政府与市场主体合作组建项目公司，具体负责项目的投资、建设、运营、管养和服务；政府与合作伙伴、项目公司通过合同或特许经营协议明确约定各自的权、责、利；强化项目实施的全过程监管。

（1）做好项目前期论证。开展 PPP 项目的可行性论证是决定项目成功的首要环节。筛选 PPP 项目要符合当地城镇市政公用方面各类专项规划的要求，加强前期策划，可委托有一定业绩和能力的设计或咨询机构编制实施方案。实施方案应包括项目的基本情况、规模与期限、技术路线、服务质量和标准、规划条件和土地落实情况、投融资结构、收入来源、财务测算与风险分析、实施进度计划、资金保障等政府配套措施等内容。

城市政府应组织有关部门、咨询机构、运营和技术服务单位、相关专家以及各利益相关方共同对项目实施方案进行充分论证，确保项目的可行性和可操作性，以及项目财务的可持续性。实施方案须经地方政府审批后组织实施。

（2）通过竞争机制选择合作伙伴。城市政府应及时将项目内容，以及对合作伙伴的要求、绩效评价标准等信息向社会公布，确保各类市场主体平等参与竞争。应按照《招标投标法》规定的公开招标投标方式，综合经营业绩、技术和管理水平、资金实力、服务价格、信誉等因素，择优选择合作伙伴。

（3）签订特许经营协议。城市政府必须与中选合作伙伴签署特许经营协议，协议主要应包括：项目名称、内容；范围、期限、经营方式；产品或者服务的数量、质量和标准；服务费标准及调整机制；特许经营期内政府与特许经营者的权利和义务、履约担保；特许经营期满后项目移交的方式、程序及验收标准；项目终止的条件、流程和终止补偿；违约责任；争议解决方式；其他需要约定的事项。

（4）筹组项目公司。中选合作伙伴可依合同、按现代企业制度的要求筹组项目公司，由项目公司负责按合同进行设计、融资、建设、运营等；项目公司独立承担债务，自主经营、自负盈亏，在合同经营期内享有项目经营权，并按合同规定保证资产完好；项目公司的经营权未经政府允许不得私自转让；项目形成的固定资产所有权在合同期满后必须无偿移交政府。

4. 把握 PPP 模式运用的关键环节

（1）建立长期的政府与企业合作机制。关键在于政府要处理好与市场主体之间的关系，由“经营者”转变为“监管者”“合作者”。发挥投资人在整合设计、建设、运营、管理等方面的综合优势，让“专业的人做专业的事”。

（2）建立合理的利益共享机制。通过政府核定经营收费价格以及以购买服务方式补贴标准，实现项目建设运营的自我平衡，既要保障公共利益，提高公共服务质量和效率，又要避免企业出现暴利和亏损，实现“盈利但不暴利”。

（3）建立平等的风险共担机制。政府和社会资本应该平等参与、诚实守信，按照合同办事，依据对风险的控制力，承担相应的责任，不过度转移风险至合作方。企业主要承担投融资、建设、运营和技术风险，政府主要承担国家政策、标准调整变化的宏观风险，双方共同承担不可抗力风险。

（4）建立严格的监管和绩效评价机制。政府对 PPP 项目运作、公共服务质量和资金使用效率等进行全过程监管和综合考核评价，认真把握和确定服务价格和项目收益指标，加强成本监审、考核评估、价格调整审核，可以考虑引入第三方进行社会评价。健全完善正常、规范的风险管控和退出机制，禁止政府为项目担保，防范项目风险转换为政府债务风险。

（5）建立退出和赔偿机制。对未能如约、按量、保质提供公共产品和服务的项目，应按约坚决要求企业退出并赔偿，投资人必须按合约规定及时退出并依法赔偿，严格责任追究。对企业自身经营管理能力不足而引发的项目风险应注意及时规避。

5. 实行分类指导，完善服务标准体系

根据行业经营特性，分类明确财政、用地、价格以及行业管理的重点政策，细化标准，建立科学的可持续的投资、补贴与价格协同机制。形成合理的项目筛选、推出和开放过程，强化项目策划，建立项目储备库，建立引资项目长效机制，根据项目具体情况制定有针对性的招商合作方式和条件，重点推进条件成熟项目的招商招标工作。各部门不得另行设置限制民间投资进入的附加条件。

6. 试点先行，逐步规范

在城镇污水处理、污水处理厂网一体、污泥处理处置、供水厂网一体、垃圾处理、地下综合管廊等方面的新建、改扩建和运营项目中，优先选择条件相对成熟的项目进行试点推进，通过总结经验，逐步规范完善，为后续扩大对社会资本全面开放提供指导。

7. 建立信用评级和黑名单制度

依托专业信用评价体系对项目涉及的政府支付能力和企业信用进行评价，信用评级将作为金融和财政支持的参考。对合作企业、咨询机构建立黑名单制度，对于列入黑名单的企业和咨询机构将予以通报。

三、基础设施项目分类及应用 PPP 的方式

1. 城市基础设施分类

根据城市基础设施的行业性质及用途，分为以下七类：

（1）涉水项目。包括城镇供水、排水、雨水收集利用、中水回用、污水处理厂和管网以及水环境治理工程等。

（2）燃气和能源项目。包括管道燃气、压缩天然气（CNG）、液化天然气（LNG）、加气站、加油站及管网等。

（3）环卫环保项目。包括垃圾收运系统及生活垃圾焚烧、卫生填埋、填埋气利用工程，餐厨垃圾焚烧处理，建筑垃圾综合利用等。

（4）城市道路交通及园林绿化项目。包括轨道交通、公共交通、道路桥梁、园林绿化等。

（5）综合管廊项目。包括城市共同沟、综合管廊等。

（6）供热项目。包括热源厂、供热管网、换热站等。

（7）市政公用设施管养项目。包括道路清扫保洁、公厕管理、市政照明、道路桥梁维护、园林绿化管理养护等。

2. 应用 PPP 的方式

按照上述七类项目的经营特性及向使用者收费的可行性，实施不同的 PPP 方式。

（1）采用合资合作和特许经营方式。此类项目收费或价格形成机制较为健全，可以通过“使用者付费”实现投资回报。例如城镇供水，城市煤气、天然气、液化石油气、管道燃气、CNG、LNG、加气站，城市供热等项目。

（2）采用政府购买服务、特许经营组合方式。此类项目虽然可以回收部分投资、保本或微利经营，但由于其建设周期长、投资多、风险大、回收期长或者垄断性等特点，单靠市场机制难以达到供求平衡，需要政府参与投资经营，并且应以控股和参股等方式进行。准经营性项目实施特许经营和政府购买服务相结合。例如综合管廊、轨道交通（城际交通）、公共交通项目，涉水项目中的污水处理、中水回用等厂网一体化项目，环卫环保项目中的垃圾收运系统及生活垃圾焚烧、卫生填埋、填埋气利用工程，餐厨垃圾处理、建筑垃圾综合利用等收运处一体化项目。

（3）采用政府购买服务方式。此类项目经济上的显著特点是为社会提供服务，非以盈利为目的，使用功能不收取费用或只收取少量费用。例如涉水项目中的城镇排水、雨水收集利用、排水管网、水环境治理项目，市政公用中的道路清扫保洁、公厕管理、市政照明、道路桥梁维护、园林绿化管理养护项目等。

四、PPP 项目承接主体的准入条件

按照 PPP 项目形成特点和项目特性，需要规范设置必要的社会投资人准入门槛，保障社会大众和政府的权益，主要方面如下：

（1）信用与信誉良好。投资人要有良好的银行资信、财务状况及相应的偿债能力；重合同、守信用，具有社会责任感。

（2）具有资质和丰富经验。具有建设营造、经营管理、运营维护同类工程的业绩、资质或经验。投资人或投资人组成的联合体要有良好的业绩与技术能力，必须具备相应的专业资质资格，经验丰富。

（3）资金充足，具有较强的财务能力与融资渠道。投资人要具备良好的财务实力与融资能力，具有良好的银行资信、财务状况及相应的偿债能力及同类项目成功的盈利模式和竞争模式。

（4）专业知识与技术力量雄厚。投资人要具备专业的 PPP 模式项目的专家人才、技术人才、财经人才与管理人才团队。

（5）设备配置等要素实力良好。投资人要拥有专业的设备及完成服务所必需的其他要素资源。

（6）质量安全管理体系完善。近三年内没有发生过重大生产安全和质量事故，投资人主动防范的意识强、措施得力，合规性较好，具有独立法人资格，能遵从合同合法合规运营。在设置具体 PPP 项目准入条件时，应遵循“公开、公平、公正”的原则，注意准入条件设置的规范、合理和可操作性。

五、PPP 模式运作的基本流程

（一）项目前期准备阶段

在 PPP 模式中，项目前期准备阶段包括项目发起和项目准备两个部分。

1. 项目发起

项目发起阶段的工作主要内容包括启动准备和前期调研：组建项目实施班子、制订整体工作计划、开展项目调查等。

实施 PPP 模式是一个系统工程，其复杂、专业程度极高。一要组建一个 PPP 项目实施团队，由市政府牵头，规划、建设、土地、发改委、财政、审计、国资委、法制办等部门组成领导小组；二要制定具体工作实施方案，明确部门责任分工、目标任务和实施工作计划安排等；三要根据城市总体规划和近期建设规划，由政府组织相关部门或机构梳理城市基础设施领域拟新建项目和存量项目，决定可以通过 PPP 模式运作的具体项目清单，构建 PPP 项目库。

2. 项目准备

项目准备阶段的工作主要是项目策划实施方案研究和编制：一是聘请顾问团队协助工作；二是 PPP 项目协议；三是开展项目的前期论证，确定项目范围和实施内容（项目建设规模、主要内容和总投资）；四是前期沟通，研究项目模式，设计项目结构，编制项目实施方案；五是设计项目主要商业原则；六是财务分析，编制财务模型；七是确定投资人比选方式和原则（确定投资人应具备的条件和能力及招标方式，双方的主要权利和义务）；八是组织相关单位讨论方案；九是实施方案公示和报批立项。

此阶段需要考虑项目的可融资方式和财政是否负担得起，并要评估传统方式与 PPP 方式之间的效率比较，分析该项目是否适合采用 PPP 方式，拟定项目协议。

聘请专业咨询机构，负责研究项目模式，设计项目结构，编制项目实施方案，关键是设计项目主要商业原则，进行财务分析，编制财务模型。组织专家对项目实施方案进行论证，并报市政府批准和省住房城乡建设厅备案。

（二）项目招标投标实施阶段

项目招标投标实施阶段包括协议编制、竞争性程序、签署协议三个部分。

（1）协议编制。细化研究协议文件编制：研究和分析项目的技术、商务边界条件（如投资、运营成本与收益测算，回购总价、回购期限与方式，回购资金来源安排和支付计划）；落实建设内容分工、投资范围（投资建设期限、工程质量要求和监管措施）；研究和编制项目协议等法律文件（项目移交方式及程序、项目履约保障措施、项目风险和应对措施等）；落实招标条件。

（2）竞争性程序。主要包括：发布项目信息；投标人准备投标文件；制定评标标准、评标细则和评标程序；成立评标工作组，开标、组织评标；编写评标报告，推荐候选人；与候选人澄清谈判。

（3）签署协议。先草签项目协议，中标人在约定时间内办理好项目公司成立的有关事宜，资金到位，政府配合完成资产交割及项目审批有关事宜，正式与项目公司签约。

（三）项目实施阶段

实施阶段包括项目建设和项目运营两个部分。

（1）项目建设。首先，项目公司与各联合单位签订正式合同，包括贷款合同、设计合同、建设合同、保险合同以及其他咨询、管理合同等。其次，项目公司组织各相关单位进行项目开发。在开发过程中，政府及相关部门对项目开发的过程进行监督，出现不符合合同的情况及时与项目公司沟通，并确定责任主体。工程验收试运营合格以后，建设阶段结束，项目进入运营阶段。

（2）项目运营。政府与项目公司签订特许经营权协议，约定特许经营期限。在整个项目运营期间，项目公司应按照协议要求对项目设施进行运营、维护。为了确保项目的运营和维护按协定进行，政府、贷款人、投资者和社会居民都拥有对项目进行监督的权利。

（四）合同终结阶段

这是项目运作的最后一个阶段，包括项目移交和项目公司解散等内容。

（1）项目移交。特许经营期满后，项目公司要将项目的经营权（或所有权与经营权同时）向政府移交。在移交时，政府应注意项目是否处于良好运营和维护状态，以便保证项目的继续运营和服务提供的质量。

（2）项目公司清算。项目移交以后，项目公司的业务随之中止。因此，项目公司应按合同要求及有关规定到有关部门办理清算、注销等相关手续。

六、实施 PPP 模式的法律文本要点

（一）基础设施市场化投融资项目的法律文本概述

基础设施市场化投融资项目在不同阶段设计不同类型的法律文本，主要包括资格审查文件、招标文件、投标文件、评标文件、谈判文件及项目合同的法律文本。上述文件构成了基础设施市场化投融资项目运作实施的法律文件体系。在正确把握各个文件的内容和格式的基础上，能科学、合理地编制并运用相关文件对于确保项目的规范运作及成功实施具有重要意义。

（二）资格审查文件

1. 资格审查文件的概念

资格审查文件是指招标人根据招标项目的要求，在招标公告或者投标邀请书中要求潜在投标人提供的，能够证明其具备参加投标竞争资格条件的文件。

2. 资格审查文件的内容和格式

从实务操作的角度来看，基础设施的投融资项目资格审查文件的核心内容包括项目概况、资格审查申请文件、资格审查申请文件格式、资格审查的原则和程序、资格审查标准等方面。以下列举资格审查文件的一般性参考内容及对应内容。在实际操作中应根据项目的具体特点及资格审查方式予以灵活运用：

（1）项目概况。向潜在投标人介绍项目的情况，包括但不限于项目名称、招标人、项目规模、招标内容等。

（2）资格审查申请人需要提交的申请文件。包括公司章程及法律地位证明、项目经验和业绩资料证明、技术能力及管理能力证明、财务能力及实力证明、公司履约记录等。

（3）联合体需要提交的资格审查申请文件。对以联合体形式参与投标竞争的潜在投标人，除要求每一联合体成员均需提交第（2）条要求提交的申请资料文件，还要明确联合体的牵头人条件及相应的其他要求。

（4）资格审查原则和程序。告知潜在投标人资格审查的原则和程序。

（5）资格审查申请文件的特定格式。告知潜在投标人资格审查申请文件的格式要求。

（6）资格审查标准。包括经验和业绩记录的资格评审标准、技术能力和管理能力的资格评审标准、财务能力和实力的资格评审标准、法律要求的资格评审标准等。

（三）招标文件

1. 招标文件的概念

招标文件是指招标人向潜在投标人发出的，旨在向其提供编写投标文件所需的资料并向其通报招标投标将依据的规则和程序等内容的书面文件。招标文件是招标投标过程中最重要的文件之一。

2. 招标文件的组成和内容

（1）招标文件的一般构成。一般包括招标公告和投标邀请书、投标人须知、拟签订的合同、技术条款等。

1）招标公告是公开在媒体上发布的，邀请非特定多数投资人参加项目投标的正式文件，适用于公开招标。

2）投标邀请书是非公开的、邀请特定多数投资人参加项目投标的正式文件。适用于邀请招标，或者公开招标经过资格审查后符合资格条件的情况。

3）投标人须知包括招标项目概况、对投标文件内容的要求、对投标文件格式的要求、参与招标投标的原则和程序、对投标报价的要求、评价标准和评价方法、附件和其他要求投标人提供的材料。

4）拟签订的合同包括合同的主要条款和合同格式，是招标人事先草拟好的。主要体现了招标人的意志，合同的实质性条款和内容要求投标人必须响应。本着与资本市场需求匹配并提高招标成功率的原则，合同一般都会按照前文提到的风险分配原则，在内容中合理分配双方的责、权、利。

5）技术条款包括拟招标项目的技术标准、规格、使用要求以及图样等。这部分内容可以使投标人更加详尽地了解拟投标项目的基本情况，为其是否参与项目投标以及投标报价决策提供参考。

各类招标文件都包括前述几项基本内容。针对不用类型的项目，有关部委又结合行业特点，对招标文件的内容构成做了一些特殊规定。比如，对工程施工招标文件，《工程建设项目施工招标投标办法》增加了“对采用工程量清单招标的，必须提供工程量清单”；对勘察设计招标文件，《工程建设项目勘察设计招标投标办法》增加了“勘察设计范围”和“对勘察设计进度、阶段与深度要求，勘察设计费用支付方式，对未中标人是否给予补偿及补偿标准”等规定。

（2）实质性要求和条件必须列为招标文件的重要内容。按照《招标投标法》的规定，招标文件中必须包括项目的技术要求、技术标准、对投标人资格审查的标准、投标报价要求、评标标准、标段、工期和拟签订合同的主要条款等实质性要求和条件。也就是说，招标人根据项目特点和招标项目的具体要求，还应将其他许多重要内容作为实质性条款列入招标文件。根据国务院有关部门已经制定发布的工程施工、货物、服务以及机电产品国际招标投标等管理办法的规定，除了《招标投标法》规定之外，招标文件中的实质性要求和条件还应当包括：明确规定投标保证金的数额、方式和交纳方法；明确规定投标有效期和特殊情况的处理办法；明确规定基础设施交付期限和提供服务的时间；明确规定是否允许价格调整及调整方法；明确规定是否要求提交备选方案及备选方案的评审办法；明确规定是否允许联合体投标及相应要求；对采用工程量清单招标的，应当明确规定提供工程量清单及相应要求；明确规定对投标文件的签署及密封要求等。

（四）投标文件

1. 投标文件的组成和内容

投标文件是投标人在通过了招标项目的资格预审（如采用预审方式）以后，按照招标文件的要求而制定的响应文件。该文件应对投标人完成拟投标项目的能力、报价，以及在拟投标项目中准备投入人力、物力、财力等方面的情况进行描述。投标文件通常由投标人致函、授权委托书、投标人资格文件、共同投标协议（适用于联合体）、技术和管理方案、财务方案、法律方案、投资人报价文件、投标保函及其他等部分组成。

以下给出投标文件的一般性参考格式及对应内容，在实际操作中可根据项目特点及招标文件的具体要求灵活运用：

（1）投标人致函。潜在投标人书面对招标文件中的实质性要求做出承诺，包括但不限于：响应招标文件中拟签订的实质性合同条款；一旦被选为中标人履行中标人义务；承诺投标文件真实、准确、完整、有效。

（2）授权委托书/联合体授权委托书。潜在投标人的法定代表人授权为投标之目的的委托代理人，承诺委托代理人在投标活动过程中签署、协商、递交文件和处理与投标活动相关的一切事务具有法律效力。

（3）投标人资格文件。按招标文件的规定递交如下材料（包括但不限于）：公司章程及法律地位证明；项目经验和业绩资料证明；技术能力及管理能力证明；财务能力及实力证明。

（4）共同投标协议（仅适用于联合体投标）。按照招标文件要求提供联合体投标协议，约定联合体各方的权利和义务。

（5）技术和管理方案。按招标文件的规定递交如下文件：为实施项目提出的建设、运营、维护的更先进的技术建议和改造的合理化建议；为实施项目拟组建合理完整的项目管理机构，包含项目管理机构的部门机构设置、各专业人员配置、人员业绩经验等内容；招标文件规定的技术及管理方面的其他方案。

（6）财务方案。按招标文件的规定递交如下文件（包括但不限于）：项目的融资计划，包括详述资金来源和使用计划、资金成本、项目风险分配分析、资本结构、预计融资交割时间及其他重大事件进度表；资金到位的有效措施，紧急状态下的资金应对方案；项目的财务分析。

（7）法律方案。按招标文件的规定递交如下材料（包括但不限于）：对拟签订合同的实质性条款的逐条响应；在招标文件规定的范围内提出《项目合同偏差意见表》。

（8）投资人报价文件。按照招标文件的规定对招标标的提出报价。

（9）投标保函/投标保证金。按照招标文件规定的格式和金额提交相应的投标保函或保证金。

2. 投标文件的编制与递交

（1）投标文件的编制。基础设施投融资项目实践中，招标文件通常会对投标文件的编制提出具体要求，不同项目类型的招标文件要求也有所区别。投标文件应当对招标文件提出的实质性要求和条件做出响应，如任何一项实质性要求不能满足，投标文件将会被拒绝。实质性要求和条件是指招标文件中有关招标项目的价格、计划、技术规范、合同主要条款等。因此，响应招标文件的要求是投标文件编制的基本前提。投标人应认真研究、正确理解招标文件的全部内容，并按要求编制投标文件。

（2）投标文件的递交。对于投标文件的送达，应注意以下几个问题：①投标文件的提交截止时间。招标文件中通常会明确规定投标文件提交的时间，投标文件必须在招标文件规定的投标截止时间之前送达。②投标文件的送达方式。投标文件可以直接送达，即投标人派授权代表直接将投标文件按照规定的时间和地点送达，也可以通过邮寄方式送达。邮寄方式送达应以招标人实际收到时间为准，而不是以“邮戳为准”。③投标文件的送达地点。投标人应严格按照招标文件规定的地址送达，特别是采用邮寄送达方式的，更需详细核实地址。投标人因递交地点发生错误而逾期送达投标文件的，将被招标人拒绝接收。

（五）评标文件

1. 评标文件的概念

评标文件是指招标人为了使得评标工作按照法律及相关规定顺利实施而编制的指导文件，包括评标工作纪律、评标工作概述、评标工作程序、评标细则等部分。

2. 评标文件的内容

以下给出评标文件的一般性参考格式及对应内容，在实际操作中可根据项目特点及招标文件的具体要求灵活运用。

（1）评标工作纪律。根据国家法律及其他规定制定评标工作纪律。

（2）评标工作概述。一是评标工作时间安排。详细列明评标工作开始及结束的时间安排。二是评标办法。根据项目的具体特点制定科学合理的评标办法，招标文件已约定评标办法的通常不得随意改变。三是评标委员会。根据法律规定的要求成立评标委员会，确定评标专家的数量及各专业专家的人选。四是评标委员会秘书组和会务组。评标委员会下设秘书组和会务组，全面支持评标专家的工作并做好后勤保障。

（3）评标工作程序。

1）投标文件的符合性审查：根据招标文件的要求列明投标文件符合性审查的标准。

2）全面阅读招标文件和投标文件：熟悉招标文件及投标文件的结构和主要内容，为综合评估做准备。

3）要求投标人进行澄清（如有）：为协助审查、比较和评估投标文件，向投标人发出书面澄清通知（如有必要），要求投标人对其投标文件进行澄清。

4）分析投标文件并汇总评标专家意见：列明据招标文件规定的评标原则和方法及评标文件规定的评标细则进行分析、打分及排序的具体安排。

5）起草评标报告草案：列明起草评标报告草案的具体安排。

6）形成评标报告：列明形成正式评标报告的具体安排。

7）招标人公布评标结果：列明招标人公布的方式及公布之后的谈判工作安排。

（4）评标工作具体安排。在评标工作起始时间范围内，详细安排具体评标工作的先后顺序。

（5）评标细则。对应招标文件的要求，评标细则包括：①技术及管理方案评标细则；②财务方案评标细则；③法律方案评标细则。

招标人应按照评标文件的要求组织评标，根据评标委员会推荐的中标候选人的先后顺序进行澄清谈判，并最终确定招标结果。

（六）谈判文件

1. 谈判文件的准备

这里所讲的谈判，是指评标结束后中标候选人应邀与招标人按照招标文件要求进行的合同澄清及谈判。

在谈判之前，招标人通常会起草一份谈判文件，作为谈判双方澄清、确定最终意见的蓝本。谈判文件中至少应当明确谈判程序、谈判内容及评定标准等事项。

在基础设施投融资项目实际操作中，谈判的核心内容是投标人在投标文件法律方案中所提交的《项目合同偏差意见表》中对招标文件非实质性合同条款的修改建议。谈判双方须针对中标候选人所提出的非实质性合同条款修改建议的合法性、合理性及可行性进行磋商。

2. 谈判文件的签署和管理

通常来讲，基础设施投融资项目的投资金额较大，社会影响较为深远，相应的合同条款也较为复杂。在实际操作中，若招标人未能与排名第一的中标候选人达成一致，则会转向与排名位次居其次的候选人谈判，以此类推。

谈判如需进行多轮，则须以谈判文件为基础，以谈判备忘录的形式及时确认每一轮的谈判成果，直至双方对所有问题均达成一致。双方的授权代表人应在每轮谈判成果文件上签字确认，并各执一份留档保存。经双方签字确认的谈判文件结合招标文件中的合同文本将作为双方最终订立项目合同的法律依据。

（七）项目合同

1. 项目合同的基本概念

项目合同是指作为招标人的政府与通过项目法人招标选择的中标人（社会投资人）依法订立的约定了双方权利义务及风险分配的协议。

基础设施投融资项目大多与市政公用行业联系紧密，在市政公用事业投融资体制改革过程中，2002 年建设部颁布的《关于加快市政公用行业市场化进程的意见》及随后一系列鼓励公用事业市场化运作的政策进一步推动了以特许经营为主要方式的公用事业市场化进程。如此一来，基础设施投融资项目与特许经营变得关系密切。2004 年建设部又下发了《关于印发城市供水、管道燃气、城市生活垃圾处理特许经营协议示范文本的通知》，使得公用事业行业特许经营项目有了可以参照的示范文本，因此，以下将着重介绍特许经营协议的组成。

2. 项目合同的组成

基础设施投融资项目的合同根据特许经营的模式可以分为投资型特许权经营协议和经营型特许权经营协议，以下将分别介绍其各自的重要组成部分：

（1）投资型特许经营模式的特许权协议内容。包括：特许经营权的具体内容和范围（如产品或服务种类、地域范围等）；有关资本性投资的规定；产品或服务价格；产品或服务质量；产品或服务销售数量；销售收入结算；重要生产要素采购；关于保证持续提供公用产品或服务的规定；运营和资产管理办法；特许权取得人的信息报告义务；混业经营限制；一般补偿；资产移交；争议解决；特许权的更改或终止；特许权协议终止的补偿；其他。

（2）经营型特许经营模式的特许权协议内容。包括：委托或租赁经营资产的范围；提供产品、服务的数量和质量；对管理费、租金或经营收入定价；激励机制（对特许权取得人超额完成协议目标的奖励或惩罚的规定）；委托资产的维护和保养义务；关于资本性支出的规定；协议生效后和协议终止时对资产移交的规定；特许权取得人的报告义务；合同履约担保；争议解决；合同变更和终止；其他。

3. 项目合同的订立

（1）订立合同的原则。

1）平等原则。合同当事人的法律地位平等，即享有民事权利和承担民事义务的资格是平等的，一方不得将自己的意志强加给另一方。市场经济中交易双方的关系实质上是一种平等的契约关系，因此，在订立合同中一方当事人的意思表示必须是完全自愿的，不能是在强迫和压力下所做出的非自愿的意思表示。因为合同是平等主体之间的法律行为，只有订立合同的当事人平等协商，才有可能订立意思表示一致的协议。

2）自愿原则。合同当事人依法享有自愿订立合同的权利，不受任何单位和个人的非法干预。《合同法》中的自愿原则，是合同自由的具体体现。民事主体在民事活动中享有自主决策权，其合同的民事权利可以抗御非正当行使的国家权力，也不受其他民事主体的非法干预。《合同法》中的自愿原则有以下含义：

第一，合同当事人有订立或者不订立合同的自由。

第二，当事人有选择合同相对人、合同内容和合同形式的自由，即有权决定与谁订立合同、有权拟定或者接受合同条款、有权以书面或者口头形式订立合同。

3）公平原则。合同当事人应当遵循公平原则确定各方的权利和义务。在合同的订立和履行中，合同当事人应当正当行使合同权利和履行合同义务，兼顾他人利益，使当事人的利益能够均衡。在双方合同中，一方当事人在享有权利的同时，也要承担相应义务，取得的利益要与付出的代价相适应。

4）诚实信用原则。合同当事人在订立合同、行使权利、履行义务中，都应当遵循诚实信用原则。这是市场经济活动中形成的道德规则，它要求人们在交易活动（订立和履行合同）中讲究信用，恪守诺言，诚实不欺。在行使权利时应当充分尊重他人和社会的利益，对约定的义务要忠实履行。

5）合法性原则。合同当事人在订立及履行合同时，合同形式和内容各构成要件必须符合法律要求，尤其是符合国家强行性法律的要求，不违背社会公共利益，不扰乱社会经济秩序。

（2）订立合同的要求。招标人与中标人签订合同，除必须按照《合同法》基本要求签订外，还必须遵循《招标投标法》的有关特殊规定。

1）订立合同的形式要求。按照《招标投标法》的规定，招标人和中标人应当自中标通知书发出之日起30日内，按照招标文件和中标人的投标文件订立书面合同。即法律要求中标通知书发出后双方应当订立书面合同。因此，通过招标订立的合同是要式合同。

2）订立合同的内容要求。应当按照招标文件和中标人的投标文件确定合同内容。招标文件与投标文件应当包括合同的全部内容。所有的合同内容都应当在招标文件中有体现：一部分合同内容是确定的，不容投标人变更的，如技术要求等，否则就构成重大偏差；另一部分是要求投标人明确的，如报价。投标文件只能按照招标文件要求编制，因此，如果出现合同应当具备的内容在招标文件中没有明确，也没有要求投标文件明确的情况，则责任应当由招标人承担。

3）订立合同的时间要求。中标通知书发出后，应当尽快订立合同。这是招标人提高采购效率、投标人降低成本的基本要求。如果订立合同的时间拖得太长，市场情况发生变化，也会使投标报价时的竞争失去意义。因此，《招标投标法》第四十六条规定，投标人和中标人应当自中标通知书发出之日起30日内，按照招标文件和中标人的投标文件订立书面合同。《评标委员会和评标方法暂行规定》第四十九条规定，中标人确定后，招标人应向中标人发出中标通知书，同时通知未中标人，并与中标人在30日之内签订合同。

4）订立合同接受监督的要求。在合同订立过程中，投标招标监督部门仍然要进行监督。《招标投标法》第四十七条规定，依法必须进行招标的项目，招标人应当自确定中标人之日起15日内，向有关行政监督部门提交招标投标情况报告。

5）按照招标文件范本订立合同的要求。招标人与中标人签订合同一般符合城市供水、管道燃气、城市生活垃圾处理特许经营协议示范文本的合同条款及格式的规定。

在项目实践中，最重要的法律文本是招标文件、投标文件和项目合同法律文本。从缔约的程序来看，招标文件、投标文件和项目合同分别对应着缔约的三个阶段——要约邀请、要约和承诺。招标文件就是向非特定多数（或者特定）潜在投资人发出的订立合同的要约邀请；投标人递交投标文件相当于要约；而通过评标、澄清和谈判，投标人和招标人最终达成相互承诺，项目合同的达成和签署代表缔约过程的结束。

政府在起草招标文件时，应体现自己的意志，在合理的范围内保护自己的合法权益，降低运作项目的风险，但是这种保护应遵循合理风险分配原则，不能超过适当的程度。因为投标人一般在其熟悉的专业领域具有丰富经验，可以更加合理地控制风险，但在项目建设的另外一些领域（如征地拆迁、完成前期工作等）并不具有这种能力，如果分配给投标人的风险过多，将导致其过高估计风险。在报价时相应要求较高的公共产品（或服务）价格，这种情况对政府是不利的。更为严重的是，如果招标文件中的风险分配过于不合理，投标人就有可能认为项目根本不可行而不参与投标，这就会带来流标的风险。实践中，确实有一些自身条件比较好的项目，因为招标文件过于倾向招标人，使得投标人普遍心存疑虑、放弃投标而导致流标。因此，理性而富于招商经验的政府一般都会在咨询顾问团队的协助下，按照风险分配原则来制定招标文件，以保证项目招商和未来实施的顺利。

在制作投标文件时，投标人把更多关注放在报价和投标文件的内容上，但在实践中，投标文件的形式也同样重要。一是招标文件要求的投标资料非常丰富，评标时间又非常有限，如果投标人不按统一形式提交资料，将不利于评标人快速定位有效信息，并给出合理评价，这对投标人不利。二是投标文件中有些格式的规定事关重大。比如投标文件的签署，有的招标文件要求投标人每页小签，有的要求投标文件密封加盖法人印鉴，有的要求投标文件中不能出现投标人的信息，否则废标。但在实际中，时常发现违反上述形式规定而被废标的，这样的失误十分遗憾。因此，在操作 PPP 项目时一定要注意关键节点，谨小慎微、做好细节。

附录 G　中国推广 PPP 模式相关政策文件及建议

中国推广 PPP 模式相关政策文件示例如表 G-1 所示。

表 G-1　中国推广 PPP 模式相关政策文件示例

发布部门	文件名称/文号	观点摘要
对外贸易经济合作部（现“商务部”）	《关于以 BOT 方式吸收外商投资有关问题的通知》（1995 年）	以 BOT 投资方式吸引外资应符合国家关于基础设施领域利用外资的行业政策和有关法律。政府机构一般不应对项目做任何形式的担保或承诺（如外汇兑换担保、贷款担保等）。如项目确需担保，必须事先征得国家有关主管部门的同意，方可对外做出承诺
国家发展计划委员会（现“国家发展和改革委员会”）	《关于印发〈促进和引导民间投资的若干意见〉的通知》（计投资〔2001〕2653 号）	鼓励和引导民间投资以独资、合作、联营、参股、特许经营等方式，参与经营性的基础设施和公益事业项目建设。近期要积极创造条件，尽快建立公共产品的合理价格、税收机制，在政府的宏观调控下，鼓励和引导民间投资参与供水、污水和垃圾处理、道路、桥梁等城市基础设施建设
建设部（现“住房和城乡建设部”）	《关于印发〈关于加快市政公用行业市场化进程的意见〉的通知》（建城〔2002〕272 号）	鼓励社会资金、外国资本采取独资、合资、合作等多种形式，参与市政公用设施的建设，形成多元化的投资结构。对供水、供气、供热、污水处理、垃圾处理等经营性市政公用设施的建设，应公开向社会招标选择投资主体

（续）

发布部门	文件名称/文号	观点摘要
建设部（现“住房和城乡建设部”）	《市政公用事业特许经营管理办法》（建设部令第126号）（2004年）	鼓励利用社会资金、境外资本，采取独资、合资、合作等形式建设市政公用设施，从事特许经营。政府投资建设的市政公用设施，所有权属于政府。特许经营者按照城市规划投资建设的市政公用设施，在特许经营期满或者终止后，无偿归政府所有
国务院	《关于鼓励支持和引导个体私营等非公有制经济发展的若干意见》（国发〔2005〕3号）——“非公36条”	允许非公有资本进入公用事业和基础设施领域。加快完善政府特许经营制度，规范招标投标行为，支持非公有资本积极参与城镇供水、供气、供热、公共交通、污水垃圾处理等市政公用事业和基础设施的投资、建设与运营。在规范转让行为的前提下，具备条件的公用事业和基础设施项目，可向非公有制企业转让产权或经营权。支持、引导和规范非公有资本投资教育、科研、卫生、文化、体育等社会事业的非营利性和营利性领域
国务院	《关于鼓励和引导民间投资健康发展的若干意见》（国发〔2010〕13号）——“新36条”	对于可以实行市场化运作的基础设施、市政工程和其他公共服务领域，应鼓励和支持民间资本进入。鼓励和引导民间资本进入基础产业和基础设施领域；鼓励和引导民间资本进入市政公用事业和政策性住房建设领域；鼓励和引导民间资本进入社会事业领域。为民间投资创造良好环境
国务院	《批转发展改革委〈关于2013年深化经济体制改革重点工作的意见〉的通知》（国发〔2013〕20号）	抓紧清理有碍公平竞争的政策法规，推动民间资本有效进入金融、能源、铁路、电信等领域
国务院	《关于改革铁路投融资体制加快推进铁路建设的意见》（国发〔2013〕33号）	向地方政府和社会资本放开城际铁路、市域（郊）铁路、资源开发性铁路和支线铁路的所有权、经营权，鼓励社会资本投资建设铁路。研究设立铁路发展基金，以中央财政性资金为引导，吸引社会法人投入
国务院	《关于加强城市基础设施建设的意见》（国发〔2013〕36号）	建立政府与市场合理分工的城市基础设施投融资体制。政府应集中财力建设非经营性基础设施项目，要通过特许经营、投资补助、政府购买服务等多种形式，吸引包括民间资本在内的社会资金，参与投资、建设和运营有合理回报或一定投资回收能力的可经营性城市基础设施项目，在市场准入和扶持政策方面对各类投资主体同等对待
中国共产党第十八届中央委员会	《中共中央关于全面深化改革若干重大问题的决定》（2013年11月）	允许更多国有经济和其他所有制经济发展成为混合所有制经济。国有资本投资项目允许非国有资本参股。允许社会资本通过特许经营等方式参与城市基础设施投资和运营，研究建立城市基础设施、住宅政策性金融机构

（续）

发布部门	文件名称/文号	观点摘要
国务院	《关于加强地方政府性债务管理的意见》（国发〔2014〕43号）	推广使用政府与社会资本合作模式。鼓励社会资本通过特许经营等方式，参与城市基础设施等有一定收益的公益性事业投资和运营。对在建项目确实没有其他建设资金来源的，应主要通过政府与社会资本合作模式和地方政府债券解决后续融资问题
国务院	《关于创新重点领域投融资机制鼓励社会投资的指导意见》（国发〔2014〕60号）	鼓励社会资本投资运营农业和水利工程。积极推动社会资本参与市政基础设施建设运营。通过特许经营、投资补助、政府购买服务等多种方式，鼓励社会资本投资城镇供水、供热、燃气、污水垃圾处理、建筑垃圾资源化利用和处理、城市综合管廊、公园配套服务、公共交通、停车设施等市政基础设施项目，政府依法选择符合要求的经营者。政府可采用委托经营或TOT等方式，将已经建成的市政基础设施项目转交给社会资本运营管理
财政部	《关于推广运用政府和社会资本合作模式有关问题的通知》（财金〔2014〕76号）	尽快形成有利于促进PPP模式发展的制度体系
财政部	《关于印发〈政府和社会资本合作模式操作指南（试行）〉的通知》（财金〔2014〕113号）	印发《政府和社会资本合作模式操作指南（试行）》
国家发展和改革委员会	《关于开展政府和社会资本合作的指导意见》（发改投资〔2014〕2724号）	合理确定政府和社会资本合作的项目范围及模式；建立健全政府和社会资本合作的工作机制；加强政府和社会资本合作项目的规范管理；强化政府和社会资本合作的政策保障

简要说明：党的十八届三中全会提出“允许更多国有经济和其他所有制经济发展成为混合所有制经济。”为加快政府职能转变，发挥市场在资源配置中的决定性作用，推动混合所有制改革，并控制地方政府债务规模、防控政府债务风险，财政部在2014年中央和地方财政预算中提出推广运用PPP，鼓励社会资本通过特许经营等方式参与城市基础设施等的投资和运营。这是中国官方首次提出PPP概念。之后财政部在中国清洁发展机制基金管理中心的基础上成立政府和社会资本合作中心（以下简称“PPP中心”），具体负责政府与社会资本合作相关事项。2013年12月，财政部、国家发展和改革委员会分别发布了《关于印发〈政府和社会资本合作模式操作指南（试行）〉的通知》（财金〔2014〕113号）（以下简称《操作指南》）和《关于开展政府和社会资本合作的指导意见》（发改投资〔2014〕2724号）

（以下简称《指导意见》），对 PPP 模式的推广和实践进行了较为明确的规范；同时，财政部还公布了 30 个 PPP 示范项目供各地进行参考和借鉴。2014 年 9 月，安徽和福建省政府基于财政部财金〔2014〕76 号文发布了地方版的 PPP 操作指南和指导意见；而后河南、江苏、河北、山东、湖南和四川等省份也相继出台了推广 PPP 模式的政策文件。PPP 模式的推广有利于划清政府和企业界限，防范地方政府债务风险，并能激发民间资本活力，拓宽城镇化建设渠道，分担政府投资压力。《操作指南》和《指导意见》以及各省的 PPP 政策文件为社会资本参与政府项目提供了操作指导和制度保障，将加快政府部门和社会资本 PPP 项目的实践。

对中国推广 PPP 模式的建议如下：

（1）确保 PPP 监督管理机构的独立性。从国外 PPP 发展的成功经验来看，建立全国性的 PPP 监督管理机构对推广 PPP 模式至关重要。目前中国财政部已成立 PPP 中心，并要求各级地方财政部门积极设立政府和社会资本合作中心或指定专门机构，履行规划指导、融资支持、识别评估、咨询服务、宣传培训、绩效评价、信息统计、专家库和项目库建设等职责。PPP 中心制定了 PPP 模式的《操作手册》，并披露了示范项目，但中央政府并未明确 PPP 中心作为全国 PPP 模式推广发展的地位。此外，国家发展和改革委员会也承担 PPP 模式推广的监管职能，并与 2014 年 11 月发布《指导意见》和《政府和社会资本合作项目通用合同指南（2014 年版）》（简称“《合同指南》”）。因此，在 PPP 模式推广中，财政部 PPP 中心与国家发展和改革委员会分别扮演何种角色有待进一步明确。虽然从国际经验来看，多数国家的 PPP 组织和监管单位设置在财政部内或者向财政部门报告，但考虑到财政部作为 PPP 项目的重要参与方之一（尤其是涉及政府支付责任的项目），如何保障其在项目筛选以及招标投标中的独立性有待进一步明确。因此我们建议适度增强 PPP 模式监管机构的独立性，可考虑成立由财政部、发展和改革委员会、各级行业主管机构、第三方机构以及社会团体等共同参与的联合机构，主要承担 PPP 项目的技术支持和政策服务、评估评价和咨询等工作。

（2）加快完善 PPP 工作机制、配套政策、法律等制度建设。2014 年 11 月财政部发布的《操作手册》对 PPP 项目的操作流程进行了规范说明，发展和改革委员会发布了《合同指南》，为 PPP 模式的推广提供制度保障。但总体看，目前中国 PPP 项目的工作机制和管理规范有待进一步完善和普及，同时尚未出台针对 PPP 项目的招标投标、税收优惠等特别法律规定，尤其是涉及特许经营权的，亟待国家层面特许经营法的出台（目前处于征求意见阶段）。此外，涉及社会资本参与 PPP 项目的投资回报保障机制、政府投资引导机制以及配套金融服务等政策均有待进一步完善。

（3）引入创新理念，探索多元化的 PPP 模式。PPP 模式的内涵是公共部门和私人部门在公共产品和服务供给领域的合作，因此只要能够保障公共产品和服务供给的数量和质量，同时降低其整个生命周期内的成本，就可以考虑创新性地引入新的机制，以更好地调动社会资本的积极性，保障 PPP 项目的推进。例如，伦敦地铁项目为保障参与方的权益，在重新审核合约的过程中引入了仲裁机制。目前，中国的 PPP 模式以 BOT 和 BT 模式为主，因此，应鼓励各方根据项目特点创新性地采用如 BOOT、TOT 等其他模式。

（4）简化 PPP 项目审批程序，引入公众监督。目前中国政府正不断简化项目的审批流程，但考虑率到 PPP 项目涉及财政、规划、土地以及主管行业等主管部门，项目审批仍需经过较为繁杂的审批流程。从提高工作效率的角度出发，在风险得到控制的情况下，应考虑进一步简化 PPP 项目的审批等流程。此外，由于 PPP 项目多为同社会公众生活密切相关的公共产品和服务，因此有必要让公众参与到项目的监督过程中，同时加强 PPP 项目招标投标、投资建设和后期运用保障等信息的披露，以保障公共产品和服务保值保量的供给。

附录 H　全球 PPP 概览

14 国 PPP 投资占公共投资比例如表 H-1 所示。

表 H-1　14 国 PPP 投资占公共投资比例

国家	PPP 占公共投资的比例	国家	PPP 占公共投资的比例
澳大利亚	10% ~15%	墨西哥	15%
英国	10% ~13%	芬兰	10% ~15%
韩国	5% ~10%	卢森堡	5% ~10%
德国	3% ~5%	南非	3% ~5%
挪威	3% ~5%	西班牙	3% ~5%
加拿大	1% ~3%	意大利	1% ~3%
新西兰	1% ~3%	捷克	0 ~1%

资料来源：联合资信整理。

表 H-1 根据 1985 ~2011 年的数据制成，全球基础设施 PPP 名义价值为 7751 亿美元，其中，欧洲处于领先地位，大约占全球 PPP 名义价值的 45.6%；亚洲和澳大利亚所占份额为 24.2%；墨西哥、拉丁美洲和加勒比海地区三者合计占 11.4%；美国和加拿大所占的份额分别是 8.8%、5.8%，非洲和中东地区 PPP 名义价值为 315 亿美元，占全球份额的 4.1%。PPP 作为传统交付模式的一种补充，仅在能够更好地实现物有所值的情况下才得以使用，在公共投资中的比例只占一小部分。从表 H-1 可以看出，即便是 PPP 运用较为成熟的英国、澳大利亚等国家，PPP 投资占公共投资的比例也不超过 15%。澳大利亚有约 50% 的基础设施由私营部门交付，但只有约 10% ~15% 是通过 PPP 方式提供。

H.1　英国 PPP 情况

英国 PFI 项目情况如表 H-2 和表 H-3 所示。

表 H-2　英国 PFI 项目行业分布（截至 2012 年 3 月 16 日）

分类	项目数量/个	项目个数占比	项目总投资额/亿英镑	投资额占比
教育	213	29.71%	112.17	20.50%
医疗	136	18.97%	120.68	22.06%
交通	38	5.30%	69.90	12.78%
废弃物处理	38	5.30%	43.51	7.95%

（续）

分类	项目数量/个	项目个数占比	项目总投资额/亿英镑	投资额占比
住房	34	4.74%	17.25	3.15%
道路照明	32	4.46%	14.27	2.61%
健康	29	4.04%	12.33	2.25%
办公用房	24	3.35%	35.34	6.46%
警察局	24	3.35%	4.75	0.87%
服务中心	24	3.35%	3.19	0.58%
消防	13	1.81%	3.95	0.72%
教育培训	12	1.67%	7.98	1.46%
监狱	12	1.67%	6.37	1.16%
娱乐设施	12	1.67%	2.05	0.37%
法院	8	1.12%	1.95	0.36%
图书馆	7	0.98%	1.58	0.29%
安全教育中心	4	0.56%	0.68	0.12%
防洪	2	0.28%	1.55	0.28%
其他	55	7.67%	87.64	16.02%
总计	717	100.00%	547.12	100.00%

资料来源：英国基础设施局（IUK）。

表 H-3　英国 PFI 运营合同年限分布（截至 2012 年 3 月 16 日）

运营期限	项目数量/个	数量占比
5 年以内	4	0.56%
5～10 年（不含 5 年）	11	1.53%
10～15 年（不含 10 年）	26	3.63%
15～20 年（不含 15 年）	29	4.04%
20～25 年（不含 20 年）	317	44.21%
25～30 年（不含 25 年）	267	37.24%
30～35（不含 30 年）	52	7.25%
35～40（不含 35 年）	9	1.26%
40～50（不含 40 年）	2	0.28%
合计	717	100.00%

英国是较早采用 PPP 模式开展基础设施建设的国家，于 1992 年首次提出 PFI。2012 年，英国财政部进一步推出 PF2，两者最大的区别是政府在 SPV 参股投入部分资本金以吸引长期投资者。政府资本的参与使得 PF2 模式下股本金比例从 10% 提高到 20%～25%，化解了在资金紧缺时的融资局限性，又有助于发挥私人资本的专业能动性。同时，在 PF2

合同中，公共部门将承担更多的管理风险，如因法律、场址污染、保险等不可预见的变化引发的费用增加的风险。PF2 的融资结构更有利于获得长期债务融资，特别是从资本市场融资。

（1）法律顶层设计方面：通过财政部不断颁发各种规范性文件进行管理。

（2）组织保障方面：负责 PPP 运行的机构有两个：①财政部的 PPP 工作组；②PUK，它独立于财政部，按公司化运营，市场投资人占股 51%，财政部和苏格兰主管部门分别占 44% 和 5%，专项支持 PPP 工作组遴选的 PFI 项目。2011 年，财政部设立基础设施局（IUK），统一工作组和 PUK 的职能，统一管理实施 PF2 项目。

（3）PPP 开展情况方面：截至 2012 年 3 月 16 日，PFI 存量项目数量为 717 个，其中在运营的项目为 648 个，总投资额为 547 亿英镑（2011 年 3 月 16 日的总投资额为 529 亿英镑）。从项目运作模式看，717 个存量项目中，有 311 个项目成立了 SPV。2011 ~ 2012 年间，私人部门支付的资金为 18 亿英镑；2012 ~ 2013 年为 24 亿英镑。PFI 融资方式已占到英国全部基础设施融资建设的 10% ~ 13%。

英国 PPP 模式有几个特点：①较少采用特许经营，多数情况下选择 PFI（2012 年后进一步改进为 PF2）。特许经营的项目，需要使用者付费，而 PFI 项目则是政府付费的。②项目覆盖行业范围广，以教育、医疗、交通、废弃物处理为主。2012 年 3 月底，英国的 717 个存量 PFI 项目中甚至包括国内不常见的监狱、警察局、法院等。其中，教育、医疗、交通、废弃物处理等行业数量占比分别为 29.71%、18.97%、5.30% 和 5.30%，合计超过 50%；总投资额占比分别为 20.50%、22.06%、12.78% 和 7.95%，合计超过 60%。交通类项目投资额往往较大，虽然项目个数占比不到 6%，但是其投资额占比却超过 12%。③运营期限整体较长。运营期限在 20 ~ 30 年之间的项目合计占比为 81.45%。

下面选取英国政府运用 PPP 模式建设的两个项目进行分析。

（1）伦敦地铁运用 PPP 模式。1997 年，英国政府考察了多种方案，准备扭转地铁投资严重不足的局面，最后用 PPP 模式对整个地铁系统进行升级改造。经过 4 年多的论证和试行，分别正式于 2002 年 12 月和 2003 年 4 月签约，伦敦地铁公司将地铁系统的维护和基础设施供应工作以 30 年特许经营权的方式转给了三个基础设施公司（分别为 SSL、BCV 和 JNP 公司，统一称为 PPP 公司）。运营和票务依然由伦敦地铁公司控制，基础设施公司的回报由固定支付和业绩支付两部分组成。

（2）英国保障房采用 PPP 模式。英国是住房保障体系比较完善的发达国家，同时 PPP 模式应用于保障房运作较为成熟。解决保障性住房的融资，英国地方政府主要采取以下三种模式：①大尺度转移（Large Scale Voluntary Transfer，LSVT），地方政府将原有的大量公租房转移到房协，由房协通过私人贷款或者自有资金进行修缮，达到安居房标准；②附属管理机构（Arm Length Management Organisation，ALMO），设立地方政府附属的管理机构，专职建造和管理住房，主要提供维修、收租，利用政府授权管理，收入主要依赖政府拨款和租金收入；③PFI，由政府部门和私人部门合作成立项目公司，由政府财政向私人部门提供融资贷款，用于保障房建设和维护，其中，中央政府主要承担项目的建设和融资，项目公司负责支付修缮管理成本。

英国的 PPP 项目可分为两大类，一是特许经营（由使用者付费），二是 PFI、PF2，由政府付费。归结起来英国的 PPP 项目主要有五大特点，如表 H-4 所示。

表 H-4 英国 PPP 项目的五大特点

特点	主要说明
风险管控，降低政府风险	1. 将项目超期完工风险、超预算风险转移给私人部门 2. 将项目的经营风险转移给私人部门，英国很少采用特许经营的 PPP 项目，即使有政府也不提供补贴
成本固定，运营周期长	不同于政府传统采购项目，对采用 PFI 的项目整个项目的成本和政府负担成本是不变的。运营周期一般在 25 ~ 30 年，最少 10 年，长的 40 年
产出为基础，重绩效后付费	PFI 项目以产出为基础，只有在项目完工后能够达到预期的产出目标时政府才开始向投资者付费，项目完工前或完工后没有达到预期目的，政府不向项目公司付费
领域集中，交通项目投资比重大	从项目价值看，交通占 36%、医疗占 19%、教育占 14%、保障房占 10%
较少采用特许经营，多数情况下采用 PFI	因为英国的教育和医疗都是全民免费，所以 PPP 项目采用 PFI 模式，高速公路、铁路等交通项目也多采用 PFI 模式

H.2 加拿大 PPP 情况

加拿大 PPP 行业分布如表 H-5 所示。

表 H-5 加拿大 PPP 行业分布

行业	项目数量/个	占比	行业	项目数量/个	占比
教育	7	5.79%	住房	2	1.65%
环境	5	4.13%	国防	1	0.83%
司法	14	11.57%	政府服务	2	1.65%
交通	24	19.83%	文化	7	5.79%
医疗保健	59	48.76%			
合计				121	100%

资料来源：PPP Canada。

加拿大是国际公认的 PPP 运用最好的国家之一。1991 ~ 2013 年，加拿大启动 PPP 项目 206 个，项目总价值超过 630 亿美元，涵盖全国 10 个省，涉及交通、医疗、司法、教育、文化、住房、环境和国防等行业。

（1）法律顶层设计方面。加拿大各级政府积极制订基础设施规划，不断完善 PPP 项目采购流程。2003 年 5 月加拿大工业部出版的《对应公共部门成本——加拿大最佳实践指引》和《PPP 公共部门物有所值评估指引》是目前 PPP 项目的主要依据。

（2）组织保障方面。2008 年，加拿大以皇家公司的形式建立了联邦级的 PPP 单位——PPP 加拿大（PPP Canada）。该机构由加拿大联邦政府所有，但按照商业模式运作，PPP 加拿大通过财政部向国会报告，公司具有独立的董事会。这种形式可以让私人部门通过董事会监测 PPP 单位的运作。PPP 加拿大设立了一个总额为 12 亿美元的“加拿大 P3 基金”（P3

Canada Fund)，为 PPP 项目提供不超过投资额 25% 的资金支持。任何层级的地方政府都可以申请该基金，截至 2013 年一季度末，该基金已为加拿大 15 个 PPP 项目提供基金支持近 8 亿美元，撬动市场投资超过 33 亿美元。

（3）PPP 开展情况方面。根据 PPP 加拿大发布的统计数据，1991 ~ 2013 年，加拿大启动 PPP 项目 206 个，项目总价值超过 630 亿美元，涵盖全国 10 个省，涉及交通、医疗、司法、教育、文化、住房、环境和国防等行业。2003 ~ 2012 年期间，加拿大共有 121 个 PPP 项目完成了融资方案。这 121 个 PPP 项目在建设过程中的资本投入共计 384 亿美元，其中医疗保健行业直接吸引了资本投入 178 亿美元，运营和维护投入共计 128 亿美元，医疗保健行业的运营和维护投入 49 亿美元。

H.3　澳大利亚 PPP 情况

澳大利亚在运用 PPP 模式实施大型基础设施项目方面处于世界领先地位。20 世纪 80 年代，为了解决加快基础设施建设而带来的资金不足问题，澳大利亚开始在基础设施建设领域运用 PPP 模式。澳大利亚的 PPP 模式通常采用成立 SPV 的方式，由 SPV 与政府就融资建设和运营签订项目协议，期限一般为 20 ~ 30 年。一旦 SPV 出现不能履行合约的状况，政府可以随时跟进；合同到期时项目资产将无偿转交给政府。20 世纪 80 年代，澳大利亚 PPP 的运营取得了较好效益，90 年代开始，政府开始大量引入私人资本，同时将建设和运营风险更多地转嫁给私人资本，以致私人资本负担过重，资金难以为继。2000 年以来，澳大利亚汲取经验和教训，制定特别法律措施，充分发挥政府和私人资本的各自优势，以实现共赢。

（1）法律顶层设计方面。澳大利亚对 PPP 没有专门立法，于 2008 年 11 月颁布一系列国家政策与指南对 PPP 进行规范，各州在此基础上再制定本地的指南。以维多利亚州为例，2000 年公布的《维多利亚州合作方法》、2003 年颁布的《合同管理方法》等是本地 PPP 项目开展的主要依据。

（2）组织保障方面。2008 年，澳大利亚创立全国层面的 PPP 管理机构，即澳大利亚基础设施局（IAU），推广 PPP 是该机构的职能之一。其后，IAU 发布了一整套全国公私合作指南，将 PPP 项目的决策过程分为投资决策阶段与采购决策阶段，前者确定项目的经济合理性和财务可行性，后者回答 PPP 在投资与运行费用、工期、服务质量、运营管理、效率、风险分担等方面是否优于传统采购。

（3）PPP 开展情况方面。截至 2009 年底（最新数据未能获取），澳大利亚的 PPP 市场达 920 亿美元，分布在国防、公路、铁路、卫生、教育、司法、娱乐等部门。澳大利亚 PPP 项目多集中在基础设施和公益事业领域，其特色在于建立严格的审计和绩效评价机制。

与其他运作模式相比，PPP 模式有显而易见的优点：公共部门和私人部门可以发挥各自优势，充分利用有限资源，建立长期合作关系实现共赢；可以弥补公共部门资金不足的缺陷；节约管理成本和资金成本，提高建设和运营效率；提升基础设施建设和服务水平。但 PPP 模式又是一个十分复杂的系统工程，参与者众多，组织结构和形式非常复杂，需要牵头人有很高的协调组织能力；同时 PPP 模式一般周期较长，前期需要收集和分析大量的数据和资料以识别项目各阶段的风险，对风险分担机制要求很高。从国际 PPP 的实践来看，PPP

项目成功的核心在于三点：契约精神、风险共担和利益共享。

国际 PPP 项目基本运作模式如图 H-1 所示。

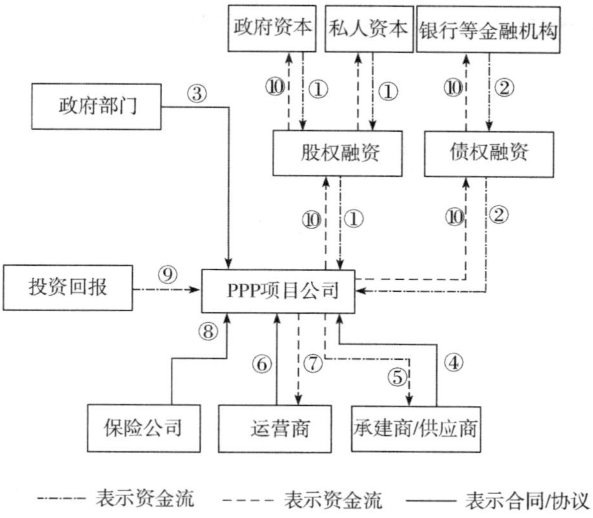

图 H-1 国际 PPP 项目基本运作模式

资料来源：联合资信整理。

附录 I 政府和社会资本合作项目前期工作专项补助资金管理暂行办法

第一章 总则

第一条 为积极推广政府和社会资本合作（PPP）模式，进一步鼓励和吸引社会投资，充分发挥投资在稳增长中的关键作用，国家发展改革委安排中央预算内投资对 PPP 项目前期工作给予专项补助（以下简称“前期工作专项补助资金”）。为规范前期工作专项补助资金管理，提高资金使用效益，特制定本办法。

第二条 本办法所称 PPP 项目是指政府为提高公共服务质量，通过特许经营、购买服务、股权合作等方式，引入社会资本参与投资、建设及运营的基础设施和公用事业项目。

第三条 本办法所称 PPP 项目前期工作是指重点区域或行业的 PPP 项目规划编制，以及重点 PPP 项目的前期决策咨询、实施方案编制、招标文件确定、合同文本拟定、法律财务顾问和资产效益评估等。

第四条 前期工作专项补助资金安排和使用坚持公开公正、突出重点、统筹兼顾、科学引导、有效监管的原则，可安排用于拟采用 PPP 模式实施的项目，也可用于已确定采用 PPP 模式实施、但仍存在本办法第三条所列前期工作资金缺口的项目。

第二章　安排程序

第五条　国家发展改革委根据 PPP 模式推广工作总体部署以及年度工作安排，综合考虑各地推进 PPP 模式的制度基础和政策环境、PPP 项目签约率、纳入 PPP 项目库的项目数量和投资规模、各地财政困难情况等，确定前期工作专项补助中央预算内投资计划，并切块下达到各省、自治区、直辖市及计划单列市和新疆生产建设兵团发展改革委。

第六条　各省、自治区、直辖市及计划单列市和新疆生产建设兵团发展改革委按照国家发展改革委下达的年度投资规模计划，根据项目责任单位提交的 PPP 项目前期工作专项补助资金申请，经审核后将前期工作专项补助资金分解安排到具体项目，报国家发展改革委备案。

第七条　各省、自治区、直辖市及计划单列市和新疆生产建设兵团发展改革委要严格按照本办法第三条规定的前期工作专项补助资金使用范围，对经审核符合国家相关规划、采用 PPP 模式建设运营、引入了社会资本特别是民间资本的 PPP 项目，安排前期工作专项补助资金。

第三章　使用管理

第八条　前期工作专项补助资金为一次性补助资金，其余部分资金由地方政府或项目业主单位承担。前期工作专项补助资金开支标准按国家相关规定执行。

第九条　前期工作专项补助资金使用要严格执行有关财务管理规定，必须设立专门账户，专款专用，严禁截留、转移、侵占和挪用。

第十条　前期工作专项补助资金实行总额控制，按规定据实列支。

第十一条　对批准建设的项目，其前期工作专项补助资金应作为国家投资补助，按照相关规定计入建设成本。

第十二条　对未获批准或因故无法实施的项目，项目责任单位要及时提出前期工作专项补助资金核销申请，各省、自治区、直辖市及计划单列市和新疆生产建设兵团发展改革委审核批准后做核销处理。

第十三条　项目前期工作完成或因故中止后结余的资金，应严格按照有关规定由省（自治区、直辖市）和新疆生产建设兵团发展改革部门调整安排用于其他 PPP 项目前期工作。

第十四条　各省、自治区、直辖市及计划单列市和新疆生产建设兵团发展改革委每年对前期工作专项补助资金使用情况进行总结，并在第二年 3 月底前将总结报告报送国家发展改革委。总结报告包括前期工作专项补助资金使用总体情况、安排的具体项目与补助资金数额、重点项目前期工作进展情况，以及其他需要说明的问题。

第十五条　有关部门、单位要严格按照基本建设财务会计制度对前期工作专项补助资金进行管理和核算。

第四章　监督检查

第十六条　各省、自治区、直辖市及计划单列市和新疆生产建设兵团发展改革委要及时会同同级相关行业主管部门对项目前期工作进展情况、质量和专项补助资金使用情况进行监督检查。国家发展改革委定期对前期工作进展情况和资金使用情况开展稽察和检查。

第十七条　对没有按照申报材料中的时限要求完成前期工作的，要限期完成；前期工作不合格的，要进行整改、限期完成。增加的费用由相关责任单位负担。

第十八条　对不按规定使用前期工作专项补助资金的，经核实后，停止拨付尚未拨付的前期工作专项补助资金，并在下一年度减少或不予安排该地区前期工作专项补助资金。对违法违规行为，依法依规追究相关责任人员的行政或法律责任。

第五章　附则

第十九条　本办法由国家发展改革委负责解释。

第二十条　本办法自公布之日起施行

附录 J　智慧城市

J.1　智慧城市简况

随着人类社会的不断发展，未来城市将承载越来越多的人口。目前，我国正处于城镇化加速发展的时期，部分地区“城市病”问题日益严峻。为解决城市发展难题，实现城市可持续发展，建设智慧城市已成为当今世界城市发展不可逆转的历史潮流。智慧城市的建设在国内外许多地区已经展开，并取得了一系列成果，国内的如智慧上海、智慧双流，国外如新加坡的智慧国计划、韩国的 U-City 计划等。

J.1.1　产生背景

智慧城市经常与数字城市、感知城市、无线城市、智能城市、生态城市、低碳城市等区域发展概念相交叉，甚至与电子政务、智能交通、智能电网等行业信息化概念发生混杂。对智慧城市概念的解读也经常各有侧重，有的观点认为关键在于技术应用，有的观点认为关键在于网络建设，有的观点认为关键在人的参与，有的观点认为关键在于智慧效果，一些城市信息化建设的先行城市则强调以人为本和可持续创新。总之，智慧不仅仅是智能。智慧城市绝不仅仅是智能城市的另外一个说法，或者说是信息技术的智能化应用，还包括人的智慧参与、以人为本、可持续发展等内涵。

从技术发展的视角，智慧城市建设要求通过以移动技术为代表的物联网、云计算等新一代信息技术应用实现全面感知、泛在互联、普适计算与融合应用。从社会发展的视角，智慧城市还要求通过维基、社交网络、Fab Lab（微观装配实验室）、Living Lab（生活实验室）、综合集成法等工具和方法的应用，实现以用户创新、开放创新、大众创新、协同创新为特征的知识社会环境下的可持续创新，强调通过价值创造、以人为本实现经济、社会、环境的全面可持续发展。2010 年，IBM 正式提出了“智慧城市”愿景，希望为世界和中国的城市发展贡献自己的力量。IBM 经过研究认为，城市由关系到城市主要功能的不同类型的网络、基础设施和环境的六个核心系统组成：组织（人）、业务/政务、交通、通信、水和能源。这些系统不是零散的，而是以一种协作的方式相互衔接。而城市本身，则是由这些系统所组成的宏观系统。与此同时，国内不少公司也在“智慧地球”的启示下提出架构体系，如“智慧城市五大核心平台体系”，已在智慧城市案例智慧徐州、智慧丰县、智慧克拉玛依等项目中得到应用。21 世纪的“智慧城市”，能够充分运用信息和通信技术手段感测、分析、整合城市运行核心系统的各项关键信息，从而对于包括民生、环保、公共安全、城市服务、工商业活动在内的各种需求做出智能的响应，为人类创造更美好的城市生活。

J. 1. 2 重要意义

随着信息技术的不断发展，城市信息化应用水平不断提升，智慧城市建设应运而生。建设智慧城市在以下方面具有重要意义：

1. 建设智慧城市是实现城市可持续发展的需要

改革开放 30 多年以来，我国城镇化建设取得了举世瞩目的成就，尤其是进入 21 世纪后，城镇化建设的步伐不断加快，每年有上千万的农村人口进入城市。随着城市人口不断膨胀，“城市病”成为困扰各个城市建设与管理的首要难题，资源短缺、环境污染、交通拥堵、安全隐患等问题日益突出。为了破解“城市病”困局，智慧城市应运而生。由于智慧城市综合采用了包括射频传感技术、物联网技术、云计算技术、下一代通信技术在内的新一代信息技术，因此能够有效地化解“城市病”问题。这些技术的应用能够使城市变得更易于被感知，城市资源更易于被充分整合，在此基础上实现对城市的精细化和智能化管理，从而减少资源消耗，降低环境污染，解决交通拥堵，消除安全隐患，最终实现城市的可持续发展。

2. 建设智慧城市是信息技术发展的需要

当前，全球信息技术呈加速发展趋势，信息技术在国民经济中的地位日益突出，信息资源也日益成为重要的生产要素。智慧城市正是在充分整合、挖掘、利用信息技术与信息资源的基础上，汇聚人类的智慧，赋予物以智能，从而实现对城市各领域的精确化管理，实现对城市资源的集约化利用。由于信息资源在当今社会发展中的重要作用，发达国家纷纷出台智慧城市建设规划，以促进信息技术的快速发展，从而达到抢占新一轮信息技术产业制高点的目的。为避免在新一轮信息技术产业竞争中陷于被动，我国政府审时度势，及时提出了发展智慧城市的战略布局，以期更好地把握新一轮信息技术变革所带来的巨大机遇，进而促进我国经济社会又好又快地发展。

3. 建设智慧城市是提高我国综合竞争力的战略选择

战略性新兴产业的发展往往伴随着重大技术的突破，对经济社会全局和长远发展具有重大的引领带动作用，是引导未来经济社会发展的重要力量。当前，世界各国对战略性新兴产业的发展普遍予以高度重视，我国在“十二五”规划中也明确将战略性新兴产业作为发展重点。一方面，智慧城市的建设将极大地带动包括物联网、云计算、三网融合、下一代互联网以及新一代信息技术在内的战略性新兴产业的发展；另一方面，智慧城市的建设对医疗、交通、物流、金融、通信、教育、能源、环保等领域的发展也具有明显的带动作用，对我国扩大内需、调整结构、转变经济发展方式的促进作用同样显而易见。因此，建设智慧城市对我国综合竞争力的全面提高具有重要的战略意义。

J. 1. 3 关键因素：智慧城市的两大基因

有两种驱动力推动智慧城市的逐步形成，一是以物联网、云计算、移动互联网为代表的新一代信息技术，二是知识社会环境下逐步孕育的开放的城市创新生态。前者是技术创新层面的技术因素，后者是社会创新层面的社会经济因素。由此可以看出创新在智慧城市发展中的驱动作用。清华大学公共管理学院书记、副院长孟庆国教授提出，新一代信息技术与创新 2.0 是智慧城市的两大基因，缺一不可。

智慧城市不仅需要物联网、云计算等新一代信息技术的支撑，更要培育面向知识社会的下一代创新（创新2.0）。信息通信技术的融合和发展消融了信息和知识分享的壁垒，消融了创新的边界，推动了创新2.0形态的形成，并进一步推动各类社会组织及活动边界的“消融”。创新形态由生产范式向服务范式转变，也带动了产业形态、政府管理形态、城市形态由生产范式向服务范式的转变。如果说创新1.0是工业时代沿袭的面向生产、以生产者为中心、以技术为出发点的相对封闭的创新形态，创新2.0则是与信息时代、知识社会相适应的面向服务、以用户为中心、以人为本的开放的创新形态。北京市城管执法局信息装备中心主任宋刚博士在“创新2.0视野下的智慧城市与管理创新”的主题演讲中，从三代信息通信技术发展的社会脉络出发，对创新形态转变带来的产业形态、政府形态、城市形态、社会管理模式创新进行了精彩的演讲。他指出智慧城市的建设不仅需要物联网、云计算等技术工具的应用，也需要微博、维基等社会工具的应用，更需要Living Lab等用户参与的方法论及实践来推动以人为本的可持续创新，同时他结合北京基于物联网平台的智慧城管建设对创新2.0时代的社会管理创新进行了生动的诠释。

J.1.4 国际实践

2008年11月，在纽约召开的外国关系理事会上，IBM提出了“智慧地球”这一理念，进而引发了智慧城市建设的热潮。欧盟于2006年发起了欧洲Living Lab组织，它采用新的工具和方法、先进的信息和通信技术来调动方方面面的“集体的智慧和创造力”，为解决社会问题提供机会。该组织还发起了欧洲智慧城市网络。Living Lab完全是以用户为中心，借助开放创新空间的打造帮助居民利用信息技术和移动应用服务提升生活质量，使人的需求在其间得到最大的尊重和满足。

1. 美国

2009年，迪比克市与IBM合作，建立了美国第一个智慧城市。利用物联网技术，在一个有6万名居民的社区里将各种城市公用资源（水、电、油、气、交通、公共服务等）连接起来，监测、分析和整合各种数据以做出智能化的响应，更好地服务市民。迪比克市的第一步是向所有住户和商铺安装数控水电计量器，其中包含低流量传感器技术，防止水电泄漏造成的浪费。同时搭建综合监测平台，及时对数据进行分析、整合和展示，使整个城市对资源的使用情况一目了然。更重要的是，迪比克市向个人和企业公布这些信息，使他们对自己的耗能有更清晰认识，对可持续发展有更多的责任感。

美国麻省理工学院比特和原子研究中心发起的Fab Lab基于从个人通信到个人计算再到个人制造的社会技术发展脉络，试图构建以用户为中心、面向应用的用户创新制造环境，使人们即使在自己的家中也可随心所欲地设计和制造他们想象中的产品。

2. 韩国

韩国以网络为基础，打造绿色、数字化、无缝移动连接的生态、智慧型城市。通过整合公共通信平台，以及无处不在的网络接入，消费者可以方便地开展远程教育、医疗、办理税务，还能实现家庭建筑能耗的智能化监控等。

3. 新加坡

新加坡2006年启动“智慧国2015”计划，通过物联网等新一代信息技术的积极应用，将新加坡建设成为经济、社会发展一流的国际化城市。在电子政务、服务民生及泛在互联方面，新加坡成绩引人注目。其中智能交通系统通过各种传感数据、运营信息及丰富的用户交互体验，为市民出行提供实时、适当的交通信息。

4. 欧洲

欧洲的智慧城市更多关注信息通信技术在城市生态环境、交通、医疗、智能建筑等民生领域的作用，希望借助知识共享和低碳战略来实现减排目标，推动城市低碳、绿色、可持续发展，投资建设智慧城市，发展低碳住宅、智能交通、智能电网，提升能源效率，应对气候变化，建设绿色智慧城市。

（1）丹麦建造智慧城市哥本哈根，有志在2025年前成为第一个实现碳中和的城市。要实现该目标，主要依靠市政的气候行动计划——启动50项举措，以实现其2015年减碳20%的中期目标。在力争取得城市的可持续性发展时，许多城市的挑战在于维持环保与经济之间的平衡。采用可持续发展城市解决方案，哥本哈根正逐渐接近目标。哥本哈根的研究显示，其首都地区绿色产业5年内的营收增长了55%。

（2）瑞典首都斯德哥尔摩，2010年被欧盟委员会评定为“欧洲绿色首都”；在普华永道2012年智慧城市报告中，斯德哥尔摩名列第五，分项排名中智能资本与创新、安全健康与安保均为第一，人口宜居程度、可持续能力也是名列前茅。

5. 中国

党的十八大报告明确提出了2020年全面建成小康社会的主要目标，并强调走中国特色新型工业化、信息化、城镇化、农业现代化道路。中央经济工作会议指出，城镇化是我国现代化建设的历史任务，也是扩大内需的最大潜力。城市是经济、政治、文化最活跃的区域，也是节约资源、保护环境的重点区域。城市的发展方式、管理能力、服务水平在很大程度上影响着全面建成小康社会的水平。

2013年全球七大智慧城市

2013年，全球超过400个城市竞逐最有智慧城市头衔，最后选出这七个城市，分别是：①美国俄亥俄州的哥伦布市；②芬兰的奥卢；③加拿大的斯特拉特福；④中国台湾地区的台中市；⑤爱沙尼亚的塔林；⑥中国台湾地区的桃园县；⑦加拿大的多伦多。

J.1.5　数字城市

信息化革命是20世纪80年代以来世界发展的最重要特征，极大地推动了人类经济、社会、政治、军事等各方面的发展进程，创新了发展模式，提高了发展质量。新一代互联网、云计算、智能传感、通信、遥感、卫星定位、地理信息系统等技术的结合，将可以实现对一切物品的智能化识别、定位、跟踪、监控与管理，从而使地球达到“智慧”的状态，使建设智慧地球从技术上成为可能。

建设智慧城市，也是转变城市发展方式、提升城市发展质量的客观要求。通过建设智慧城市，及时传递、整合、交流、使用城市经济、文化、公共资源、管理服务、市民生活、生态环境等各类信息，提高物与物、物与人、人与人的互联互通、全面感知和利用信息能力，从而能够极大地提高政府管理和服务的能力，极大地提升人民群众的物质和文化生活水平。建设智慧城市，会让城市发展更全面、更协调、更可持续，会让城市生活变得更健康、更和谐、更美好。

1993年以来，智慧城市理念即在世界范围内悄然兴起，许多发达国家积极开展智慧城市建设，将城市中的水、电、油、气、交通等公共服务资源信息通过互联网有机连接起来，智能化做出响应，更好地服务于市民学习、生活、工作、医疗等方面的需求，以及改善政府对交通的管理、环境的控制等。在我国，一些地区在数字城市建设基础上，开始探索智慧城市的建设。可以说，建设智慧城市已经成为历史的必然趋势，成为信息领域的战略制高点。

数字城市是数字地球的重要组成部分，是传统城市的数字化形态。数字城市是应用计算机、互联网、3S㊀、多媒体等技术将城市地理信息和城市其他信息相结合，数字化并存储于计算机网络上所形成的城市虚拟空间。数字城市建设通过空间数据基础设施的标准化、各类城市信息的数字化整合多方资源，从技术和体制两方面为实现数据共享和互操作提供了基础，实现了城市3S技术的一体化集成和各行业、各领域信息化的深入应用。数字城市的发展积累了大量的基础和运行数据，也面临诸多挑战，包括城市级海量信息的采集、分析、存储、利用等处理问题，多系统融合中的各种复杂问题，以及技术发展带来的城市发展异化问题。

新一代信息技术的发展使得城市形态在数字化基础上进一步实现智能化成为现实。依托物联网可实现智能化感知、识别、定位、跟踪和监管；借助云计算及智能分析技术可实现海量信息的处理和决策支持。同时，伴随知识社会环境下创新2.0形态的逐步展现，现代信息技术在对工业时代各类产业完成面向效率提升的数字化改造之后，逐步衍生出一些新的产业业态、组织形态，使人们对信息技术引领的创新形态演变、社会变革有了更真切的体会，对科技创新以人为本有了更深入的理解，对现代科技发展下的城市形态演化也有了新的认识。

研究机构对智慧城市的定义为：通过智能计算技术的应用，使得城市管理、教育、医疗、房地产、交通运输、公用事业和公众安全等城市组成的关键基础设施组件和服务更互联、高效和智能。从技术发展的视角，李德仁院士认为智慧城市是数字城市与物联网相结合的产物。胡小明则从城市资源观念演变的视角论述了数字城市相对应的信息资源、智能城市相对应的软件资源、网络城市相对应的组织资源之间的关系。值得关注的是，一些城市信息化建设的先行城市也越来越多地开始从以人为本的视角开展智慧城市的建设，如欧盟启动了面向知识社会创新2.0的Living Lab计划，致力于将城市打造成为开放创新空间，营造有利于创新涌现的城市生态。

与数字城市相比，智慧城市有图J-1六大特点。

（1）当数字城市通过城市地理空间信息与城市各方面信息的数字化在虚拟空间再现传统城市，智慧城市则注重在此基础上进一步利用传感技术、智能技术实现对城市运行状态的自动、实时、全面透彻的感知。

（2）当数字城市通过城市各行业的信息化提高了各行业管理效率和服务质量，智慧城市则更强调从行业分割、相对封闭的信息化架构迈向作为复杂巨系统的开放、整合、协同的城市信息化架构，发挥城市信息化的整体效能。

（3）当数字城市基于互联网形成初步的业务协同，智慧城市则更注重通过泛在网络、移动技术实现无所不在的互联和随时随地随身的智能融合服务。

（4）当数字城市关注数据资源的生产、积累和应用，智慧城市更关注用户视角的服务设计和提供。

（5）当数字城市更多注重利用信息技术实现城市各领域的信息化以提升社会生产效率，智慧城市则更强调人的主体地位，更强调开放创新空间的塑造及其间的市民参与、用户体验，及以人为本实现可持续创新。

㊀ 3S为RS（遥感）、GIS（地理信息系统）和GPS（全球定位系统）的统称。

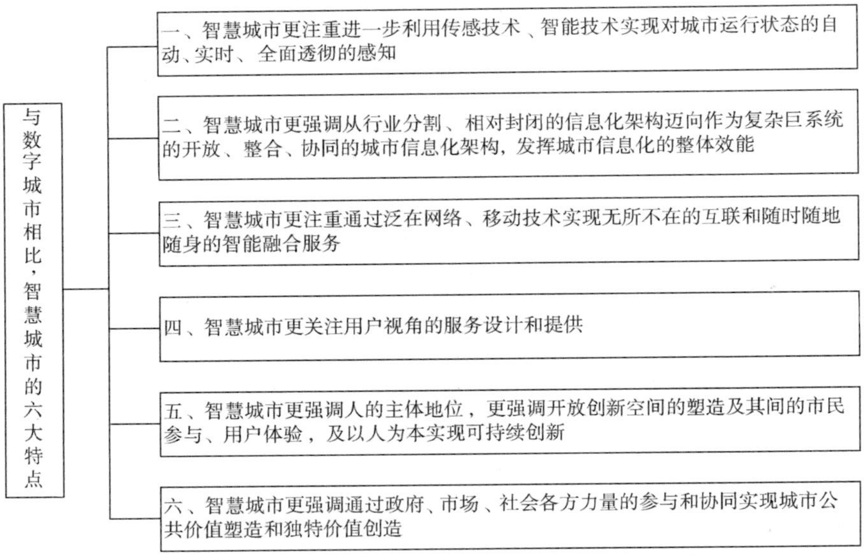

图 J-1　与数字城市相比，智慧城市的六大特点

（6）当数字城市致力于通过信息化手段实现城市运行与发展各方面功能，提高城市运行效率，服务城市管理和发展，智慧城市则更强调通过政府、市场、社会各方力量的参与和协同实现城市公共价值塑造和独特价值创造。

智慧城市不但广泛采用物联网、云计算、人工智能、数据挖掘、知识管理、社交网络等技术工具，也注重用户参与、以人为本的创新2.0理念及其方法的应用，构建有利于创新涌现的制度环境，以实现智慧技术高度集成、智慧产业高端发展、智慧服务高效便民、以人为本持续创新，完成从数字城市向智慧城市的跃升。智慧城市将是创新2.0时代以人为本的可持续创新城市。

J.2　中国智慧城市发展水平

《中国智慧城市发展水平评估报告》显示，我国智慧城市发展情况如下：

1. 主要城市智慧城市发展水平

推动智慧城市的模式分为全面推进或重点突破，中国已有上百个地区提出建设智慧城市，上海、天津、重庆、无锡、深圳、沈阳、武汉、成都等主要都市建立了射频识别（RFID）产业园区，期望能率先发展物联网产业，在智慧城市建设中走在国内前列，各主要城市智慧城市发展策略如下：

（1）北京。编写了《智能北京行动纲要》，包含智能交通、电子病历、远程医疗、智能家庭、电子商务等。

（2）上海。打造城市光网，发展3G、Wi-Fi㊀等多种技术的无线宽带，推动智能技术、云计算和物联网等新技术研发应用，加快三网融合。

（3）宁波。建设现代化国际港口城市，以杭州湾新区作为建设智慧城市的试验区，提出“智慧新城”及“生态家园”的目标定位。

㊀ 3G即第三代移动通信技术，Wi-Fi直译为无线保真，是一种无线局域网技术。

（4）佛山。将佛山建设成战略性新兴产业聚集区、四化融合先行地，提出智慧服务基础设施十大重点工程，希望做到以信息化带动工业化、提升城市化及加快国际化的作用。

（5）广州。建设第一个“由政府主导、牵手营运商”的无线城市官方门户网站，推动市民、企业及社会各界高效便捷的无线宽带网络服务。

（6）深圳。作为国家三网融合试点城市之一，致力完善智能基础设施、发展电子商务支撑体系、推动智能交通、培育智能产业基地。组建华南地区的物联网认证中心。

城市化进程的加快，使城市被赋予了前所未有的经济、政治和技术的权利，城市被无可避免地推到了世界舞台的中心，发挥着主导作用。与此同时，城市也面临着环境污染、交通堵塞、能源紧缺、住房不足、失业、疾病等方面的挑战。在新环境下，如何解决城市发展所带来的诸多问题，实现可持续发展成为城市规划建设的重要命题。在此背景下，智慧城市成为解决城市问题的一条可行道路，也是未来城市发展的趋势。智慧城市建设的大提速将带动地方经济的快速发展，也将带动卫星导航、物联网、智能交通、智能电网、云计算、软件服务等多行业的快速发展，为相关行业带来新的发展契机。我国智慧城市发展进入规模推广阶段，新一轮产业机会即将到来。

国家鼓励开展应用模式创新，推进智慧城市建设。中国深圳市、昆明市、宁波市等多个城市与 IBM 签署战略合作协议，迈出了打造智慧城市的第一步。很多城市都已纷纷启动智慧城市战略，相关规划、项目和活动渐次推出。国内优秀的智慧产业企业越来越重视对智慧城市的研究，特别是对智慧城市发展环境和趋势变化的深入研究。正因为如此，一大批国内优秀的智慧产业企业迅速崛起，逐渐成为智慧城市建设中的翘楚。2013 年 1 月 29 日，住建部公布首批国家智慧城市试点名单，共 90 个，其中地级市 37 个，区（县）50 个，镇 3 个。国家开发银行表示，在“十二五”后三年，与住建部合作投资智慧城市的资金规模达 800 亿元。在不久的将来，人们将尽享智能家居、路网监控、智能医院、食品药品管理、数字生活等所带来的便捷服务，智慧城市时代即将到来。

2. 智慧城市建设整体规模

在“无线城市智慧生活”论坛上，国家信息中心信息化研究部首席工程师单志广讲述了我国“智慧城市”发展现状以及所面临的问题。据统计，截止到 2012 年 2 月底，我国提出智慧城市建设的总数量已经达到了 154 个，计划投资规模超过 1.1 万亿元。而在“十二五”规划或政府报告中提出建设智慧城市的地级以上城市共有 41 个，其中副省级城市 10 个，直辖市中北京、上海、天津均提出了智慧城市建设。2012 年，我国物联网产业市场规模达到 3650 亿元，比上年增长 38.6%。从智能安防到智能电网，从二维码普及到智慧城市落地，作为被寄予厚望的新兴产业，物联网正四处开花，悄然影响着人们的生活。专家指出，伴随着技术的进步和相关配套的完善，在未来几年，技术与标准国产化、运营与管理体系化、产业草根化将成为我国物联网发展的三大趋势。

2013 年 4 月 10 日，由住建部建筑节能与科技司组织的智慧城市创建任务书编制培训会在京举行。来自会上提供的信息显示：继国家开发银行提供不低于 800 亿元的投融资额度后，又有两家商业银行做出承诺，表示将提供不低于国家开发银行的授信额度，支持智慧城市建设。另有其他投资机构也在 4 月初签订了 2000 亿元的投资额度。粗略估计，相关投资或将超过 4400 亿元。智慧城市建设进入高峰期。

3. 发展历程

2014 年 8 月 29 日，经国务院同意，发改委、工信部、科技部、公安部、财政部、国土部、住建部、交通部八部委印发《关于促进智慧城市健康发展的指导意见》，要求各地区、各有关部门落实本指导意见提出的各项任务，确保智慧城市建设健康有序推进。《意见》提出，到 2020 年，建成一批特色鲜明的智慧城市，聚集和辐射带动作用大幅增强，综合竞争优势明显提高，在保障和改善民生服务、创新社会管理、维护网络安全等方面取得显著成效。2013 年，科技部、国家标准委确定了国家智慧城市技术和标准试点城市“智慧城市”双试点。首批试点工作在全国共选择了 20 个城市（地区），其中副省级城市 9 个。山东省共有两座城市入选，分别是济南和青岛，其余 18 座城市（地区）分别为南京、无锡、扬州、太原、阳泉、大连、哈尔滨、大庆、合肥、武汉、襄阳、深圳、惠州、成都、西安、延安、杨凌示范区和克拉玛依。

智慧城市作为信息技术的深度拓展和集成应用，是新一代信息技术孕育突破的重要方向之一，是全球战略新兴产业发展的重要组成部分。开展智慧城市技术和标准试点，是科技部和国家标准委为促进我国智慧城市建设健康有序发展、推动我国自主创新成果在智慧城市中推广应用共同开展的一项示范性工作，旨在形成我国具有自主知识产权的智慧城市技术与标准体系和解决方案，为我国智慧城市建设提供科技支撑。

J.3 智慧城市 PPP 合作模式方案的建议

J.3.1 项目背景—智慧城市的概念和内涵

智慧城市是指充分运用物联网、云计算等先进信息技术手段，全面感测、分析、整合城市运行中的各项关键信息，通过提供智能化的服务，使城市的管理和服务更有效，为城市工商业活动和市民提供人与社会、人与人、人与物和谐共处的环境。智慧城市是新一轮信息技术变革和知识经济进一步发展的产物，是工业化、城市化与信息化深度融合的必然趋势，是综合解决“城市病”的一种有效途径，是一种可持续的城市发展模式。其实质是利用先进的信息技术，实现城市智慧式管理和运行，进而为城市中的人创造更幸福美好的生活，促进城市的和谐、可持续成长。通过信息的融合和数据挖掘，智慧城市将为城市管理者提供最及时、最优化的信息决策。更重要的是，智慧城市能够为不断增加的市民提供无所不在、随时可用的市政服务和城市公共设施服务，从而推动城市繁荣、民生幸福、社会稳定。

建设智慧城市是指在城市发展过程中，在城市基础设施、资源环境、社会民生、经济产业、市政管理领域，充分利用物联网、互联网、云计算、大数据、智能分析等信息通信技术手段，对城市居民生活工作、企业经营发展和政府行使职能过程中的相关活动与需求，进行智慧的感知、共享、分析、集成和决策。智慧城市的建成有助于实现城市从管理到服务、从治理到运营、从零碎分割到协同一体的革命性转变，对全面促进新型工业化、信息化、城镇化、农业现代化融合同步发展，提升城市核心竞争力和可持续发展能力具有重要意义。

智能城市建设的目标是通过打造一个统一的城市运营指挥中心，为城市管理者提供高效的城市管理手段和途径。智能城市根据城市各相关部门所需信息种类的不同，可以划分为若干个子系统：智能交通管理系统、医疗信息系统、智能安防管理系统、智慧能源管理系统、水质环境监控系统、智慧校园管理系统、移动办公管理系统、智能票务管理系统、虚拟旅游管理系统等。

J.3.2 通过 PPP 投资的智慧城市的优势

根据发达国家的经验，智慧城市建设可以促进高科技成功转化，从而以新兴产业发展带动产业结构转型和经济发展。推动当地参与逐步升级转型，形成新一代以信息技术为基础的智慧经济，从而解决落后产业结构和人口红利衰退造成的经济发展减缓。智慧城市建设涉及政府与民间资本、产业链上下游各利益方，如何综合考虑智慧城市建设运营的特点，合理选择投资方、建设方、运营维护管理方，提出合理的盈利及分配模式以协调项目参与的各利益方，是智慧城市建设需要重点考虑的问题。

然而，智慧城市建设是一项复杂的系统工程，所需资金巨大，涉及政府、企事业单位和市民家庭等多元主体，涵盖投融资、建设、运营、监管等过程。传统的政府自建自营模式已经远不能满足投资需求，更多的资金需要由企业和融资机构去筹措，将市场机制引入智慧城市建设已经成为必然选择。实践证明，PPP 模式是发展智慧城市的最佳选择之一。

PPP 模式通常以特许经营权为基础，政府与社会资本之间形成一种伙伴式的合作关系，并通过签署合同明确双方的权利和义务，以确保合作的顺利完成，最终使合作各方达到比预期单独行动更为有利的结果。

在智慧城市建设方面，PPP 的应用要具有四大关键要素，即制度设计、运营补贴、合作伙伴、绩效考评。在制度设计方面，要从 PPP 运作的全流程做好制度设计和政策安排。在运营补贴方面，要从“补建设”向“补运营”逐步转变，从城市整体效益出发，对社会效益好的 PPP 项目给予适当补贴，补贴依据则是项目运营绩效。在选择合适的合作伙伴方面，要选择信誉好、诚实守信、安全可靠和有资金实力、有技术能力及丰富管理经验的企业合作。在绩效考评方面，要开展全面、动态的绩效考评，明确具体的绩效要求，并制定合理的补贴、付款和调整机制、争议解决程度、退出安排等。

J.3.3 智慧城市与 PPP 的政策导向

智慧城市建设是国家新型城镇化的重要目标，也是国家经济发展和转型的有力推手。从国家到地方都有很强的政策型导向，主要的政策有：2012 年住建部《国家智慧城市试点暂行管理办法》出台；2013 年住建部公布两批智慧城市试点，共计 193 个城市入选；2014 年八部委制定并发布《关于促进智慧城市健康发展的指导意见》；2015 年住建部公布第三批智慧城市试点，累计 273 个城市列入国家智慧城市试点。同时，发改委 2014 年也发布了《关于促进智慧城市健康发展的指导意见》（发改办高技〔2014〕1770 号），要求加快形成智慧城市建设的标准体系和评价指标体系，加强重点标准的研制和应用，开展智慧城市评价工作，充分发挥标准和评价对智慧城市健康发展的引导支撑作用。特别是《广东省促进智慧城市健康发展工作方案（2015—2017 年）》，成立省促进智慧城市健康发展部门协调工作组，将智慧城市规划纳入全省总体规划部署实施，积极推进国家及省物联网重大应用示范工程的实施。

另外，从 2014 年年底开始 PPP 成为中国城市建设最重要的融资手段。中央政府和各大部委多次联合发文鼓励积极使用创新型的 PPP 模式进行基础设施建设。2015 年 5 月 13 日，国务院总理李克强主持召开国务院常务会议，部署推广 PPP 模式，汇聚社会力量增加公共产品和服务供给。会议指出，在交通、环保、医疗、养老等领域，推广 PPP 模式，以竞争择优选择包括民营和国有企业在内的社会资本，扩大公共产品和服务供给，并依据绩效评价给予合理回报，是转变政府职能、激发市场活力、打造经济新增长点的重要改革举措。2016

年财政部的第三次 PPP 项目入库要求中更是将智慧城市纳入城市综合开发模式的一种，建议使用 PPP 模式进行运作。表 J-1 总结了近年来重要的 PPP 政策和导向。

表 J-1 国务院、财政部及发改委 PPP 模式政策

日期	文件	发布机构	主要内容
2014 年 9 月	《关于推广运用政府和社会资本合作模式有关问题的通知》	财政部	充分认识推广运用 PPP 模式的重要意义，做好制度设计和政策安排，开展项目示范，完善项目支持政策，包括项目合同文本、财政补贴管理等
2014 年 10 月	《关于加强地方政府性债务管理的意见》	国务院	推广使用 PPP 模式，鼓励社会资本通过特许经营等方式参与城市基础设施等有一定收益的公益性事业投资和运营
2014 年 10 月	《地方政府存量债务纳入预算管理清理甄别办法》	财政部	对适宜开展 PPP 模式的项目，要大力推广 PPP 模式；在建项目要优先通过 PPP 模式推进；通过 PPP 模式转化为企业债务的，不纳入政府债务
2014 年 11 月	《关于政府和社会资本合作示范项目实施有关问题的通知》	财政部	确定天津新能源汽车公共充电设施网络等 30 个 PPP 示范项目，鼓励和引导地方融资平台公司存量项目转型为 PPP 项目等
2014 年 12 月	《关于开展政府和社会资本合作的指导意见》	国务院	明确了 PPP 的主要原则，包括投资回报机制、风险分担机制等；确定 PPP 的项目范围及模式，加强 PPP 项目的规范管理，强化 PPP 的政策保障
2014 年 12 月	《政府和社会资本合作项目通用合同指南》	发改委	从合同主体、合作关系、项目前期工作、收入和回报等方面进行说明和约定；意在提高公共服务质量和效率、公开透明和阳光运行、合法合规及有效执行

J. 3. 4 某智慧城市规划方案

关于某城市建设投资管理有限责任公司委托某城乡规划设计研究院所做的某智慧城市控制性详细规划文件，对智慧城市的理解层次非同一般，依据充分，法理可查，专业齐全，覆盖域广，标准较高，技术细腻，可持续性强。特别在 PPP 模式的发挥作用、可利用性上提供了优越性条件，完全符合住建部关于智慧城市试点实施方案具体内容的规定。

方案内容包括：

（1）基本概况。包括经济、社会、产业发展现状，社会公共服务和城市基础设施情况等。

（2）可行性分析。包括创建国家智慧城市的需求分析、基础条件和优势分析及风险分析等。

（3）创建目标和任务。根据当地实际情况，对照《国家智慧城市（区、镇）试点指标体系（试行）》提出合理可行的创建目标和建设任务，以及建设期限和工作计划。

（4）技术方案。包括支撑创建目标的实现和服务功能的技术路线、措施和平台建设方案。

（5）组织保障条件。包括组织管理机构、相关政策和资金筹措方式等。

（6）开发模式建议（此方案按 PPP 合作模式）。

总之，该规划是一个智慧城市的全面性、完整性、系统性、集成性、前瞻性、实用性非常强劲的可操作方案。

智慧城市建设事关城市核心竞争力和可持续发展。根据该智慧城市控制性详细规划思路和目前认可的国家智慧城市标准，本项目需要进一步通过创新城市发展理念，紧紧围绕

“创建国家新型智慧城市标杆市”的目标，扎实推进智慧城市建设，提升城市的信息化能力和水平，以信息化推动城市治理体系和治理能力现代化。

此项目建议采用 PPP 模式。在该模式下，由公司牵头联合多方资本组建“项目管理公司”与政府进行合作，由政府授权“项目管理公司”特许经营权参与公共基础设施的建设。“项目管理公司”对本项目进行综合设计、融资并负责建设和经营设施，待期限届满，“项目管理公司”将该设施及其所有权移交给政府或政府指定的机构，实现 DBFO。该项目的具体运作流程如图 J-2 所示。

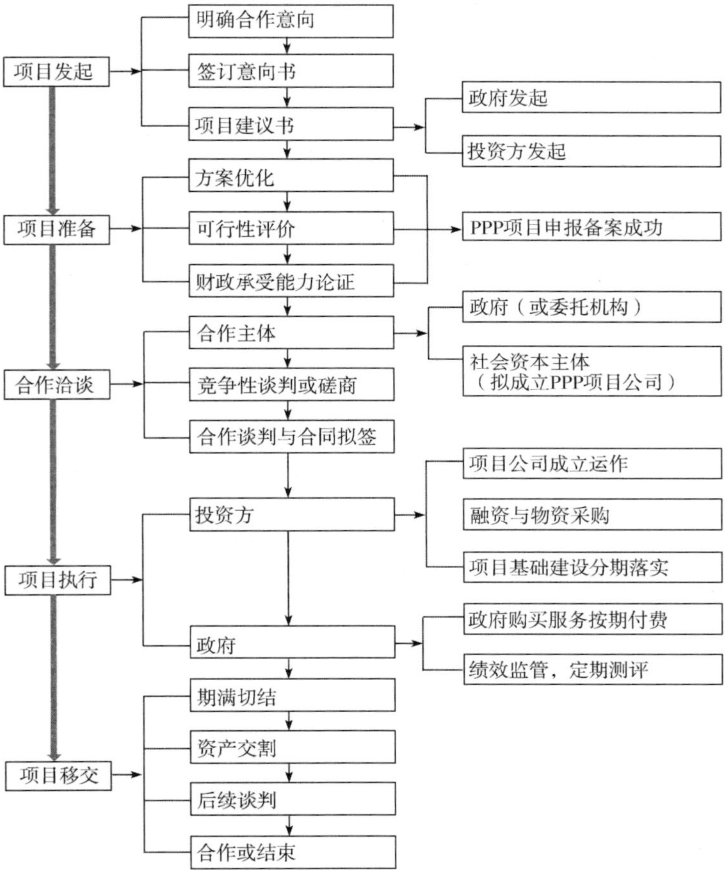

图 J-2　PPP 项目运作流程

具体的操作方案见图 J-3。

（1）某公司与某市政府就土地开发地块谈判达成合作协议，严格按照 PPP 项目的原则进行合作。对该规划进行现场复核及调研，对项目进行 PPP 可行性研究，并进行方案设计。以便确保 PPP 模式在运用到智慧城市开发时的目标保证、质量保证、标准保证。

（2）聘请咨询公司。通过咨询公司丰富的专业知识和 PPP 项目经验，协助政府和企业在准备进行 PPP 模式时，以科学的方法进行方案设计，对项目的可操作性进行评估。评估项目实施对当前及今后年度财政收支平衡状况的影响，对项目的各项财政支出责任进行清晰识别和测算，并对项目的潜在风险进行分析，避免以后出现各种问题。协助政府通过 PPP

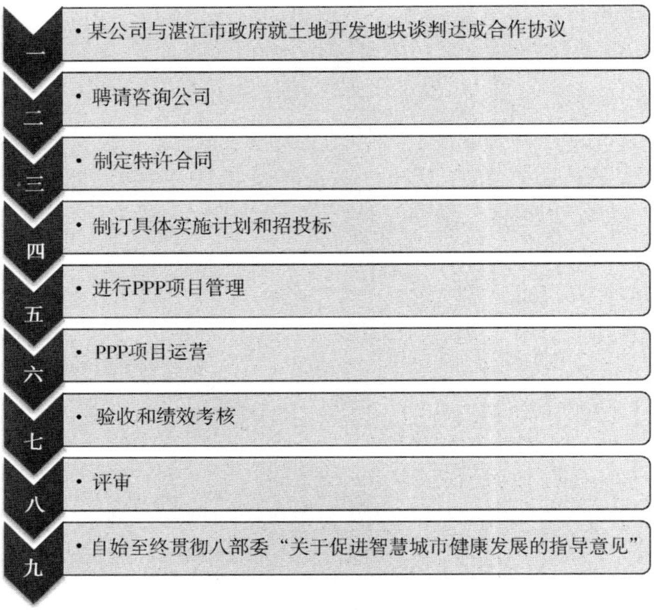

图 J-3　具体的操作方案

的两大测试：物有所值评估和政府承受力评估。

（3）制定特许合同。由某公司进行合作模式结构的设计，并提出 PPP 模式特许合同协议条款，同市政府磋商，以保障双方按股份得到的利益。

（4）制订具体实施计划和招投标：根据《招标投标法》对项目进行 PPP 招标，根据《政府采购法》《政府采购法实施条例》《政府和社会资本合作模式操作指南（试行）》《政府采购非招标采购方式管理办法》和《政府和社会资本合作项目政府采购管理办法》等规定，通过单一来源采购方式采购 PPP 项目的流程如图 J-4 所示。同时进行深化设计和施工图招标，以及制订总承包的工作计划。

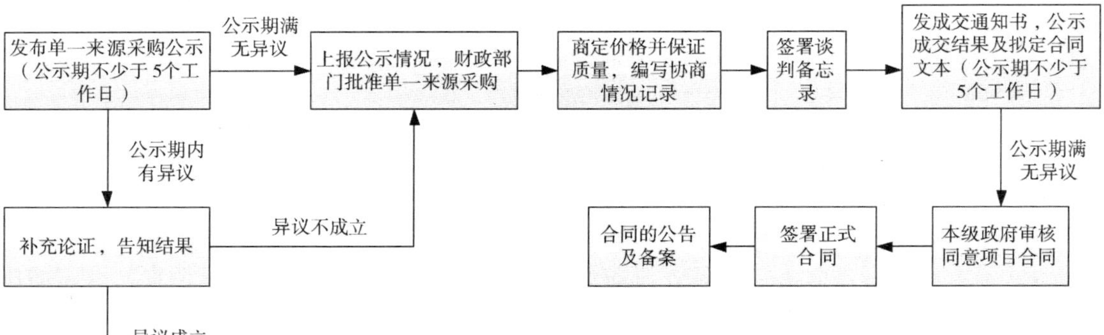

图 J-4　通过单一来源采购方式采购 PPP 项目的流程

（5）进行 PPP 项目管理：制定管理和监督制度，以保障本项目的执行，并在过程中完全符合项目的各项要求。其项目执行过程如图 J-5 所示。

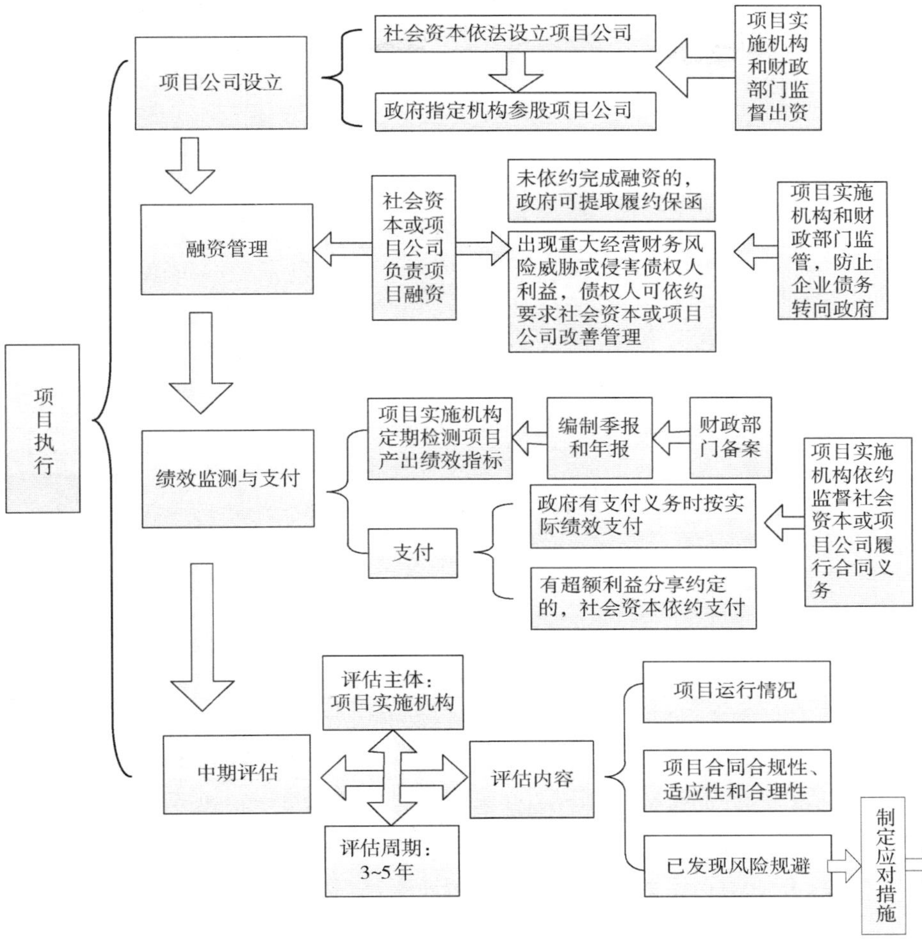

图 J-5　项目执行过程

（6）PPP 项目运营。通过 PPP 模式的运用和创新，搭建一个智慧城市的生态功能圈，对城市公共服务运营及政府购买服务模式创新都有好处。

（7）验收和绩效考核：制定绩效考核标准并按其标准规定，进行项目前期规划、事中审核、项目后评价，以及运营中期考核、验收等。

（8）评审：由咨询公司 PPP 专家委员会本着实事求是的原则，独立、客观、公正地进行评审，并负责智慧城市创建的技术指导和验收评定。专家组对验收材料的完整性、可行性、科学性进行审查。

（9）整个过程自始至终贯彻八部委《关于促进智慧城市健康发展的指导意见》。智慧城市是运用物联网、云计算、大数据、空间地理信息集成等新一代信息技术等手段和工具，促进城市规划、建设、管理和服务智慧化的新理念和新模式。建设智慧城市，对加快工业化、信息化、城镇化、农业现代化融合，提升城市可持续发展能力具有重要意义。

J.3.5 国家智慧城市（区、镇）试点指标体系（表 J-2）

表 J-2 国家智慧城市（区、镇）试点指标体系

一级指标	二级指标	三级指标	指标说明
保障体系与基础设施	保障体系	智慧城市发展规划纲要及实施方案	指智慧城市发展规划纲要及实施方案的完整性和可行性
		组织机构	指成立专门的领导组织体系和执行机构，负责智慧城市创建工作
		政策法规	指保障智慧城市建设和运行的政策法规
		经费规划和持续保障	指智慧城市建设的经费规划和保障措施
		运行管理	指明确智慧城市的运营主体并建立运行监督体系
	网络基础设施	无线网络	指无线网络的覆盖面、速度等方面的基础条件
		宽带网络	固定宽带接入覆盖面、接入速度等方面的基础条件
		下一代广播电视网	指下一代广播电视网络建设和使用情况
	公共平台与数据库	城市公共基础数据库	指建设城市基础空间数据库、人口基础数据库等公共基础数据库
		城市公共信息平台	指建设能对城市的各类公共信息进行统一管理、交换的信息平台
		信息安全	指智慧城市信息安全的保障措施和有效性
智慧建设与宜居	城市建设管理	城乡规划	指编制完整合理的城乡规划
		数字化城市管理	实现区域网格化管理
		建筑市场管理	促进政府在建筑勘察等环节的监督和管理能力提升
		房产管理	促进政府提升在住房规划等多个领域的综合管理服务能力
		园林绿化	提升园林绿化的监测和管理水平，提升城市园林绿化水平
		历史文化保护	指通过信息技术手段的应用，促进城市历史文化的保护水平
		建筑节能	提升城市在建筑节能监督、评价、控制和管理等方面的工作水平
		绿色建筑	提升城市在绿色建筑的建设、管理和评价等方面的水平
	城市功能提升	供水系统	制定合理的信息公示制度，保障居民用水安全
		排水系统	利用现代信息技术手段提升其整体功能的发展状况
		节水应用	利用现代信息技术手段提升其整体水平的发展状况
		燃气系统	利用现代信息技术手段提升其安全运行水平的发展状况
		垃圾分类与处理	利用现代信息技术手段提升其整体水平的发展状况
		供热系统	利用现代信息技术手段提升其整体水平的发展状况
		照明系统	指城市各类照明设施的覆盖面和节能自动化应用程度
		地下管线与空间综合管理	利用三维可视化等技术手段提升管理水平

（续）

一级指标	二级指标	三级指标	指标说明
智慧管理与服务	政务服务	决策支持	指建立支撑政府决策的信息化手段和制度
		信息公开	指通过政府网站等途径，公开财政预算决算等领域的政府信息
		网上办事	完善政务门户网站的功能，扩大网上办事范围，提升网上办事效率
		政务服务体系	建立上下联动、层级清晰、覆盖城乡的政务服务体系
	基本公共服务	基本公共教育	促进教育资源的覆盖和共享
		劳动就业服务	加大免费就业培训的保障力度，保护劳动者合法权益
		社会保险	提升社会保险服务的质量监督水平，提高居民生活保障水平
		社会服务	提高服务的透明度，保障社会公平
		医疗卫生	提高服务质量监督的透明度
		公共文化体育	提升体育设施服务的覆盖度和使用率
		残疾人服务	提升残疾人社会保障、基本服务的水平
		基本住房保障	增强服务的便利性、提升服务的透明度
	专项应用	智能交通	指城市整体交通智慧化的建设及运行情况
		智慧能源	指城市能源智慧化管理及利用的建设情况
		智慧环保	指城市环境、生态智慧化管理与服务的建设情况
		智慧国土	指城市国土资源管理和服务的智慧化建设情况
		智慧应急	指城市智慧应急的建设
		智慧安全	指城市公共安全体系智慧化建设
		智慧物流	指物流智慧化管理和服务的建设水平
		智慧社区	指社区管理和服务的数字化、便捷化、智慧化水平的建设
		智能家居	指家居安全性、便利性、舒适性、艺术性和环保节能的建设
		智慧支付	指包含一卡通、手机支付、市民卡等智慧化支付新方式的建设
		智能金融	指城市金融体系智慧化建设与服务的建设
智慧产业与经济	产业规划	产业规划	指城市产业规划制订及完成情况
		创新投入	指城市创新产业投入情况
	产业升级	产业要素聚集	指城市为产业发展、转型与升级而实现的产业要素聚集情况
		传统产业改造	指在实现城市产业升级过程中，实现对传统产业的改造情况
	新兴产业发展	高新技术产业	指城市高新技术产业的服务与发展
		现代服务业	指城市现代服务业发展状况
		其他新兴产业	反映城市其他新兴产业的发展及提升状况

附录 K　某县城区扩容提质基础设施 PPP 项目特许经营合同

第一章　总　则

第 1 条　术语定义和解释

1.1　定义

为避免歧义，根据项目具体情况，本条款对本合同中涉及的重要术语加以定义。除非本合同另有规定，本合同中出现的下列词语具有如下含义：

本合同　指甲、乙、丙三方签署的《某县城区扩容提质基础设施 PPP 项目特许经营合同》和按本合同 5.1 款包含的其他要件的总和，还包括以任何方式对本合同正文及附件不时所做的补充、修改、合并、更替或替代，以及日后可能签订的任何本合同之补充协议和附件。

本项目　指符合第 9.1 款所确定边界的某县城区扩容提质基础设施项目，采取 PPP 模式实施。

子项目　指本项目所包含的 29 个单独立项的基础设施项目。

PPP　即“政府和社会资本合作”，指政府为增强公共产品和服务供给能力、提高供给效率，通过特许经营、购买服务、股权合作等方式，与社会资本建立的利益共享、风险分担及长期合作关系。

实施方案　即经某县人民政府联审批准的《某县城区扩容提质基础设施 PPP 项目实施方案》。

丙方　即政府方为实施本项目通过招标方式确定的社会资本方，并系乙方主要股东方。本合同中也称“中标人”。

合作协议　即某县星城建设投资有限公司与丙方签订的《某县城区扩容提质基础设施 PPP 项目合作协议》，用以约定某县 × × 建设投资有限公司及丙方针对乙方的出资方式、治理结构、决策机制、收益分配等事项，以及丙方在本项目中的权利义务。

生效日　指本合同产生法律效力的日期。

政府方　即作为本合同实际的、完整的履约主体的某县人民政府或其下属有关部门、机构。

特许经营权　具有第 9.2 款规定的含义。

代建单位　即政府方指定的具备建设管理能力的机构，乙方应委托该机构行使本项目各子项目建设管理职能。

项目前期资产　本合同中专指甲方在本合同生效前已完成的本项目部分子项目前期工作所形成的资产，其中一部分用于甲方在乙方的出资。

建设期　指各子项目约定的建设期间，如果子项目开工日至交（竣）工日时间小于或等于 24 个月，建设期为 24 个月；如果子项目开工日至交（竣）工日超过 24 个月，则建设期为子项目开工日至交（竣）工日实际时间。

运营期　指各子项目建设期结束后第一个自然日起 5 年。

保修期　即各子项目依照国家法律法规在工程竣工验收合格后乙方承担保修责任的期限。

特许经营期　即乙方依据本合同第10条所获得特许经营权的期限。

开工日　指各子项目甲、乙双方确定的实际动工日期。

交（竣）工日　指各子项目完成的工程建设满足设计要求、并经甲方组织建设各方主体交（竣）工验收合格的日期。

绩效评估　根据国家发改委及财政部有关政策，由政府方或其委托相关机构对本项目的产出、成本效益、监管成效、可持续性等进行的评价。

指定土地资产包　指根据本合同第9.3.3款之约定，政府方锁定的某县城区约5600亩国有经营性土地，该部分土地的出让收益优先作为本项目政府补贴的资金来源。

中长期财政规划　指财政部门根据国家有关政策会同有关部门编制的五至十年财政规划。

本合同有效期　具有第10条规定的含义。

设计文件　指本项目包括初步设计文件、施工图设计文件及其变更等文件的统称。

建设期利息　指本合同第13.3.3款约定的利息。

年财务费率　指子项目运营期内政府方每期应支付乙方的年财务费用的费率，为7.99%。

融资文件　指乙方所签订的长期、短期融资或再融资相关的贷款协议、票据、债券融资工具发行文件、契约、担保协议和其他文件。

前期工作　即第19条所述包含的各子项目建设所必要完成的工作内容。

领导小组　指政府方为协调各相关部门机构确保政府方履行本合同项下权利义务、并对乙方履行本合同情况进行综合监督所专门设立的临时性机构。

不可抗力事件　具有第44条规定的含义。

已投入资金　指乙方建设各子项目过程中实际投入的建设投资，不含利息、收益等。

法律变更　具有第48.1款规定的含义。

移交过渡期　本合同项下移交过渡期包含三类，即子项目竣工后使用权移交过渡期、子项目实物资产移交过渡期、各子项目运营期满后移交过渡期，其期限和含义由第40.1款规定。

使用权移交　各子项目竣工验收后的约定时间内，项目公司将该子项目使用权移交给政府指定部门机构；使用权移交后至项目保修期结束前，该子项目维修养护责任仍由项目公司承担。

实物资产移交　指每个子项目保修期结束后约定时间内，项目公司将该子项目实物资产移交给政府指定部门机构，此后项目公司不再承担对该子项目维修养护责任（也不承担相关费用支出责任）。

子项目运营期满后移交　指项目公司将子项目有关资料向城建投（或政府指定机构）移交。

适用法律　指所有适用的中国法律、法规、规章和政府部门颁布的所有技术标准、技术规范以及所有其他适用的强制性要求。

1.2　其他术语及定义

在本合同中，除非上下文另有规定：

1.2.1　除本合同上下文另有规定外，本合同中提到的条款和附件均为本合同的条款和附件。

1.2.2　除本合同上下文另有规定外，“一方”或“各方”应为本合同的一方或各方，且均包括其各自的继任者和获准的受让人。

1.2.3　所指的日（天）、星期、月份和年均指公历的日、星期、月份和年。

1.2.4　工作日是指中国法定节假日、公休日以外的公历日。

1.2.5　若要求支付之日为非工作日，则应视要求支付之日为下一个工作日。

1.2.6　除上下文另有规定，“包括”一词在任何时候应被视为与“但不限于”连用。

1.2.7　表示单数的词语也包括该词语的复数，反之亦然。

1.2.8　条款标题仅作为参考，不应用于本合同的解释。

1.2.9　凡提及任何一项适用法律应解释为包括对该项适用法律不时做出的修改、综合、补充或替代。

1.2.10　如果国家、行业或地方颁布了新的政策、法规、标准致使本合同所引用的政策、法规、标准不再适用，甲、乙、丙三方应进行协商确保本合同各条款符合新的政策、法规、标准；各政策、法规、标准之间如有矛盾，以颁布时间最近的政策、法规、标准或甲方的要求为准。

1.2.11　在本合同中，无论何处及由任何人发出或颁发任何通知、同意、批准、证明或决定，除另有说明外，均指其书面形式；书面形式是指电传、传真、电子数据交换和电子邮件等可有形表现所载内容的形式。

1.2.12　本合同将取代甲、乙、丙三方所有在本合同签字前达成的合同、谅解、安排、陈述、保证、任何形式或任何性质的承诺，不论是口头的、书面的，还是明示的或暗示的。

第2条　合同背景和目的

2.1　合同背景

2.1.1　某县城区扩容提质基础设施项目含有市政道路、桥梁改造及公园等29个公益性子项目（见本合同附件1），估算投资约××亿元（最终以县投资评审中心和县审计局审计确认的本项目决算金额为准），已列入PPP项目库，计划于2015～2025年期间完成建设。

2.1.2　为有效解决本项目建设资金需求，提高建设工程质量和效率，某县人民政府决定采用PPP模式完成本项目建设运营。《某县城区扩容提质基础设施PPP项目实施方案》已于2015年5月获得政府方联审批准。

2.1.3　根据实施方案，政府方委托甲方通过招标方式确定丙方为本项目社会投资人，由甲方与丙方签订《某县城区扩容提质基础设施PPP项目合作协议》（见本合同附件2）。

2.1.4　根据本项目实施方案与合作协议，甲方与丙方依照适用法律已于2015年×月×日成立公司，即本合同乙方。

2.1.5　本项目向上级政府报备。

2.2　合同目的

政府方授权甲方与乙方、丙方签订本合同，用以确定政府方对乙方在特许经营期内投资、融资、建设、运营本项目设施的授权，并约定政府方与乙方、丙方在此过程中的各项权利和义务、特许经营范围和期限、项目建设和运营、项目付费、终止和补偿等事项。

第 3 条　声明和保证

3.1　甲方的声明与保证：

甲方保证，甲方以下陈述和保证都是真实、完整、准确、有效的：

3.1.1　甲方已充分理解本合同的背景和目的。

3.1.2　甲方已经取得某县人民政府的书面授权（见本合同附件 3）及其他必要的同意和批准，代表政府方签订本合同，具有向乙方授予特许经营权的权利；除非另有约定，甲方代表政府方履行本合同项下政府方的权利和义务。

3.1.3　甲方已与政府方就本项目所必需的相关支持政策达成一致。

3.1.4　本合同一经签订，即对甲方具有完全的法律约束力，签订和履行本合同的义务、条款和条件不会导致甲方违反法律、法规、行政规章、行政决定、生效判决和诉讼裁决的强制性规定，违反其与第三方合同的条款、条件和承诺，也不会引致任何利益冲突。

3.1.5　如果甲方在此所做的声明被证实在做出时存在实质方面的不属实，并且该等不属实声明严重影响本合同项下项目的顺利进行，乙方有权终止本合同。

3.2　乙方的声明与保证：

乙方确认，乙方以下陈述和保证都是真实、完整、准确、有效的：

3.2.1　乙方已充分理解本合同的背景和目的。

3.2.2　乙方是一家根据中华人民共和国法律合法成立和有效存续的公司，根据中国法律、法规、行政规章取得营业执照、营业许可和其他政府批准，根据中国法律、法规、行政规章、公司章程开展营业。

3.2.3　乙方已根据法律法规和公司章程的规定取得从事本合同项下的一切同意与批准。

3.2.4　本合同一经签订，即对乙方具有完全的法律约束力，签订和履行本合同的义务、条款和条件不会导致乙方违反法律、法规、行政规章、行政决定、生效判决和诉讼裁决的强制性规定，也不会导致乙方违反公司章程的约定和董事会决议，违反其与第三方合同的条款、条件和承诺，也不会引致任何利益冲突。

3.2.5　乙方具有从事本项目下投资、融资、建设、运营的能力，在资金实力、技术力量、人力资源、经营管理能力等方面均能够满足实施本项目的需求。

3.2.6　乙方将遵守国家法律、法规、行政规章的规定，履行本合同项下义务，接受政府方对本项目实施的各类监管。

3.2.7　如果乙方在此所做的声明被证实在做出时存在实质方面的不属实，并且该等不属实声明严重影响本合同项下项目的顺利进行，甲方有权终止本合同。

3.3　丙方的声明与保证

丙方确认，丙方以下陈述和保证都是真实、完整、准确、有效的：

3.1.1　丙方是依照中国法律在中国注册成立的独立法人，具有签署和履行本合同的法人资格。

3.1.2　本合同的签署和履行将不违反对其具有约束力的任何法律、法规和合同性文件的规定。

3.1.3　如果丙方在此所做的声明被证实在做出时存在实质方面的不属实，并且该等不属实声明严重影响本合同项下项目的顺利进行，甲方有权终止本合同。

第 4 条　合同生效条件

4.1　本合同生效的先决条件

4.1.1　合作协议（本合同附件2）已正式签订。

4.1.2　某县人民政府对甲方签署本合同的授权书（本合同附件3）已正式出具。

4.1.3　乙方已完成注册成立，公司章程（本合同附件4）已订立并签署。

4.1.4　甲方、丙方为履行根据合作协议向乙方出资及投入项目前期资产之约定，已获得必要的审批。

4.1.5　本合同经甲、乙、丙三方法定代表人或其委托代理人签字并加盖公章。

4.2　合同的生效日期

全部满足上述第4.1款所述生效条件之日即为本合同生效日期。

第5条　合同构成及优先次序

5.1　合同的构成

组成本合同的文件如下：

5.1.1　本合同正文及全部附件。

5.1.2　中标通知书。

5.1.3　招标文件及招标补充通知、答疑、澄清。

5.1.4　投标文件及投标文件的澄清、投标承诺书。

5.1.5　政府方资格预审文件及资格预审补充通知、答疑、澄清。

5.1.6　社会资本资格预审文件、申请函及承诺书。

5.1.7　技术规范及有关技术资料。

5.1.8　政府方提供的图样及设计文件变更。

5.1.9　甲、乙、丙三方约定的组成本合同的其他文件。

5.1.10　甲、乙、丙三方在履行本合同过程中形成的、经三方书面确认的会议纪要、备忘录、变更和洽商等书面形式的文件。

上述合同组成文件在本合同签署时如未完成或产生的，则自其完成或产生时即自动成为本合同的组成部分。

5.2　合同解释的优先次序

第5.1款所约定的本合同各组成部分形成一个整体，互为补充和解释；其内容若有歧义，以第5.1款所列顺序在前者为准，甲、乙、丙三方另有书面约定的除外。

5.3　合同的可分割性

如果本合同任何条款不合法、无效或不能执行，或者被任何有管辖权的法院宣布为不合法、无效或不能执行，则其他条款仍然有效和可执行，且甲、乙、丙三方应商定对不合法、无效或不能执行的条款进行修改或更换，使之合法、有效并可执行，并且这些修改或更改均不应改变本合同作为一个整体所本应赋予它的含义。

第二章　合同主体

第6条　政府主体

6.1　政府主体资格

6.1.1　合同签订主体的资格

甲方经政府方书面授权委托，作为本项目实施机构，代表政府方签订本合同。本合同约定的责任义务，如甲方自身无法履行的，则政府方其他部门机构将承担履约责任。

6.1.2 政府主体及其承继

未经乙方事先书面同意，政府方不得转让其在本合同项下全部或部分的权利或义务，除非政府方与中国其他的政府部门合并或联合，条件是承继实体：

a. 具有同样的财务实力。

b. 具有与政府方同样的承担所有权利、义务和责任的能力和授权。

c. 接受履行政府方在本合同项下的全部义务。

6.2 政府主体的一般权利

除本合同其他条款规定的权利外，政府方在本合同有效期内的一般权利包括：

6.2.1 对乙方遵守有关法律、法规、规章和履行本合同的情况进行监管，包括项目融资及资金到位和使用情况、项目建设进度、工程质量、安全防范措施等；要求乙方进行项目交付和缺陷责任期内的维修；如发现存在违约情况，有权根据本合同进行违约处罚和兑取履约保函。

6.2.2 根据法律、法规、行政规章的规定和本合同的约定依法查处乙方的违规行为。

6.2.3 为乙方指定本项目代建单位。

6.2.4 本项目各子项目建设期内，对乙方的投资建设实施过程在进度、质量、安全生产及安全防范措施、环境保护等方面，进行全程监管。

6.2.5 在子项目进度严重延迟、发生重大安全事故或严重工程质量问题等严重影响公众利益的情况下，有权终止该子项目，指定机构接管该子项目，并按本合同约定向乙方支付收购款项。

6.2.6 本项目各子项目竣工验收合格后，指定机构接收子项目设施使用权；本项目各子项目工程保修期结束后，指定机构接收并负责维护。

6.2.7 依法对乙方及本项目进行审计。

6.2.8 乙方发生违约行为时，有权按本合同约定要求乙方承担违约责任和兑取履约保函。

6.2.9 乙方严重违约时，有权提前终止本项目合作及本合同。

6.2.10 法律、法规规定及本合同约定的其他权利。

6.3 政府主体的一般义务

除本合同其他条款规定的义务外，政府方在本合同有效期内的一般义务包括：

6.3.1 政府方应始终遵守并促使甲方遵守所有适用法律及本合同规定的相关义务。

6.3.2 授予乙方本项目特许经营权，保持乙方的特许经营权在特许经营期内始终有效，维持其完整性和独占性。

6.3.3 甲方以项目前期资产对乙方进行出资和投入。

6.3.4 在特许经营期内，协助乙方办理政府有关部门要求的各种与本项目有关的批准和保持批准有效。

6.3.5 负责完成本项目用地的征地、拆迁、报批等工作，以符合适用法律规定的方式为项目建设合理需要提供临时用地使用权。

6.3.6 为本项目建设施工提供必要条件与其他支持。

6.3.7 履行本合同约定的财政补贴支付义务，将其纳入中长期财政规划及各年度预算，并取得县人大审批通过。

6.3.8　政府方依法向项目公司提供优惠的政策支持，包括资金、服务配套、人才配套等方面，并促成相关部门为上述相关项目提供行政审批、项目融资等方面的协助和便利，保证项目的顺利实施。

6.3.9　法律、法规规定及本合同约定的其他义务。

第7条　项目公司主体

7.1　项目公司主体资格

乙方作为本项目之项目公司，依据本合同第3.2款之声明，拥有完整的履行本合同权利和义务的主体资格。乙方在本合同有效期内应保持其主体资格，不得转让其在本合同项下的权利和义务。

7.2　项目公司的一般权利

除本合同其他条款规定的权利外，乙方在本合同有效期内的一般权利包括：

7.2.1　在特许经营期内，独家享有本项目特许经营权。

7.2.2　按照《中华人民共和国公司法》及相关法律、法规的规定和本合同约定，自主开展涉及本项目投资、融资、建设等方面的各项经营活动。

7.2.3　按照本合同约定的方式获得政府支付的财政补贴，作为偿债和投资回收的资金来源。

7.2.4　甲方严重违约时，有权提前终止本项目合作及本合同。

7.2.5　法律、法规规定及本合同约定的其他权利。

7.3　项目公司的一般义务

除本合同其他条款规定的义务外，乙方在本合同有效期内的一般义务包括：

7.3.1　遵守所有适用法律、法规及本合同约定的相关义务。

7.3.2　接受和配合政府方相关部门对本项目的监管。

7.3.3　接受政府方对本项目实施的临时接管或征用。

7.3.4　按照本合同的约定，承担本项目投资、融资、建设、运营等的责任和风险。

7.3.5　接受国家和政府方按国家有关法律及法规规定对本项目进行的审计；及时实施竣工验收、决算等工作。

7.3.6　负责投资计划执行、项目建设方案及进度计划、工程决算报告、统计报表、项目汇报材料及政府方要求的其他材料的编制编写，按规定负责上报政府方及相关部门。

7.3.7　应按照国家有关规定建立健全质量和安全保证体系，落实质量和安全生产责任制，建设期应加强对承包人的监督和管理，确保项目的工程质量和财产、人员安全。

7.3.8　将项目公司高级管理人员的确定或变更情况，以及对本项目有重大影响的事项及时报告政府主管部门。

7.3.9　按照本合同约定的投资计划，完成本项目各子项目投资建设任务。

7.3.10　根据项目需求完善公司机构设置及人员配备，聘用在投融资、工程建设管理等方面具备足够专业能力的人员，关键岗位人员需拥有相应资格资质。

7.3.11　与政府方指定代建单位签订《委托代建合同》。

7.3.12　确保融资文件、项目公司股东之间的任何协议、公司章程、本合同项下要求的保险单以及其他由项目公司签订的与本项目有关的任何其他协议符合本合同的规定。

7.3.13　本项目各子项目建设期内，乙方正在使用的任何土地上发现具有考古学、地质学和历史意义的任何物品，乙方应及时通知政府方，并采取适用法律要求的措施。

7.3.14　子项目建设期内，根据适用的法律法规要求，购买必要的保险，并报甲方备案。

7.3.15　本项目各子项目竣工验收合格后，分别向政府方指定机构移交子项目设施使用权。

7.3.16　本项目各子项目工程保修期结束后，向政府方指定机构移交子项目实物资产。

7.3.17　子项目运营期结束后，按约定向甲方移交子项目相关资料。

7.3.18　依法缴纳税费，本合同约定之优惠政策情形除外。

7.3.19　法律、法规规定及本合同约定的其他义务。

7.4　对项目公司的其他规定

7.4.1　乙方作为项目公司的组织形式、注册资金、住所、出资方式、股权结构、治理结构、决策机制、分配机制等事项，由合作协议做出约定。

7.4.2　乙方在出现股权结构变动、股权质押、高级管理人员变动等重大事项，或做出重大决策事项，或变更名称、地址、法定代表人之情形，应及时将相关书面说明文件及材料报甲方备案。

第8条　社会投资人

8.1　社会投资人主体资格

丙方作为项目公司的主要股东，依据本合同第3.3款之声明，拥有完整的履行本合同权利和义务的主体资格。丙方在本合同有效期内应保持其主体资格，不得转让其在本合同项下的权利和义务。

8.2　社会投资人的一般权利

8.2.1　对乙方经营情况进行监管的权利。

8.2.2　参与乙方经营管理中重大决策的权利。

8.2.3　按约定享有乙方利润的权利。

8.3　社会投资人的一般义务

8.3.1　按本合同约定出资组建并设立项目公司（即乙方）。

8.3.2　负责本项目除注册资金外所有的资金筹措。

8.3.3　负责组织、指导、监督、协调乙方的各项经营活动，如出现由于乙方无法履行本合同规定的权利和义务的情况，丙方有义务负责重整项目公司继续履行本合同规定的权利和义务。

8.3.4　特许经营到期或合作终止时，丙方承担乙方实际支付的各项成本超过本合同约定导致的亏损，并在政府方按本合同约定向乙方付费前提下负责乙方的所有债务清偿。

8.3.5　丙方依法取得施工资质的，在符合国家法律法规的前提下，由其承担项目施工总承包任务。

第三章　合作关系

第9条　合作内容

9.1　项目范围

9.1.1　本项目合作范围为29个市政基础设施类子项目（具体信息见本合同附件1）；各子项目满足某县已经审批的城市总体规划；各子项目选址及工程范围，由经相关政府部门审批的立项文件、经审核通过的设计文件确定。

9.1.2　各子项目的工程范围以政府相关部门批准认可的施工图为准，最终工程预、结算以县投资评审中心的审核及县审计局审定金额为准。

9.2　特许经营权

根据政府方授权批准，甲方授予乙方在特许经营期内独家的权利以：

a. 投资、融资、建设和运营各子项目。

b. 获得政府方支付的财政补贴。

c. 各子项目在运营期满时无偿移交政府指定机构。

9.3　回报方式

9.3.1　乙方通过在特许经营期内获得政府补贴，取得相应回报。

9.3.2　第9.3.1所述政府补贴的形式，为基于各子项目的财政补贴，其支付方式按本合同第42.3款约定执行。

9.3.3　政府方锁定约5600亩国有经营性土地（见本合同附件5），其出让收益将优先用于履行本合同项下向乙方支付财政补贴之义务；如果指定土地资产包出让收益不能及时足额支付，则政府方承诺由本级财政安排其他资金补足。

9.4　项目资产权属

9.4.1　除非本项目提前终止，乙方在本合同生效日至各子项目运营期满之日止享有该子项目的特许经营权，子项目运营期末，乙方按本合同第41.3款之约定将子项目移交给甲方。

9.4.2　特许经营期内，乙方对各子项目在其工程保修期结束前拥有并行使管理权，包括对子项目设施承担维修养护责任；工程保修期末，乙方按本合同第41.2款之约定将子项目实物资产移交给政府方指定机构。

9.4.3　未经甲方书面批准，乙方不得出让、转让、抵押、质押本项目各子项目设施资产，也不得在上述资产上设置任何留置权或担保权益或者以其他方式处置这些资产。

9.5　土地获得和使用权利

特许经营期内，政府方保证本项目各子项目土地使用权依法取得，直至根据第41.3款之约定完成向甲方或政府方指定机构移交本项目为止。

第10条　特许经营期

10.1　本项目特许经营期起始日为本合同生效日期，特许经营期限为10年，除非：

10.1.1　依据本合同第十二章发生合同提前解除。

10.1.2　在本项目特许经营期满10年时，本项目尚有一个或多个子项目处在建设期或运营期，出现该情形的，本项目特许经营期延长至最后一个子项目运营期结束之日。

10.1.3　本项目特许经营期内如果29个子项目提前完成，甲、乙双方协商提前终止本合同。

10.2　本项目中各子项目建设期确定：如果子项目开工日至交（竣）工日时间小于或等于24个月，建设期为24个月；如果子项目开工日至交（竣）工日超过24个月，则建设期为子项目开工日至交（竣）工日实际时间。

10.3　本项目中各子项目运营期确定：本项目各子项目运营期为建设期结束后第一个自然日起5年。

第11条　排他性约定

甲方授予乙方的特许经营权利具排他性，除本合同终止情形外，未征得乙方书面同意，甲方不得以本项目为标的与任何其他方建立与本合同合作内容相同或相似的合作关系。

第12条　履约担保

12.1　履约保函的提交

本合同签署前，丙方应向甲方提交双方都能接受的信誉良好的金融机构出具的见索即付的履约保函，以保证乙方和丙方履行本合同项下各项义务。该履约保函金额为人民币贰仟万元（¥20，000，000）。甲方不负担履约保函的一切费用及利息。

如本合同生效日期后3个月（含），丙方未按本款要求提交履约保函，则甲方有权提前终止本合同。

12.2　履约保函的兑取

如甲方根据本合同约定兑取部分或全部履约保函，丙方应在甲方通知其兑取之后5个工作日内将履约保函的数额恢复至第12.1款约定的金额，并向甲方出示其已经恢复履约保函数额的证据，否则甲方有权提前终止本合同。若丙方需要更替履约保函以延续履约保证义务，应提前10个工作日通知甲方，并在遵守第12.1款规定的数额的前提下，始终保持履约保函至根据第12.3款的规定解除之时之前一直有效。

12.3　履约保函的撤销

本项目特许经营期结束之日后10个工作日内，甲方应向丙方退还履约保函。

第四章　投资计划及融资方案

第13条　项目总投资

13.1　本项目投资规模

本合同项下实施的全部子项目投资额构成本项目总投资额。本项目估算投资额约××亿元（最终以县投资评审中心和县审计局审计确认的本项目决算金额为准）。

13.2　本项目总投资构成

本项目的总投资为各子项目投资总和。各子项目投资按各子项目分别进行确定。子项目的投资是指乙方为各子项目建设所发生的、按本合同条件经有关部门审核确认的全部费用。具体组成应参照国家有关部门颁布的《建设项目总投资及其他费用项目组成规定》列示。

$$总投资 = \sum 子项目投资$$

$$子项目投资 = 建设投资 + 建设期利息$$

每个子项目投资金额必须经县投资评审中心及县审计局审定最终金额。

13.3　子项目建设投资计价原则

13.3.1　各子项目建设工程费用，包括建筑安装工程费和设备购置费，以经政府方审定的施工图预算包干总造价作为依据；预算包干总造价计算方式为预算造价与风险包干费之和，其中：

预算包干总造价 = 预算造价 + 风险包干费

预算造价 = 建筑安装工程费 ×（1 − 投标优惠率）

风险包干费 = 预算造价 × 风险包干费费率

(1) 建筑安装工程费计价原则如下：

1) 土石方工程执行县内文件的单价。

2) 其他子目定额执行2014年《省市政工程消耗量标准》。2014年《省市政工程消耗量标准》没有子目执行2014年《省建筑装饰装修工程消耗量标准》、《省安装工程消耗量标准》、《省仿古建筑及园林景观工程消耗量标准》。

3) 定额取费按子项目开工之日前省建设厅最新配套取费文件。

4) 人工工资按子项目开工之日前省建设厅发布最新文件中的某市综合工资单价。

5) 预算材料价格按子项目开工之日前一期的《某建设造价》公布的预算价格和市场调查价格。

(2) 风险包干费包括如下内容：

1) 淤泥、土方、石方的比例和总量按设计预算量包干的风险。

2) 施工过程中人工工资、机械台班费和定额取费涨（跌）的风险。

3) 项目在施工过程中主材（仅限钢材、水泥、砂、沥青、砾石、碎石、商品混凝土）平均价涨（跌）20%以内（含20%）和其他材料涨（跌）的风险。

4) 项目建设工期延长的风险。

5) 实际施工方案与预算施工组织设计变化引起的成本增（减）的风险。

6) 按工程量清单和预算设计图样包干的风险。

7) 因工程变更（除上述1~6项）累计增加工程造价在建筑安装工程费12%以内（含12%）的风险。

8) 在甲、乙双方确认的施工图预算造价，并计列风险包干费后形成的预算包干总造价包含以上风险。即遇到以上风险后，不调增（减）预算包干总造价。

(3) 关于超过风险包干系数风险范围以外的造价处理：

1) 项目在施工过程中主材（仅限钢材、水泥、砂、沥青、砾石、碎石、商品砼）涨（跌）20%以外时，超过20%的部分按实际施工期相关造价刊物的平均材料预算价格据实调增（减），材料价差部分进入独立费（只计规费和税金）。

2) 因工程变更累计增加工程造价在建安工程费12%以外时，超过12%的部分据实调增，因工程变更累计减少工程造价，结算时按实核减。调整部分计价原则按原预算标准（原预算清单）办理并执行投标优惠率。

3) 因乙方或施工方擅自降低质量标准或擅自甩项造成的造价减少，在预算造价中直接单独扣除（不进行正负变更相抵）。

(4) 本项目风险包干费费率为4%。

(5) 本项目投标优惠率为2.3%。

(6) 按县政府有关文件执行的甲指甲供行道砖和井盖不优惠。

(7) 各子项目开工前由代建单位将施工图预算报送至投资评审中心审核。

(8) 各子项目在各方确认建筑安装工程费并计列风险包干系数后形成预算包干总造价，并在子项目施工合同中明确。合同签订后任何一方不得擅自调整合同价格。但有下列情况之一时，合同价款方可调整：

1) 甲方对已经县政府常务会议审定的建设方案、建设标准、建设规模、设计方案的重大调整和工程范围变化等造成的工程费用增减部分按政府常务会议纪要据实结算。最终以审计机关出具的审计报告决算为准。

2）设计施工图红线范围外增加的工程量。

3）合同中明确由政府方承担的费用。

4）超过风险包干费风险范围以外的造价。

（9）建设期内，乙方应按本合同约定于每月 26 日向代建机构申报当月（指上月 26 日至当月 25 日）完成的工程量，按月计量，由代建机构审定。代建机构应按月审核并在次月 15 日前完成最终审核。

13.3.2　各子项目工程建设其他费用，包括项目勘察设计等前期工作费用，征地拆迁报批等土地取得费用，建设管理费（仅为乙方支付给某县城建公司的费用）、工程保险费等，具体计费依据按国家、省、市及某县相关规定按实际发生额计价。

13.3.3　建设期利息，即乙方在各子项目建设期发生的为子项目建设筹措资金发生的利息，年利率为 7.99%。

13.4　财务费用计算原则

财务费用是指乙方为本项目投资建设融资所发生的全部费用。财务费用按中标人投标文件年化 7.99% 包干计算。

13.5　投资责任划分

本项目投资责任划分原则为：

13.5.1　各子项目建设工程费用由乙方承担。

13.5.2　各子项目工程建设其他费用中，甲方已完成部分项目前期工作并支付的费用，乙方须在成立后三个月内向甲方支付（具体数额在交接后重新确认）。

13.6　投资计划及调整

13.6.1　本项目分年度投资计划详见附件 6。

13.6.2　特许经营期内，甲、乙双方可经协商调整本项目分年度投资计划，由此产生的前期工作和建设计划变更，由乙方负责调整；由此产生的财政补贴支付计划及预算调整，由政府方负责（除乙方违约责任外）。

第 14 条　投资控制责任

14.1　建设工程费用投资控制责任

乙方应按第 13.3 款之约定，在与施工方签订《施工承包合同》时进行逐一落实，按照政府方审定的施工图预算包干总造价作为工程费用计价依据，在政府方项目预算编制原则确定的风险范围内，工程造价涨（跌）由施工方承担或消化；因材料价格波动或工程变更造成超过预算包干总造价所对应风险控制范围的价格涨跌情形，乙方可依照第 13.3 款计价原则增加或减少支付。

14.2　工程建设其他费用控制责任

乙方应严格按照董事会年度预算的管理费用进行费用控制，其他费用按国家、省、市、县有关文件标准进行控制。实际支付金额超出董事会年度预算和上述有关文件标准的部分，不列入政府支付范围。

14.3　建设期利息控制责任

丙方和乙方承诺，本项目特许经营期内债务年融资成本不超过 7.99%，并据此签订融资借款协议；如有乙方实际年融资成本超出本款约定的部分，不列入政府支付范围。

第15条 融资方案

15.1 本项目投资资金筹措方式

15.1.1 合同各方按照国家关于固定资产投资项目资本金制度的相关规定，及时足额筹措资本金，具体形式为：

a. 甲方按照合作协议约定进行出资。

b. 丙方按照合作协议约定，按比例出资和增资，解决部分项目资本金。

c. 乙方将所获得政府支付的财政补贴，在按计划偿还融资本息后，用于解决本项目持续投资所需资本金。

15.1.2 乙方和丙方须向金融机构及其他相关合法资金方进行债务融资。

15.2 本项目资金筹集到位计划

第15.1款所述资金筹集工作，应确保满足第13.6款约定的投资计划要求。

第16条 政府提供的其他融资支持

本项目特许经营期内，甲方对乙方的债务融资不提供任何形式的担保，可对项目公司的融资提供信息支持。

第17条 投融资监管

17.1 外部投融资监管

本项目特许经营期内，甲方有权了解乙方的投资计划执行和资金筹措情况，并要求乙方书面提供相关文字说明及数据信息，乙方应对此积极配合。

17.2 公司内部投融资监管

本项目特许经营期内，甲方作为乙方股东，以参与公司重大经营事项决策的形式，监督乙方对本项目建设的投融资行为。

17.3 融资文件的条款约束

本项目特许经营期内，乙方应确保下述条款包含在融资文件中：

17.3.1 由融资方向政府方做出的有约束力并可由政府方得以合法执行的承诺，即只要本合同有效，融资方不得采取任何行动干扰、影响或损害政府方在本合同项下的权利，并且在政府方能够按照下述第17.3.2款b项获得纠正的权利之前，不得采取可能导致本合同终止的任何行动，或以其他方式对本合同造成不利影响。

17.3.2 融资方有约束力的承诺：

a. 关于乙方在融资文件项下的任何违约情况以书面通知政府方。

b. 给予政府方在收到上述通知后90天内纠正该违约的权利。

c. 在上述纠正期间内不行使融资方可以行使的对违约的任何权利或补救。

第五章 项目前期工作

第18条 前期工作内容及要求

18.1 甲方作为本项目各子项目业主，统筹完成全部前期工作，乙方须给予必要的协助。甲方前期工作内容主要包括：

18.1.1 完成立项阶段各项行政报批工作。

18.1.2 为取得土地使用权所需完成的征地、拆迁及各项行政报批工作。

18.1.3　取得建设用地规划许可和建设工程规划许可。

18.1.4　作为项目业主单位，协调政府指定部门与乙方签订《委托代建合同》，勘察、设计、监理、检测、造价、咨询、施工等环节由代建单位负责管理。

18.1.5　编制完成初步设计文件（含概算）和施工图设计文件（含预算），并取得政府方建设行政主管部门审查通过。

18.1.6　预算包干总造价通过县投资评审中心审定。

18.1.7　完成施工许可阶段的各项行政审批、备案工作。

18.1.8　完成勘察、测绘、咨询、评估等其他必要的前期工作。

18.2　乙方应依照适用法律、法规、行政规章、规范、标准等，按本合同第13.6款确定的投资计划，实施第19.2款所述各前期工作，确保各子项目按计划开工。

第19条　前期工作任务分担

19.1　甲方负责第18.1款前期工作，协助政府方指定（授权）代建机构与乙方签订的委托协议，在前期工作过程中行使建设管理相关职责。

19.2　乙方作为本项目各子项目实施单位，协助甲方完成第18.1款的各项前期工作。

第20条　前期工作经费

20.1　乙方承担为取得土地使用权所需的立项、可研、环评、勘察、设计、施工图预算、土地报批、拆迁、监理、检测、咨询等全部前期工作费用。

20.2　甲方承担除第20.1款外项目前期资产所对应甲方已完成的前期工作费用。

第21条　政府方提供的前期工作支持

21.1　政府方协调相关职能部门积极配合本项目各子项目前期工作。

21.2　甲方及时、正确地向政府方提交有关本项目批准的申请、要求和文件，并且符合适用法律或本合同规定的获得该等批准所要求的条件，政府方给予（仅限于政府方根据适用法律和本合同有行政管理审批权/有权批准的事项）或尽力协助甲方获得所需的批准（含未完成的审批和融资及建设所必需的证明文件等），并在适用法律允许的情况下加快批准程序。

第22条　前期工作监管

22.1　行政监管

政府方作为行政审批机构，对各子项目的前期工作，特别是招标文件、设计文件和工程造价等，实施行政性审批、审计和审查。

22.2　合同履行监管

本项目特许经营期内，政府方有权了解前期工作进展情况，并要求乙方书面提供相关文字说明及数据信息，乙方应对此积极配合。

22.3　内部监管

本项目特许经营期内，甲方作为乙方股东，以参与公司重大经营事项决策等形式，监督乙方对本项目前期工作的实施情况。

第六章　工程建设

第23条　政府提供的建设条件

建设期内，甲方确保乙方履行其在本合同项下义务，协调有关部门：

23.1　为乙方提供各子项目建设合理需要的临时用地使用权。

23.2　确保乙方取得进入本项目设施场地的地上通行权。

23.3　将本项目建设施工所需水、电、气、电信线、道路等配套设施从施工场地外部接通至与乙方约定的地点。

23.4　协助乙方根据适用法律取得必要的批准。

第24条　工程建造

24.1　建设期和工期

建设期和工期根据项目用地规划和子项目立项情况、按子项目分别确定，建设期、开工日期、交（竣）工日期以及关键节点工期要求由甲、乙双方在项目建设中具体以书面文件约定（需要相关部门审批的，以相关部门审核批准的文件为准）。

24.2　质量标准

各子项目应符合建设部《工程施工质量验收规范》合格标准及项目相关技术标准和要求、设计文件要求。具体以国家最新颁布的标准及项目相关技术标准和要求为准。

24.3　工程施工总承包单位、专业分包单位、材料设备供应商的选择

鉴于丙方是通过招标方式中标的特许经营项目投资人，根据相关法律法规规定：

24.3.1　本项目工程施工总承包可以由具备符合工程建设要求、实施能力、企业资质的丙方承担；如丙方不具备实施能力和企业资质，由乙方根据子项目审批（核准）情况，依法选择具备符合工程建设要求和企业资质的施工方。由乙方与该施工方签署《施工承包合同》。

24.3.2　专业分包单位必须通过合法程序选择有相应资质的、有经验的单位。

24.3.3　各子项目需要用到的行道砖、井盖应根据政府的有关文件要求，以甲方供材方式由项目公司直接采购，具体要求按县相关文件执行。

第25条　进度、质量、安全及管理要求

25.1　工程建设管理

乙方应与政府方指定（授权）的机构签订《委托代建合同》，由政府指定（授权）机构进行代建。包括勘察、设计、监理、检测、造价、施工等环节由代建单位负责管理。

25.2　进度管理

25.2.1　乙方应严格依据本项目年度投资计划（附件6）及其确定的关键工期，实施子项目建设。

25.2.2　进度报告。各子项目建设期内，乙方应按月向甲方提交工程建设进度报告，详细说明各子项目工程进度情况和对甲方合理要求的其他事项的处理情况。

25.2.3　特许经营期内，甲、乙双方中，如果一方合理地预计某子项目下一个关键工期将延误，该方应及时通知另一方并合理地详细描述以下情况：

a. 预计无法达到的关键工期。

b. 预计延误的原因，包括对声明为不可抗力事件的情况的描述。

c. 所预计的可能超出关键工期的天数和其他可合理预见的对项目不利的影响。

d. 该方已经采取或建议采取的解决或减少延误及其影响的措施。

甲、乙双方中，如果一方未向另一方发出上述通知，该方应承担另一方因此而可能直接发生的任何费用。发出上述通知不应解除各方在本合同项下的任何义务。

25. 2. 4　如果出现根据第 27 条由甲方同意的重大工程变更或出现不可抗力事件，影响到某一个或数个子项目关键工期的实现，则甲、乙双方可经协商对相应子项目关键工期进行调整。

25. 2. 5　如违约造成关键工期延误，则按本合同第 50 条约定处理。

25. 3　质量保证和质量控制

25. 3. 1　在各子项目工程建设开始之前，乙方应制定和执行工程质量保证和质量控制计划，并在工程建设进度月报中同时反映工程质量监控情况，同时提供完整的反映工程建设质量控制结果的文件。

25. 3. 2　在不影响乙方正常履行本合同义务的情况下，政府方有权采取定期检查或不定期抽查等方式，对乙方及任何承包商的质量控制过程及方法进行监督，以确保工程的建设符合有关的质量要求。乙方对该等检查应予以协助并提供必要的便利。

25. 4　施工组织与环境保护

25. 4. 1　乙方应要求承包商提交经工程监理方审定的现场施工组织计划。该施工组织计划应包括详细的施工进度表、关键路线图、人员组织、技术力量和施工机械的配备情况等。同时乙方应将施工组织计划报甲方备案。

25. 4. 2　各子项目施工期间，乙方应根据适用法律所规定的环保标准，采取措施，避免或最大限度地减少对周边设施和周围环境的损害。

25. 5　安全生产

25. 5. 1　乙方应建立健全安全生产制度，落实安全措施，完善安全应急预案，实行安全责任法人负责制。

25. 5. 2　政府方有权定期和不定期对各子项目安全生产情况进行检查。

第 26 条　建设期的审查和审批事项

26. 1　审计审查事项

政府方依照适用法律、法规及行政规章，对乙方各子项目建设实施以下审计审查事项：

26. 1. 1　对乙方所签订的各类合同进行审计审查。

26. 1. 2　对工程设计变更进行审计审查。

26. 1. 3　对超出预算包干总造价的工程建设支出进行审计审查。

26. 1. 4　对竣工验收报告等备案文件、竣工决算等进行审计审查。

26. 1. 5　其他政府方认为必要的事项。

26. 2　政府方为完成建设期内各项审计审查工作，有权对本项目各子项目的建设情况进行现场检查，乙方应积极配合。

甲方检查和接受建设工程的全部或任何部分及颁发相关证书的行为均不得解除乙方对建设的缺陷或延误应负的任何责任。

第 27 条　工程变更管理

27. 1　本项目各子项目建设期内的工程变更，应按政府相关审批制度流程报批；工程变更导致预算包干总造价风险以外的造价增减，需经县投资评审中心和审计部门审计后确定。

27. 2　乙方应配合县投资评审中心参与建设工程的设计变更管理和控制，按合同规定确定和审核因设计变更引起的造价增（减）金额。

第 28 条　实际工程结算确定

28.1.1　本项目各子项目工程结算按照县投资评审中心和审计部门审计的最终结果确定。工程结算时，乙方应要求施工方提交相应资料，包括：

a. 建设工程施工合同、工程预算书。

b. 设计变更资料。

c. 项目相关的征地、拆迁、安置和补偿费用等建设用地费的相关文件或报告。

d. 相关凭证（正式发票）。

e. 与项目有关的甲、乙双方认可的其他费用、不可预见费用。

28.1.2　乙方应根据第14条投资控制责任做好工程结算工作。

第29条　征地、拆迁和安置

本项目各子项目所涉及的征地、拆迁安置工作，由政府方指定部门落实具体实施工作。

第30条　项目验收

30.1　乙方责任

依据适用法律、法规及行政规章等对各子项目工程组织竣工验收，乙方按要求及时完成竣工验收备案工作。

30.2　政府方责任

政府方依照国家及地方关于建设工程竣工验收管理的相关规定，对本项目各子项目执行竣工验收工作。

第31条　工程建设保险

乙方应为本项目各子项目建设工程购买建筑工程一切险、安装工程一切险、建筑施工人员团体意外伤害保险，及其他通常的、合理的或者中国法律、法规要求所必需的保险。

第32条　工程质量

32.1　乙方应按照国务院颁布的《建设工程质量管理条例》的要求，建立与落实工程质量领导责任制，严格执行建设程序，强化施工管理，加大施工监督与物料设备质量验收力度，并承担《建设工程质量管理条例》规定的责任，确保本工程达到本合同约定的质量标准。

32.2　甲方检查和接受建设工程的全部或任何部分及颁发相关证书的行为均不得解除乙方对建设的缺陷或延误应负的任何责任。

32.3　因乙方及其签约施工方所引起的工程质量问题，乙方应按国家相关规定的期限无偿修复至满足验收标准，并承担相应费用。因修复工程导致工期拖延的，乙方无权主张拖延期间的费用及其回报。

32.4　乙方应在子项目中选取一定的项目建设成省级或国家级优质工程，甲方根据项目获得的奖项给予一定的奖励。工程获得省优质工程奖等奖的子项目，奖励为该子项目预算造价的1%；工程获得鲁班奖、国优工程金质奖、詹天佑奖的子项目，奖励为该子项目预算造价的2%。

第33条　工程保修

33.1　乙方为本项目工程保修的第一责任方。乙方如将本项目提交第三方施工，与第三方签订施工合同的，该施工合同中应明确约定质保金条款。

33.2　乙方依照适用法律、法规、行政规章，与各子项目施工方约定其承担工程质量保修责任，保修期不得低于法定最低年限。子项目保修期间，因施工方造成的项目工程缺陷、损坏等工程质量问题，由乙方追索施工方按约定进行修复至满足验收标准，并承担相应费用；其余原因造成的工程缺陷、损坏，以及由此造成的人身财产损失，由乙方承担。

第 34 条　建设期监管

除第 26 条所述及监管事项外，政府方有权在各子项目建设期内对建设工程其他实施情况进行监督，政府方应确保该等监督和检查不影响本项目进度计划，并承担监督和检查的费用。乙方应对此提供必要的支持、便利和协助。如果子项目建设工程严重不符合本合同相关要求，政府方有权就此给予乙方通知，并要求乙方采取措施补救或修正。

34.1　项目建设总体进度监管：项目建设进度由项目代建机构实施监管，代建机构监控资金筹措、项目执行情况等，及时发现问题，及时统筹协调采取应对、补救措施。

34.2　项目特许经营期内，政府依照发改投资〔2014〕2724 号和财金〔2014〕113 号等政策要求，指定有关部门对本项目 PPP 合作情况进行 1 ~2 次中期评估。

第七章　项目前期资产交接

第 35 条　交接前准备

35.1　甲方应完成工作

甲方为完成项目前期资产交接，甲方除已完成本合同第 4.1.4 款约定事项外，应在本合同生效后，完成对本项目前期资产的清理核查，并编制完成交接清单。

35.2　甲、乙双方在本合同生效后，应及时协商项目前期资产交接工作。

第 36 条　资产交接

36.1　交接范围

甲方应向乙方交接下列项目前期资产所涉及的资料信息：

36.1.1　所涉及子项目已完成的行政审批文件资料，包括但不限于：项目立项及可行性研究报批阶段（含环评、用地预审、规划选址等）的资料与批复，建设用地、建设工程规划许可文件及资料，初步设计文件及审查意见、建设用地批准文件及资料，征地拆迁相关资料，施工图设计及预算审批文件及资料，施工许可阶段审查登记文件及资料等。

36.1.2　所涉及子项目已签订的合同、协议。

36.1.3　所涉及子项目已支出投资成本（作为甲方出资额的资产）的财务凭证及明细表格等。

36.1.4　其他必要的交接资料。

36.2　交接标准

甲方向乙方移交的项目前期资产所涉及资料信息，应符合下列标准：

36.2.1　项目资料均真实、完整，并且均为资料原件；不能提供原件的，在确保乙方能够正常接续子项目前期工作及开工建设的前提下，说明原因并提供清晰复印件。

36.2.2　不附带任何债务和抵押、质押、留置以及担保。

36.3　交接进度及工作安排

36.3.1　本合同生效后，甲、乙双方完成项目前期资产交接工作。

36.3.2　甲、乙双方应就所交接资产及文档资料，按交接清单逐一核对，确认无误签署交接确认书，以确认项目前期资产完成移交。

36.4　其他重要事项

36.4.1　甲、乙双方自行完成与项目前期资产交接相关的财务处理工作。

36.4.2　项目前期资产交接过程中所形成的费用，由甲、乙双方各自承担。

第八章　项目运营及维护

第 37 条　乙方运营期责任

37.1　各子项目运营期内，乙方在按本合同第 41.2 款约定向政府方指定机构移交实物资产之前，承担施工方所履行保险责任（指本合同第 31 条规定的工程建设保险）之外的各子项目的全部维修、养护责任，以确保子项目设施充分满足使用功能。

37.2　在乙方向政府方指定机构移交实物资产之前，应根据各子项目工程类别，按照国家法律法规规章、适用的技术标准规范对各子项目进行维护。

37.3　在实物资产移交前，乙方为项目维护的第一责任人。

第 38 条　运营期政府监管

政府方有权对乙方给予本合同第 37.1 款约定之义务的履行情况进行适宜方式的监管。

第 39 条　运营期维护支出

乙方因履行本合同第 37.1 款所约定义务而形成的维修、养护支出，由乙方自行筹集所需资金并承担费用。

第九章　项目公司移交项目

第 40 条　项目移交前过渡期

40.1　移交过渡期的设定

40.1.1　本项目各子项目设置使用权移交过渡期，即子项目预计竣工验收合格日前 30 天，用于有关各方筹备子项目使用权移交工作。

40.1.2　第二阶段为各子项目设置实物资产移交过渡期，即子项目保修期结束前 60 天，用于有关各方筹备子项目实物资产移交工作。

40.1.3　本项目设置子项目运营期满后移交过渡期，即子项目运营期满前 60 天，用于有关各方筹备本项目有关资料向某县城建公司（或政府指定机构）移交工作。

40.2　移交工作委员会

40.2.1　政府方指定机构与乙方各派 3 名代表设立子项目使用权移交工作委员会，专事推进每个子项目使用权移交相关工作。

40.2.2　政府方指定机构与乙方各派 3 名代表设立子项目实物资产移交工作委员会，专事推进每个子项目实物资产移交相关工作。

40.2.3　本项目子项目运营期满后移交过渡期初，甲方与乙方各派 3 名代表设立项目运营期满后移交工作委员会，专事推进有关资料移交相关工作。

第 41 条　项目移交

41.1　竣工后使用权移交

41.1.1　乙方应在各子项目竣工验收合格日之后 30 个工作日内，向政府方指定机构移交相应子项目实物设施使用权，以及该子项目确认完成竣工验收的文件资料复印件，包括经各方签字的竣工验收报告及有关文件，规划、公安消防、环保等部门出具的认可文件或批准文件，向建设局提交的备案文件等。

41.1.2　乙方向政府方指定机构移交的子项目使用权及相关资料，应符合以下标准：

a. 乙方与施工方完成子项目工程标的物移交，施工方完成竣工退场。

b. 该子项目竣工验收报告已报县建设局备案。

c. 该子项目实物设施达到设计文件中的有关技术标准及要求，客观反映提交县建设局备案的竣工验收报告的验收意见，功能完备，达到可使用条件。

d. 有关文档资料复印件均完整、清晰。

e. 政府方指定机构提出的其他要求。

41.1.3　政府方指定机构与乙方按下述程序落实子项目使用权移交工作：

a. 在子项目使用权移交工作委员会协调下，乙方向政府方指定机构移交子项目相关文件资料复印件。

b. 政府方指定机构在乙方配合下完成子项目现场踏勘验收。

c. 政府方指定机构与乙方签署子项目使用权移交确认书，确认实物设施使用权移交。

41.1.4　各子项目使用权移交过程中所形成的费用，由甲方与乙方各自承担。

41.2　项目实物资产移交

41.2.1　乙方应在各子项目保修期结束日之后60个工作日内，将相应子项目实物资产移交给政府方指定机构，子项目设施全部工程档案、竣工验收备案文件及施工方在保修期内维修保养改造更新记录等（均为复印件）一并移交。

41.2.2　乙方向政府方指定机构移交的子项目实物资产，其实物设施和相关资料应符合以下标准：

a. 子项目实物设施外观质量基本满足《市政道路工程质量检验评定标准》《城镇道路工程施工与质量验收规范》《给水排水管道工程施工及验收规范》《城市桥梁工程施工与质量验收规范》《混凝土结构工程施工质量验收规范》及某县本地执行的“园林绿化工程施工质量验收规范”等标准、规范所确定的质量标准，与竣工验收文件确定的验收意见基本一致，不存在明显工程质量缺陷、损坏。

b. 子项目系统运输能力（道路、桥梁）保持稳定并满足运营要求。

c. 子项目系统功能和安全性满足设计运营模式对系统的要求。

d. 有关文档资料复印件均完整、清晰。

e. 政府方指定机构提出的其他要求。

41.2.3　政府方指定机构与乙方按下述程序落实子项目实物资产移交工作：

a. 在实物资产移交过渡期内，乙方与施工方完成保修期末复检、整改及档案移交等工作程序，确认保修期结束。

b. 在子项目实物资产移交工作委员会协调下，乙方向政府指定机构移交子项目相关文件资料复印件。

c. 政府方指定机构在乙方配合下，现场检验该子项目设施工程质量现状、保修期内维修养护情况，出具移交检验报告，提出维护整改要求。

d. 乙方完成对子项目设施的维护整改，通过政府方指定机构验收。

e. 乙方与政府指定机构完成子项目实物资产移交，签署移交确认书。

41.2.4　乙方在完成实物资产移交后，不再承担相应子项目的维修养护责任（也不承担相关费用支出责任）。

41. 2. 5　各子项目实物资产移交过程中所形成的费用，由甲方与乙方各自承担。

41. 3　各子项目运营期满后移交

41. 3. 1　乙方应在各子项目运营期结束之后20个工作日内，将本项目无偿移交给甲方，全部子项目前期工作、设计施工、竣工验收、审计决算、保修责任履行、运营维护等相关档案资料文本原件一并移交。

41. 3. 2　乙方向甲方移交的子项目相关档案资料文本，均需满足真实、完整、清晰的标准。

41. 3. 3　甲方与乙方按下述程序落实本项目运营期满后移交工作：

a. 乙方整理核对相关文档资料，编制交接清单。

b. 甲方与乙方就所交接文档资料，按交接清单逐一核对，确认无误签署项目移交确认书。

第十章　收入和回报

第42条　项目收入及支付

42. 1　甲方财政支付来源

甲方向乙方支付其为提供本合同约定服务的财政资金来源于以下两个部分：

42. 1. 1　约5600亩国有经营性土地（具体以国土局测绘数据为准）的出让收益等额资金。

42. 1. 2　财政补足：如果第42. 1. 1款的资金不能及时足额支付第42. 3. 2款的内容时，由财政安排其他资金补足。

上述锁定土地出让收益及县财政补足的缺口部分均列入政府中长期财政预算，并取得县人大审批通过。

42. 2　支付时间

在每个子项目的运营期内，自支付期限起始日起，每一年内安排一次支付，具体时点由甲、乙双方协商确定。

42. 3　支付方式

42. 3. 1　本项目财政补贴中的建设期利息和财务费用部分，在计算支付金额时，计算基数中需要扣除股东投入项目公司的注册资本。

42. 3. 2　本项目甲方的财政补贴支付分为三部分，分别为建设投资（不含建设期利息）、建设期利息及财务费用。计算公式为：当期财政补贴 = 建设期利息（如有）+建设投资（不含建设期利息）+财务费用

42. 3. 3　子项目建设期利息在其运营期第一次付费时一次支付。计算公式为：建设期利息 = $\sum$子项目分笔投入的负债融资额 ×7. 99% ×实际占用时间

42. 3. 4　项目建设投资（不含建设期利息）在运营期内分五（5）年等额支付。计算公式为：当期建设投资 = 审定后的子项目建设投资（不含建设期利息）÷5

42. 3. 5　运营期内每期应支付的财务费用同当期应支付的财政补贴一并支付。计算公式为：当期财务费用 =7. 99% ×当期建设投资（需扣除注册资金部分）×从运营期开始计算的实际占用时间

42.4　支付程序

乙方在每年9月底以前，可根据实际项目进度计划向甲方和支付机构提交下一年度财政补贴预算修订计划；支付机构据此修订下一年度预算和中长期预算，统筹安排相应财政资金，确保财政补贴按时足额支付。

42.5　支付金额确认

每个子项目投资金额必须经县投资评审中心及县审计局审定确定最终金额。如子项目竣工验收合格后第一个财政支付日前，子项目仍处于县投资评审中心及县审计局审定过程中，并预计在财政支付日不能审定完毕的情况下，项目公司可提前向甲方提交相应投资总额说明及证明，甲、乙双方在子项目竣工验收合格日后第一个财政支付日前约定好该子项目支付总价格，最终价格审定前暂按照该约定支付价格来分次支付，在最终价格审定后，财政按该子项目剩余支付金额（即最终审定价格扣除已支付金额）在剩余支付期限内分次调整支付金额，以满足项目财政补贴收入符合最终审定金额。

第43条　财务监管

乙方应于每年4月30日前按中国法律和合理的商业标准及惯例向甲方提交全面反映项目公司经营情况各个方面的下列财务报表：

43.1　项目公司第一个财务年度应自项目公司营业执照领取之日起至同年12月31日。项目公司最后一个财务年度应自当年的1月1日至项目公司经营期限提前终止或期满日。

43.2　按普遍认可的中国会计惯例和中国法律编制的审计报告、年度财务报表，包括资产负债表、利润表、股东权益变动表和现金流量表，提交的财务报表须经有资格的独立的会计师审核。

43.3　甲方为监督乙方遵守中国法律和本合同，可能不定时地合理要求乙方提供有关财务状况、项目运营及其他资料。

第十一章　不可抗力和法律变更

第44条　不可抗力事件

本合同所指的“不可抗力事件”是指生效日期之后出现的，使得甲、乙双方中任何一方不能履行或部分履行本合同的所有事件，而且该事件是本合同双方不能预见、不能避免并不能克服的客观情况或即使可以预见但不能避免并不能克服的情况，包括：

44.1　雷电、干旱、火灾、地震、火山爆发、山崩、滑坡、水灾、暴风雨、海啸、台风或龙卷风。

44.2　流行病、饥荒或瘟疫。

44.3　战争行为（无论是否宣战）、入侵、武装冲突或外敌行为、封锁或军事力量的使用、禁运、暴乱或民众骚乱、恐怖行为、军事演习或政变。

44.4　全国性、地区性或行业性罢工。

44.5　由于非项目公司原因引起的项目设施外供电中断。

44.6　化学或放射性污染或核辐射。

44.7　在任何土地上发现考古文物、化石、古墓及遗址、艺术历史遗物及具有考古学、地质学和历史意义的任何其他物品。

44.8　法律变更。

第 45 条　不可抗力事件的认定和评估

不可抗力的认定与评估由负责管理此类事件的政府部门或具有学术权威的专业部门或者相关联部门出具证明文件。

第 46 条　不可抗力事件发生期间各方权利和义务

46.1　如果甲、乙双方中任何一方发生不可抗力事件，该方应：

46.1.1　尽快向对方通告事件或情况的发生，对事件或情况的预计持续时间和对其在本合同下履行义务的可能影响做出估计。

46.1.2　尽快采取行动纠正或补救造成免于履行义务的事件或情况。

46.1.3　做出一切合理努力以减轻或限制给对方造成的损害。

46.2　将其根据第 46.1.2 和 46.1.3 款采取的行动和行动计划定期通告对方，并在导致其免于履行义务的事件或情况不再存在时，立即通知对方。

46.3　甲、乙双方中，受到不可抗力影响的一方应尽一切合理努力和采取合理措施以继续履行其在本合同下的义务，减少不可抗力对其造成的影响。甲、乙双方应协商制定并实施补救计划及合理的替代措施以消除不可抗力的影响。

第 47 条　不可抗力事件的处理

47.1　不可抗力事件的处理

如果不可抗力事件导致设施损坏，但损坏部分经修复后不影响乙方履行本合同项下义务，且甲、乙双方在不可抗力事件发生后 90 日内就继续履行达成了一致意见，则乙方应使用保险赔付资金对设施进行修复，并继续履行本合同。如果甲、乙双方在不可抗力事件发生后 90 日内未能就继续履行本合同达成一致意见，则甲、乙双方可按照第十二章的相关规定终止本合同。

47.2　导致不能履行合同的不可抗力

如果因不可抗力造成项目设施严重毁损，使乙方不能履行本合同项下义务或项目设施被保险公司宣告为全损，则本合同提前终止，乙方没有义务重建或修复项目设施，甲、乙双方不承担本合同下的违约责任并各自承担损失。

47.3　不可抗力的通知

甲、乙双方中，声称受到不可抗力事件影响的一方应在知道不可抗力事件之后及时并不迟于 15 天内书面通知另一方，并详细描述不可抗力事件的发生情况和可能导致的后果，包括该不可抗力事件发生的日期和预计停止的时间，以及对该方履行在本合同项下义务的影响，并在另一方合理要求时提供证明。

47.4　费用及时间表的修改

如果声称遭受不可抗力影响的甲、乙双方中任一方已履行了第 47.3 款的通知程序，本合同中规定的履行某项义务包括进度日期的任何期限应根据不可抗力对履行该项义务产生影响的相同时间相应顺延。

受到不可抗力影响的甲、乙双方中任一方未按第 47.3 款规定的程序通知对方和/或未提交适当的证据，则该方应向对方支付因其未通知或未提交证据给对方造成的损失。

第 48 条　法律变更

48.1　法律变更的含义

本合同所指的“法律变更”是指生效日期之后，省级以上人民政府或部门颁布、实施新的适用法律或对在生效日期之前的适用法律进行任何修改、废除或重新解释。

48.2 法律变更评估与报告

48.2.1 除本合同另有约定外，在发生法律变更使乙方不能全部或部分履行其本合同项下的义务时，乙方应对该影响或情况进行评估，并向政府方提出报告（报告应列明该等法律变更对项目公司履行本合同项下义务产生的影响），政府方应对该报告出具审核意见（该意见不得被不合理拒绝或延迟给予，如果拒绝则应提供合理理由），经政府方审核同意后，乙方可在法律变更对该项义务的履行产生影响的期间内根据政府合理做出的审核意见中止或免除履行受法律变更影响而不能履行的相关义务，并执行审核意见中确定的其他内容。

48.2.2 在发生法律变更使甲方不能全部或部分履行其本合同项下的义务时，由甲、乙双方对法律变更的影响进行协商，经甲、乙双方协商一致后，甲方可在法律变更对其义务的履行产生影响的期间内根据甲、乙双方协商一致的意见中止或免除履行受法律变更影响而不能履行的相关义务，并执行甲、乙双方协商一致的意见中所确定的其他内容。

48.3 法律变更本项目可行性造成严重不利影响的情况下，可根据第十二章的相关约定执行解除合同。

第十二章 合同或子项目终止和补偿

第49条 合同或子项目终止事件

本合同应在下述任一事件最先发生之时终止，包括：

（1）发生不可抗力事件，导致合同履行不能或甲、乙双方不能就合同变更达成一致。

（2）发生法律变更，甲、乙双方不能就合同变更达成一致。

（3）合同甲、乙双方中一方严重违约，导致合同目的无法实现。

（4）丙方被破产清算或发生类似情形无法履行股东职责。

（5）甲、乙双方就提前终止本合同协商一致。

（6）法律规定或甲、乙双方约定的其他事由。

经甲、乙双方达成一致，本合同可以因上述原因终止某一个或几个子项目。

第50条 合同或子项目终止的财务安排

50.1 因不可抗力、不可预见因素、法律变更等原因引起终止

在建设期内，因不可抗力、不可预见因素、法律变更等原因引起乙方无法继续建设某子项目时，政府对项目公司的补偿为已投入资金金额和7.99%的年投资收益金额。

计算公式为：补偿金 = Σ子项目的已投入资金 ×（1 + 7.99%）× 按年计算的实际占用时间

50.2 甲方原因导致提前终止

甲方在约定的支付时间后12个月内，未向乙方支付政府补贴，乙方可以向甲方提出提前终止项目，甲方须一次性支付乙方已建成项目的全部费用余款及已建成项目的全部费用余款的9.99%作为补偿。并且甲方按协商的溢价收购中标人的股权。

计算公式为：补偿金 =（已建成项目的已投入资金 − 已支付的政府补贴本金部分）×（1 + 9.99%）× 按年计算的运营期实际占用时间

50.3 乙方原因提前终止

50.3.1 本合同第12.1款约定时间内，中标人未向政府提交履约保函，甲方可以提出

提前终止本项目，甲方将没收中标人提交的投标保证金。

50.3.2　乙方有第9.4.3款（抵押、质押等）出现的情形，甲方可以提出提前终止本项目，支付补偿金额为乙方已投入资金，不计财务费用，同时甲方将没收中标人提交的履约保证金。

50.3.3　乙方未在计划时间完成某子项目开工，超过3个月以上的，甲方可以提出提前终止该子项目，乙方须给予甲方该子项目建安费用0.5%的一次性补偿金（从支付给乙方的政府补贴中扣除）。

计算公式为：补偿金=子项目的建安费用×0.5%

50.3.4　乙方未在计划时间实现某子项目完工，超过6个月以上的，甲方可以提出提前终止该子项目，甲方指定机构接管该子项目，并给予乙方该子项目已投入资金的90%作为回购款，不再支付投资收益。

计算公式为：补偿金=子项目的已投入资金×90%

50.3.5　乙方在建设过程中发生重大安全事故、严重工程质量问题，引起工程无法继续进行的，甲方指定机构接管该子项目，并给予乙方该子项目已投入资金的70%作为补偿款，不再支付投资收益。

计算公式为：补偿金=子项目的已投入资金×70%

50.3.6　乙方已完工的项目因质量问题引起重大安全事故等，甲方可提出提前终止该子项目，甲方针对该子项目给予乙方的财政补贴利息部分的计息标准减少2%。

计算公式为：补偿金=（子项目的投资－已支付的政府补贴本金部分）×（1+5.99%）×按年计算的运营期实际占用时间

50.3.7　乙方委托施工方进行施工，由于施工问题引起提前终止，甲方不承担任何责任，应由施工方承担补偿责任。

第51条　补偿金确认

子项目投资金额、终止补偿金须经县投资评审中心及县审计局审定。

第52条　合同或子项目终止程序

发生终止事件时，甲、乙双方有终止意向的一方须向另一方发出终止通知，表述违约事件或不可抗力等的详细情况并给出必要的协商期，协商期最长不超过90日。在协商期届满之时，如果甲、乙双方没有达成一致，则终止合同自动生效。按合同约定完成移交之前，甲、乙双方应继续履行本合同下的权利和义务。

第53条　合同或子项目终止后的项目移交

53.1　乙方应于提前终止日立即开始向甲方移交项目设施（或者是子项目）的权益，包括全部子项目前期工作、设计施工、竣工验收（如有）等相关档案资料文本原件一并移交。

53.2　乙方应在项目终止后5年内按本合同的要求做好本项目的保密工作。

53.3　甲方和乙方应于提前终止日起30日内按照第51条的规定确定终止补偿金额。甲方应在确定终止补偿金额后30日内将终止补偿金全部支付。乙方在收到最后一笔终止补偿金当日，将项目设施（或者是子项目）全部移交给甲方，并保证项目设施移交之时无任何抵押或担保。

53.4　乙方在完成移交后，须承担相应子项目由于乙方建设施工原因引起缺陷的维修养护责任。

第 54 条　合同终止后的负债处理及其他约定

54.1　本合同终止后，乙方应全面清理完公司负债。

54.2　如有其他情况，甲、乙双方协商解决。

第十三章　违约责任

第 55 条　违约行为认定

特许经营期内，一方出现违约情形（不足以触发提前终止），则违约方有责任及时承担违约责任。乙方项目建设质量不合格的认定以监理的意见为准，项目竣工验收质量以验收结果为准。

第 56 条　违约责任承担方式

56.1　甲方违约责任

56.1.1　支付延误违约责任：

支付机构若未按本合同约定支付乙方费用及补贴，视为甲方违约事件，按 7.99% 的年利率根据实际延误时间计算支付乙方违约金（不再另外计算财务费用）。

56.2　乙方违约责任

56.2.1　工期、移交等延误违约责任

由于乙方原因导致任一子项目未按本合同中约定的截止时间建设完成，或因乙方原因导致移交等工作延误，则由乙方承担违约责任。延误期间归属于该子项目的股权投资、项目资本金和债务融资部分的融资费用不纳入财政支付范围。

56.2.2　工程质量违约责任

由于乙方原因导致任意一子项目未按本合同中约定的建设标准建设完成，则要求乙方按照建设标准重新建设，增加的支出由乙方向施工方索赔。该部分成本不纳入项目投资，不计算财政支付款项。

56.2.3　质保期违约事项和处理

乙方未能履行本合同所述质保责任的，政府方有权安排指定机构代为完成相关维修养护责任，相应形成的支出金额将在相应子项目运营期的财政补贴中扣除，并加扣实际维修养护支出金额的 5% 作为违约金。

56.3　不可抗力违约责任

如果甲、乙双方一方证明违约是由于不可抗力事件引起的，则该方不对另一方承担违约责任。

第十四章　争议解决

第 57 条　争议解决方式

57.1　协商

57.1.1　凡因执行本合同所发生的或与本合同有关的一切争议，在一方发出争议通知指明争议事项后，甲、乙双方应首先通过友好协商解决。

57.1.2　协商条款的编写应包括基本协商原则、协商程序、参与协商人员及约定的协商期限。

57.1.3　若在约定期限内无法通过协商方式解决问题，则采用诉讼方式处理争议。

57.2　诉讼

57.2.1　协商不能解决的争议，合同各方可采取诉讼方式解决。

57.2.2　协商未能解决因履行本合同而产生的任何民事争议，任一方可提请项目公司所在地法院裁决。

第58条　争议期间的合同履行

在争议、分歧或索赔做出最终裁决前，甲、乙双方应继续履行其在本合同项下的所有义务，并继续享有其在本合同项下的所有权利，在最终裁决做出后按裁决进行最终调整。

第十五章　其他约定

第59条　合同变更与修订

本合同任何修改、补充或变更只有以书面形式并由甲、乙、丙三方授权代表签字方可生效并具约束力。

第60条　合同的转让

60.1　甲方的转让

关于合同的转让，甲方及政府方应按照本合同第6.1款约定执行。

60.2　乙方的转让

关于合同的转让，乙方应按照本合同第7.1款约定执行。

第61条　保密

甲、乙、丙三方同意，合同各方及其雇员、承包商、顾问、代理商均应对本合同其他各方与本合同的谈判、签订、履行有关的一切商业信息、技术信息、财务信息及其他相关文件、资料、信息、材料等保密信息承担保密义务，不将该述信息透露给任何第三方或公开使用该述信息。

第62条　信息披露

为维护公共利益、促进依法行政、提高项目透明度，合同各方有义务按照法律法规和项目合同约定，在约定的时间内向对方或社会披露相关信息。

第63条　廉政和反腐

本合同各方应恪守廉洁从政、廉洁从业和防范腐败的责任。

第64条　不弃权

本合同甲、乙双方任何一方均不被视为放弃本合同中的任何条款，除非该方以书面形式做出放弃。任何一方未坚持要求对方严格履行本合同中的任何条款，或未行使其在本合同中规定的任何权利，均不应被视为对任何上述条款的放弃或对今后行使任何上述权利的放弃。

第65条　通知

65.1　甲、乙、丙三方在本合同履行期间的所有通信联络应以包括传真和信件在内的书面方式进行。

65.2　任何一方按本合同的规定发出的任何通知或书面通信均应以中文书写，并用传真、速递或面呈方式迅速发往或寄往有关当事各方。

65.3　该等通知被视为有效送达的日期应按如下方式确定：

65.3.1　接收方签收日即视为有效送达。

65.3.2　用信函、速递发出的通知，应以接收方签收之日视为有效送达。

65.3.3　用传真发送的通知，则在接受方书面确认当日，应视为有效送达。

65.4　一切通知均应发往甲、乙、丙方的下列地址，除非该等地址的变更已按照本条的规定通知了本合同所有各方。

第66条　合同适用法律

本合同的有效性、解释及履行适用中华人民共和国法律。

第67条　适用语言

本合同约定合同订立及执行过程中所采用的语言为中文。

第68条　适用货币

本合同所涉及经济行为采用的支付货币类型为中华人民共和国法定货币，即“人民币”。

第69条　合同份数

本合同中文正本一式13份，甲方执4份，乙方执2份，丙方执7份。

第70条　合同附件（略）

签字页（本页无正文）

附录L　YJJ物有所值评价报告教程样板

一、总论

1.【编制目的和依据】：为指导政府和社会资本合作（PPP）项目物有所值评价工作规范有序开展，根据《中华人民共和国预算法》《中华人民共和国政府采购法》等有关规定，制定本教程。

（项目立项、招标采购、纳入的预算的前置要求）

2.【适用范围】本教程适用于中华人民共和国境内拟采用PPP模式实施的项目。

3. 与《关于印发政府和社会资本合作模式操作指南（试行）的通知》（财金〔2014〕113号）衔接。

第二章　项目识别

第八条　财政部门（政府和社会资本合作中心）会同行业主管部门，从定性和定量两方面开展物有所值评价工作。定量评价工作由各地根据实际情况开展。

定性评价重点关注项目采用政府和社会资本合作模式与采用政府传统采购模式相比能否增加供给、优化风险分配、提高运营效率、促进创新和公平竞争等。

定量评价主要通过对政府和社会资本合作项目全生命周期内政府支出成本现值与公共部门比较值进行比较，计算项目的物有所值量值，判断政府和社会资本合作模式是否降低项目全生命周期成本。

4.【物有所值评价定义】本教程所称物有所值评价是判断是否采用PPP模式代替政府

传统采购模式实施基础设施及公共服务项目的一种评估方法。物有所值评价包括定性分析和定量分析。定量分析由各地根据实际情况开展。

政府传统［投资和］采购模式是指政府及其所属机构直接负责项目设计、投融资、建设和运营维护等工作（含委托他人执行其中部分工作），并承担项目主要风险，一般不奉行全生命周期管理理念的采购模式。

5. 【管理机构】财政部门（政府和社会资本合作中心）会同行业主管部门开展物有所值评价工作，积极利用第三方专业机构和专家力量。

6. 【基本原则】物有所值评价应遵循真实、公允、客观、公正的原则。

二、项目基础信息

1. 项目名称。
2. 项目类型（在建或建成）。
3. 项目地点。
4. 项目联系人。
5. 项目建设的必要性说明。
6. 前期工作合规性说明：可研、环评、土地等。
7. 项目所处阶段：申报、设计、融资、采购、施工、运行。
8. 项目进度计划：开工和计划完成时间。
9. 项目资本结构安排：总投资及资本构成、资产负债、股权结构。
10. 项目融资结构安排与预测的融资成本。
11. 项目收益情况说明（总收益、收入来源、收费价格和定价机制）。
12. 社会资本介入情况（如有）。
13. 项目风险识别分析表。
14. 其他必要说明的情况（如有）等。

三、项目定性分析

1. 【定性分析的目的】：定性分析重点关注 PPP 项目采用 PPP 模式与采用政府传统投资和采购模式相比能否增加公共供给、优化风险分配、提高效率、促进创新和公平竞争等，从项目规模、项目资产寿命、项目收益、项目融资可行性角度分析，PPP 项目采用 PPP 模式实施是否可行。

2. 【定性分析的组织实施】：由项目本级财政局会同行业主管部门组织专家小组实施。

3. 【专家小组构成】：专家小组由不少于 7 名专家组成，至少包括工程技术、金融、项目管理、财政和法律专家各一名。

4. 【专家小组构成】：专家小组由经过省财政厅初步资格预审的咨询机构专家（1 名）、社会资本方工程技术代表（不少于 3 名）、社会资本方财务代表（不少于 3 名）和财政局委派代表、行业主管部门代表、项目融资机构代表组成。

5. 【定性分析结论】：通过定性分析的项目，可列入当地 PPP 项目目录，进行物有所值定量分析；未通过定性分析的，不宜采用 PPP 模式。

相关表格如表 L-1 至表 L-4 所示。

表 L-1　PPP 项目物有所值定性分析专家评分表

评审指标		原来权重	调整权重	评分
基本指标	①全生命周期整合潜力 ①生命周期的项目独立性与效率	15%	5%	
	②风险识别与分配	15%	5%	
	③绩效导向	15%	0	
	④潜在竞争程度	15%	5%	
	⑤鼓励创新	5%	5%	
	⑥政府机构能力	5%	0	
	⑦政府采购政策落实潜力	10%	0	
	基本指标小计	80%	20%	
要项指标	①项目规模 ①项目规模的市场适应性			
	②项目资产寿命 ②项目资产寿命的市场适应性			
	③资产利用及收益 ③项目收益类别比（估算值）			
	④全生命周期成本管理程序与结构的合理性			
	⑤法律和政策环境			
	⑥项目融资可行性			
	附加指标小计	20%	80%	
合计		100%	100%	

专家签字：

年　月　日

表 L-2　PPP 项目物有所值定性分析评分参考标准

编号	指标	评分参考标准（财政部 PPP 指引草案）	评分参考标准
1	全生命周期整合潜力 生命周期的项目独立性与效率	●81～100 分：项目资料表明，设计、融资、建造和全部运营、维护将整合到一个合同中；对于存量项目采用 PPP 模式，至少将融资和全部运营、维护整合到一个合同中 ●61～80 分：项目资料表明，设计、融资和建造以及核心服务或大部分非核心服务的运营、维护将整合到一个合同中；对于存量项目采用 PPP 模式，至少将融资和核心服务以及大部分非核心服务的运营、维护整合到一个合同中 ●41～60 分：项目资料表明，设计、融资、建造和维护等将整合到一个合同中，但不包括运营；或融资、建造、运营和维护等将整合到一个合同中，但不包括设计；对于存量项目采用 PPP 模式，仅运营和维护将整合到一个合同中 ●21～40 分：项目资料表明，融资、建造和维护等将整合到一个合同中，但不包括设计和运营 ●0～20 分：项目资料表明，设计、融资、建造等三个或其中更少的环节将整合到一个合同中	由以下三项目组合分值组成，独立评分累加： ●0～20 分：设计、建造和运营、维护等环节的项目权利义务和运营责任的独立性 ●20～50 分：设计、建造和运营、维护等环节的履约责任、投融资责任和风险承担能够有机结合在合同中（合同可包括一级和二级项目合同） ●0～30 分：设计、建造和运营、维护等环节社会资本方的角色分工或集成能够与项目投资效率匹配

（续）

编号	指标	评分参考标准（财政部 PPP 指引草案）	评分参考标准
2	风险识别与分配	●81～100 分：项目资料表明，已进行较为深入的风险识别工作，预计其中绝大部分风险或全部主要风险将在政府与社会资本合作方之间明确和合理分配 ●61～80 分：项目资料表明，已进行较为深入的风险识别工作，预计其中的大部分主要风险可以在政府与社会资本合作方之间明确和合理分配 ●41～60 分：项目资料表明，已进行初步的风险识别工作，预计这些风险可以在政府与社会资本合作方之间明确和合理分配 ●21～40 分：项目资料表明，已进行初步的风险识别工作，预计这些风险难以在政府与社会资本合作方之间明确和合理分配 ●0～20 分：项目资料表明，尚未开展风险识别工作，或没有清晰识别风险	
3	绩效导向	●81～100 分：绝大部分绩效指标符合项目具体情况，全面合理，清晰明确 ●61～80 分：大部分绩效指标符合项目具体情况，全面合理，清晰明确 ●41～60 分：绩效指标比较符合项目具体情况，但不够全面和清晰明确，缺乏部分关键绩效指标 ●21～40 分：已设置的绩效指标比较符合项目具体情况，并且明确，但主要关键绩效指标未设置 ●0～20 分：未设置绩效指标或绩效指标不符合项目具体情况，不合理、不明确	取消
4	潜在竞争程度	●81～100 分：项目将引起社会资本（或其联合体）之间竞争的潜力大且已存在明显的证据或迹象，例如参与项目推介会的行业领先的国内外企业数量较多 ●61～80 分：项目将引起社会资本（或其联合体）之间竞争的潜力较大，预期后续通过采取措施可进一步提高竞争程度 ●41～60 分：项目将引起社会资本（或其联合体）之间竞争的潜力一般，预期后续通过采取措施可提高竞争程度。 ●21～40 分：项目将引起社会资本（或其联合体）之间竞争的潜力较小，预期后续通过采取措施有可能提高竞争程度 ●0～20 分：项目将引起社会资本（或其联合体）之间竞争的潜力小，预期后续不大可能提高竞争程度	●81～100 分：3 家以上社会资本方的工程技术代表和财务代表明确表达项目合作意愿；并可通过宣传和招标提高竞争程度 ●61～80 分：2 家社会资本方的工程技术代表和财务代表明确表达项目合作意愿；并可通过宣传和招标提高竞争程度 ●41～60 分：2 家社会资本方的工程技术代表和财务代表明确表达项目合作意愿；但提高竞争程度大 ●21～40 分：1 家社会资本方的工程技术代表和财务代表明确表达项目合作意愿；但提高竞争程度大 ●0～20 分：无社会资本方的工程技术代表和财务代表明确表达项目合作意愿

（续）

编号	指标	评分参考标准（财政部 PPP 指引草案）	评分参考标准
5	鼓励创新	●81～100 分：项目产出说明提出了较为全面、清晰和可测量的产出规模要求，没有对如何交付提出要求 ●61～80 分：项目的产出规模要求较为全面、清晰和可测量，并对如何交付提出了少量要求 ●41～60 分：项目的产出规模要求不够全面、清晰和可测量，并对如何交付提出了少量要求 ●21～40 分：项目的产出规模要求不够全面、清晰和可测量，并对如何交付提出了较多要求 ●0～20 分：项目的产出说明基本上没有明确产出规格要求，或主要对如何交付进行了要求	
6	政府机构能力	●81～100 分：政府具备较为全面、清晰的 PPP 理念，且本项目相关政府部门及机构具有较强的 PPP 运作能力 ●61～80 分：政府的 PPP 理念一般，但本项目相关政府部门及机构具有较强的 PPP 运作能力 ●41～60 分：政府的 PPP 理念一般，且本项目相关政府部门及机构的 PPP 运作能力一般 ●21～40 分：政府的 PPP 理念较欠缺，且本项目相关政府部门及机构的 PPP 运作能力较欠缺且不易较快获得 ●0～20 分：政府的 PPP 理念欠缺，且本项目相关政府部门及机构的 PPP 运作能力欠缺且难以获得	取消
7	政府采购政策落实潜力	●81～100 分：项目有效落实政府采购政策的潜力很大，预计后续通过进一步采取措施确定能够实现 ●61～80 分：项目有效落实政府采购政策的潜力较大，预计后续通过进一步采取措施可增强落实性 ●41～60 分：项目有效落实政府采购政策的潜力一般，预计后续通过采取措施可增强落实性 ●21～40 分：项目有效落实政府采购政策的潜力较小，预计后续通过采取措施有可能提高落实性 ●0～20 分：项目有效落实政府采购政策的潜力小 （注：此处的政府采购政策主要是指，促进内资企业和中小企业发展、国外技术转让、节能环保、绿色低碳，以及必要时限制外资参与项目等政策）	取消
8	项目规模 项目规模的市场适应性	●81～100 分：新建项目的投资或存量项目的资产公允价值在 10 亿元以上 ●61～80 分：新建项目的投资或存量项目的资产公允价值介于 2 亿元到 10 亿元之间 ●41～60 分：新建项目的投资或存量项目的资产公允价值介于 1 亿元到 2 亿元之间 ●21～40 分：新建项目的投资或存量项目的资产公允价值介于 5000 万元到 1 亿元之间 ●0～20 分：新建项目的投资或存量项目的资产公允价值小于 5000 万元 （注：可根据具体项目的类型、所在地区等因素重新设定金额大小）	由以下三项目组合分值组成，独立评分累加： ●0～40 分：经调研或资格预审表明项目规模有 5 家以上的社会资本能进行能力匹配的合作响应 ●0～40 分：经调研或资格预审表明项目规模有 5 家以上金融机构能进行融资响应 ●0～20 分：单一项目规模或同类项目规模总额与项目前期开发成本总额比

（续）

编号	指标	评分参考标准（财政部 PPP 指引草案）	评分参考标准
9	项目资产寿命 项目资产寿命的市场适应性	●81～100 分：资产的预期使用寿命大于 40 年 ●61～80 分：资产的预期使用寿命为 31～40 年 ●41～60 分：资产的预期使用寿命为 21～30 年 ●21～40 分：资产的预期使用寿命为 11～20 年 ●0～20 分：资产的预期使用寿命小于 10 年 （注：可根据具体项目的类型、所在地区等因素重新设定年限长短）	项目资产经营寿命期限与项目成本投资回收期限比
10	项目资产种类	●81～100 分：项目的资产种类在三个以上 ●61～80 分：项目是两类较复杂或技术要求较高资产的组合 ●41～60 分：项目是两类中等复杂程度资产的组合，或者是若干个同类资产打包项目 ●21～40 分：项目是两类复杂程度较低资产的组合，或者项目是一个较为复杂的资产 ●0～20 分：项目只包括一个较为简单的资产	建议取消
11	全生命周期成本估计准确性 全生命周期成本管理程序与结构的合理性	●81～100 分：项目相关信息表明，项目的全生命周期成本已被很好地理解和认识，并且被准确预估的可能性很大 ●61～80 分：项目相关信息表明，项目的全生命周期成本已被较好地理解和认识，并且被准确预估的可能性较大 ●41～60 分：项目相关信息表明，项目的全生命周期成本已被较好地理解和认识，但尚无法确定能否被准确预估 ●21～40 分：项目相关信息表明，对项目的全生命周期成本理解和认识还不够全面清晰 ●0～20 分：项目相关信息表明，项目的全生命周期成本基本上没有得到理解和认识	●71～100 分：项目相关信息表明，项目的全生命周期成本已被很好地确定边界，并且被有效的程序和结构进行过程识别和优化 ●51～70 分：项目相关信息表明，项目的全生命周期成本已被很好地确定边界，但未被有效的程序和结构进行过程识别和优化 ●0～50 分：项目相关信息表明，项目的全生命周期成本未被很好地确定边界，并且未被有效的程序和结构进行过程识别和优化
12	法律和政策环境	●81～100 分：项目采用 PPP 模式符合现行法律法规规章和政策要求，甚至存在政策鼓励 ●61～80 分：项目采用 PPP 模式受到现行法律法规规章和政策等的个别限制，可以较为容易地解决 ●41～60 分：项目采用 PPP 模式受到现行法律法规规章和政策的个别限制，解决的可能性很大 ●21～40 分：项目采用 PPP 模式受到现行法律法规规章和政策的少量限制，但解决的可能性很大 ●0～20 分：项目采用 PPP 模式受到现行法律法规规章和政策的严格限制	

（续）

编号	指标	评分参考标准（财政部 PPP 指引草案）	评分参考标准
13	资产利用及收益 项目收益类别比（估算值）	●81～100 分：预计社会资本在满足公共需求的前提下，非常有可能充分利用资产增加额外收入 ●61～80 分：预计社会资本在满足公共需求的前提下，较有可能充分利用资产增加额外收入 ●41～60 分：预计社会资本在满足公共需求的前提下，利用项目资产增加额外收入的可能性一般 ●21～40 分：预计社会资本利用项目资产获得额外收入的可能性较小 ●0～20 分：预计社会资本利用项目资产获得额外收入的可能性非常小	●项目政府付费收益与第三方付费收益（含额外收入）比
14	项目融资可行性	●81～100 分：预计项目对金融机构的吸引力很大，或已有具备强劲实力的金融机构明确表达了对项目的兴趣 ●61～80 分：预计项目对金融机构的吸引力较大 ●41～60 分：预计项目对金融机构的吸引力一般，通过后续进一步准备，可提高吸引力 ●21～40 分：预计项目对金融机构的吸引力较差，通过后续进一步准备，可提高吸引力 ●0～20 分：预计项目对金融机构的吸引力很差	●81～100 分：预计项目对金融机构的融资授信匹配度完全符合 ●61～80 分：预计项目对金融机构的融资授信匹配度主体完全符合，需要调整部分细节 ●41～60 分：预计项目对金融机构的融资授信匹配度基本符合，需要调整部分环节 ●21～40 分：预计项目对金融机构的融资授信匹配度符合度低，需要调整设计主要环节 ●0～20 分：预计项目对金融机构的融资授信匹配度完全不符合

表 L-3　PPP 项目物有所值定性分析评分结果计算表

（略）

表 L-4　PPP 项目物有所值定性分析专家意见表

项目名称	
委托单位	
评分结果	

专家小组意见：

组长签名：

年　月　日

（续）

	姓名	单位	专业领域	签名
组长				
专家				
专家				
专家				
专家				
专家				
专家				

四、项目定量分析

定量分析是在假定采用 PPP 模式与政府传统投资和采购模式的产出绩效相同的前提下，通过对 PPP 项目全生命周期内政府支出成本的净现值（PPP 值）与公共部门比较值（PSC 值）进行比较，判断 PPP 模式能否降低项目全生命周期成本。

1.【物有所值定量分析的目的和作用】。

（1）将采用 PPP 模式与政府传统投资和采购模式的资产负债率对比，判断项目全生命周期对政府资产负债的影响值。

（2）将采用 PPP 模式与政府传统投资和采购模式的市场价值评估，判断 PPP 项目的付费机制与政府方的区间值。

（3）将项目全生命周期内可研方案报价与市场绩效值（影子报价）PPP 值（简称 PPP_s 值）对比，判断采用 PPP 模式的关键控制绩效指标和选择社会资本方的评价指标，建立全生命周期成本管理的程序与结构。

2.【定量分析开展的节点】定量分析可在项目识别、准备、采购、执行和移交等阶段分别开展。

3.【项目识别阶段的定量分析】在项目识别阶段，定量分析主要包括：

（1）根据项目产出说明，设定参照项目并计算 PSC 值。

（2）根据初步实施方案，计算影子报价 PPP 值（简称 PPP_s 值）。

（3）比较 PSC 值与 PPP_s 值，PPP_s 值小于 PSC 值的，项目转入准备阶段；否则不宜采用 PPP 模式，应从当地 PPP 项目目录中剔除。

4.【项目准备阶段的定量分析】在项目准备阶段，项目实施方案与初步实施方案相比发生重大变化的，应对 PSC 值和 PPP_s 值进行相应调整。调整后的 PPP_s 值小于 PSC 值的，项目转入采购阶段；否则不宜采用 PPP 模式，应从当地 PPP 项目目录中剔除。

5.【项目采购阶段的定量分析】在项目采购阶段，根据社会资本提交的采购响应文件等测算实际报价 PPP 值（简称 PPP_a 值）。

项目实施机构将 PSC 值作为采购评判依据的，应在采购文件中公布初始 PSC 值等关键参数，并明确全部采购响应文件所对应的 PPP_a 值均高于 PSC 值的，将终止采购或重新采购。

中选社会资本确定后，可根据最终签订的项目合同测算 PPP_a 值。

项目实施机构将市场绩效值 PPP_s 值作为采购评判依据的，应在采购文件中公布初始

PPP_s 值等关键参数，并明确全部采购有效响应文件所对应的实际报价或实际运行 PPP 值（简称 PPP_a 值）均应优于 PPP_s 值。

中选社会资本确定后，可根据最终签订的项目合同测算 PPP_a 值。

建立全生命周期成本管理的程序与结构，不断地实现 PPP_s 值与 PPP_a 值之间的优化与转化，以此为基础建立项目绩效评价指标体系。

6.【项目执行和移交阶段的定量分析】在项目执行期内和移交后可对项目进行物有所值跟踪定量分析，并将分析结果纳入项目绩效评价体系。

7.【定量分析的组织实施】项目本级财政部门会同行业主管部门，委托第三方机构或专家开展定量分析。

在项目识别和准备阶段开展物有所值定量分析，是申请财政部政府和社会资本合作项目以奖代补专项资金的必要条件之一。

定量分析两个重要数据表如表 L-5 和表 L-6 所示。

表 L-5　项目 PPP 模式与政府传统投资和采购模式的支出与收入分析表

（略）

表 L-6　PPP 项目付费模型与付费区间分析

（略）

——政府资本金投入对项目市场可行区间分析模型

——政府可行性缺口补助对项目可行性区间分析模型

——政府配套投入对项目可行性区间分析模型

——政府补贴投入对项目可行性区间分析模型

（以上数据输入到财政承受能力评估程序）

PPP 项目 PPP_a 值与 PPP_s 值相关表格如表 L-7 至表 L-10 所示。

表 L-7　PPP 项目 PPP_a 值与 PPP_s 值（项目识别阶段）

初始值	对比项目	项目可研 PPP_s 值	影子报价 PPP_a 值
项目开发	成本指标		
	技术指标 1		
	技术指标 2		
项目设计	成本指标		
	技术指标 1		
	技术指标 2		
项目实施	成本指标		
	技术指标 1		
	技术指标 2		
项目运营	成本指标		
	技术指标 1		
	技术指标 2		
项目维护	成本指标		
	技术指标 1		
	技术指标 2		

表 L-8　PPP 项目 PPP_a 值与 PPP_s 值（项目准备阶段）

初始值	对比项目	项目影子报价 PPP_s 值	项目成交报价 PPP_a 值
项目开发	成本指标		
	技术指标 1		
	技术指标 2		
项目设计	成本指标		
	技术指标 1		
	技术指标 2		
项目实施	成本指标		
	技术指标 1		
	技术指标 2		
项目运营	成本指标		
	技术指标 1		
	技术指标 2		
项目维护	成本指标		
	技术指标 1		
	技术指标 2		

表 L-9　PPP 项目 PPP_a 值与 PPP_s 值（项目建设阶段）

初始值	对比项目	项目成交报价 PPP_s 值	项目建设 PPP_a 值
项目开发	成本指标		
	技术指标 1		
	技术指标 2		
项目设计	成本指标		
	技术指标 1		
	技术指标 2		
项目实施	成本指标		
	技术指标 1		
	技术指标 2		
项目运营	成本指标		
	技术指标 1		
	技术指标 2		
项目维护	成本指标		
	技术指标 1		
	技术指标 2		

表 L-10　PPP 项目 PPP_a 值与 PPP_s 值（项目运营阶段）

初始值	对比项目	项目成交报价 PPP_s 值	项目运营 PPP_a 值
项目开发	成本指标		
	技术指标 1		
	技术指标 2		
项目设计	成本指标		
	技术指标 1		
	技术指标 2		
项目实施	成本指标		
	技术指标 1		
	技术指标 2		
项目运营	成本指标		
	技术指标 1		
	技术指标 2		
项目维护	成本指标		
	技术指标 1		
	技术指标 2		

摘自：PPP 金融标准化课题组，由法云网编辑。

参考文献

[1] 王守清，柯永建．特许经营项目融资（BOT，PFI 和 PPP）[M]．北京：清华大学出版社，2008 年．

[2] 柯永建，王守清．特许经营项目融资（PPP）：风险分担管理 [M]．北京：清华大学出版社，2011.

[3] 盛和太，王守清．特许经营项目融资（PPP/BOT）：资本结构选择 [M]．北京：清华大学出版社，2015.

[4] 欧亚 PPP 联络网．欧亚基础设施建设公私合作案例分析 [M]．王守清，等译．沈阳：辽宁科学技术出版社，2010.

[5] Karen Brown，Nancy Lea Hyer. 项目管理：基于团队的方法 [M]．王守清，亓霞，译．北京：机械工业出版社，2012.

[6] 陈辉．PPP 模式手册：政府与社会资本合作理论方法与实践操作 [M]．北京：知识产权出版社，2015.

[7] 邱闯．PF2：英国 PPP 的新模式 [J]．中国投资，2015（5）：65-66.

[8] 政府和社会资本合作（PPP）模式创新与法治研究院．推动经济新常态下 PPP 模式创新 [N]．中国建设报，2015-03-24（市场六版）．

[9] 王守清，刘婷．PPP 项目监管：国内外经验和政策建议 [J]．地方财政研究，2014（9）：7-12.

[10] 萨瓦斯．民营化与公私部门的伙伴关系 [M]．周志忍，等译．北京：中国人民大学出版社，2002 年．

[11] 贾康，孙洁．公私伙伴关系（PPP）的概念、起源、特征与功能 [J]．财政研究，2009（10）：2-10.

[12] 贾康，苏京春．PPP：制度供给的伟大创新 [N]．经济学家周报，2014-12-28（09）．

[13] 贾康，孙洁．公私合作伙伴关系理论与实践 [M]．北京：经济科学出版社，2014 年．

[14] 世界银行．1999/2000 年世界发展报告 [M]．《世界发展报告》翻译组，译．北京：中国财政经济出版社，2000.

[15] 陈建中，刘涛．英国推广 PPP 模式的经验及借鉴 [J] 中国财经信息资料，2014（9）：47-48.

[16] 黄俊谦．澳大利亚等 PPP 模式经验及特点 [J]．经济视野，2014（5）．

[17] 谭强．PPP 模式的风险分析研究 [D]．上海：同济大学，2007.

[18] 吕福胜，钟登华．中国水务行业发展现状与趋势 [J] 中国给水排水，2013，29（10）．

[19] 杨俊杰．工程项目安全与风险全面管理手册 [M]．北京：中国建筑工业出版社，2003.

[20] 邓雄．加快推动 PPP 模式发展与完善 [J]．银行家，2015（08）：92-95.

[21]《国际工程与劳务》编辑部．BOT/PPP 离我们有多远 [J]．国际工程与劳务，2014（5）：1-1.

[22] 崔军．PPP 模式：企业转型升级的选择 [J]．国际工程与劳务，2011（9）：1-3.

[23] 张极井．项目融资 [M]．北京：中信出版社，2003.

[24] 叶苏东．项目融资：理论与案例 [M]．北京：清华大学出版社，北京交通大学出版社，2008.

[25] 陈健，陶萍．项目融资 [M]．北京：中国建筑工业出版社，2008.

[26] 曾小慧．基础设施 PPP 供给模式研究综述 [J]．财经政法资讯，2010（4）：55-59.

[27] 杨正．城市轨道交通 PPP 建设模式风险分担研究 [D]．天津：天津大学，2011.

[28] 李林．公私合作关系中 PPP 合作机制研究 [D]．重庆：重庆大学，2011.

[29] 林媛．外包类 PPP 项目风险分担模型研究 [D]．南京：南京航空航天大学，2011.

[30] 周颖．准经营性基础设施项目的 PPP 融资模式决策及其政府监管 [D]．天津：天津大学，2010.

[31] 张俊英．工程项目风险分担理论在合作创新风险管理中的应用研究［D］．兰州：兰州理工大学，2011.
[32] 姚驰．英国 PFI/PPP 法律制度研究及借鉴［D］．北京：中国政法大学，2011.
[33] 霍丽姣．基于政府、企业、社会合作的公共服务提供——PPP 模式及其拓展［D］．杭州：浙江大学，2011.
[34] 邓娇娇．公共项目契约治理与关系治理的整合及其治理机理研究［D］．天津：天津大学，2013.
[35] 徐志伟．天津团泊新城开发建设模式选择与风险评估研究［D］．天津：河北工业大学，2012.
[36] 屈哲．基础设施领域公私合作制问题研究［D］．大连：东北财经大学，2012.
[37] 赵华．风险分担对工程项目管理绩效的作用机理研究［D］．天津：天津大学，2012.
[38] 刘燕．公用事业公私合作中公共部门行为研究［D］．上海：复旦大学，2010.
[39] 崔国清．中国城市基础设施建设融资模式研究［D］．天津：天津财经大学，2009.
[40] 姜敬波．风险分担视角下城市轨道交通 BT 项目的回购定价研究［D］．天津：天津大学，2010.
[41] 高建明．对我国加强 PPP 项目风险管理的建议［J］．价值工程，2010，29（10）：83-84.
[42] 陈双，夏志坚．浅析 PPP 模式在中国的发展［J］．经济论坛，2010（11）：39-42.
[43] 杜向荣，肖静，吴开微，等．高雄捷运项目的管理模式和适用法律［J］．工程管理学报，2010，24（4）：402-407.
[44] 杨俊杰，王力尚，余时立．EPC 工程总承包项目管理模板及操作实例［M］．北京：中国建筑工业出版社，2014.